朝日新書
Asahi Shinsho 939

沢田研二

中川右介

朝日新聞出版

はじめに

二〇二三年のいまも沢田研二は現役の歌手であり、俳優としても活躍している。

「歌謡曲黄金時代」とされる一九七〇年代、沢田研二は「一等賞」を狙うと公言し、それを実践してきた。かつて竹下登（内閣総理大臣）は、「歌手一年、総理二年の使い捨て」という戯れ歌を詠み、彼自身の政権は二年で終わったが、沢田研二は週間ヒットチャート戦線と賞レースの最前線で二〇年近く闘い続けた。

その一九七〇年代はすでに半世紀前という「歴史」になっており、いまの音楽シーンとはその様相が異なる。まず「レコード」（CD）というものの位置づけが異なる。テレビの歌番組もいまとはだいぶ異なる。レコード会社の名称も変わった。沢田研二が主戦場としていた「歌謡界」という場そのものが存在しない。

あの時代に生きていた人であれば、沢田研二がいかに輝いていたかは説明しなくても分かるだろう。生きていない人には、いくら歌を聴かせ、映像を見せても、「うまいですね」「カッコいいですね」とは感じても、当時の人々が暗黙裡に抱いていた「ジュリー」の存在感は、理解しづらいかもしれない。

沢田研二は、単に、うまく、カッコいいだけではなかった。

一般に男性は、スポーツ選手、俳優や歌手にカッコいい男性がいれば憧れ、不可能と分かりながらも模倣しようとする。長嶋茂雄や王貞治、石原裕次郎や高倉健が、そういう対象だった。しかし、沢田研二を真似しようとする人は、皆無とは言わないが、ほとんどいなかった。小学生の間で帽子を飛ばすのが流行した程度だ。とても、真似できる次元ではなかったのだ。それはファッションや髪型を含めたメイクが奇抜だったということだけではない。真似をすることが許されない、そんな唯一無二の絶対的スターだった。

この本はそのスーパースターの軌跡をデータを織り交ぜて描いた歴史物語だ。

沢田研二名義の本や雑誌での発言、ザ・タイガースやPYGのメンバーの著書、当時の週刊誌などが基本文献となるが、これらは脚色されているものが多いので、「舞台裏」「○○の真実」だとしても、それ自体が何かをカムフラージュするために書かれることもある。一般に芸能界についての記事は、どこまでが真実なのかはっきりしない。
本書は「沢田研二の素顔」の追求でも「芸能界の舞台裏の真実」の究明でもなく、「音楽」

に魅せられた青年が魑魅魍魎跋扈する世界へ迷い込みながらも、自分を見失わずに生きていった歳月の「さまざまな場面」の表層を描く。

「織田信長」というタイトルの本に、武田信玄、今川義元、徳川家康、豊臣秀吉、明智光秀など、それぞれ一冊の本になる人物が多数登場するのと同じで、この本にも、沢田研二と同世代の数多の歌手や音楽関係者が敵役・脇役・端役として登場する。

一九七〇年代最大のスターだった沢田研二の偉大さは、単にヒット曲を連発したからではないし、レコード大賞を受賞したからでもない。音楽シーンが百花繚乱していた時代、数多くのライバルとの競争を一〇年にわたり続け、勝ち抜いた点にある。その競争がどんなに過酷なものであったかを示すには、その時代の他の歌手たちの動向も記さなければ追体験できないのだ。

物語は、一九六〇年代後半――映画が斜陽化し、「スター」の活躍の場がテレビへと移り、さらに「歌謡曲」が黄金時代を迎えていたとき、京都の無名の若者たちが、芸能界という大海へ出ていくところから始まる。

記述について

「ザ・タイガース」「ザ・ビートルズ」などの「ザ・」は、基本的には略す。グループ名の「ワイルド・ワンズ」などの「・」は史料によって有無にゆらぎがあるが、入れることで統一する。

人名・企業名などは当時のもので記す。

〈　〉は引用である。／は原文での改行を示す。数字は漢数字に改めてある。また引用内は「　」『　』〝　〟などを改め、本文と統一している。

主要文献の詳細は以下の通りである。

●「自叙伝」

『我が名は、ジュリー』、一九八五年六月二五日（三七歳の誕生日）に中央公論社から刊行。エッセイストの玉村豊男の名が「編者」としてクレジットされ、あとがきによると、玉村と沢田が八四年八月六日、七日、八日の三日にわたり軽井沢で朝から晩まで対談をし、それを録音して原稿に起こし、玉村が構成し、沢田の更訂を経てできた。沢田自身が「書いた」わけではないが、本書では「自叙伝」と記す。

●『ザ・スター』

石原信一『ザ・スター　沢田研二』、一九七六年一月九日から九月二四日まで、「スポーツニッポン」に連載され、翌七七年四月にスポーツニッポン社出版局から刊行された。フリーライターの石原が沢田に密着取材して、沢田が語ったことを書き記したもので、本人及び渡辺プロダクション公認の本なので、同書にあるのは一九七六年時点での沢田の公式見解（真実かどうかは別である）である。

●『すばらしい世界』

深夜放送ファン・別冊『沢田研二のすばらしい世界』一九七三年六月に、自由国民社が刊行していた雑誌「深夜放送ファン」の別冊として刊行された。タイガース時代から七三年までのヒット曲の楽譜集だが、かまやつひろし、阿久悠、安井かずみらによる沢田研二論、萩原健一との対談、沢研百科事典・JULIE Life Storyなども収録されている。

●「タローー日記」

「GS ＆ POPS」一九八二年五月発行の第三号「タイガース特集号」掲載の森本太郎による「タローのタイガース日記」のこと。

沢田研二　目次

図表作成／谷口正孝

関連人物一覧（生年順）

川添浩史(1913～1970)
渡辺晋(1927～1987)
渡辺美佐(1928～)
川添梶子(1928～1974)
すぎやまこういち(1931～2021)
久世光彦(1935～2006)
山上路夫(1936～)
阿久悠(1937～2007)
平尾昌晃(1937～2017)
田辺昭知(1938～)
安井かずみ(1939～1994)
橋本淳(1939～)
大野克夫(1939～)
加瀬邦彦(1941～2015)
井上堯之(1941～2018)
伊藤ユミ(ザ・ピーナッツ)(1941～2016)
伊藤エミ(ザ・ピーナッツ)(1941～2012)
川添象郎(1941～)
尾崎紀世彦(1943～2012)
加藤登紀子(1943～)
阿木燿子(1945～)
村井邦彦(1945～)
宇崎竜童(1946～)
吉田拓郎(1946～)
堺正章(1946～)
瞳みのる(1946～)
森本太郎(1946～)
岸部おさみ(一徳)(1947～)
井上順(1947～)
加藤和彦(1947～2009)
伊東ゆかり(1947～)
ちあきなおみ(1947～)
森進一(1947～)
布施明(1947～)
早川タケジ(1947～)
加橋かつみ(1948～)
五木ひろし(1948～)
沢田研二(1948～)
岸部シロー(1949～2020)
松本隆(1949～)
志村けん(1950～2020)
萩原健一(1950～2019)
八代亜紀(1950～)
大口広司(1950～2009)
天地真理(1951～)
小柳ルミ子(1952～)
荒井(松任谷)由実(1954～)
南沙織(1954～)
伊藤蘭(キャンディーズ)(1955～)
太田裕美(1955～)
西城秀樹(1955～2018)
アグネス・チャン(1955～)
郷ひろみ(1955～)
藤村美樹(キャンディーズ)(1956～)
野口五郎(1956～)
桑田佳祐(1956～)
田中好子(キャンディーズ)(1956～2011)
増田惠子(ピンク・レディー)(1957～)
石川さゆり(1958～)
未唯mie(ピンク・レディー)(1958～)
桜田淳子(1958～)
森昌子(1958～)
岩崎宏美(1958～)
山口百恵(1959～)

第一部　ザ・タイガース

第一章　京都の若者たち　1965-66年

田園での初ステージ

沢田研二が音楽活動に専念するため、京都府立鴨沂《おうき》高等学校を退学したのは一九六五年一二月二四日、二年生の冬だった。年が明けて六六年一月一日、この若者は京都の青年たちが結成していたバンド「ザ・ファニーズ」に参加することが正式に決まった。

沢田が高校を中退したのは音楽活動をするためではあるのだが、そもそも音楽活動を始めたのは、学校へ行かなくなったからだった。

鴨沂高校は旧制京都府立第一高等女学校が前身で、その歴史は日本で二番目の官公立女学校である一八七二年（明治五）開校の「新英学校及び女紅場《にょこうば》」にまで遡る。戦後の学制改革で男女共学の鴨沂高校となり、京都大学へ進む者が多い学力レベルの高い高校だった。しかし下駄履き以外はどんな服装でもかまわないし、授業をさぼっても叱られることのない、自由な校風でもあった。

二歳上の兄は成績優秀で鴨沂高校に入れたが、研二は中学の成績はよくなく、進路指導では教員から「鴨沂は無理だ。◯◯へ行け」と言われた。教員が行けと言ったのは、彼にとって、そんなところへ行くのは恥ずかしいと思える学校だった。そこで一生懸命に勉強し、鴨沂高校を受験したら合格し、一九六四年四月に入学した。

沢田は京都市立岡崎中学校では野球部に属し、ファーストを守り三番か五番を打っていた。プロ野球選手を夢見る野球少年だったのだ。だが京都市内の大会ではベストフォーに入ったものの、府大会では完封負けを喫し、野球選手になるのをいったん諦めた。

それでも、鴨沂高校に入学すると、野球をやってみようかと野球部の練習を見学に行った。しかし、進学校のため専用グラウンドがなく、細長い駐車場で練習をしており、部員も九人しかいなかった。甲子園など夢のまた夢だ。沢田は野球部への入部はやめ、たまたま誘われた空手部に入った。別に本気で空手をやろうと思ったわけでもなかった。

入学してみると沢田は授業についていけなくなった。〈ギリギリで入っているわけだし、働こうなんて思ったわけだから、落ちこぼれ〉だったと「自叙伝」で語っている。二年になると赤点（落第）を取るようになり、空手部の先輩からは「赤点がなくなるまで来るな」と言われてしまった。行き場がなくなると、空手部にいた同級生が音楽好きだったので、誘われて軽音楽部を見学するようになった。

当時の軽音楽部では、ベンチャーズやエルヴィス・プレスリーを演奏していた。やがて、軽音楽部に出入りしていた友人たちと、四条河原町のジャズ喫茶「ベラミ」へ行くようになった。さらに、別の友だち、小学校時代の番長から、四条松原のダンス喫茶「田園」にも誘われた。沢田は小学校時代のケンカがきっかけで、その番長と兄弟分になっていた。その番長の姉が「田園」で演奏しているサンダースというグループのバンドマスターと付き合っていたのだ。

番長からバンマスを紹介してもらうと、話の流れで、沢田は誘われるままにマイクを持ってステージに上がった。歌ったのは、リトル・リチャード《センド・ミー・サム・ラヴィング》で、沢田がステージでマイクを通して歌うのは、それが最初だった。

こうして沢田研二は音楽の世界へ入っていくわけだが、確固たる目標があるとか自分のしっかりした意思があって行動しているのではなく、誘われるまま、空手部、軽音楽部、ベラミ、田園へと流れ着いている。それは、まるで天が定めた運命だったかのようだ。

衣笠貞之助—長谷川一夫—沢田研二という系譜

沢田研二は敗戦から三年が過ぎようとしていた一九四八年六月二五日に、鳥取県で生まれた。父・沢田松雄が戦中、研究所に勤めていたので「研」、二男なので「二」で、「研二」と名付けられた。戸籍名は「澤田研二」である。

母・千惠子が実家に里帰りして出産したので鳥取生まれとなったが、育ったのは京都市で、市立第三錦林《きんりん》小学校から市立岡崎中学へと進んだ。

沢田研二には美空ひばりのような、「幼少期から歌がうまく近所で評判だった」というような伝説はない。小学校の音楽の授業では、楽器とペーパーテストは苦手だったが、歌はうまいと自覚していた。

歌が好きだったのは、母の影響でもあった。母はよく流行歌を歌っていたのだ。それを聴いていたので研二も歌うようになる。しかし、その母も息子を歌手にしようとは考えていない。むしろ、「映画俳優になれ」とよく言われたという。それは、父・松雄が若い頃に映画俳優を目指していたからかもしれない。目指すだけあって、写真を見ると、なかなかハンサムな人だ。

松雄は鳥取県の農家の二男として生まれた。二〇一九年に一〇〇歳になったと報じられているので、一九一九年生まれと思われる。二男は家督を継げないため、京都へ出て俳優を目指し、衣笠貞之助《ていのすけ》の内弟子になり、一時は夫婦で衣笠の家に同居していた。

衣笠貞之助は新派の女形から映画俳優になった人だが、一九二二年（大正一一）から監督もするようになり、翌二三年には監督専業となった。二六年から京都の松竹キネマと提携し、多くの作品を撮っていた。なかでも、歌舞伎の若女形《わかおやま》から映画へ転じた長谷川一夫（当時は林長二郎）とは、彼のデビュー作をはじめ、多くの映画を撮った。沢田松雄は、その衣笠の下でスチール写真を撮っていた。

沢田研二は一九七七年刊の石原信一による聞き書きの『ザ・スター　沢田研二』で父についてこう語っている。〈兄貴よりもはでな顔をしていたぼくをみて役者にしようと思ったというから、オヤジが自分の夢を息子にあずけたことになる。〉〈タンスに大事にとっておいた古いスチール写真を大事そうに並べては、これが林長二郎だ、などと現役時代のオヤジの活躍ぶりをヒザに抱きあげて聞かせた。〉

林長二郎は一九三七年に松竹から東宝へ移籍したときに、芸名を本名の「長谷川一夫」にする。松雄は「林長二郎」と呼んでいるので、彼が衣笠のもとにいたのは長谷川の松竹時代（一九二七〜三七）ということだろう。

戦争が始まると、松雄は身長が低かったので徴兵検査では不合格となったが、徴用で京都府舞鶴市にある第三海軍火薬廠《しょう》研究所へ行かされた。映画の仕事をしていたので、写真の技術があったからだ。戦後は薬の卸し問屋の仕事をし、二男の研二が生まれた。

沢田研二が直接師事したわけではないが、父とゆかりのある映画人、衣笠貞之助と長谷川一夫の二人が、女形出身なのは興味深い。沢田は「ジュリー」という女性名のニックネームで呼ばれ、ファッションやメイクにも「女性的」要素があった。つまり衣笠貞之助・長谷川一夫の系譜に位置するわけで、これは偶然なのだろうか。

ザ・タイガースの初期の曲を作曲したすぎやまこういちは、沢田研二に初めて会ったときの印象を〈何か妙な色気を感じましたよ〉〈目がよかったなあ。長谷川一夫以来の目だなんて、みんなでいってね〉と語っている（「ヤングレディ」一九七四年八月一九日号）。また阿久悠はまだ沢田の曲を書く前の一九七三年に〈歌舞伎の女形という感じがする。目のくばり方ひとつで色気を出せる役者は、長谷川一夫をおいて他にいなかった。まあ無理して捜せば林与一。それ以後は沢田研二までいないんじゃないかな〉と語っている（『すばらしい世界』）

母が研二に「映画俳優になれ」と言っていたのは、父の果たせなかった夢を託したかったからなのは、明らかだ。「自叙伝」では、

〈いま思えば、僕の母親というのは、女らしいというか、おしゃれとか、そういう興味、あこがれが強かった。そのころだったら俳優というのは、ほんとうにあこがれの存在でしょう。なりえないもの、スターというものを夢見ていたのかもしれないな。〉

と語っている。当時の男の子は丸刈りがほとんどだったが、母は研二を、「慎太郎刈り」のような髪型にさせ、洋服もハイカラなものを着せていたという。

歌がうまく、俳優としても秀で、ハイカラな衣装をまとう沢田研二の本質は、母が夢見て準備させたものでもあったのだ。さらに、沢田研二が醸し出していた「女性」性とでもいうべきものは、父が師事した元女形の衣笠貞之助から間接的に伝わったものなのかもしれない。沢田

家には、そういう異質なものを許容する、いまでいう多様性を認める雰囲気があったのではないか。

父が映画の仕事を経験し、母が芸能の世界に憧れていたという家庭環境は、沢田研二にも、芸能界を身近なものとさせた。少なくとも、「芸能界なんてとんでもない」という家庭環境ではなかった。そして、高校も授業に出て来なくても、とやかく言わない校風だった。

京都の四人組

かくして——まるで運命の糸に導かれるように、一九六五年夏、沢田研二は「田園」へ行き、そして、ステージに立ち、歌っていた。

「自叙伝」では詳細を語ってはいないが、番長から「俺の姉貴の彼氏がバンマスだから、歌えるように紹介してやるよ」というような話があったと思われる。そのバンマス、林嘉明はこう語っている。

〈「田園」で初舞台を踏ませたところ、いつもに似ず、ステージ度胸はいいし、はげしい動きはあるし、とてもはじめてとは思えないほどでした。〉（「女学生の友」一九六九年一月号）

沢田自身は自分の初ステージを「自叙伝」でこう振り返っている。

〈マイクを通して鮮明に聞こえたときには、自分の声じゃないと思った。もっと甘く聞こえた

んですよね。〉〈恥ずかしかった。こんな声じゃない、どこか違うと。甘くなくて、もっと渋いはずだと。〉

沢田研二はこのとき、自分の声が甘く聞こえると認識したのである。

バンマスにも認められたのだろう。沢田は「田園」でバンドボーイ、通称「ボーヤ（坊や）」の仕事をすることになった。楽器の運搬、買い物から靴磨きまで、全メンバーの個人的なあらゆることまでやらされる使い走りだ。バンドのなかで最下層に位置するが、ヴォーカルの三番手か四番手として、歌わせてもらえた。だが、出番は少ない。

その「田園」の常連客のなかに、岸部修三（岸部おさみ、後に岸部一徳）、人見豊（瞳みのる）、森本太郎、高橋克己（加橋かつみ）の四人組がいた。後のザ・タイガースのメンバーである。以後は彼らの芸名で記す。

沢田研二を含め、彼らはいわゆる「団塊の世代」に属す。後に加わる、岸部の弟・四郎（岸部シロー）を含め、生年月日を記せば、

瞳みのる　一九四六年九月二二日
森本タロー　一九四六年一一月一八日
岸部おさみ　一九四七年一月九日
加橋かつみ　一九四八年二月四日

沢田研二　一九四八年六月二五日
岸部シロー　一九四九年六月七日
学年では、瞳・森本・岸部が同じ、加橋がひとつ下、沢田がさらにひとつ下となる。
森本と瞳は仁和《にんな》小学校の同級生、北野中学で岸部も一緒になり、とくに瞳と岸部は同じクラスだったので親しくなった。沢田は同じ京都市でも、第三錦林小学校・岡崎中学校で、三人とは学区が異なる。
岸部ら三人は中学を卒業すると、高校は別になった。岸部は京都市立伏見工業高等学校建築科へ、森本は立命館高等学校へ進んだ。
瞳は家計の事情で小学五年生から新聞配達、中学生になると牛乳配達をしており、高校は京都府立山城《やましろ》高等学校の定時制へ進み、働きながら学んでいた。京都は日本共産党が強いところだったので、高校に入ると、民主青年同盟（民青）に入っていた時期もあった。しかしその後、創価学会に入る。
一九六三年、高校二年生になっていた岸部は、京都の四条河原町あたりで、瞳とばったり会った。京都は若者が遊ぶ地域は限られているので、こういう偶然はよくある話だ。二人は近くにあった「田園」へ踊りに行った。その日なのか、別の日かは不明だが、「田園」には森本もよく来ていたので、三人は再会し、以後毎週のように一緒に通うようになった。この頃、沢田研二はまだ中学三年生だ。

第四の男、加橋かつみが瞳の通う山城高校定時制に転校してきたのは、その翌年、一九六四年だった。加橋は大阪府堺市で生まれ、小中学校時代は教会の聖歌隊に入っていた。大阪工業大学高等学校（現・常翔《じょうしょう》学園高等学校）に進学したが、京都へ引っ越したため、京都府立山城高等学校の定時制に転校してきた。瞳によると、加橋とは学校の食堂で知り合い、〈ルックスもファッションセンスもよいので、岸部と森本に紹介して、一緒に遊ぶようになった。〉（瞳みのる『ロング・グッバイのあとで』）という。この時期を、瞳は、「自分は三年生で加橋は一年生」と記しているが、学年は一つ下のはずだ。記憶違いか、あるいは加橋は何らかの事情で一年遅れているのか。

三人が遊び友だちに加橋を加えたのは麻雀するのに四人必要だったからだという（二〇一三年九月二六日の『ザ・タイガースのオールナイトニッポン』）。だから五人目の沢田には麻雀を教えなかった。

四人が揃った一九六四年の二月、ビートルズ《抱きしめたい》が日本でも発売となり、「リヴァプール・サウンド」が上陸した。だが、まだ一部の者しかその新しさに気づいていない。一方で、「エレキ」は若者の間に定着しつつあった。ベンチャーズが来日するのは、六五年一月である。そして六四年四月に沢田は高校生になる。

バンド結成

一九六五年一月三日、岸部おさみの家に、森本太郎、瞳みのる、加橋かつみが集まった。その二日後の五日、四人は大阪フェスティバルホールでのベンチャーズと、寺内タケシとブルージーンズ、アストロノウツのジョイントコンサートへ行った。その会場で、大阪ビートルズ・ファンクラブ会長の森ますみという少女から、「自分たちでもやったら」とけしかけられた。四人はベンチャーズを聴いて、「やってみたい」と思うようになり、一〇日にバンド結成を決めた。森ますみはその後、彼らが結成するファニーズの後援会代表となる。

以下、タイガースとしてのデビューまでは、森本太郎の「タローのタイガース日記」(一九八二年五月発行「GS & POPS VOL.3」収録)をもとに、適宜補って記す。

四人は一月にバンド結成を決めたが試験もあるので、本格的な練習はまだ始まらない。春から、それぞれが楽器の練習を始めた。岸部と森本は三月で高校を卒業したはずだが、二人は進学も就職もした様子がない。瞳は定時制なので四年生になる。沢田は二年生だ。

四月二五日に、岸部・森本・瞳が卒業した北野中学の同窓会があり、三人はそれに出席し、余興ののど自慢では岸部が二位、森本が四位、瞳が残念賞となった。

四人が改めて集まり、初めて全員でレッスンをしたのは五月七日だった。森本の姉が日本舞踊の師匠をしていたので、その稽古場でレッスンをした。

スパイダース、レコードデビュー

五月一〇日、ザ・スパイダース《フリフリ》が発売された。後に、このレコードが世に言う「GS（グループサウンズ）ブーム」の始まりとされる。グループのリーダーは、田辺エージェンシーを設立する田邊昭知《しょうち》（以下、「田辺」）である。ロカビリー・バンド「スウィング・ウエスト」（ホリプロダクション創業者・堀威夫《たけお》がリーダー）のドラマーだった田辺は六一年に自分のバンドとしてザ・スパイダースを結成し、同年に井上堯之《たかゆき》と堺正章、六二年に大野克夫、六四年に井上順が加わった（他にも短期間在籍していたメンバーがいる）。かまやつひろしは田辺とは古い付き合いで、スパイダース結成時からゲストボーカルをつとめていたが、六三年に正式メンバーとなった。井上・大野・かまやつはタイガースより一〇歳前後上、堺と井上は同世代だ。

スパイダースはタイガースにとって当面の目標であり、後にライバルとなるが、さらに後に、井上と大野は沢田研二にとって最も重要な音楽仲間となる。

そしてもうひとり、沢田研二にとって最重要の作詞家もこのときにデビューした。《フリフリ》のB面《モンキーダンス》を作詞した阿久悠である。阿久は広告代理店・宣弘社に入り、コピーライター、CM制作をしながら放送作家の仕事もしていたが、六六年に退社してフリーとなる。

サリーとプレイボーイズ

五月一六日、森本はベンチャーズのコピーバンドの「バックビーツ」に所属していた西野純一に練習法などを聞いた。西野がバックビーツのメンバーの楽器を貸してくれたので、森本の家の稽古場や神社の境内で練習を始め、二八日にはバンドを結成してもいいと思えるまでに上達したので、バンド名を検討した。その場では決まらず、「サリーとプレイボーイズ」と決まったのは六月四日だった。岸部は背が高かったので、ロックの名曲《のっぽのサリー》から、「サリー」と呼ばれていた。女性名なのだが気にしていない。そして岸部がリーダーとなった。

六月九日には楽器の分担が、加橋がリードギター、森本がサイドギター、瞳がドラム、岸部がベースと決まった。さらに森本は会計も担当することになる。四人が最初にマスターしたのはベンチャーズ《パイプライン》で、この時点ではインストゥルメンタルバンドだった。

六月一八日、メンバー全員でミーティングを開き、今後の方針を話し合った。音楽的方向性もさることながら、各自で仕事を探すことになった。

定時制の四年生の瞳は、音楽を始めたためか親から勘当され、帰る家がなくなっていた。そこで音楽界の状況を調べるのと、何よりも収入と住む所を得るために大阪へ出て、「古谷たかしとザ・フレッシュメン」のバンドボーイになった。ここで働きながら、ドラムを教わる。このバンドは坂本スミ子のバックバンドで、東京での仕事も多く、東京では作家・川口松太郎が伝通院の坂下に建てた川口アパートに部屋を借りていた。そこには、俳優の石坂浩二や、作詞家の安井かずみも暮らしていた。

瞳はバンドボーイとして大阪と東京を行き来する生活を数か月、続ける。

七月二九日、岸部・森本・加橋の三人は、夜行列車で東京へ向かった。三〇日に東京へ着くと、三人は新宿や渋谷の音楽喫茶をまわった。遅れて出発した瞳とは、夕方五時に東京駅で合流した。八月二日に森本がひとりで先に京都へ帰り、岸部、瞳、加橋は六日に帰った。四人は東京での音楽視察で、ザ・ビートルズのような、ヴォーカルとバンドが一体となった「リヴァプール・サウンド」が主流となっていることを認識し、自分たちのバンドにもヴォーカルが必要だと話し合った。

沢田が「田園」でバンドボーイとして働くようになったのもこの頃だ。

沢田研二とプレイボーイズの出会い

秋になると、九月一五日に森本は立命館高校の文化祭のためにグループを結成し、一〇月一日の文化祭で演奏した。

一〇月一〇日、プレイボーイズとして「ゴショグルマ」でのダンスパーティーに出演したと「タロー日記」にはある。すでに瞳はフレッシュメンを辞めていたのだろう。

『ロング・グッバイのあとで』によれば、瞳は晩秋になって、メンバーから「早く京都へ帰ってこい」と言われたので、フレッシュメンを辞めた。彼としてはまだ学び足りないし、使い走りではあったがバンドの仕事が楽しくもあったので迷ったが、そもそも四人で音楽をやるつもりだったので、帰ることにした。このとき、フレッシュメンのピアニストからは「ロックなんていつまでもできるものじゃない。それよりジャズシンガーにならないか」と誘われた。

瞳は京都へ帰ったものの、勘当されているので住む家がなく、メンバーの家を転々としていた。やがて岸部の兄が京都大学の食堂の住み込みの皿洗いの仕事を探してくれた。

そんなある日、瞳と加橋は、「田園」の客の若い女性から、「サンダースの沢田研二がバンドを辞めたがっているらしい」という噂話を聞いた。二人は沢田が歌っているのを聴いたことがあったので、すぐに誰のことか分かった。

瞳は「田園」で歌っている沢田が〈歌が上手く格好もいいので、僕らグループのリード・ヴォーカルとして入れようという話になり〉と振り返り(『ロング・グッバイのあとで』)、加橋は、沢田を引き入れたのは自分だと語っている(岸部シロー『ザ・タイガースと呼ばれた男たち』収録のインタビュー）。

沢田も四人組を知っていた。話したことはないが、「田園」の常連客のなかで彼らは目立っていたのだ。「自叙伝」でこう語っている。

〈当時、アイビーとか、コンチとかがはやってて、そういうアカ抜けた格好をしてたんですよ。みんな背も高いでしょう。かつみなんかは、インテリぽかったしね。あんなところに遊びにくるのに、スケッチブックを持ってきたりね。わりと目立つ顔立ちで。うわぁ、すごいなあって思ってた。〉

一一月三日、サリーとプレイボーイズとして四人は初めて人前で演奏した。岸部の兄の結婚披露宴だった。ここに沢田も「出席」しているので、この時点で、すでにプレイボーイズに入らないかとの打診を受けていたと思われる。四人は二七日には関西経理学校のダンスパーティーにも出演した。

沢田が誘われたのは、一一月下旬に近所のシャンソン喫茶「凱旋門」で四人と沢田が会ったという説と、瞳がひとりで沢田に会ったという説がある。三日の結婚披露宴に出ているのだから、その前に打診があったと思われるので、最初、瞳がひとりで会い、下旬に四人で会ったのだろうか。

いずれにしても、沢田は即答しなかった。サンダースはプロなので、たいした額ではないにしろ、収入もあった。だが、瞳たちはまだ素人バンドである。将来性はまったく分からない。それなのに、沢田がその場で断らなかったのは、サンダースでの将来にも疑問を抱いていたからだろう。ボーヤ扱いなので雑務が多いし、ステージに立たせてもらえるが出番は少ない。何よりも、サンダースとは音楽への考え方でも相違があった。それはビートルズへの評価の点で明らかだった。

沢田が魅力を感じるビートルズを、サンダースの「大人」たちはばかにしていたのだ。だから、サンダースにいたのではザ・ビートルズの曲を歌うことはできない。それにサンダースではいつまでも最年少で、使い走りをさせられる。同年代の人間と一緒にやれば、そんなこともなくなるのではないか。

沢田のなかで、岸部たちのバンドへの魅力もさることながら、サンダースを辞めたいという気持ちが強くなっていく。

ザ・ファニーズ結成

一二月一七日、サリーとプレイボーイズは「ザ・ファニーズ」(以下、「ザ」は省略)と改称した。名付けたのは「ザ・リンド&リンダース」の高木和来だった。このバンドは一九六五年八月に結成された。「リンダ」という女性名だが、メンバーは男性ばかりだ。バンド名の由来は、イアン・フレミングの007シリーズ『カジノ・ロワイヤル』に登場する女性の名で、リーダーの加藤ヒロシがこの小説を読んで気に入っていたからだった。

リンド&リンダースの高木から「ザ・ファニーズ」という名を付けてもらったわけだが、それまでのバンドで一般的だった「バンマス名とグループ名」という形ではなく、シンプルなものとなったのは、リーダーのいないメンバー全員が平等という主張があるのかもしれないし、単に「ザ・ビートルズ」や「ザ・ローリング・ストーンズ」の真似をしただけかもしれない。

バンド名をファニーズとした一二月一七日、四人はバックビーツとともに、京都タワーホテルでクリスマス・ダンスパーティーを開催した（一二日に開催という説もある）。数日前にパーティー券二千枚分の売り上げ金が盗難にあってしまい、当日券を必死で売って、穴埋めしたという。

このダンスパーティーでは沢田も一緒にステージに立って、ビートルズ・ナンバーを数曲歌った。沢田は加入するかどうかを決めるために、試しに一緒にやってみたのだろう。そして何らかの手応えを感じたはずだ。

沢田はサンダースを辞めることにし、バンマスに「辞めて、ファニーズへ入る」と告げた。さらにファニーズについて「バンド・メンバーが日本一になると言うてます」と言うと呆れられた。この時点でファニーズが日本一のバンドになるとは、当人たちも思っていなかっただろう。

沢田は高校へは行かなくなっていたので、これを機に退学すると決め、両親に伝えた。母は「留年してもいいから続ければ」と言ったが、父は「お前、やめるのか」の一言だけだった。〈芸能界のことをまったく知らない人間でもなかったから、まあ、成功するとは思わなかっただろうけれども、やりたいならやらしてみようというような感じだったんじゃないですかね。〉と「自叙伝」では父の心中を察している。高校の担任も「学問だけが人生じゃない。自分の個性を生かせ」と言ってくれたという（「女性自身」一九六八年三月二五日号「沢田研二を追った438日」）。

こうして――一二月二四日、沢田研二は鴨沂高校を退学した。「自叙伝」では、夏休みの出来事のように語られているが、一二月である。夏以降、学校へは行かなかったので、彼としては、夏に退学したという気分なのだろうか。

ファニーズ、人気急上昇

年が明けて一九六六年一月一日、沢田研二のファニーズ参加が正式に決定し、三日に岸部の家に五人が集まった。

五人のなかで生活がかかっているのは瞳みのるだった。やるからにはプロとしてやりたい。

瞳はマネージャーを買って出て、営業を始めることにした。

一九六六年一月一日時点で、瞳みのる・一九歳、森本太郎・一九歳、岸部おさみ・一八歳、加橋かつみ・一七歳、沢田研二・一七歳だった。

一月三日のミーティングでは、どこへ売り込みをかけるかを話し合った。地元の京都はジャズ喫茶やダンス喫茶の数が限られており、それぞれ専属のバンドも決まっているので、新規参入は難しい。行くなら大阪だ。その売り込み先に彼らが選んだのは、ナンバ一番だった。

瞳は翌四日に大阪へ向かい、ナンバ一番のオーディションを申し込み、一六日と決まった。

その前日の一五日、先輩バンドにあたるリンド&リンダースが姫路の映画館「国際キネマ」でコンサートを開くので、ファニーズはその前座として出演することになった。楽器はリンド&リンダースから借りた。客はほとんどいなかったが、ギャラは五人合計で一万円——六六年の大卒初任給は約二万五〇〇〇円なので二五日働いたとして、一日一〇〇〇円だ。一人当たり日当二〇〇〇円は割のいい仕事かもしれない。だが、それが毎日あるわけではない。

一六日のナンバ一番のオーディションで、ファニーズはデイヴ・クラーク・ファイヴ《Do You LOVE Me》とビートルズ《I Saw Her Standing There》を演奏した。倍率は四〇倍だった。

二月一日、合格が決まり、ファニーズは週に二回（土日以外）、一日に一回三〇分のステージを五回演奏することになった。ギャラは五人で一日七〇〇〇円だ。

初出演は二月一〇日である。前年のベンチャーズのコンサートで知り合った、大阪ビートルズ・ファンクラブの森ますみが楽屋を訪ねてくれ、デビューを喜んでくれた。彼女は二日後の一二日に、京都会館でファニーズのファンクラブを結成した。

ファニーズは人気が出て、土曜・日曜にも出させてもらえるようになり、ギャラも日給から月給になり五人合計で一〇万円になった。ひとり二万円なので大卒初任給にはまだ達しない。

四月二八日に、スパイダースが大阪厚生年金会館でコンサートを開き、ファニーズのメンバーも聴きに行った。彼らはスパイダースのファンクラブの会員だったので、メンバーと会うことができ、「タロー日記」には、〈初めてスパイダースの井上孝之さんと話をした。僕たちにやさしく声をかけてくれた事が印象に残った。僕たちも、はやくスパイダースに負けないグループになろうと誓い合った〉とある。

スパイダースの井上堯之（当時は「井上孝之」）は、一九七六年三月のインタビューでこう語る（『ザ・スター』収録）。

〈前列から五、六番目に沢田は座っていた。／「おまえはバンドをやっているのか⁉」／ステージの上からぼくは沢田に声をかけた。光っていた。持って生まれたスター性が激しくぼくを刺激し、声をかけずにはいられなかった。沢田研二との初めての出会いであった。〉

五月一〇日、京都音協主催の京都会館での「全関西ロックバンド・コンテスト」にファニーズは参加し、ローリング・ストーンズ《サティスファクション》を演奏して優勝した。その賞金五万円でユニフォームを作った。

五月一四日、ファニーズは大阪西成区のアパート明月荘に三部屋を借りて、全員で合宿生活を始めた。大阪と京都の往復の交通費だけでもばかにならなかったのだ。家賃は一部屋三〇〇〇円から四〇〇〇円、部屋割りは、沢田と森本、岸部と瞳、狭い部屋に加橋となった。

この頃にはファニーズのファンクラブは三〇〇名前後にまでなっていた。

六月一日、沢田と森本は東京へ行き、銀座のジャズ喫茶ACB《アシベ》でのスパイダースのショーを見て、リーダーの田辺昭知と会った――「タロー日記」にはこうあるのだが、沢田が二〇一三年の『オールナイトニッポン』で明かした話とは微妙に異なる。ACBで田辺に会ったのは、ビートルズ公演を見に東京へ行った時だというのだ。となると、六月三〇日前後である。

沢田はこのように語っている――森本を除く四人と、岸部の弟・シローの五人は六月二九日の夜行で東京へ向かった。三〇日のビートルズの来日公演へ行くためだ。この上京時に、五人は銀座ACBへスパイダースを聴きに行き、楽屋に田辺を訪ねた。スパイダースのプロダクション、スパイダクションの小野から「田辺から話がありますから」と言われていたので、声がかかるのを待っていた。だが、田辺は沢田たちを見ても何も言わない。

このときの銀座ACBには内田裕也もいた。沢田の記憶では、内田が田辺に「こいつら、東京に呼ぶんじゃないだろうな」などと声をかけ、田辺は「いやいや」と言葉を濁し、沢田たちのところへきて、「君たち、バンドやってるのか、がんばれよ」と声をかけてくれたが、それだけだったという。

沢田の回想によれば、小野から「田辺から話がありますから」と言われたのは、銀座ACBが二度目で、その前にファニーズがナンバ一番で演奏していたとき、小野が沢田に名刺を渡し、「うちに来ないか」と打診した。さらに、「今度、田辺が大阪へ来ますので、ぜひ会っていただきたい」とも言われた。沢田がメンバーに伝えると、「いよいよ東京か」と盛り上がる一方で、「スパイダースのプロダクションに入ったら、スパイダースより上にはいけないのではないか」という話も出たという。かなりの自信である。

この最初の打診があった後、ビートルズを聴きに東京へ行った際に、小野からの二度目の打診があったことになる。だが、田辺は彼らのことを何も知らないようだった。小野は独断でファニーズを勧誘し、田辺には話を通していなかったのだろうか。

スパイダースは当初はホリプロダクションに属していたが、田辺は六六年五月にスパイダクションを設立していた。もっとも事務所はホリプロに間借りしており、まだ完全な独立をしたわけではない。田辺が田辺エージェンシーを設立するのは七三年のことだ。

このスパイダクションからの話と同時期に、東邦企画のプロデューサー上條英男も、ナンバ一番でのファニーズを見て、沢田に「うちに来ないか」と声をかけた。だが上條が求めているのは沢田と森本と岸部の三人だけだったので、沢田は「五人一緒でなければ嫌です」とその場で断った。上條が後に説明するには、ドラムとリードギターはすでにいたので、必要がなかったという。

内田裕也からの誘い

「タロー日記」によると、六月一八日（ビートルズ公演の前）に、ファニーズはナンバ一番で、内田裕也がヴォーカルをつとめるブルージーンズと共演している。内田から「東京へ来て、一緒にやらないか」と誘われたのが、この時だというのだが、他の史料と食い違うところもある。

内田裕也はバンドボーイをしていたが五九年に渡辺プロに所属し、同年に日劇ウェスタン・カーニバルでデビューし、いくつものバンドを渡り歩き、六二年からは寺内タケシとブルージーンズにヴォーカリストとして参加していた。内田はブルージーンズとナンバ一番へ行ったときにファニーズを知った。自伝的な本『俺は最低な奴さ』でこう語っている。

〈ポール・リヴィアとかストーンズとかビートルズのやつをやってて、面白れぇなと思ったんだよ。／バランスも良くてさ、サリーとタローのでっかいのがバーンと電信柱みたいに左右にいて、真ん中にちょっと下がって加橋かつみがああいうソプラノみたいな声出して、ドラムのピーっていうのが、チャーリー・ワッツとリンゴ・スター混ぜたみたいな感じで、それで沢田はリードヴォーカルなのに出過ぎずに、キラキラっとした目をしてさ、フォーメイションのバランスがすごく良かったんだ。その後あんなふうにビッグスターになるとは、夢にも思わなかったけどね。／音楽だから音が一番なんだけど、俺、やっぱバンドってフォーメイションとかルックスがとても大事だと思うんだよね。だからフォーク嫌いなんだよ。なんかよお、ブスと言い訳みたいなやつらばっかりだからさ。／で、ちょっと面白いなあと思って二回聴いたんだ、ツー・ステージ。〉

そして、宿泊していたロイヤルホテルのコーヒーショップに五人を呼んだという。

〈「お前ら、東京に来る気あるか?」って言ったら、「いやぁー」って一応カッコ付けてんだけども、それはもう行きたいって感じだよね。沢田は落ち着いていたから、「いや、まぁ、あの」とか言ってんだけどさ、「わかった、沢田、全部俺に任せるか?」って言ったら「任せます」って言って別れたわけだ。〉

どの関係者も、沢田が常に「全員一緒」にこだわっていたことを証言している。最後にメンバーに加わった沢田が、このグループに最も愛着を抱いていたのだ。

沢田の記憶が正しいのであれば、六月に、スパイダクションの小野と、東邦企画の上條から、相次いで誘われ、さらに内田からも誘われ、六月三〇日のビートルズ公演のための上京時に、ACBで田辺、内田と会った――ということになる。このとき、内田が田辺に「こいつらを東京へ呼ぶのか」と脅すように言ったのも、内田としては「俺が呼ぶつもりだ」という思いがあったからだとなる。

そうなると、「タロー日記」の「六月一日に沢田と森本がACBで田辺に会った」という記述と矛盾する。「タロー日記」には、六月にロイヤルホテルで内田と会ったことは書かれていない。

ようするに、タイガース誕生前後のことは、はっきりしないことも多い（「タロー日記」もタイガース解散から一〇年以上が過ぎた八二年に、リライトされて公開されたもの）。

さて――内田から誘われたものの、その後は何の連絡もなかった。もし六月一八日にナンバ一番で声をかけられたのであれば、三〇日の銀座ACBで会ったときに、「あの話はどうなったでしょう」とでも言えばいいのだが、そうした様子もない。

内田の『俺は最低な奴さ』によれば、ロイヤルホテルで五人に「東京でやるか」と言ったものの、自分はすぐに動くタイプではないため、しばらく何もしなかったという。

八月二二日から二四日、ナンバ一番では「ファニーズ・ショー」が開かれた。それだけ人気が出てきたのだ。

自信を得たファニーズは東京進出、すなわち「芸能界」進出を本気で考えるようになっていた。スパイダクションの話は立ち消えたし東邦企画は五人全員ではないので、残るのは内田裕也のルートだ。しかし、内田からは何の連絡もない。そこで、こちらから東京へ出向いて内田と会うことになり、五人を代表して瞳が東京へ向かった。

出発前の九月四日に、ファンクラブの森ますみの協力で、プロモーション用の写真を撮った。それを持って瞳が東京へ行くのだ。瞳の『ロング・グッバイのあとで』によれば、東京へ行き、原宿の交差点の所にあった焼肉店「八角亭」で内田と会い、「東京へ呼ぶ」と言ってもらったという。

「タロー日記」では、九月一二日に内田がナンバ一番へ来て瞳と会い、「東京へ出てこないか」と言われ、一四日にロイヤルホテルで全員が内田と会い、その話を確認したとある。

内田が紹介すると言った「東京のプロダクション」とは、芸能界最大手の渡辺プロダクションだった。

渡辺プロダクションの成り立ち

ここで――ザ・タイガースと、ソロになってからの沢田研二が所属していた渡辺プロダクシヨンのそれまでの歴史を記す。

沢田研二の幸運と不運のすべては渡辺プロにあると言っていい。一九六〇年代の芸能界において「ナベプロ帝国」として絶大な権力を持つ芸能事務所に所属していたからこそ、タイガースも沢田研二もスターになれた——これは事実である。そして、それゆえに、タイガースも沢田も実力がありながらも、「売れているのはナベプロのおかげ」とされ、正当な評価を得られなかったのもまた事実だ。渡辺プロは彼らのために資本を投入したが、その何十倍も回収した。見方を変えれば搾取した。それがタイガース崩壊の遠因ともなる。

何よりも、沢田研二も他のメンバーも団塊の世代特有の反骨精神がありながらも、芸能界最大の事務所の庇護下にあるという矛盾を抱えることになった。

渡辺プロダクションの創業者・渡邊晋（以下、「渡辺」）は一九二七年に東京で生まれた。父は日本銀行に勤めていた。「日銀マン」となると現在もそうだが、当時はかなりのエリートである。しかし、晋の父は戦争中には満州に派遣され、その地で敗戦を迎えたため戦後は公職追放の身となった。

晋は一八歳の年に敗戦を迎え、早稲田大学法学部に入学したものの、父が職を失い病に倒れたため仕送りも途絶え、学費が払えなくなった。一九五一年、学業を諦め、とりあえず「食べる」ため、音楽の道へと進んだ。進駐軍を相手にするクラブでジャズを演奏するバンドに入り、ベーシストとして演奏していたのだ。この「進駐軍バンド」こそが、戦後の芸能界の母胎だった。

ベーシストとしてスタートした渡辺晋は、やがてマネジメントの仕事に関心を持ち、また自分の才能をその分野に見出す。当時の音楽業界はどんぶり勘定で、ミュージシャンたちはその日暮らしだった。芸能事務所の大半は有名歌手の個人事務所で、複数の芸能人を抱えてマネジメントをする企業は、まだ存在していない。だが、戦後の復興と共に娯楽産業は急成長していた。渡辺は芸能を近代的ビジネスに発展させようと考えた。

その渡辺の公私ともにパートナーとなる女性が、曲直瀬《まなせ》美佐だった。

美佐は横浜で製箱業を営む曲直瀬家の八人姉妹の長女として生まれた。一家は空襲で全焼したため宮城県登米郡登米町へ疎開し、敗戦を迎えた。父・正雄は仕事を失ったが、母・花子は英語が堪能だったため、仙台のアメリカ軍基地の通訳として働くことになった。花子は基地内のナイトクラブがミュージシャンを探していると知ると、東京や横浜のミュージシャンを連れて来る仕事を請け負った。曲直瀬家は芸能の仕事をするため「オリエンタル芸能社」（後、マナセプロダクション）を設立した。

美佐は日本女子大学に入学していたが、両親の仕事を手伝うようになった。東京や横浜のナイトクラブをまわり、これはというミュージシャンがいると交渉して、仙台へ送っていた。女子大生だったこともあり、美佐は進駐軍バンド業界では有名になっていった。

美佐と渡辺晋が知り合ったのは、一九五一年だった。やがて二人は一緒に仕事をするようになり、さらには私生活でもパートナーとなり、一九五七年六月に有限会社渡辺プロダクションを設立した。この年公開の石原裕次郎主演『嵐を呼ぶ男』で北原三枝が演じるマネージャーは美佐がモデルである。また、三島由紀夫も美佐をモデルにして小説『恋の都』を書いている(「主婦之友」一九五三年八月号から五四年七月号に連載、九月に新潮社より発行)。彼女は「時代の最先端を行く女性」として輝き、文化人たちからも注目されていたのだ。もっとも、内田裕也は美佐の初対面での印象を「生意気な女性だった」と語っている(『ありがとうございます』)。

一九五〇年代も後半になると、進駐軍も去ってしまい、ジャズのブームも終わろうとしていた。経営は厳しくなったが、渡辺プロは専属ミュージシャンに月給制を導入した。仕事があってもなくても定額の給料を払ったのである。後に、この月給制が不満で独立していくタレントも出てくるが、当時のミュージシャンたちはこの新制度を喜んだ。不安定だった彼らの生活が安定したからである。経営者である渡辺夫妻にとっては、仕事のないミュージシャンにも月給を払い続けるわけだから、大きな経済的負担となった。だが、いつまた彼らが必要になるか分からないので、囲い込む必要があったのだ。

日活の『嵐を呼ぶ男』は一九五八年の正月映画として五七年一二月二八日に封切られ、大ヒットした。そして二月八日、日劇ウェスタン・カーニバル（「ウエスタン・カーニバル」とも表記されるが、渡辺プロの社史に準じる）が始まると大成功し、「ロカビリーブーム」が到来した。ブームを仕掛けた渡辺プロと美佐の名は広く知られるようになった。

テレビと渡辺プロ

日劇で成功したウェスタン・カーニバルは、その後、新宿コマ劇場、大阪・北野劇場といった東宝系の大劇場でも開催される。その客層は一〇代の女性だった。マスコミは少女たちの狂騒ぶりを批判的・揶揄的に報じ、ロカビリーの歌手たちは「不良少年」、ファンは「非行少女」だと決めつけた。後のGSブームと同じ構図がここにある。

一九五九年四月、渡辺晋と美佐は有限会社だったプロダクションを株式会社渡辺プロダクションに発展させた。また、一九五五年三月に二人は正式に結婚した。

株式会社にしたのはテレビ局と仕事をするためだった。二人は、ウェスタン・カーニバルも一過性のブームと判断しており、さらなるビジネス拡大のためにテレビへの進出を考えて、外見をつくろうために株式会社とした。

テレビという新しいメディアでは、それにふさわしい新しい感覚のタレントが求められるはずだった。それがどんなタレントなのかは、まだ誰にも分からない。

そんな時期、渡辺晋と美佐が全国に張り巡らせていたアンテナに、名古屋のレストランで歌っていた「伊藤シスターズ」という双子の姉妹が引っかかった。

伊藤シスターズは渡辺晋にスカウトされ上京し、五九年二月に「第二回・日劇コーラスパレード」で歌手として初舞台を踏んだ。それまで渡辺晋がマネジメントしてきたのは、すでに歌手・ミュージシャンとなっていた者で、素人をスカウトしてデビューさせたのは、伊藤シスターズが初めてだった。本名・伊藤日出代と月子の二人は「伊藤エミ」「伊藤ユミ」という芸名をもらい、「ザ・ピーナッツ」として、四月に《可愛い花》でレコードデビューした。さらに六月一七日から放映が始まったフジテレビの音楽番組『ザ・ヒットパレード』のレギュラーにもなった。この番組は、渡辺プロが制作費を全額負担していたので、新人を押し込むことができた。中学時代の沢田研二は、この番組だけは毎週欠かさず見ていた。

一九五九年は「皇太子ご成婚」の年で、四月のパレードを見ようと、テレビが飛躍的に普及した年だ。民放は、一九五三年の日本テレビ、一九五五年のTBSに続いて、五九年二月にNET（現・テレビ朝日）、三月にフジテレビが放送を始めた。

テレビ時代到来と同時にデビューしたのがザ・ピーナッツであり、ブレイクしたのがハナ肇とクレージー・キャッツだった。彼らは一九五九年三月にフジテレビ開局と同時に始まったコメディ番組『おとなの漫画』にレギュラー出演し、人気が出た。

この番組のディレクターが椙山浩一《すぎやま》だった。後の作曲家すぎやまこういちである。すぎやまこういちは現在では『ドラゴンクエスト』の音楽で知られる。少年時代からレコードでクラシック音楽に親しみ、作曲家を志していたが、音楽大学へ入れず東京大学に進学した。卒業後、文化放送に入ったが、五八年に開局準備中のフジテレビへ移った。

すぎやまはアメリカのラジオのヒットパレード番組をテレビでできないかと考えた。日本の歌手が日本語でアメリカン・ポップスを歌い踊る番組だ。しかし、ラジオ的だとの理由で却下された。そこで渡辺晋に相談すると、「企画制作・渡辺プロダクションとタイトルテロップを出してくれれば、出演者・バンド・アレンジ一切を渡辺プロで提供する。制作費も出す」と提案された。フジテレビ上層部もこの企画を採用し、五九年六月一七日に『ザ・ヒットパレード』が始まった。

この企画は、先に渡辺晋が考え日本テレビに提案したが、却下されていたものだった。そこへ、すぎやまから相談されたので、何食わぬ顔で、こういう案はどうかと提案したのだ。

一九六一年になると、NHKが四月から放映する『若い季節』に、渡辺プロ所属のハナ肇とクレージー・キャッツ、伊東ゆかり、中尾ミエ、園まりが出演するようになった。さらに同年六月から日本テレビで放映される『シャボン玉ホリデー』は渡辺プロが制作し、ザ・ピーナッツとクレージー・キャッツがメインのレギュラーとなった。伊東・中尾・園の三人は、六二年四月から六三年九月まで放映されたフジテレビの『森永スパーク・ショー』にも出て「スパーク三人娘」と呼ばれる。美空ひばり・江利チエミ・雪村いづみに次ぐ、「三人娘」である。

渡辺プロは芸能人のマネジメントだけではなく、テレビ番組の制作という、まさに「プロダクション」業務の会社になった。初期のテレビ局は人材不足だったので、それを渡辺プロダクションが補った面もあった。

番組制作を請け負えば、自社のタレントを優先的に出演させることができた。渡辺プロ所属のタレントはテレビに出ることで顔と名前を売り、知名度を上げ、レコードも売れるようになっていく。そうした人気タレントが出る番組は視聴率もよく、テレビ局も儲かる。持ちつ持たれつの関係が築かれていった。

渡辺プロの新戦略

一九六六年当時の渡辺プロは新しい音楽、エレキバンドを強化する必要があった。

「グループサウンズ」という言葉がメディアに登場するのは六七年になってからで、少なくともレコード会社やプロダクションが、そう名付けて売り出したものではないようだ。一般にはまだ「エレキバンド」と呼ばれていた。それがタイガース登場と前後して、「グループサウンズ」（GS）という新たな音楽ジャンルに命名される。そのGSにスパイダースもくくられたので、遡って、一九六五年五月《フリフリ》が「GSの最初のレコード」という歴史的位置づけとなる。

スパイダースは六六年前半ではまだブレイクはしていないが、九月に《夕陽が泣いている》がリリースされ、公称一二〇万枚の大ヒットとなる。

そこで渡辺プロもこの新分野に力を入れることになる。すでに三月にジャッキー吉川とブルー・コメッツが《青い瞳》の英語版をリリースしていた。これは洋楽のカバーではなく、メンバーのひとり井上忠夫が作曲し、橋本淳が作詞した日本の曲だ。それなのにあえて日本語の詞を英語にしたのは、レコード会社の社内事情による。

日本コロムビアからリリースされる曲は専属の作詞・作曲家が書くと決まっていた。これは他のレコード会社も同様だ。だが、井上も橋本も専属ではない。そこでコロムビアの洋楽部門の「CBS」から出すことになったが、社内から「洋楽のCBSから日本語の歌を出すのはおかしい」との声が出て、仕方なく英語にした。専属の作詞・作曲家たちが既得権を守るために、フリーランスの作詞・作曲家を排除しようとしていたのだ。だが《青い瞳》は一〇万枚のヒットとなったので、七月に日本語盤も出すと五〇万枚の大ヒットとなる。

作詞者の橋本淳は詩人・児童文学者の与田凖一の子で、小説家になるよう育てられ、中学生時代に本も出していたという。しかし青山学院大学在学中に小説は挫折し、何をしようかと思っていたとき、同級生から「兄の友人」であるすぎやまを紹介された。すぎやまから、いきなり「明日までにこの楽譜に歌詞をつけて」と言われ、作ってみると採用され、弟子になった。作曲家が作詞家を弟子にするという関係である。

渡辺プロが持つもうひとつのバンド、ブルージーンズは、六月のビートルズの武道館公演の前座に選ばれていた。ところが警備の都合で、演奏が終わると楽屋に閉じ込められ、肝心のビートルズを聴くことができないと知って、メンバーの加瀬邦彦はブルージーンズを辞めた。しかし渡辺プロは辞めず、新たにザ・ワイルド・ワンズを結成していた。グループ名の命名者は加山雄三で、初仕事は七月三〇日だった。

のちに作曲家・音楽プロデューサーとして沢田研二を支える加瀬邦彦は慶應義塾に幼稚舎から入り、高校一年の年に大学二年生だった加山雄三と出会い音楽の影響を受け、プライベートでも親交を深めた。大学在学中の六一年にバンドを結成し、ホリプロダクションに入ると、かまやつひろしらと「キャノンボール」を結成したが、ホリプロの指示で六三年にスパイダースに入った。しかし三か月後に寺内タケシの誘いで、ブルージーンズに移った。

加瀬邦彦のワイルド・ワンズのデビューが決まった頃、渡辺プロに内田から「大阪にいいバンドがいる」との情報がもたらされた。

オーディション

話を戻すと——内田裕也はファニーズに連絡を取らなかったが、忘れていたわけではなかった。渡辺プロの中井國二とその上司の池田道彦に、「大阪に面白いのがいる」と話した（二人をナンバ一番へ連れて行ったという説もある）。

中井はこの年に美術系大学を卒業して渡辺プロに入社したばかりだった。デザインの仕事をしたくて入ったが、中尾ミエのマネージャーをした後、ポピュラー音楽歌手を統括する池田の班に編入された。

軍司貞則『ナベプロ帝国の興亡』では、一〇月に中井と内田がナンバ一番へ行き、ファニーズを聴いたとなっている。中井は彼らをスパイダースやブルー・コメッツと比べて、若さと勢いで優ると感じた。とくにヴォーカルの沢田には粗っぽいが心を摑む何かがあると感じ、「イケる」と判断し、池田にそう報告した。

一〇月九日、渡辺プロから制作部長・松下治夫と中井が大阪へ来て、ナンバ一番でファニーズを採用するかを決める正式なオーディションをした。内田と尾藤イサオ、チャーリー石黒も審査員として同席した。演奏が終わると、松下はその場で契約の話をした。

審査員ではないが、橋本淳もその場にいた。すぎやまこういちが多忙で行けないので、橋本を代理として送ったという。

この時点ではファニーズの面々は何も知らないが、渡辺プロ内部では、すぎやまが曲を作り、橋本が作詞することが内定していた。すぎやまは渡辺晋から直接、「すべてを任せたいグループがいるので、よろしく頼みます」と依頼されていた。デビュー曲だけでなく、当面はすべての曲を任せるという話で、すぎやまにとって初めてのことだった。

契約

一〇月二一日、渡辺プロからファニーズに対し、正式に採用したいと連絡があった。二四日（二六日説、二八日説もある）、中井たちが宿泊していた京都の祇園花見小路の菊梅旅館で、渡辺プロとの正式契約が調印された。メンバーはみな未成年だったのでそれぞれ親が立ち会い、岸部の父がまとめ役となって、契約書に署名した。沢田の両親は渡辺プロに入ることにすぐに賛成してくれたが、森本太郎の母が大学進学を望んでいたので猛反対し、その説得に時間がかかったという。

契約時の月給は六万円（五万円説もある）で、東京での合宿所の家賃も渡辺プロが出すという条件だった。大卒初任給の倍以上になる。ナンバ一番では五人合わせて一〇万円、ひとり二万円だったから、その三倍だ。異論は出なかった。むしろ、そんなにもらえるのかとの思いだった。この時点では、ファニーズも渡辺プロダクションも、彼らが何億円も稼ぐとは思っていない。

この時点で、「ファニーズ」として渡辺プロと契約していれば、また別の展開があったのかもしれないが、彼らは一人ひとり個別に渡辺プロと契約した。加瀬によると、ブルージーンズでは、グループとして契約し、月給もまとめてもらったものを分け合ったが、ワイルド・ワンズはメンバーひとりずつが契約したというので、ファニーズもそれにならったことになる。渡辺プロは、この時点で、グループで契約するよりも一人ひとりと契約するほうが得策だと判断していたことになる。

この契約について、内田裕也は『俺は最低な奴さ』では〈いつの間にか京都で親と契約しちゃったって言うのよ、渡辺プロが。松下氏か誰かが行ったと思うけど、京都に行ってなあ、泊まっていた旅館に親を集めて、サインさせて、それはねぇよな。いまだとキレてるよな、「てめぇら、この野郎」って。〉また、『ありがとうございます』でも、〈「冗談じゃねえ」って、ちょっとキレたけどね。〉と記している。

内田の思惑とは異なる形で沢田研二たちは東京へ向かい、芸能界へ入ることになったのだ。

二九日と三〇日、ナンバ一番では、「ファニーズさよなら公演」が開かれ、約六〇〇人のファンが集まった。誰かがすすり泣きすると、それが会場中に広がり、ステージの五人も泣きながら歌った。最後の曲は、《蛍の光》だった。

一一月三日には観光バス一台を借りて、大阪から京都までファンを乗せて、京都府立植物園で「ファニーズお別れ会」が開催された。

一一月九日、ファニーズは京都駅から新幹線で東京へ向かった。駅にはファンも見送りに来た。沢田の父は、五〇〇〇円札を餞別だと息子に握らせた。

東海道新幹線の開通は一九六四年だが、いまのように誰もが乗れるものではなかった。特急料金が高いので、沢田たちが東京へ行くときは、いつもは夜行列車だった。彼らにとって初めての新幹線だった。瞳は日本共産党の民青に入っていたこともあったが、この時期には創価学会に入っており、静岡で下車して大石寺《たいせきじ》に寄った。そのため、京都を出た時はひかり号に乗ったのに、名古屋で全員がこだま号に乗り換えたらしく、東京まで時間がかかった。

キャンティ

ファニーズの、瞳を除く四人は一一月九日に東京に着いた。東京駅で四人を出迎えたのは内田裕也という説と、マネージャーになる中井國二とその上司の池田道彦という説がある。三人で迎えたのかもしれない。

内田によると、東京駅に着いた彼らを、まっすぐに原宿の喫茶店フランセへ連れて行き、夜は麻布飯倉片町のレストラン「キャンティ」へ連れて行った（『ありがとうございます』）となるのだが、「タロー日記」には東京駅からまっすぐに渡辺プロが用意した、世田谷区烏山の合宿所へ行ったとある。

常識的に考えれば、中井たちが出迎え、東京の地理に詳しくない四人を烏山へ連れて行ったと思うのだが、あるいは中井・池田に、内田も同行していたのかもしれない。いずれにしろ、東京に着いた日かその数日以内に、内田が彼らをキャンティへ連れて行ったのは、間違いない。

キャンティは一九六〇年に開店した、日本で最初の本格的なイタリアン・レストランだった。創業者の川添浩史・梶子夫妻は文化・芸術のパトロンとしても知られ、キャンティは作家・映画人など著名人が常連客だった。そのなかに渡辺美佐もいた。

内田が彼らを初日にキャンティへ連れて行ったのは、東京で最高にして最先端の店へ連れて行くことで、自分たちはスターの一員になるという自覚を持たせたかったからだという。

ファニーズを見て、川添梶子は内田に「裕也さん、この子たち、きっとスターになるわよ」と言った（『ありがとうございます』）。

瞳が烏山の合宿所に合流した翌日の一二日に、五人はポリドール・レコードのオーディションを受け、専属が決まった。

瞳は合宿所時代についてこう振り返る（『ロング・グッバイのあとで』）。

〈生活は楽しかった。二十四時間僕らに付いていたマネージャーの中井国二さんは生活面での指導が厳しく、多くの決まりを作った。また各自、生活面での役割を分担した。中井さんは渡辺プロに入社したばかりの新入社員で、やる気に満ちており、全てにおいてかなり強引であったが、僕らは何故か喜んでそれに従った。

一日のスケジュールは、東急目蒲線（現・東急目黒線）沿線にある音楽の先生の自宅へ行ってコーラスの練習、新橋・内幸町にある渡辺プロのスタジオで踊りのレッスン及び楽器演奏が主なものであった。

合宿生活では、僕らは個々様々にぶつかり合った。ときに口論から殴り合いの喧嘩になるようなこともあった。また音楽面でも互いに譲らず、二、三日、口をきかない日もあった。〉

命名

そして一五日、内田がすぎやまこういちに頼み込んで、フジテレビの『ザ・ヒットパレード』に出演することになった。生放送ではなく録画で、三〇秒しか出番はなかった（四〇秒、一分という説もある）。

すぎやまはフジテレビの社員として『おとなの漫画』や『ザ・ヒットパレード』を担当していた。そのかたわら、コマーシャルやポップスの作曲もするようになったので、六五年四月に退社し、以後はフリーのディレクターとして、『ザ・ヒットパレード』を担当していた。六六年は本格的に作曲家へ転身しようと考えていた時期でもあった。

『ザ・ヒットパレード』の収録が始まる直前に、ファニーズは「ザ・タイガース」と改名した。大阪・京都ではファニーズとして人気があったのに、その名を捨ててまったく別の名にしたのである。本人たちの意思ではなく、渡辺プロの松下がファニーズではパンチがないと考え、すぎやまに名前を考えてくれと頼んで、つけてもらった。

ファニーズという名ではダメだということは、メンバーや内田にも伝えられていたので、内田裕也は「スティングレー」「TR（トライアンフ）5」「ジャック・ワイルド」などを考え、その他、五人が考えていた名として、「ジャック・イン・ザ・グリーン」「ジャック・ストーン・ステイ・グレイ」などもあった。しかし、それらが検討された様子もなく、いきなり、すぎやまによって「ザ・タイガース」と決められてしまった。

「タイガース」の由来は、関西なので阪神タイガースにちなんだからと言われているが、別に彼らが熱心な阪神ファンだったわけではない。すぎやまが、関西＝阪神タイガースと連想したに過ぎない。もっとも、すぎやまは、「彼らの動きです。トラとかヒョウを思わせる敏捷な動きからタイガースにした」と説明している（『グループサウンズ文化論』収録の対談）。ビートルズもそうだが、モンキース、スパイダースなど生物の名を付けるのが流行っていたからであった。そしてトラかヒョウなら、関西だからトラだとなったのだという。

いずれにしろ、五人には「タイガース」でいいかどうかを考える時間もなく、拒否権もなく、一方的に決まった。瞳は〈全員がこともあろうにこんなバンド名をという表情を一瞬浮かべたが、一言も異議を唱える余地はなかった。天の声のように従わざるを得なかったのだ。〉と振り返っている（『ロング・グッバイのあとで』）。

「タイガース」という名を受け入れたことから、五人は与えられた曲を演奏し、与えられた仕事をしていく生活が始まった。このとき抵抗していれば、また別の道があったのかもしれない。

タイガースと決まった場には内田裕也もいて、この名にはがっかりし、すぎやまが勝手に決めたと怒っている。この時点で、渡辺プロと内田との間でタイガースをめぐる主導権争いが始まっていた。両者の関係は微妙だ。内田はヒット曲があるわけでもなく、渡辺プロにとってはお荷物だった。そのアウトロー的な生き方は、タレントを管理したい渡辺プロとの間で軋轢を生んでいた。内田は『ありがとうございます』で自虐的に〈（渡辺プロは）はっきり言って、オレのことは認めてなかった。給料はもらっていたが、生活できないほどの薄給で、ほったらかしだ。〉〈その頃のオレはヒット曲もない、人気もない、金もない。ないない尽くしでやけくそでやっていた。〉と語っている。内田はタイガースと組むことで、状況を打開しようとしていた。五人は、内田を渡辺プロとの仲介役だと思っていたかもしれないが、内田は自分のバックバンドとして彼らを渡辺プロに入れたのである。

タイガースのマネジメントは、ジャズ喫茶などでの興行は内田裕也、レコードとテレビ出演は渡辺プロという分担になっていた。だが、『ザ・ヒットパレード』への出演は、内田が強行したものだったようだ。渡辺プロが動かないので、しびれをきらしたのだろう。

『ザ・ヒットパレード』でタイガースが演奏したのは、アメリカのバンド、ポール・リヴィア&ザ・レイダーズ《キックス》で、前述のように三〇秒だけだった。「期待の新人」ではなかったのだ。

ザ・ピーナッツの記者会見

加瀬邦彦のワイルド・ワンズは、タイガースより少し先に結成されていた。同じ渡辺プロだったので、二つのグループはボーカルトレーニングも練習のスタジオも同じで、すぐに親しくなった。沢田は当時を〈ぼくらタイガースは、渡辺プロダクションよりのびのびと手足を伸ばしてデビューした。頭の上がつかえるような似かよった歌手がいなかった。ワイルド・ワンズは同じグループサウンズでもちがったタイプであった。〉と、一九七六年に振り返っている(『ザ・スター』)。

一一月五日、ワイルド・ワンズ《想い出の渚》がリリースされ、公称一〇〇万枚突破の大ヒットとなる。

一一月一五日に収録された『ザ・ヒットパレード』は二二日に放映され、その翌日の二三日、タイガースは新宿ACB《アシベ》に出演した。ブルー・コメッツが出演できなくなり、急遽、代役として出ることになったのだ。内田裕也はスケジュールが合わず、彼らは単独で出演した。昼の部で一ステージ二五分だった。無我夢中だった。沢田は〈なにをやったんだか、覚えてないですよ、ほとんど。〉〈ウケたのかどうかも……。〉〈ただ、すいてたのだけは覚えてます。〉と「自叙伝」で語っている。

次に、タイガースは大阪へ向かった。二六日に大阪梅田観光ビルで開かれた渡辺プロダクションの記者会見のためだった。といって、タイガースのための記者会見ではない。「ザ・ピーナッツがアメリカへ行き、『ダニー・ケイ・ショー』に出演した」ことを報告するもので、同番組の試写もした。そして「ザ・タイガースご挨拶」として、メンバーが紹介され、何曲か演奏も披露した。

当然、ザ・ピーナッツの二人も出席しており、これが後に結婚する沢田と伊藤エミとの初対面のはずだ。ザ・ピーナッツは五九年のデビューなので八年目である。渡辺プロのトップスターであり、デビューしたてのタイガースのメンバーたちから見れば、雲の上の人だった。会見は渡辺美佐が仕切った。

ザ・ピーナッツは一九六六年に二度渡米して『エド・サリバン・ショー』『ダニー・ケイ・ショー』に出演した。ザ・ピーナッツだけではない。ジャニーズも渡米しており、帰国は翌年一月なので、この時期は日本にいない。スパイダースも一一月は二〇日間のヨーロッパ公演に出ている。ジャニーズ、スパイダースの留守中にタイガースは芸能界へ登場したのだ。

タイガースのデビュー・シングル《僕のマリー》は、一二月一日にレコーディングされた。渡辺プロが用意していたのはコミック・フォークソング《夜霧のガイコツ今晩は》だったが、マネージャーの中井が土下座して、変えてもらったという。

《僕のマリー》はこの時点では「マリーの想い出」というタイトルで、作詞は橋本淳、作曲はすぎやまこういち。四日にはB面になる《こっちを向いて》をレコーディングした。

タイガースのメンバーたちは、ロックをやろうと思っていたのに、もらった曲が歌謡曲だったのでがっかりした。内田は〈カッコいいバンドでやろうとしたのに「僕のマリー」ってなんだよ、「すぎやまの野郎、てめぇ」ってなっちゃって。〉（『俺は最低な奴さ』）と、四〇年が過ぎてもまだ怒っている。しかし〈結果的にはあの路線で良かったんだろうけど〉と認めて、〈俺だったらあんなふうにさせないよ。もっと難しいのばっかやってたよ〉と言うが、〈はっきり言って、裏切り行為だよ、背信行為っていうかよお。俺が見付けて連れてきてさ、こっちは契約のケの字も知らねぇよ。〉という気分だった。

タイガースに限らず、GSのバンドはみな、ライヴでは洋楽のロックがメインでも、レコードとテレビでは歌謡曲を歌わされることになり、この矛盾を引きずっていく。そしてこの矛盾が、彼らの音楽的評価が低い理由となる。

新宿ACBへデビュー

一二月三日、タイガースは新宿ACBに「内田裕也とザ・タイガース」(「内田裕也とファニーズ」という説もある)として出演し、ワイルド・ワンズと共演した。

このとき内田の主導で五人の芸名と愛称が決まった。バンドのメンバーに愛称を付けるのは一種のきまりだった。岸部修三は「岸部おさみ」となり、愛称は以前からの「サリー」、人見豊は「瞳みのる」(みのるは本人の希望)で愛称は以前からの「ピー」、森本太郎はそのままで愛称も「タロー」、高橋克己は内田によって「加橋かつみ」とされ、愛称はトッポ・ジージョに似ているので「トッポ」。

内田は「沢田研二は学級委員みたいだ」と言って「沢ノ井謙」という名を付けたが、沢田は拒否し、本名のままとなった。では愛称はどうするか。マネージャーがいくつか言うが、ぴんとこない。そこでジュリー・アンドリュースが好きだったので、「ジュリー」としたことになっている。「自叙伝」によると、ジェリー藤尾が好きだったからだとも明かしている。その日のステージでいきなり「ジュリーです」と言って、そのまま定着した。

サリーやピーはファニーズ時代からの愛称だったので、メンバーもそう呼んでいたが、ジュリーとトッポはACBで決まった名で、メンバーたちはステージ以外では、誰も沢田をジュリーとは呼ばない。

サリーもジュリーも、ファニーも女性名である。男性なのに女性名を名乗るのは、今ならばジェンダーフリー的なのだが、当時はそんな概念すらない。沢田もそれが女性の名だという意識はなく、カタカナ名でかっこいいという程度の思いだったという。

新宿ACBの一二月のスケジュール表が沢田の「自叙伝」に収録されている（彼が保存しておいたのだろう）。それを見ると、表紙に、「ザ・タイガース登場」と写真入りでこう紹介されている。おそらく、タイガースが活字になった最初である。

まず編成として、〈ヴォーカル、リードギター、リズムギター、ベースギター、ドラム　沢田研二　加橋かつみ　森本太郎　岸部修三　瞳みのる〉とある。これが印刷されるのは一一月中のはずなので、三日の本番で芸名が決まったというのは、おかしい。三日に決めたのは愛称ではないだろうか。古田久と署名のある紹介文は以下の通りだ（明らかな誤植は直した）。

〈CXTV（フジテレビ）の『ザ・ヒットパレード』にレギュラーキャストとして抜擢されて「ザ・タイガース」が登場します。命名は同ディレクターの「すぎやまこういち」。大阪の某所に出演中の所を渡辺プロによってスカウトされ上京したもの。平均年令一八才。グラモフォン・レコードに即日入社決定。来春早々にレコーディング予定。音楽的な指導を杉山浩一、宮川泰の両氏に師事。今後は杉山、宮川路線に沿った曲を唄っていく方針。

写真で御覧の様にまだ幼ない面影の残っている甘さが何とも云えない感じで、それがステージに上ると独特の雰囲気と少年っぽさがユニークな魅力を形造っている。演奏よりもコーラスを主体としたリヴァプール・スタイルをとっている所は他と同じだが、とりわけ唄が上手い。発掘のキッカケをつくった内田裕也がゲストで加わりステージをリードすることになっているが、彼のたくみなショウアップによって面白いものになりそうだ。先輩達が数有る中で今後どの様な活躍をみせてくれるか楽しみだ。〉

「杉山」は「椙山」が正しいが、あるいは当時はこう表記していたのかもしれない。

スケジュール表では三日の夜に「ザ・タイガース　当店初出演　ゲスト内田裕也」とある。この夜の部では、いかりや長介とザ・ドリフターズも出演している。『8時だョ！全員集合』が始まるのは三年後の六九年一〇月だ。ワイルド・ワンズは昼の部となっている。だがワイルド・ワンズと共演したと双方が語っているので、昼の部にも出たのかもしれない。

想い出の渚

ワイルド・ワンズは《想い出の渚》が一一月五日に発売され、大ヒット中だ。彼らを目当ての客でいっぱいだったので、タイガースはいきなり満員の客を前にして演奏することになった。前回はブルー・コメッツの代役で客席は空いていたので、大違いだ。沢田は「自叙伝」で懐かしそうに語る。

〈ワイルド・ワンズが出てたんで、お客さんがワーッといっぱいなんですよ、彼ら目当ての。だから僕らにもプレッシャーがかかって、今度は裕也さんもいっしょですからね、彼にもプレッシャーがかかって、もう冷汗タラタラで。なんかトチリでもしたら、楽屋に帰って、テメェラ、バカヤロウとかと言われるんじゃないかと思ったけど、一言も、そういうのがないの。ほんとに、いい意味での運動部のキャプテンみたいな、頑張ろうよな、練習しておけよ、みたいな、そんな感じで、思ってたよりずっと優しくてね。優しくきちんと見ていてくれる。だから、ほんとに、いろんな意味で、裕也さんに、一流のというか、そういう教育をされたように思う、着るものの趣味にしたってね。本当にいろいろ教わりました。〉

共演したワイルド・ワンズの加瀬は、このときの沢田の印象をこう記している。

〈新宿「ＡＣＢ」でのタイガースの初ステージを見るまでの沢田研二は一番口数が少なく、目立たない存在だった。しかし、ひとたびステージで歌いだすと豹変した。／口では説明できない不思議なオーラを感じた。今まで見たことのないタイプのシンガーで、客席全体に彼のエネルギーが行きわたる感じがする。そんな彼を含めたタイガース全体からくるパワーは、僕たちワイルド・ワンズとは全然違ったものがある。関西と関東の違いなのか？／ワイルド・ワンズは、四人仲よく楽しく肩を組んでやっていきましょうといったタイプ。それに対して、タイガースは一人一人に個性があり、それぞれ俺はやったるでぇ、といった五人が一つに固まった感じがする。〉（加瀬邦彦『ビートルズのおかげです』）

タイガースは三日に新宿ACB、四日の昼間に《こっちを向いて》のレコーディングをして、夜は池袋のジャズ喫茶「ドラム」に出演した。

こうして——一九六六年が暮れていった。沢田研二がファニーズに加わると決めてから一年にして、彼らはとりあえず芸能界で歩みだすところにまで到達していた。

一九六六年の歌謡界

ここで一九六六年の歌謡界の状況を確認しておこう。

当時は「御三家」と呼ばれた橋幸夫、舟木一夫、西郷輝彦の全盛期にあたる。御三家のうち西郷はタイガースと同世代だし、渡辺プロの先輩になる布施明と森進一も同世代だ。布施は前年の六五年に《君に涙とほほえみを》でデビュー、森は六六年六月に《女のためいき》でデビューしたばかりだった。

渡辺プロダクションが擁するタレントは、バンドグループは一六で、トップにハナ肇とクレージー・キャッツ、以下いかりや長介とザ・ドリフターズ、ザ・ワイルド・ワンズ、ジャッキー吉川とブルー・コメッツ、寺内タケシとブルージーンズなどがいる。ジャニーズもまだ渡辺プロ所属の扱いで、コーラスグループのなかにいた。

女性歌手のトップはザ・ピーナッツ（伊藤エミ、伊藤ユミ）で、以下、「ナベプロ三人娘（スパーク三人娘とも）」の伊東ゆかり・中尾ミエ・園まり、梓みちよ、木の実ナナ、奥村チヨなど二三人、男性歌手は内田裕也、尾藤イサオ、森進一、布施明ら一八人、演技者として藤田まこと、なべおさみ、大信田礼子らといった布陣である。また加山雄三は映画俳優としては東宝の専属だったが、作曲家・弾厚作は、渡辺音楽出版と著作権契約を結んでいた。

「レコード大賞」はこの年が第八回で、一二月二四日に発表され、TBSが授賞式を放映した。視聴率は一三・五パーセントと、まだ全国民が注視するイベントではない。大賞は橋幸夫《霧氷》だった。作曲賞のマイク真木《バラが咲いた》は、作詞・作曲は歌謡曲の浜口庫之助だが「フォークソング」と銘打たれた。また加山雄三《君といつまでも》は、作詞は岩谷時子だが、作曲は弾厚作こと加山雄三自身で、シンガーソングライターの時代が到来しつつあった。

1966年　第8回 日本レコード大賞（視聴率13.5％）

日本レコード大賞

「霧氷」橋幸夫
作詞：宮川哲夫　作曲：利根一郎　編曲：一ノ瀬義孝

歌唱賞

「絶唱」舟木一夫

新人賞

荒木一郎（「空に星があるように」）
加藤登紀子（「赤い風船」）

作曲賞

浜口庫之助　「星のフラメンコ」（西郷輝彦）/「バラが咲いた」（マイク真木）

編曲賞

森岡賢一郎　「君といつまでも」（加山雄三）/「逢いたくて逢いたくて」（園まり）

作詩賞

岩谷時子　「逢いたくて逢いたくて」（園まり）/「君といつまでも」（加山雄三）

特別賞

加山雄三

企画賞

東芝音楽工業
「にほんのうた」　歌手：デューク・エイセス　作詞：永六輔　作曲：いずみたく

童謡賞

「オバケのQ太郎」（石川進）

ＮＨＫ『紅白歌合戦』には渡辺プロから、紅組にザ・ピーナッツ・伊東・中尾・園・梓の五組、白組にクレージー・キャッツとブルー・コメッツの二組と加山雄三が出演した。視聴率は七四・〇パーセントだった。

この年のタイガースは「レコード大賞」にも「紅白」にも無縁である。しかし、年が明ければ、日劇ウェスタン・カーニバルに出演することが決まっていたし、二月にはレコードが発売される。それがどんな狂騒をもたらすかは、まだ誰も知らない。

1966年　第17回 紅白歌合戦（視聴率74.0%）

紅組		白組	
中尾 ミエ	ア・テイスト・オブ・ハニー	西郷 輝彦	星のフラメンコ
田代 美代子	ここがいいのよ	島 和彦	雨の夜あなたは帰る
九重 佑三子	ディディンド・ディンドン	アントニオ古賀	その名はフジヤマ
笹 みどり	下町育ち	山田 太郎	幸福はこだまする
日野 てる子	道	ダーク・ダックス	銀色の道
倍賞 千恵子	おはなはん	坂本 九	レッツ・キッス
畠山 みどり	どさんこ一代	北島 三郎	函館の女
岸 洋子	想い出のソレンツァーラ	立川 澄人	イエスタデイ
青江 三奈	恍惚のブルース	城 卓矢	骨まで愛して
三沢 あけみ	サガレン小唄	井沢 八郎	さいはての男
金井 克子	ラバーズ・コンチェルト	**ハナ肇とクレージー・キャッツ**	チョッと一言多すぎる
島倉 千代子	ほんきかしら	春日 八郎	波止場で待ちな
江利 チエミ	私だけのあなた	橋 幸夫	霧氷
園 まり	夢は夜ひらく	舟木 一夫	絶唱
吉永 小百合	勇気あるもの	**加山 雄三**	君といつまでも
ザ・ピーナッツ	ローマの雨	**ジャッキー吉川とブルー・コメッツ**	青い瞳
越路 吹雪	夢の中に君がいる	アイ・ジョージ	夜のストレンジャー
都 はるみ	さよなら列車	三田 明	恋人ジュリー
伊東 ゆかり	愛はかぎりなく	デューク・エイセス	君の故郷は
水前寺 清子	いっぽんどっこの唄	村田 英雄	祝い節
朝丘 雪路	ふりむいてもくれない	バーブ佐竹	ネオン川
梓 みちよ	ポカンポカン	マイク真木	バラが咲いた
こまどり姉妹	幸せになりたい	和田弘とマヒナスターズ	銀座ブルース
西田 佐知子	信じていたい	フランク永井	大阪ろまん
美空 ひばり	悲しい酒	三波 春夫	紀伊国屋文左衛門

司会
紅組＝ペギー葉山　　白組＝宮田輝アナウンサー
人名の**太字**は渡辺プロ（グループ会社を含む）（8組）

第二章　GSブーム　1967年

ウェスタン・カーニバルへ登場

一九六七年、ザ・タイガースの五人は渡辺プロダクションが用意した寮で新年を迎えた。実質的にはこの一九六七年がタイガースの最初の年であり、グループサウンズ・ブームが沸き起こった年でもある。

タイガースは元日の午後から新宿ACBに出演した。そして一五日からの第三一回・日劇ウエスタン・カーニバルに出演することが決まっていたので、一〇日にそのレッスンが始まった。ウエスタン・カーニバルへの出演は内田裕也が押し込んだもので、内田と尾藤イサオのバックの演奏をする形での出演だ。二人の時間を削って、タイガースだけで《モンキーズのテーマ》をアレンジした《タイガースのテーマ》を演奏した。二一日まで続いたウエスタン・カーニバルでは、日に日に、タイガースへの歓声が増えた。

沢田研二は「自叙伝」で、一九六七年を二ページにわたって語っている。

〈裕也さんが全部根回ししてくれたんですね。「ウェスタン・カーニバル」では、もう第一楽屋を使える人だったですから、裕也さんは。演出家の人たちとも親しかったし、それで尾藤イサオさんと裕也さんのバックもやるという条件で、トリ前に出してくれるという話をつけてくれたんです。これも裕也さんの政治力ですよ。〉

〈そのときは裕也さんから、挨拶の仕方からなにもかも教わった。まず舞台事務所まで行って挨拶して、次にはどこへ行ってなにをしてと、そういうことからはじまって、出番の三十分前には着替えて並んでいろ、練習はこういうふうにしろ……と、全部アドバイスしてくれた。それで一週間かな、続けてやったんですけど、一週間のあいだに声援がどんどんふえていくの。〉

〈ジュリー！　だとか、声がかかると、こりゃウケてるなみたいな……。その「ウェスタン・カーニバル」に出たあとは、ジャズ喫茶は毎回、満員でした。〉

ウェスタン・カーニバルの衣裳は自分が作ったと内田裕也は言う。〈あいつらにベロアの金ボタンが付いたタキシードみたいなやつね、それを上下であつらえて。俺、ああいうゴージャスっぽいのも結構好きなんだよ。誰が金払ったかよくわからないんだけど、俺、ほとんどツケだから。ネクタイも蝶タイ締めさせたのよ。みんな黒いブーツで、Hey! Hey! We are the Tigers! って足上げげんだよ。／モンキーズのテーマをタイガースにして。そしてもう一曲なんかのメロディーで二曲。〉（『俺は最低な奴さ』）

1967年のレコード（すべてザ・タイガース）

2月5日	**僕のマリー**	作詞：橋本淳、作曲：すぎやまこういち
	こっちを向いて	作詞：橋本淳、作曲：すぎやまこういち
5月5日	**シーサイド・バウンド**	作詞：橋本淳、作曲：すぎやまこういち
	星のプリンス	作詞：橋本淳、作曲：すぎやまこういら
8月20日	**モナリザの微笑**	作詞：橋本淳、作曲：すぎやまこういち
	真赤なジャケット	作詞：橋本淳、作曲：すぎやまこういち
11月5日	**LP《ザ・タイガース・オン・ステージ》** 8月のコンサートのライヴ盤	

沢田もこの時の衣裳について、〈黒のタキシードで、蝶ネクタイして、ほかの連中よりカッコよかったのかもしれない。〉と語っている。衣裳は内田も同じものを着ており、「内田裕也とザ・タイガース」としての出演だった。

演出としては、奈落から上がってくるようにし、このせり上がりは一〇〇回以上リハーサルをしたと『ありがとうございます』で内田は語るが、これはいくら何でも、話を盛っているだろう。

沢田は彼にとって最初のウェスタン・カーニバルを「自叙伝」でこう語る。

〈（スパイダースの他に）布施明さんも出てたね、二、三回。それ以外にはワイルド・ワンズでしょう、シャープ・ホークスでしょう。あとアウト・キャストだ、渡辺プロだったから、僕たちと同期の。ブルー・コメッツもいるしね。もう完全にグループ・サウンズの時代になっていて、尾藤さんなんかが出ると、ちょっと声援の種類が違うみたいな感じがあったね。〉

アメリカから帰ってきたばかりのジャニーズも出演していた。ジャニー喜多川とジャニーズは前年秋に渡米し、一月五日に帰国したので、渡辺プロがタイガースをデビューさせたことを知らなかった。喜多川はタイガースを見てショックを受けたようで、内田に「どこから見つけてきたのよ」と悔しそうに言った。〈沢田研二を見て「やられた」と思ったんだろう〉と内田は推測している（『ありがとうございます』）。

沢田は〈そのときは彼ら（ジャニーズ）はスパイダースより人気があった〉と振り返っているが、芸能界での数か月のブランクは一般社会の数年にあたると言っていい。ジャニーズが帰国したとき、すでに時代は変わっていた。スパイダースやワイルド・ワンズら、ヴォーカルとバンドが一体となったグループ・サウンズが席巻し、歌って踊れるが演奏はできないジャニーズは、古くなろうとしていた。

デビューシングル発売

タイガースはウェスタン・カーニバル出演で人気に火が点き、彼らのステージはACBなどのジャズ喫茶でも毎回、満員となった。

二月三日、タイガースは渡辺プロが制作を請け負っている日本テレビの『シャボン玉ホリデー』に出演した。この頃はまだ、テレビは渡辺プロが仕切り、ステージは内田という分担だ。

続いて二月五日、前年一二月にレコーディングしたタイガースのデビュー・シングル《僕のマリー》が発売された。B面は《こっちを向いて》で、これは岸部おさみがヴォーカルだった。タイガースのメンバーたちも、内田裕也も「歌いたいのはこれではない」との思いを抱いた《僕のマリー》は、セールスとしても成功したとは言いがたかったようだ。

レコードが発売されても、タイガースの活動の場は、ACBなどのジャズ喫茶がメインで、そこでは洋楽を演奏していた。テレビに出たことで、たちまちファンが増えていき、いつも満席になっていく。土曜・日曜には新宿と池袋に掛け持ちで出るようになった。ウェスタン・カーニバルで火が点き、テレビでそこに油が注がれる形で、タイガースはスターへの階段を駆け上っていく。

そうなると、渡辺プロダクションとしては、内田裕也が邪魔になってきた。

内田裕也、タイガースから離される

三月になって、次のシングル盤のレコーディングをした。タイガースのシングルは三曲をレコーディングし、そのなかからA面・B面を選ぶ。残りの一曲は、「幻の曲」となるという、贅沢な作り方だ。二枚目はA面が《シーサイド・バウンド》、B面が《星のプリンス》として、五月五日に発売される。

三月二五・二六日には大阪のナンバ一番に凱旋し、二日とも超満員となった。

四月からは『シャボン玉ホリデー』と『ヤアヤアヤング』（フジテレビ）へのレギュラー出演が始まった。

二枚目のシングル《シーサイド・バウンド》発売日の五月五日、第三回・日劇ウェスタン・カーニバルが始まった。前回よりも、出演時間は倍になった。沢田は「自叙伝」でこう振り返っている。

〈出ていると、タイガースに対する観衆の声援というのは、上のほうでキャーッという、そういうのですよ。ブルー・コメッツになるとウワーッと下からくるし、さらにスパイダースはギャーもワーッもウォーッもあるという。もう層が厚いのよ。キャーッを聞いてると自分たちもだいぶ人気がでてきたなあと思ってるんだけど、でもそのあとでスパイダースを横で聞いていると、ぜんぜん桁が違うんですよ。〉

タイガースの二回目の日劇ウェスタン・カーニバルのステージには、内田裕也はいなかった。内田は渡辺プロダクションから契約解除、つまりクビを宣告されたのだ。渡辺プロに内田の借金取りが押しかけたという金銭問題や、博打問題が理由とも伝えられるが、タイガースをどう売り出すかの方針の違いも一因だろう。渡辺プロとしては、ドル箱になりそうなタイガースの周囲に、危険な匂いのある内田を置いておくのは得策ではないと判断したに違いない。

〈オレ（内田）は他のメンバーとは一〇歳ほど年が離れていたし、音楽の方向もずれていた。まあ渡辺プロにとってはお荷物だったんだろうな〉（『ありがとうございます』）

そして〈このとき、内田裕也はほんとのロックンローラーだったね。東京にいてもしようがねぇ、よし、ヨーロッパへ行こうと思ったわけ。〉（『俺は最低な奴さ』）

こういう場合、後でもめないように、手切れ金を出すと思うのだが、「渡辺プロは一円も出さなかった」と内田は語っている。内田は借金して渡航費を工面した。キャンティの川添がパリで住まいを世話したと内田は語るが、それ以上の面倒をみたのではないだろうか。

内田が旅立つのはウェスタン・カーニバル前日の五月四日で、内田によると、昼間は神宮でタイガースと野球をし、羽田ではメンバーも見送ったという。

〈最後みんな手振ってね、あいつらには何の怨念もなかったよ。〉（『俺は最低な奴さ』）

沢田は「自叙伝」で内田がかかわったのは〈ジャズ喫茶と、最初の「ウェスタン・カーニバル」だけです。ただ、僕らにとって二回目の「ウェスタン・カーニバル」が、ちょうどレコードの発売と同じころにあったんですよ。そのときに《シーサイド・バウンド》もやったんですが、その衣裳は裕也さんが選んでくれたのを着て出たんです。海軍の服みたいな、詰襟の白の上下に金ボタン。なかはそれぞれ違うシャツを着て、黒いバックスキンのブーツかなにか履いて〉と語っている。

こうして――タイガースと渡辺プロダクションとを仲介し、最初の二回のカーニバルの衣裳を作り、彼らのイメージを確立させた、最大の功労者である内田裕也はタイガースの歴史から消えていく。しかし内田とタイガース、とくに沢田との友情はこの後も続く。

五月二六日から二九日には大阪の梅田コマで「ウエスタン・カーニバル」が開催された。六月になると、八月にリサイタルを開く話も出る。三枚目のシングルのレコーディングもあった。そのさなかの二五日、沢田研二は一九歳になった。

千歳烏山の合宿所へファンが押しかけ、周辺にも迷惑をかけるほどになっていたので、引っ越すことも決まる。

半年前には、ほとんど無名だった五人の青年たちは、スターになっていた。

ザ・テンプターズ

スターになったタイガースを追うのが、スパイダースの事務所、スパイダクションからデビューした「ザ・テンプターズ」だった。

テンプターズは一九六五年七月頃――岸部たちがバンドを作って半年ほど後、沢田がまだ参加する前――に埼玉県大宮市で結成された高校生バンドが前身だ。大宮西高等学校に通う高久昇（ベース）と田中俊夫（サイドギター）が練習を始め、そこに田中の小学校時代の同級生だった松崎由治（ギター）が加わった。当初のドラムスの市川がリーダーでもあった。ヴォーカルは女性だった。

後に沢田研二のライバルで盟友になる萩原健一は東京北区の私立聖橋《ひじりばし》中学校の三年生だった。沢田の二歳下になる。自伝『ショーケン』によると、六五年のある日、〈朝鮮高校（東京朝鮮中高級学校）の番長が仕切るパーティー〉でクローク係をしていると、テンプターズのヴォーカルの女性が「生理痛がきつくて歌えない」と言い出した、番長の指名で萩原が歌うと、好評だった。

〈パーティー会場にいるのは、ぼくの友だちばかり。不良仲間では最年少のぼくがいきなりステージに上がったものだから、それだけでウケた。ウケまくった。〉

知っている歌手の真似をするしかないので、寺尾聰のテディ・ボーイズやジュニア・ドンキーっていうバンドのヴォーカルを真似て、ビートルズ《マネー》、アニマルズ《悲しき願い》を歌うとウケた。

会場にいたのが友だちばかりだったからウケたのだと萩原は説明するが、実際にうまかったのだろう。萩原は、松崎からテンプターズに入らないかと誘われた。この時期については六六年三月という説もある。

リーダーの市川は、萩原の自伝によると「ベンチャーズ・フリーク」で、ヴォーカル・バンドを志向する松崎とソリが合わなかったところに、〈ベンチャーズをイモ呼ばわりしているオレが入ってくる。結局、そのリーダーはテンプターズをやめちゃった〉となり、ジュニア・テンプターズという弟分のバンドにいた大口広司がドラムスとなった。

萩原も正式なメンバーとなり、本名は「敬三」だが、「ショーケン」と呼ばれていたので、芸名は「健一」とした。

一九六六年四月、萩原は聖橋高校へ進学した。テンプターズは渋谷、赤坂、六本木、横浜などのジャズ喫茶に出演するようになり、人気も出てきた。一〇月に中川三郎ディスコティックのオーディションに合格し、専属バンドとなった。いくつかの芸能プロダクションがスカウトに来るようになり、そのなかにホリプロの「種芋」というマネージャーがいて、熱心だった。テンプターズはホリプロに入ろうと決めかけた。

そこに、スパイダクションを設立したばかりの田辺昭知が来て、メンバーを中華料理屋に連れて行き、ごちそうをふるまい、タクシー代だと言って一万円札を渡した（大卒初任給が二万四〇〇〇円前後）。松崎たちは田辺のスパイダクションに入ろうと決めたが、萩原はあまり気が進まなかった。〈目の前で札ビラをバッと切られて、目先の損得だけでそっちに行っちゃう感じがさ。／魂を売ってるようなもんじゃないか。〉と感じたのだ。

他のメンバーはスパイダクションに入ると決めたので、萩原も従い、契約した。月給はひとり三万円だった。タイガースは六万円なので半分だ。萩原は聖橋高校へと進学していたが、二年生になったところで中退した。

スパイダクション所属となってからの初ステージは五月一六日、池袋のドラムだった。六月一三日にはTBSの『ヤング720』に出演した。

タイガースの人気が急上昇しているときである。

突然の人気

七月、タイガースのメンバーは烏山の合宿所を出ることになった。二〇日、まず加橋かつみが出て、麻布飯倉へ引っ越した。キャンティのそばである。

続いて二三日に、残りの四人が新宿区四谷左門町の木造・二階建てのアパートへ引っ越した。この時点で五人一緒ではなくなる。左門町のアパートでは、六室のうち四室を借りて、沢田と岸部、瞳と森本、マネージャーの中井、森本の姉・勝子と岸部の姉・文子という部屋割りだった。姉たちが食事などの世話をした。だが、ここもすぐにファンに見つかってしまう。

引っ越し翌日の二四日にタイガースは関西へ行き、二四・二五日は西宮球場での「ナイター・コンサート」に出演し、二八日は大阪サンケイ・ホールでワイルド・ワンズと共演、二九日に姫路、三〇日に松山、三一日に神戸で公演、東京へ戻り、八月二日にはフジテレビの『ヤアヤアヤング』で来日していたベンチャーズと共演、六日に軽井沢での「真夏の夜の夢」コンサートに出演という忙しさだ。

沢田は〈急に人気が出て、曲も当たって、そうなってくると、突然眠れなくなったというか、眠る暇がなくなった。仕事の種類が、アイドル誌の撮影はあるわ、コマーシャルはあるわで。明治チョコレートのね。〉〈それから地方公演もやろうということになって仕事の種類も量も、いっぺんにドーンと……。〉と「自叙伝」で振り返っている。

岸部は後に当時をこう語る。〈デビューしてあっという間にあれだけの人気になったので、実際、何が起きたのか記憶にないぐらいです。何より、忙しい。どこへ行ってもファンに囲まれていたし、出演していたジャズ喫茶の新宿ACBから池袋ドラムに移動する時、交差点の信号を全部止めて警察が交通整理して、そこを僕らが移動するという時代でした。もし、そばで見ている人がいたら、どんどん生意気になっていったのが分かったと思いますよ。〉（稲増龍夫『グループサウンズ文化論』）

佐藤栄作首相の別荘へ

タイガースは八月六日に軽井沢での「真夏の夜の夢」に出演しているが、その前後に佐藤栄作首相の別荘へ連れて行かれた。

瞳みのるは『ロング・グッバイのあとで』に〈渡辺プロダクションが政治家とのパイプを重視していたからか、例年夏は、看板タレントが総理大臣の酒席に臨席していた。僕らザ・タイガースも招待された〉と記し、こう続ける。〈その席には、その後首相になった中曽根康弘氏もいた。当時佐藤内閣の閣外にあって、箱根辺りの勉強会で盛んに佐藤内閣批判を行っていたのに、渡辺プロ所属の芸能人を連れて佐藤栄作氏の私邸にまで来ているのだ。〉

中曽根は一九六三年に、渡辺晋が主導して結成した日本音楽事業者協会（音事協）の初代会長でもある。前年（六六年）に中曽根派を結成したばかりで、自民党内での佐藤批判の急先鋒だった。しかしこの佐藤邸訪問時に何らかの取引があったのか、一一月の内閣改造で運輸大臣として入閣し、世間を唖然とさせた。このときから「風見鶏」と呼ばれる。

渡辺プロが自民党の政治家と懇意にしていたのは、なぜか。それは同社の「月給制」（「月保証制」）が労働基準法や職業安定法に抵触する可能性があったためだ。当時の職業安定法では、労働大臣の認可を受ければ、美術・音楽・演芸その他特別の技術を必要とする職業は紹介事業をすることができたが、その紹介料の上限は一〇パーセントと定められていた。三〇〇万円のギャラの公演であれば、事務所が取っていいのは三〇万円で、二七〇万円は歌手に渡さなければならない。

しかし、一割ではプロダクションや芸能事務所は儲からない。そこで渡辺プロは、歌手に仕事を紹介して手数料を得るのではなく、興行会社からはコンサートを、テレビ局からは番組制作を請負うという形を編み出した。こうすることでプロダクションは興行会社やテレビ局から「歌手の出演料」をもらうのではなく、「企画・制作」料をもらうことになる。そのなかに歌手への出演料も含まれるが、それがいくらかは、発注側（テレビ局など）には分からない。プロダクションと歌手は、「対等の立場」で契約した条件であれば、月給制であろうが日給制であろうがいくらであろうが、職業安定法にも労働基準法にも抵触しない――こういう仕組みだ。

とはいえ、ＮＨＫなどは渡辺プロに制作を外注していないので、労働基準局がその気になって査察に入れば違法行為はあったはずだ。だが、行政は「その気」にならない。その気になって査察に入っても「上から」の声で止められるだろうという雰囲気があったからだ、その雰囲気は、渡辺夫妻が佐藤栄作や中曽根康弘と親しいイメージを振りまくことで醸し出されていた。そして、それに所属タレントたちは利用されていた。

モナリザの微笑

八月二〇日、タイガースの三枚目のシングル《モナリザの微笑／真赤なジャケット》が発売された。このときから、衣裳は〈飯倉にある「ベビードール」っていうところで、作ってもらうようになったんです〉と沢田は語る。

ベビードールはレストラン「キャンティ」のオーナー、川添梶子のブティックで、キャンティの建物の一階にあった。川添梶子に衣裳を依頼したのは、渡辺美佐である。川添は「別冊近代映画」六七年一一月号のインタビューで〈タイガースの衣裳は、ユニフォーム、私服ともデビュー以来ずっとわたくしどもがお作りしています〉と答え、最初に来たのは〈沢田さんとかつみちゃん〉で、去年の暮れに「僕たちの衣裳を作ってください」と頼まれたと語っている。ということは、内田が作ったという衣裳も、実際にはベビードールが作ったのだろうか。川添が加橋を可愛がっていたことは「かつみちゃん」と呼んでいることからも分かる。

川添の説明では、《モナリザの微笑》のための黒のミリタリー・ルックは〈ハイ・ネックの襟元に鎖の首飾り、鋲を打ったベルト、まっ白のエラスチックのスキー・ズボン〉だった。何でも、ある雑誌社の懸賞応募の中から、似通ったのを選んで手直ししたという。

二二日には初のリサイタル「ザ・タイガース・ア・ゴーゴー」が大手町のサンケイ・ホールで開催され、二千席が埋まった。この公演は録音され、一〇月にアルバムとして発売される。

リサイタルの興奮も冷めぬまま、二六日からは第三三回・日劇ウェスタン・カーニバルが開幕し、九月一日まで開催された。タイガースは最高殊勲賞を獲得し、沢田研二は最高殊勲個人賞を得た。彼にとって最初の大きな「一等賞」である。初出演のテンプターズは新人賞を得た。

エレキギターで演奏するバンドは「エレキバンド」「エレキ・グループ」と呼ばれていたが、六七年夏には「グループサウンズ」という言葉が使われるようになっている。演奏だけではなく「歌う」のが、これまでのエレキバンドとの大きな違いだったが、それだけではない。貴公子的なビジュアルが、女の子の心を摑んだ。

「二大バンド」と称されていたのがブルー・コメッツとスパイダースで、それを追うのがタイガースやワイルド・ワンズ、それをさらにテンプターズが追うという構図だ。

このGSブームで、ジャニーズは人気が下落していくが、ジャニー喜多川も手をこまねいていたわけではない。四月に四人の少年（北公次・江木俊夫・おりも政夫・永田英二）をジャニーズのバックダンサー・グループとし、「ジャニーズJr.」と命名し、デビューさせていた。彼らは八月の日劇ウェスタン・カーニバルで「フォーリーブス」と名乗った（一〇月に永田が抜けて、青山孝が入る）。レコードデビューは翌年九月だ。

九月二八日からタイガースは西日本縦断公演に出た。まず長崎へ行き、博多・広島・尾道・大阪と東進した。この頃はまだ公演の前後に各地で観光できる余裕があった。

客席にいた吉田拓郎

タイガースの広島でのコンサートの客席に吉田拓郎がいた。雑誌「明星」（一九七二年一一月号）で沢田と対談した際に吉田は〈（客席が）女の子ばっかりではずかしかったな。それに連中がギャーギャー騒ぐんで、音がまるっきり聞こえないんだ。〉と語っている。

吉田拓郎は沢田の二歳上になる。一九六五年に広島商科大学（現・広島修道大学）に入学し、中学時代の同級生と四人編成のロックバンド、「ザ・ダウンタウンズ」を結成し、「歌うエレキ・グループ登場！」として人気が出た。ビートルズなどのコピーもしていたが、吉田の作詞・作曲によるオリジナル曲もあった。上京して渡辺プロダクションに売り込んだが相手にされなかった。まだ「ＧＳ」という言葉もない時期だった。一年後だったら、吉田拓郎のザ・ダウンタウンズのほうが渡辺プロダクションに入っていたかもしれない。六七年になると、吉田のダウンタウンズは「第一回ヤマハ・ライト・ミュージック・コンテスト」中国地区大会ロック部門で優勝し、米軍岩国基地で演奏するようになっていた。

七二年の対談で沢田が「ＧＳなんかにはかなり抵抗あったでしょう」と訊くと、吉田はこう語る。

〈抵抗ってわけじゃないけど、たとえば《テルミー》なんか、かなり早くからぼくらうたってたわけよ。ＧＳの連中がそれをやたら絶叫したりして歌ってると、ちょっとニュアンスがちがうんじゃないかとは思ってたね。それに失神だとかなんとかかね。〉

〈でもタイガースなんかが日本語で歌ってるのはスゴイと思ったな。オレもオリジナルやりた

かったんだけど、どうしてもできなかった。日本語ってのは、エレキにのせるのはすごくむずかしいからな。〉

吉田が難しいと言った「日本語をエレキに乗せる」ことは、一九七〇年にはっぴいえんど〈松本隆、大瀧詠一、細野晴臣、鈴木茂〉が、日本語のロックとしてアルバム《はっぴいえんど》を発表し、「日本語ロック論争」が起こる。

吉田拓郎はこの後、フォークソングへ転向し、七〇年にエレックレコードの契約社員になり、《イメージの詩/マークⅡ》でデビュー、七二年にCBSソニーに移籍し、《結婚しようよ》が大ヒットする。

タイガースは東京都内のジャズ喫茶での活動よりも、より多く集客できるコンサートへとシフトしていく。もちろん、音楽的な理由ではなく、商業的な理由である。

一〇月二五日には、初めてNHKの『歌のグランドショー』に出演し、《モナリザの微笑》を演奏した。これは収録で、一一月一二日に放映される予定だった。

一方、テンプターズのデビュー・シングル《忘れ得ぬ君》が一〇月二五日に発売された。タイガースはプロの作詞家・作曲家が作ったが、テンプターズの曲はメンバーの松崎由治が作詞作曲し、ソロのヴォーカルも萩原健一ではなく松崎だった。萩原が「この曲は歌いたくない」と言ったからのようだ。

あやめ池事件の余波

タイガースは一〇月二八日から三一日まで北海道で公演した。

一一月五日、八月のサンケイ・ホールでのリサイタルのライヴ録音盤《ザ・タイガース・オン・ステージ》が発売となった。タイガースにとって初のLPであり、一説には、日本のミュージシャンのコンサート・ライヴがレコードになった最初とも言われる。この「初のライヴ盤」は世に出ると、予想以上に売れた。当時の歌謡界はシングル盤が主体で、LPは高額だったので、そんなに売れるものではなかった。

LP発売日には、奈良のあやめ池の野外ステージに出演した。会場は収容人数五千人だったが一万人が押し寄せたため、入れ替えの際に混乱が生じ、約三〇名が負傷する事故が起きた。ただでさえ、若い女性たちがグループサウンズに夢中になっていることに批判的だったマスコミは、それみたことかと言わんばかりに大々的に報じた。

タイガースにも他のバンドにも何の責任もないが、マスコミはグループサウンズ批判を激化させていく。高校生が学校をさぼってコンサートへ行くことが問題視され、各地の中学・高校ではコンサートへ行くことを禁止するようになる。

マスコミ、つまり「世間の大人」がGSを忌み嫌ったのは、どんなに理屈をこねようが、すでに若くもなければかっこよくもない男たちの、若く美しい青年たちへの嫉妬が根底にある。そうは言えないので、「エレキは不良の音楽だ」と主張し、叩き潰そうとした。

このようにGSは既成の権威と権力を持つ「大人」たちからは「不良の音楽」であるロックだと見なされていたが、ロックの世界からは、「あいつらは商業主義の歌謡曲だ」と蔑視されてもいた。GSの音楽の完成度の高さやその先進性が評価されるのは、ブームが去ったはるか後のことだった。

あやめ池での事故がきっかけで、NHKは『歌のグランドショー』を、タイガースのシーンをカットして放映した。以後もNHKの歌番組への出演はなく、それはタイガースに限らず、スパイダースも同じだった。グループ・サウンズでNHKに出演するのはブルー・コメッツだけで、そのことから「NHKは長髪のバンドは出さない」という伝説が生まれた。

当時のNHK会長は前田義徳で、ワンマン会長として君臨し、自民党の政治家、とくに内閣総理大臣である佐藤栄作と親しいことでも知られていた。前田は自分の髪の毛が薄かったので「長髪で騒音を出しまくるGSは出演させない」と公言したと伝えられていた。

これを受けて参議院議員の青島幸男は六九年七月一日の参議院逓信委員会で、「たとえば長髪がむさくるしいという理由だけで番組から排除するというようなケースがいままでにあったように伺いますが、その点いかがですか」と、前田会長に問い質した。前田は「そういうことはないと思います。それからまた、私がそういうことを指令したこともございません」と否定した。前田が「指令」していないのなら、局員が「忖度」していたことになる。

渡辺プロへの不信

一〇月にテンプターズがデビューしたが、この頃には、他にも多くのグループサウンズのバンドがレコードデビューしていた。

そのひとつがザ・モップスで、一一月五日発売の《朝まで待てない》がデビューシングルだ。阿久悠の実質的なシングルA面デビューでもあり、初のチャートイン作品（最高三八位）でもある。阿久悠、この年、三〇歳。その才能が全開するのは一九七一年で、沢田研二との出会いはさらに先となる。

GSについては、早くも「一時的なブームは終わり、日本の歌謡界に定着した」という説まで出る。これについて橋本淳は「次から次にグループが生まれて、それが質的に低下すると、いいグループまでもが攻撃材料にされる」と危惧し、すぎやまこういちは「おいそれとはすたれない」と自信を表明している（「別冊近代映画」一一月号での対談）。

橋本とすぎやまによるタイガースの四枚目のシングルは、一一月一〇日に三曲がレコーディングされた。そのなかから、《君だけに愛を》《落葉の物語》の二曲が六八年一月五日に発売される（六七年一二月二五日説もある）。この最初の四枚（八曲）はすべて橋本淳作詞、すぎやまこういち作曲だ。

《君だけに愛を》では、サビの〈君だけに〜〉のところで沢田研二が客席に向かって指をさすと失神するファンが続出したと伝説になる。

一二月になると、タイガースが出演した明治製菓のテレビコマーシャルが放映されるようになった。コマーシャルは丁寧に作るので撮影に時間がかかり、メンバーは疲れていた。そのせいもあって、広告代理店の担当者から「表情がよくない」と叱られた。そのとき担当者が「君たちには家一軒分のギャラを払っているのだから、もっと真面目にやれ」と言った。彼らはまだ月に数万円しかもらっていない。スポンサーが払う金額と自分たちが得る金額とが、あまりにも違うことを知った。彼らが渡辺プロダクションへの不信を抱くきっかけとなる。

二日には日本武道館で、ブルー・コメッツ、スパイダース、タイガースの合同でのコンサートが開かれた。夏には「二大ＧＳ」だったが、この時点ではタイガースも加わり「三大ＧＳ」と呼ばれるようになっていた。

一三日にはサンケイ・ホールで「ザ・タイガース・チャリティショー」が開催され、七〇万円の純益が、孤児院などの施設へ寄付された。

ジャニーズ解散

一一月二七日、ジャニーズは解散の記者会見を開いた。

ここで渡辺プロの次に芸能界で帝国と化した「ジャニーズ事務所」（旧）の歴史も記しておこう。この会社は一九六二年に、ジャニー喜多川が「名和プロダクション」傘下の「新芸能学院」に、四人の少年を連れてきたところから始まり、ジャニー喜多川による未成年男子への性的虐待（当時はまだそういう言葉は一般的には使われていないが）も同時に（あるいは、その前から）始まった。

名和プロ社長・名和太郎の妻、真砂みどりは大阪松竹歌劇団（ＯＳＫ）出身で、メリー喜多川は戦後のある時期ＯＳＫで通訳をしていたので、その人脈が生きたのだろう。

四人は六月に渡辺プロが制作するテレビ番組『スパーク・ショー』に出演すると人気が出た。そこで渡辺美佐の両親・曲直瀬夫妻が経営するマナセ・プロがスカウトしようとし、渡辺プロとの間で奪い合いとなった。親と娘はもはや敵同士だった。結局、渡辺プロが勝ち、四人は「所属は新芸能学院、仕事は渡辺プロを通す」となった。四人のグループ名は「ジャニーズ」となり、喜多川姉弟は渡辺プロ内に「ジャニーズ事務所」を立ち上げ（まだ法人登記はしていない）、ジャニーズのマネジメントをすることになった。

しばらくしてメンバーのあおい輝彦が真砂に、「ジャニーさんがお風呂に入ってきて、足の裏をなめた。僕の一生は終わりです」と泣きながら訴えた。真砂は「ふざけただけでしょう」と取り合わなかった。

一九六三年になると、ジャニーズは日劇ウェスタン・カーニバルに出て、映画やテレビにも出演した。一方、六月一二日に新芸能学院の少年が名和に「ジャニーさんにキスされた」と訴えて来た。名和が調べると、その時点で学院の生徒（小学生から高校生）一四人がジャニーによる性被害にあっていた。ここで警察に被害届けを出していれば、歴史は変わっていたかもしれない。だが名和はそうしなかった。

六月一九日、名和はジャニーズの四人の父親を集め、ジャニー喜多川に手を引かせようということで話をまとめた。ところが七月一〇日に、四人の父親は「同性愛事件はでっちあげだ」と名和を批難し、絶縁を通告した。ジャニーズは渡辺プロに所属し、引き続きメリー喜多川がマネジメントをすることになった。

竹中労は『タレント帝国』で〈それは巧妙なひきぬきであった。「同性愛事件」を奇貨として、ナベ・プロはジャニーズの家族たちを名和夫妻から離反させ、ジャニー姉弟ぐるみ、「金の卵」を掌中におさめることができたのである〉と解説している。ジャニーズ事務所を生んだのは渡辺プロダクションと言っていい。このとき、喜多川が追放されていれば、大量の被害者も生まれなかっただろう。

名和は泣き寝入りしなかった。ジャニー喜多川のわいせつ事件を提訴したが、被害者ではないので受理されない。そこで、喜多川とジャニーズの四人を東京地方裁判所民事部へ、立替金請求の形で訴えた。新芸能学院に在籍していた間（一九六二年四月から六四年六月）の四人のレッスン料や宿泊費・食費、ジャニー喜多川の下宿料、交際費などの弁済を要求したのだ。さらに名和は喜多川がしていることを暴露する印刷物もマスコミに配布し、渡辺プロの引き抜き工作を批難する談話も発表した。「女性自身」六七年九月二五日号は〈ジャニーズをめぐる「同性愛」裁判〉として報じ、渡辺プロの内幕を暴く連載も始めたが、他誌は続かなかった。それどころか、「女性自身」の連載も二回で打ち切られた。当時はジャニー喜多川には影響力はない。渡辺プロからの圧力だった。そして同社のバックには佐藤栄作首相や中曽根康弘がいた。

それでも裁判は進み、一九六七年一〇月、ジャニーズの四人は法廷で証言することになった。しかし全員が、喜多川からのわいせつ行為を否定したので立証されなかった。だが裁判の過程で、渡辺プロが得ているジャニーズのギャラが平均して月に三〇〇万円なのに対し、四人の月給が一万五〇〇〇円から二万五〇〇〇円であることが明らかになり、四人とその親たちは取り分の少なさに唖然とした。グループは内部崩壊し、解散せざるをえなくなった。

だが喜多川は、「ジャニーズの弟分」として次の四人を見つけていた。「フォーリーブス」である。

渡辺プロの社史にある所属タレント一覧を見ると、一九六四年から六八年までは「ジャニーズ」の記載がある。しかし次のフォーリーブスの記載はない。六七年から六八年の間に、ジャニーズ事務所は渡辺プロから独立したと思われる。

名和は一審は勝ったが二審で逆転敗訴した。喜多川のわいせつ事件は、被害者が否定したので裁判では認定されなかった。

レコード大賞、渡辺プロに

一九六七年の『レコード大賞』は一二月一六日に授賞式が開催され、放映された。視聴率は一二・五パーセントで、前年より下がっている。

大賞に選ばれたのは、ジャッキー吉川とブルー・コメッツ《ブルー・シャトウ》、この他、歌唱賞の伊東ゆかり、作曲賞の曲を歌う布施明と梓みちよ、作詩賞の曲を歌うザ・ピーナッツは、渡辺プロ所属の歌手だった。しかしレコード大賞各賞受賞者のなかに「ザ・タイガース」はいない。新人賞に三票差で落ちていた。

二八日・二九日には大阪フェスティバルホールでの「さよなら1967年・ザ・タイガース・ショー」が開催された。

1967年　第9回 日本レコード大賞（視聴率12.5％）

日本レコード大賞

「ブルー・シャトウ」ジャッキー吉川とブルー・コメッツ
作詞：橋本淳　作曲：井上忠夫　編曲：森岡賢一郎

歌唱賞

「君こそわが命」水原弘
「小指の想い出」伊東ゆかり

新人賞

永井秀和（「恋人と呼んでみたい」）

佐良直美（「世界は二人のために」）

作曲賞

平尾昌晃　「霧の摩周湖」（布施明）/「渚のセニョリーナ」（梓みちよ）

編曲賞

寺内タケシ　「レッツゴー運命」他（寺内タケシとブルージーンズ）

作詩賞

なかにし礼　「霧のかなたに」（黛ジュン）/「恋のフーガ」（ザ・ピーナッツ）

特別賞

石原裕次郎

企画賞

キングレコード　「歌と音でつづる明治」

童謡賞

「うたう足の歌」（杉並児童合唱団）

この公演の最中、新宿左門町の合宿所から荷物が運び出され、四人は池尻大橋駅近くのマンション、目黒ハイツへ引っ越した。これで一年間に二度の引っ越しだ。それまでは一部屋に二人だったのが、2DKの部屋にひとりずつとなった。沢田と瞳は一人暮らしだが、岸部と森本は姉と暮らし、マネージャーの中井も同じマンションに部屋を借りた。

ここにもファンが押し寄せ騒ぎ立てるので、沢田が注意すると、ますます騒ぎは大きくなり、しまいには沢田は怒鳴っていたと、瞳は振り返っている。

ファンとの怒鳴りあいについて沢

田は「自叙伝」でこう語っている。

〈こっちは帰れというわけですよ、迷惑やから。そうすると、むこうは、応援してあげてるのに、という。で、頼んでないわい、と……（笑）。／そうしたら、むこうも売り言葉に買い言葉で、こっちもそうなっていくという、両方とも興奮状態になってしまうわけですね。〉

〈そういうことを、ことあるごとに言い続けてきたから、もちろんそんなんだったら応援してあげないと言って去って行った人も多いでしょうけど。でも、残っている人たちは、ちゃんとわかってくれたんだと思う。私は好きだから、勝手に応援してるんだと思ってくれているはずなんですよ。〉

〈ただ、そういうふうに言った分だけ、しんどくなったのは事実ですよね。ほんとよほど頑張らないと、ほらザマア見ろと言われる。ちゃんとファンを大事にしないからね、あんたたち、すぐ駄目になったでしょって言われるから。／だから意地でも頑張らないかんという気になりましたよ。そういうことで追い込んだというところがありますね、自分を。〉

三一日、タイガースは昼間に日劇での「さよなら67年　オール・グループ・サウンズ大会」に出演し、「スターものまね大行進」のコーナーでは、ブルー・コメッツ《ブルー・シャトウ》を演奏して優勝した。

夜は七時から九時までＴＢＳの『オールスター大行進』に出演した。一九五七年から毎年大

1967年　第18回 紅白歌合戦（視聴率76.7％）

紅組		白組	
水前寺 清子	どうどうどっこの唄	舟木 一夫	夕笛
園 まり	愛は惜しみなく	水原 弘	君こそわが命
山本 リンダ	こまっちゃうナ	山田 太郎	あの娘が恋をつれてきた
日野 てる子	南十字の星に泣く	**布施 明**	恋
三沢 あけみ	お手を拝借	**ハナ肇とクレージー・キャッツ**	花は花でも何の花
梓 みちよ	渚のセニョリーナ	三田 明	夕子の涙
仲宗根 美樹	恋しくて	美樹 克彦	花はおそかった
越路 吹雪	チャンスがほしいの	村田 英雄	浪花の勝負師
金井 克子	ラ・バンバ	**ジャッキー吉川とブルー・コメッツ**	ブルー・シャトー
伊東 ゆかり	小指の想い出	菅原 洋一	知りたくないの
岸 洋子	わかっているの	フランク永井	生命ある限り
島倉 千代子	ほれているのに	橋 幸夫	若者の子守唄
江利 チエミ	ひとり泣く夜のワルツ	西郷 輝彦	願い星叶い星
中尾 ミエ	ただそれだけ	坂本 九	エンピツが一本
西田 佐知子	涙のかわくまで	ダーク・ダックス	すばらしい明日
扇 ひろ子	新宿ブルース	春日 八郎	花かげの恋
弘田 三枝子	渚のうわさ	バーブ佐竹	星が言ったよ
黛 ジュン	霧のかなたに	荒木 一郎	いとしのマックス
こまどり姉妹	三味線渡り鳥	和田弘とマヒナスターズ	男の夜曲
佐良 直美	世界は二人のために	**加山 雄三**	別れたあの人
都 はるみ	初恋の川	北島 三郎	博多の女
ザ・ピーナッツ	恋のフーガ	アイ・ジョージ	カチューシャ
美空 ひばり	芸道一代	三波 春夫	赤垣源蔵

司会
紅組＝九重佑三子　　白組＝宮田輝アナウンサー
人名の**太字**は渡辺プロ（9組）

晦日の七時から放映している歌番組で、この年は歌舞伎座が会場となった。『オールスター大行進』には人気歌手の多くが出演し、その多くが九時からの『紅白歌合戦』へ向かうが、ザ・タイガースの仕事はこれで終わりだった。

紅白歌合戦

一九六七年の『紅白歌合戦』は日比谷の東京宝塚劇場が会場となっていた。

定刻の二一時から「紅白歌合戦」は始まった。渡辺プロダクションからは、97ページの表にあるように九組が出て、さらに応援としてザ・ドリフターズも出演し、クレージー・キャッツと五分近くコントを演じた。しかしナベプロ帝国の力をもってしても、「長髪」のタイガースを『紅白歌合戦』に出場させることはできなかった。

ドリフターズはこの年の八月に初の主演映画『なにはなくとも全員集合‼』が封切られ、テレビでのお笑い番組としては初のレギュラー番組『ドリフターズドン！』が始まったところだった。一〇月二八日封切りの『ドリフターズですよ！ 前進前進また前進』にはタイガースも客演し、演奏している。

『紅白歌合戦』の視聴率は七六・七パーセント。日本中が見ていたと言っていい数字だ。

第三章　最初の頂点　1968年

最初の「一番」

一九六八年からオリジナルコンフィデンスが、いわゆる「オリコンヒットチャート」を発表するようになった。この時点では、まだ広く一般には知られず、ヒットの指標として業界共通のものとなるのも、もう少し後と思われる。

その第一回のランキング、一月四日付で一位となったのは、黒沢明とロス・プリモス《ラブユー東京》だった。

一月五日、タイガースの四枚目のシングル、《君だけに愛を／落葉の物語》が発売された。この日から二二日までは、第三四回・日劇ウェスタン・カーニバルに出演し、熱狂的な声援を浴びた。とくに沢田研二の人気は凄まじかった。

沢田は「自叙伝」で《モナリザの微笑》のときにも、まだやっぱり（スパイダースに）量的にも負けてるなぁという感じがしてて、その次の年の一月の「ウェスタン・カーニバル」のと

1968年のレコード（すべてザ・タイガース）

1月5日	**君だけに愛を**　作詞：橋本淳、作曲：すぎやまこういち
	落葉の物語　作詞：橋本淳、作曲：すぎやまこういち
3月25日	**銀河のロマンス**　作詞：橋本淳、作曲：すぎやまこういち
	花の首飾り　作詞：菅原房子（補作：なかにし礼）、作曲：すぎやまこういち
5月15日	**LP《世界はボクらを待っている》** 同題の映画のサウンドトラック盤
7月5日	**シー・シー・シー**　作詞：安井かずみ、作曲：加瀬邦彦
	白夜の騎士　作詞：有川正子（補作：橋本淳）、作曲：すぎやまこういち
10月5日	**廃虚の鳩**　作詞：山上路夫、作曲：村井邦彦
	光ある世界　作詞：なかにし礼、作曲：すぎやまこういち
11月25日	**LP《ヒューマン・ルネッサンス》** オリジナル・アルバム
12月1日	**青い鳥**　作詞・作曲：森本タロー
	ジンジン・バンバン　作詞：橋本淳、作曲：すぎやまこういち

き、《君だけに愛を》のときかな、ようやくどうにか一番になったなという感じでしたね。〉と語っている。沢田にとっての最初の「一番」、頂点である。

しかし、京都出身のグループ、フォーク・クルセイダーズ《帰って来たヨッパライ》が大ブームを巻き起こしており、一月二五日付でオリコン一位になると、二月二二日付まで五週連続してそれを維持した。そのあおりで、《君だけに愛を》は二位が最高で、一位にはなれなかった。しかしこの年だけで三九・七万枚を売って年間チャート二一位となる。

一月二七日、渋谷公会堂でザ・タイガースとしてのコンサートが開かれた。この時、楽屋で沢田と加橋が殴り合いのケンカをした。加橋はひとりだけ別の所に暮らすようになると、もともと時間にルーズだったので遅刻することもあり、時間に正確な沢田としては不満があった。さらに、音楽活動の方向性をめぐっても意見が異なるようになっていた。さまざまな要因があって、この日、加橋のステージマナーがきっかけで論争になり、殴り合いになってしまったのだ。

主演映画

二月一〇日からは、タイガース最初の主演映画『世界はボクらを待っている』（和田嘉訓監督）の撮影も始まった。毎日朝から夕方までが撮影、それが終わると、テレビの音楽番組やジャズ喫茶でのステージという、ハードスケジュールになる。

『世界はボクらを待っている』は、「京都出身のバンド」が主人公で、その意味ではタイガースを等身大で描いたものだった。演奏のシーンもふんだんにあり、一〇曲が演奏される。だがストーリーは、アンドロメダ星のお姫様シルビイ（久美かおり）が地球に来て、ジュリーに恋してしまうというSFファンタジー・ミュージカルでもある。当時のタイガースが、「星の王子さま」的なイメージだったので、それに沿ったものだった。

この映画について沢田は〈とにかくテレくさかった。僕らとしてはビートルズの『ヤア！ヤア！ヤア！』みたいなものをやりたかったんだが、日本じゃ到底無理ダということでこの幼稚な映画をしょうがなくやった。でも、やる以上は気持よくやろうと言ってやりました〉と振り返っている（『すばらしい世界』）。

映画の後半、ジュリーはシルビイの宇宙船で連れ去られ、武道館のコンサートに出ることができない。シルビイは、ジュリーと武道館にいるタイガースの仲間たちが話せるようにする。演奏が盛り上がれば、ジュリーを乗せた宇宙船は地球に戻れると知り、メンバーは《シーサイド・バウンド》を熱演、ファンも一体となって、「ゴー・バウンド！」と大合唱した。その大音響が宇宙船に届き、ジュリーは地球に戻り、シルビイは宇宙へと去っていく。タイガースはアンドロメダ星へ帰るシルビイのために《銀河のロマンス》を演奏する。

撮影の合間の二月一六日には、映画の主題歌《銀河のロマンス》や、劇中で演奏される《花の首飾り》《イエローキャッツ》の三曲をレコーディングした。

そして三月一〇日、映画のコンサートシーンを撮影するため、実際のファン一万人が武道館に集められ、新曲《花の首飾り》の発表会が開催された。ファンが絶叫し、ステージに殺到するなどして、一説によれば、一九六六年のビートルズ来日以来の騒ぎとなった。

《花の首飾り》は、雑誌「明星」の「タイガースの歌う歌を作ろう」という企画に応募された歌詞による。当時こういう企画は流行していたのだ。北海道に住む高校生・菅原房子が書いた詞が選ばれ、なかにし礼が手を入れ、すぎやまこういちが作曲した。シングル盤では初めて加橋かつみがソロをとった歌で、映画のための武道館のコンサートの時点で人気があった。

映画は二二日に撮影終了となり、二五日に通算五枚目のシングルとして《銀河のロマンス》が発売された。この時点で《花の首飾り》はB面である。

タイガースのメンバーは四月二日から七日まで、グアムで休暇を過ごした。

花の首飾りのショック

四月一〇日、映画『ザ・タイガース　世界はボクらを待っている』が東宝系で封切られた。

一方——オリコンのチャートで《帰って来たヨッパライ》を落としたのは、渡辺プロの伊東ゆかり《恋のしずく》で、二月二六日付で一位となると三週連続してトップを守った。その後、小川知子のデビューシングル《ゆうべの秘密》、ザ・ビー・ジーズ《マサチューセッツ》が一週ずつ一位になったが、四月八日は《恋のしずく》が返り咲いた。

四月一五日付で、タイガース《銀河のロマンス》が一位となった。レコードが売れるにつれてB面《花の首飾り》の人気が出てくる。レコードを買った者は当然、B面も聴くので、「こっちのほうがいい」となっていく。この評判を受けて途中から《花の首飾り》がA面になった。

沢田研二は《花の首飾り》について、二〇一二年一月二二日に、瞳みのるとの対話でこう語っている（瞳みのる『花の首飾り物語』）。

〈（タイガースの曲のなかで）この曲が売れた枚数が一番多いということで、僕個人的には、競争心ということから言っても、もっと頑張らないかんと思っとったし／だからエネルギーにはなったしね。そしてタイガースそのものが、より大きくなった要素の大きな一部分だと思う。／これが、ヴォーカル一人で、《君だけに愛を》にしろ、何にしろ、全体で作っていると言いながらも、その中である種の切磋琢磨があったということが、よりタイガースを大きくしたのではないかと思うけどね。〉

これを瞳は〈バランス感覚に富む意見〉としているが、たしかに優等生的だ。もっと前、一九七六年二月二一日のラジオ番組『オールナイトニッポン』ではこう語っている。

〈タイガースで一番売れたのは《花の首飾り》なのよ。それはもうホントにそうだからしょうがない。それは僕も認めてるし、そうなんだけど。ま、今まであんまり口にしたことはなかったんだけど、それはやっぱりショックでしたよ、一応リード・ヴォーカルは僕だったわけで、最初A面は《銀河のロマンス》だったんだから。それがコロッと《花の首飾り》が売れてA面になった、それはもう一種の屈辱でしたよね。リード・ヴォーカルとして歌ってきた僕にとっては。腹たちましたよ。〉

そしてその屈辱があったから、その後もがんばってこれたと説明する。

認めるが、悔しい。だがこれでタイガースはより大きくなるとも思う――それが沢田の思いのようだ。たとえ瞬間的なものであれ、沢田を抜いた加橋はどう思ったのだろう。当然、沢田への対抗心を燃やすはずだ――マスコミはそう思い込み、沢田と加橋の不仲説を書き立てる。彼らはそれを笑いながら読んでいた。

《銀河のロマンス／花の首飾り》は五月二七日付まで七週連続して一位となり、レコード会社の発表では一二〇万枚を売る大ヒットとなった（オリコンのデータでは、六七・六万枚）。

コシノジュンコ登場

《花の首飾り》がヒットしている最中の五月四日から一〇日まで、第三五回・日劇ウェスタン・カーニバルが開催され、タイガースも出演した。衣裳は、コシノジュンコがデザインした。コシノは渡辺プロの布施明の衣裳をデザインしていたので、その縁で来た仕事だった。彼女もキャンティの常連のひとりで、安井かずみとは親友だった。

コシノはニューヨークから帰ったばかりで、アメリカで流行していた「サイケ」の影響を受けていた。初めてメンバーに会ったとき、彼女は〈痩せていて、男っぽいところが全然見られなかったんです。でも、女っぽいわけでもゲイでもない。あえて言えば、ユニセックスとなりますね〉と感じた（稲増龍夫『グループサウンズ文化論』収録の対談）。

〈突然、浮世離れした美男子が現れたという感じですね。日本っぽくもないし外国かぶれもし

ていない。不思議なチャーミングさが女性に受けたんじゃないですか。〉

それは同時に男性、とくに中高年の男性にはまったく理解できないものだった。彼らは理解できないものを排除したがる。タイガースが「大人」たちから徹底的に批判・嘲笑されるのは、そのビジュアルイメージが「得体のしれないもの」だったのが大きい。

コシノは、タイガースの第一印象から、背広やジーンズを着せるなどは考えず、男らしい・女らしいを超えたものをデザインした。そのコシノのデザインした衣裳が最も似合ったのは、言うまでもなく、沢田研二だった。

〈ジュリーですね。やっぱり中心に圧倒的なスターがいるということは強いですよ。あの人もこの人もじゃなくて、ジュリーが真ん中にいて、そのオーラが全体に膨らんでいくんですね。もちろん、メンバーのみなさんの個性もそれぞれに光ってましたけど、ジュリーあってこそのタイガースでしたね。〉

沢田が後に全開させる、ユニセックス的なものの原点のひとつがここにあった。

安井かずみ登場

コシノがニューヨークで浴びてきた「サイケ」が、ファッションでも音楽でもアートでも、日本に本格的に上陸すると、タイガースの音楽も変化を迫られる。

日劇ウェスタン・カーニバルが終わった翌日に、タイガースの通算六枚目のシングルがレコーディングされた。これまで同様に、橋本淳とすぎやまこういちによる三曲である。

だが、その後の渡辺プロダクションの会議で、A面候補の曲が弱いという意見が出て、作り直すことになった。橋本・すぎやま路線と決別するわけではないが、別の路線もやってみようということだった。当然、別の作詞家・作曲家に依頼される。

五月二二日夜、渡辺プロの中井はワイルド・ワンズの加瀬邦彦に電話をした。だが、出ない。何度もかけ、ようやく二三日未明につながった。携帯電話のない時代なので、すぐには捕まらないのだ。その夜、加瀬は飲み歩いており、帰宅したのは午前五時頃だった。

中井は「タイガースの次のシングル盤の曲がもうひとつインパクトがなく、加瀬さんに作ってもらえとなったので、お願いします」と言った。

加瀬は「わかった」と答えたが、「今日の一〇時まで」と言われ、驚いた。タイガースは翌日から九州ツアーだという。中井はすでに安井かずみに詞を頼み、彼女も一〇時にスタジオに来るという。それまでに加瀬が曲を作り、バックの演奏を録音している間に作詞するという、いわゆる「曲先」での作り方だ。アレンジは加瀬がその場でやってくれとも言う。

〈人間、切羽つまると火事場の馬鹿力みたいに実力以上のパワーが湧いてくるものだ。八時までにはメロディができ上がり、カセットに録音し、コードを書いた簡単なアレンジ譜面もできた。〉（加瀬邦彦『ビートルズのおかげです』）

加瀬は近くのホテルで朝食を取るとスタジオへ向かった。タイガースのメンバーも揃っており、午後二時にはバックの録音も終わった。

その頃には安井かずみの詞もできていた。《シー・シー・シー》である。

安井かずみは女性作詞家の歴史の最初期に登場したひとりである。この年、二九歳。彼女の前には女性作詞家は越路吹雪のマネージャーでもあった岩谷時子くらいしかいない。画家を目指していたが、フランス語ができたことで訳詞の仕事をアルバイトでしているうちに、作詞家となった。一九六五年には伊東ゆかりのために書いた《おしゃべりな真珠》で第七回日本レコード大賞作詞賞を受賞した。六七年に青年実業家・新田ジョージと結婚し、ローマで長い新婚旅行をしていたが、六八年春に一時的に帰国していた。彼女もキャンティの常連客のひとりで、渡辺美佐とも親しい。

川添梶子を中心とするキャンティの人脈から、渡辺美佐、安井かずみ、コシノジュンコというグループが生まれたことで、最初は内田裕也、次がすぎやまこういちと橋本淳という男たちが作り上げたタイガースを、女たちの美意識とセンスで塗り替えていく。ここで女性に主導権が移るのだ。これが女性ファンのさらなる獲得にプラスしたとも言える。

《シー・シー・シー》のレコーディングは夜中までかかった。その翌日、タイガースは九州ツアーのため、福岡へ向かった。このツアーでは福岡・熊本・八幡・佐世保で公演し、二八日に帰京した。

事件・事故の相次いだツアーだった。福岡ではチケットを買えなかったらしい高校生女子がニセのチケットで入場しようとした。八幡では市内の中学・高校一八校のうち一七校がタイガースのコンサートへ行くことを禁止し、会場には教員が待ち伏せし、自校の生徒を見つけると追い返した。チケットは完売していたのに、客席はガラガラになってしまった。だが、《銀河のロマンス》を歌っていると、会場の外から歌声が聞こえた。教員たちに排除された高校生たちが、合唱していたのだ。

そういう感動的なシーンもあったが、森本が高熱を出し、加橋の歯が痛みだすなど、さんざんなツアーとなった。

安井かずみは《シー・シー・シー》の後、夫とニューヨークで暮らすことになった。

高まる人気、高まる批判

六月四日、八月に後楽園球場でコンサートをすることが決定した。さらに一八日には三枚目のLPの打ち合わせも始まった。一枚目のLPはコンサートのライヴ盤で、二枚目は映画のサントラ盤だった。メンバーは、次のアルバムは音楽面でも詞でもこれまでとは違うものにしたいと考えていた。自分たちが作詞作曲した曲も入れたい。

事件が起きたのは、六月二二日土曜日夜の日本テレビのトーク番組『木島則夫ハプニング・ショー』でだった。

この回は、タイガースとファンを呼んで、識者と討論させようという趣旨の企画だった。池袋のジャズ喫茶にタイガースの五人と、ファンである女子高校生とその親、識者として、実業家の菅原通済、落語家の五代目柳家小さん、女優の宮城千賀子、作曲家の黛敏郎と、中・高の教員らが出演した。番組は夜一〇時半からの生放送だった。

識者たちはタイガースに批判的だった。というよりも、「彼らに夢中になる女の子たち」に批判的だった。「タイガースの音楽はデタラメだ」と言いながら、どこがデタラメなのか論証できない印象批判をする者もいれば、「長髪が不潔だ」という批判にもならない批判もあれば、「世の中に悪影響を与えている」という根拠のない言いがかりもあった。あまりにも典型的な「新しいものを受け入れられない保守的な大人」たちだった。

会場にいたどこかの学校の教員が、ファンの高校生のことを「頭が悪い」という趣旨の、今ならとても放送できないような言葉で罵ると、その場にいた母親たちが怒り出した。高校生たちも「大人のほうが汚職とかで汚い。グループサウンズより魅力のあるものなんてない」と反論した。

メンバーからは岸部が、「若者を全然理解しないようなのは本当の大人じゃないと思うんです。これから僕たちが何十年か先、大人になった時は、もっと綺麗な大人になりたいと思います」と言い切った。

二五日が沢田研二の二〇歳の誕生日なので、二三日に後楽園アイス・パレスでファン五千人が招待されて誕生パーティーが開かれ、新曲《シー・シー・シー》が披露された。

沢田は、前日のテレビを意識して、ファンに「僕は、大人になっても若い人たちを、いつまでも理解できる人間になりたい」と宣言した。

二四日には今度はＴＢＳのドキュメンタリー番組『マスコミＱ』が、沢田研二の誕生パーティーの様子を紹介し、タイガースに熱狂するファンについて識者が眉を顰《ひそ》めるという典型的な光景を放送した。

ようするに、大人の男たちは自分よりも若くてカッコイイ青年たちが女の子に人気があるのに嫉妬している。だがそうは言えないので、頽廃を嘆き、女の子の将来を憂えているふりをして、タイガースを批判して溜飲を下げているだけだった。

タイガースがマスコミでバッシングされている時、彼らと同世代の青年が通う東京大学では、六月二〇日に九学部がストライキに突入し、七月五日には東大全学共闘会議が結成された。一方、日本の知識人がタイガース批判に血眼になっている六月二七日、チェコスロバキアでは、民主化を要求して知識人らが「二〇〇〇語宣言」を発表していた。

自分たちと学生運動をしている若者たちとの落差について、岸部はこう振り返っている。〈こっちは女の子相手に音楽やってるわけ。ファンに男なんて誰もいないから肩身が狭い。その肩身の狭さは、外国のほうを見てどうにかしようとするわけですよ。ビートルズとかローリング・ストーンズとか、あっちだってキャーキャー言われてる。「あんなすごいグループと僕らも同じなんだ」と思いながら、やってましたね〉(「週刊朝日」二〇二三年五月二六日号、「岸部一徳かく語りき　第一回」)。

球場でのコンサート

七月一日から七日まで、タイガースは北海道ツアーに出た。苫小牧・函館・旭川・帯広・小樽・札幌とまわった。

一五日に通算六枚目のシングル《シー・シー・シー》が発売された。B面は《白夜の騎士》で、フジテレビの『若さで歌おう ヤアヤアヤアヤング!』が詞を公募し、受賞した有川正子の詞に橋本淳が補作し、すぎやまこういちが作曲したものだった。

オリコンのヒットチャートはテンプターズ《エメラルドの伝説》が七月八日付から二週連続して一位だったが、二二日付で《シー・シー・シー》が奪取し、八月一二日まで四週連続して一位をキープした。一九日は千昌夫《星影のワルツ》の返り咲きをゆるしたが、一週間で奪還し、二六日と九月二日も一位で、合計して六週の一位を獲得した。この年だけで、オリコン調べで五〇・八万枚を売り、年間一〇位である。だが、この九月二日が、タイガースがオリコン週間チャートで一位となった最後となる。

テンプターズも萩原健一がアイドル的人気を得て、タイガースと並んだ。ジュリーとショーケンのライバル物語の始まりだった。

この夏のタイガースは野球場でのコンサートを開催した。七月二二日と二三日は兵庫県の西宮球場、八月一二日は後楽園球場での「ザ・タイガース・ショー〜真夏の夜の祭典」で、後楽園の入場者数は一万五千人、二万一千人、二万三千人と諸説ある。沢田はオープンカー、加橋はオートバイ、森本は早駕籠、岸部は木下大サーカスから借りた象に乗って登場するという派手な演出のショーだった。

「タイガース」を名乗りながら、阪神甲子園球場ではなく、阪急ブレーブス（当時）や読売巨人軍の本拠地でコンサートをしていることから、阪神タイガースとザ・タイガースとは互いに何も連携しようとしていないことが分かる。当時の野球ファンは男性が圧倒的に多く、GSのファンは女性が圧倒的だったので、コラボしようがない。

新アルバムのためのレコーディングも、七月二五日・三一日・八月八日・一九日・二三日・九月五日と断続的に行なわれていた。

その間の八月三日には軽井沢の「真夏の夜の夢」に出て、この年も佐藤栄作首相の別荘へ行った。

八月二四日、沢田は麻布霞町のマンション、岸部は新宿区・信濃町のアパート、森本は赤坂のマンションに移り、瞳だけが目黒ハイツに残った。これで京都から一緒に上京し、合宿生活をしていた五人はバラバラに暮らすことになった。

〈大阪の岸里に始まり、千歳烏山→四谷→池尻大橋へと僕らは転居してきたが、転居するたびにお互いの心の距離が、ますます遠くなって行くように感じられてならなかった。〉と瞳は『ロング・グッバイのあとで』に記している。

二六日からは第三六回・日劇ウェスタン・カーニバルで、九月二日まで続いた。

八月二〇日、チェコスロバキアの首都プラハにソ連軍を中心としたワルシャワ条約機構軍が侵攻し、「プラハの春」と呼ばれた民主化運動は弾圧された。

八月二六日には、ビートルズが《ヘイ・ジュード》を発売、八月三〇日、ポール・マッカートニーのプロデュースでメリー・ホプキンの《悲しき天使》も発売された。音楽の革命が進行していた。

九月九日と一六日付のオリコンの週間チャートで一位になったのは、サイモンとガーファンクル《サウンド・オブ・サイレンス》だった。前年一二月にアメリカで公開され、日本では六月八日に封切られた映画『卒業』（マイク・ニコルズ監督）の主題曲が、日本でもヒットしていた。

陰り

一〇月五日、ザ・タイガースの七枚目のシングル《廃虚の鳩》（B面は『光ある世界』）が発売された。二曲とも一一月に発売されるアルバム《ヒューマン・ルネッサンス》からの先行シングルカットだった。

《廃虚の鳩》の廃墟は広島のことだ。この曲ではリード・ヴォーカルは加橋で、彼はキャンペーンのために広島の原爆ドームを訪れた。《光ある世界》は沢田がリード・ヴォーカルで、キャンペーンのために沢田は札幌の旧海軍基地へ行った。「光」とは、暗く歪められた社会へ投

LP《ヒューマン・ルネッサンス》収録曲

光ある世界 The glorious world
作詞:なかにし礼、作曲:すぎやまこういち

生命のカンタータ Hymn for the birth
作詞:山上路夫、作曲:村井邦彦

730日目の朝 The 730th morning
作詞・作曲:加橋かつみ

青い鳥 Blue bird
作詞・作曲:森本タロー

緑の丘 Green hill
作詞:山上路夫、作曲:村井邦彦

リラの祭り Flower festival
作詞:なかにし礼、作曲:すぎやまこういち

帆のない小舟 The boat without sail
作詞:なかにし礼、作曲:すぎやまこういち

朝に別れのほほえみを Morning smile for good-bye
作詞:山上路夫、作曲:村井邦彦

忘れかけた子守唄 Lullaby for the lost son
作詞:なかにし礼、作曲:すぎやまこういち

雨のレクイエム Endless rain
作詞:なかにし礼、作曲:すぎやまこういち

割れた地球 The broken earth
作詞:山上路夫、作曲:村井邦彦

廃虚の鳩 A white dove
作詞:山上路夫、作曲:村井邦彦

げかける若者の魅力のことをいう。

日本でもベトナム反戦運動が盛り上がり、学生運動も激化していた。街頭で戦う学生や若い労働者と同世代であるタイガースも、同じ時代の空気を吸っている。影響を受けないほうがおかしい。木島則夫の番組で汚い大人たちとの対決姿勢を明確にしたザ・タイガースは、「平和を愛する」という自分たちの主張を音楽にこめることを決意し、

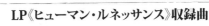

アイドルでありながらもメッセージ・ソングを作ったのだ。
《廃虚の鳩》から、タイガースの楽曲の作家陣に村井邦彦と山上路夫が加わった。

作曲の村井邦彦はアルファレコード創業者で、ユーミンやYMO（イエロー・マジック・オーケストラ）を世に出した人として知られる。少年時代から洋楽に親しみ、ジャズに目覚めて慶應義塾大学に入ると名門ビッグバンドサークル「ライト・ミュージック・ソサイエティ」に入部した。学生時代からレコード店「ドレミ商会」を経営し、ホテルニュージャパンのラウンジでピアノを弾くなどして、音楽業界に入っていく。一九六七年から作曲をするようになり、テンプターズ《エメラルドの伝説》が大ヒットしたところだった。

作詞の山上路夫は青山学院大学第二経済学部を中退し、二一歳で作詞家になろうと決意した。作曲家のいずみたくと組み、CMソングを手掛け、名が知られていった。六七年にいずみたくと作った《世界は二人のために》は明治製菓のチョコレートのCMのための曲だったが、手を加えて、新人だった佐良直美でレコードにすると大ヒットした。

村井と山上はこの後に大ヒットを連発するので、タイガースは先見の明があったわけだが、逆に言えば、時代に早過ぎた。

《廃虚の鳩》は週間チャートでは最高七位だったが、年間では一七位、三〇・三万枚を売った。静かな曲調のわりには、よく売れたと言えるだろう。ザ・タイガースの方向転換にファンはついてきた。だがレコード会社と渡辺プロは、この数字に満足しない。

この年の秋、ヒットチャートのトップを爆走していたのは、ピンキーとキラーズ《恋の季節》だった。九月二三日から翌年二月三日まで、二週を除いて、ずっと一位だったのだ（一二月一六日付は佐川満男《いまは幸せかい》、一月二七日はメリー・ホプキン《悲しき天使》）。

一〇月六日、ザ・タイガースの主演映画第二弾『華やかなる招待』（山本邦彦監督）がクランクインした。前作同様の歌謡コメディだが、SF色はない。授業をサボって音楽に夢中になっている五人の高校生が主人公で、彼らの夢は東京のステージに出ること――という、ザ・タイガース自身のサクセス・ストーリーをなぞるような物語だった。一二月に封切られる。

一二日にはサンケイ・ホールでコンサートを開き、文化放送でのレギュラー番組『レッツゴー・タイガース』が始まった。社会派色のある曲をリリースしたが、アイドルとしての仕事も途切れることはない。

六八年の若者

一〇月二一日は国際反戦デーだった。かねてからの予定通り、新左翼の中核派、ML派、第四インターは集会を開き、約二千人が新宿駅に集結した。午後九時過ぎにデモ隊は新宿駅東口で決起集会を開いた後、駅構内に乱入した。これに約二万人の一般市民も加わり、新宿駅の機能は麻痺した。警察は騒擾《そうじょう》罪を適用した。

叛乱する若者たちと同世代のタイガースも、彼らなりに戦っていた。二七日に国技館でタイガースがコマーシャルに出演している明治製菓主催のショー、一一月一日から五日まで浅草の国際劇場で「ザ・タイガース・ショー」が開催された。「森の英雄・タイガースのロビン・フッド」と題された劇が中心となり、メンバーの五人がロビン・フッドを演じ、瞳が狼に捕らえられると、四人が助けるというストーリーで、もちろん、劇の合間に彼らのヒット曲や洋楽のカバーの演奏がある。アイドルとしてのザ・タイガースの集大成のようなショーだった。


一一月二五日、三枚目のＬＰ《ヒューマン・ルネッサンス》が発売された。全曲がオリジナルで、メンバーの説明によると『聖書』をモチーフとした「平和を愛する」というタイガースの主張が込められたコンセプトアルバムだった。全一二曲で、作詞は山上路夫、なかにし礼、作曲は村井邦彦、すぎやまこういちで、この他に、加橋かつみと森本太郎が作詞作曲した曲もある。

一二曲はそれぞれ、誕生・平和・友情・恋・祭・運命・兵士・母・死・英雄・人類の滅亡・再出発をイメージし、アルバムタイトルにあるように「人間復興」のテーマが貫かれている。

当時、世間がこのアルバムをどう認識していたかは分からないが、きわめて「六八年精神」に満ちたものとなっていた。

しかし「ザ・タイガースは女の子のもの」とのイメージが定着していたので、街頭闘争をしている学生たちには届かなかった。テレビ番組『ハプニング・ショー』で大人たちに蔑視されたので、その反発から生まれたアルバムと言ってもいいが、彼らを蔑視した大人たちにも、おそらく、届いていない。

タイガースの本質と世間でのイメージの乖離が始まっていた。このアルバムのレコーディングの後に、彼らは国際劇場ではアイドルとして公演し、若い女性たちの歓声を浴びていた。彼らのなかで、どちらが自分のやりたいことなのかの葛藤が芽生えていた。加橋は「自分のやりたい音楽をやるべきだ」と思い、沢田は「芸能界の渡辺プロダクションの枠組みでもう少しがんばっていこう」と思う。

瞳は〈ザ・タイガースは日本一の人気バンドになった。次の目標として世界一を目指すのが自分たちにとっても、ファンにとっても当然だと僕は考えていたし、信じ切っていた〉（『ロング・グッバイのあとで』）。それなのに、テレビでは、したくもない、おふざけもやらなければならない。メンバー内での亀裂も深まっていく。

東京へ出て丸二年――ザ・タイガースはひとつの転機を迎えようとしていた。

「ブームの終わり」説

一二月一日、タイガースの八枚目のシングル盤が発売された。A面《青い鳥》は《ヒューマン・ルネッサンス》収録の曲をシングルのために録音しなおしたもので、B面《ジンジン・バンバン》は新曲だ。

週間チャートでは一二月一六日付で八位、二三日付で四位となりこれが最高で、翌週は五位となった。三三・六万枚を売り、翌年の年間チャートで一六位となる。十分にヒットしているのだが、レコード会社と渡辺プロとしては、またも物足りない数字だ。

この頃から、「GSブームは終わった」「タイガースも終わりだ」という声が出てくる。

瞳とすぎやまは二〇一一年にこう語っている。

〈瞳　僕たちタイガースのコピーがけっこう出てきましたよね。ほかのグループが同じような曲調で、王子様みたいな格好して……それでお城があって、何か中世風みたいなことを、みんな右へならえで。

すぎやま　《花の首飾り》がヒットしたから、すぐに真似されたんだよ。節操がないんだよね、本当に。

瞳　それがGS全体の生命を短くしてしまったと思います。本来だったら、そっちがそうやるんだったら、別のものを企画して、もっと広がりが生まれるはずなのに、みんな同じところに来てしまったわけですね。それはGS全体にとって悲劇だったと思います。そういう意味では慷慨がありますね。〉（瞳みのる『花の首飾り物語』収録）
この教訓から、沢田研二は誰にも模倣できない存在を志向していく。

アメリカ旅行

タイガースは一二月四日から一四日までアメリカへ旅行した。明治製菓のコマーシャル撮りを兼ねての旅行だ。

四日午後二時半に羽田空港を離陸し、サンフランシスコで乗り継いで、ロサンゼルスへ向かった。フジテレビの仕事もあったが、観光もでき、ハリウッドを見学した。

七日にメンバー全員でニューヨークへ移動し、八日と九日はコマーシャル撮影の仕事があった。八日は『エド・サリバン・ショー』を全員で見て、後は自由行動となった。

九日夜、ブロードウェイで話題になっていたロック・ミュージカル『ヘアー』のチケットが一枚だけ手に入ったので、ジャンケンをして勝った沢田が見に行った。瞳もなんとか立ち見席を手に入れて見に行った。

一〇日、沢田だけが渡辺美佐に連れられてラスベガスへ行き、フランク・シナトラのショーを見て、楽屋を訪問した。渡辺プロは、というよりも美佐は、沢田をソロ歌手として売り出そうとしていたのである。沢田にその意識があったのかどうかは、分からない。

タイガースは、沢田研二がセンターに立つが、五人は横一線のグループのはずだった。しかし、ファンの声援は圧倒的に「ジュリー!」が多く、いつの間にか実態としては「ジュリーとバックバンド」になっている。渡辺プロでは布施明と森進一がソロ歌手として人気を博していたので、沢田を彼らと並べて売り出そうという全体の戦略もある。あるいは、内山田洋とクール・ファイブのような形態も考えていたらしい。

ジャズやロカビリーのブームが終焉した経験を持つ渡辺プロは、GSブーム終焉の兆しを察し、「その後」を見据えていた。極端に言えば、残したいのは沢田ひとりだった。実際、翌年に沢田の単独主演の映画を撮り、音楽を加橋が担当するという企画も上がっていた(実現しない)。

渡辺プロのそんな思惑を知らない四人はハワイへ移動し、一二日に沢田が合流して、タイガースは一四日に五人揃って帰国した。

この時点で、渡辺プロ内で沢田をどのような歌手にしていくのかの明確な戦略があったのかどうかは分からないが、沢田はシンガーソングライターになるのを模索していた。「自叙伝」で〈作曲を始めたのは、目黒ハイツにいたころからですね〉と明らかにしている。〈ギターを買ってね。曲を作ろうと思ったきっかけというのは、アダモのステージを見に行ったときなんですよ、サンケイホールに。好きな曲が何曲かあって、「ヘイ・ジュテーム」だとか、そういうのは誰が作ったのかなと、ふと思って見たら、アダモが自分で作りよる。へぇ、このオッサン作ってんのかいな、このオッサンでも作れるんやったら、ワシにもできるんじゃないかと思って、やり始めて、一曲完成したのが一年後。〉

その最初の曲は、ソロになってからの一九七二年九月にリリースされるアルバム《JULIE Ⅳ 今僕は倖せです》に収録されているという。

しかし、その前に「沢田研二作曲」として世に出る曲がある。

タイガースがアメリカへ行っている間の一二月五日に、フォークル（フォーク・クルセダーズ）の最後のシングル《青年は荒野をめざす》が発売された。フォークルは前年に解散する予定だったが、《帰って来たヨッパライ》の大ヒットでもう一年続けることにした。そして予定通り、一〇月一七日に大阪でさよならコンサートを開いて解散していた。鮮やかな幕切れだった。

一二月一〇日、東京都府中市で三億円の現金が強奪される事件が起きた。犯人は青年のようだったが、いまだに不明である。この事件は一九七五年一二月で時効となったが、同年、事件の犯人を主人公にしたドラマ『悪魔のようなあいつ』がＴＢＳで制作・放映され、その犯人を演じるのは沢田研二だ。

一九六八年も無冠

レコード大賞は一二月二一日に渋谷公会堂で授賞式が開催され、ＴＢＳが放映し、視聴率は一〇・三パーセントと、前年よりさらに下がった。

大賞は黛ジュン《天使の誘惑》だった。年間チャートでは一八位の曲だ。黛は石原プロモーションに所属していた。新人賞の久美かおり《くちづけが怖い》は渡辺プロ所属で、タイガースの映画でヒロインを演じた。他に渡辺プロ関係では、編曲賞の森岡賢一郎の対象曲が、伊東ゆかり《恋のしずく》と森進一《花と蝶》だった。

タイガースはこの年も無冠だった。翌年から設けられる大衆賞がこの年にあったら、受賞したかもしれない。

一二月一五日、武道館で、「ザ・タイガース・ショー」が開催された。

一九日、東宝系でザ・タイガース主演『華やかなる招待』（山本邦彦監督）が封切られた。同時上映は『燃えろ！青春』（松森健監督）で、東宝の「青春トリオ」とされていた黒沢年男、竜雷太、夏木陽介の三人と、酒井和歌子、星由里子が出た青春学園映画である。

1968年　第10回 日本レコード大賞（視聴率10.3%）

日本レコード大賞
「天使の誘惑」黛ジュン
作詞：なかにし礼　作曲：鈴木邦彦　編曲：鈴木邦彦

歌唱賞
「誰もいない」菅原洋一
「伊勢佐木町ブルース」青江三奈
「旅路のひとよ」鶴岡雅義と東京ロマンチカ

新人賞
矢吹健（「あなたのブルース」）
久美かおり（「くちづけが怖い」）
ピンキーとキラーズ（「恋の季節」）

作曲賞
いずみたく　「恋の季節」（ピンキーとキラーズ）

編曲賞
森岡賢一郎　「恋のしずく」（伊東ゆかり）/「花と蝶」（森進一）

作詩賞
星野哲郎　「艶歌」（水前寺清子）

特別賞
吉田正「異国の丘」「有楽町で逢いましょう」「いつでも夢を」
春日八郎「たそがれの砂丘」
島倉千代子「愛のさざなみ」
ザ・フォーク・クルセダーズ「帰ってきたヨッパライ」

企画賞
日本ビクター　LP「影を慕いて」森進一

童謡賞
「ペケのうた」（長谷川よしみ）

日本レコード大賞制定10周年記念賞
古賀政男
服部良一

一二月三一日の『紅白歌合戦』の出演者は別表の通りだが、この年もザ・タイガースは出場しなかった。視聴率は七六・九パーセント。

オリコンの年間ランキングを見ると、《花の首飾り》が六七・六万枚で六位、《シー・シー・シー》が五〇・八万枚で一〇位と、タイガースは二点をトップ10に入れ、《君だけに愛を》も三九・七万枚で二一位だった。しかし無冠だったのだ。

テンプターズも、《エメラルドの伝説》が四六・二万枚で一六位、《神様お願い》が四三・一万枚で一九位にランクインしていたが、無冠だった。

人気の浮き沈みは激しい。前年の一九六七年は、ブルー・コメッツとスパイダースとタイガースが三大GSだったが、六八年はタイガース、テンプターズ、ワイルド・ワンズが人気のトップスリーになっていた。なかでも、タイガースのジュリー、テンプターズのショーケン（萩原健一）、ワイルド・ワンズのチャッピー（渡辺茂樹）の三人は、芸能雑誌にもよく取り上げられた。

1968年　第19回 紅白歌合戦（視聴率76.9％）

紅組		白組	
都 はるみ	好きになった人	三田 明	バラの涙
佐良 直美	すきなファニー	**布施 明**	愛の園
ペギー葉山	愛の花咲くとき	千 昌夫	星影のワルツ
小川 知子	ゆうべの秘密	黒沢明と ロス・プリモス	たそがれの銀座
ピンキーと キラーズ	恋の季節	**ジャッキー吉川と ブルー・コメッツ**	草原の輝き
ザ・ピーナッツ	ガラスの城	西郷 輝彦	友達の恋人
三沢 あけみ	木曽節	フランク永井	加茂川ブルース
伊東 ゆかり	恋のしずく	鶴岡雅義と 東京ロマンチカ	小樽のひとよ
西田 佐知子	あの人に逢ったら	水原 弘	愛の渚
九重 佑三子	ラスト・ワルツ	菅原 洋一	奥様お手をどうぞ
中尾 ミエ	恋のシャロック	ダーク・ダックス	ラ・ゴロンドリーナ
島倉 千代子	愛のさざなみ	三波 春夫	世界平和音頭
江利 チエミ	八木節	北島 三郎	薩摩の女
青江 三奈	伊勢佐木町ブルース	アイ・ジョージ	別れのバラード
中村 晃子	虹色の湖	美川 憲一	釧路の夜
園 まり	ひとりにしないで	舟木 一夫	喧嘩鳶
岸 洋子	今宵あなたが聞く歌は	春日 八郎	たそがれの砂丘
梓 みちよ	月夜と舟と恋	デューク・エイセス	いい湯だな
扇 ひろ子	みれん海峡	村田 英雄	竜馬がゆく
越路 吹雪	イカルスの星	バーブ佐竹	雨おんな
水前寺 清子	男でよいしょ	坂本 九	世界の国からこんにちは
黛 ジュン	天使の誘惑	**森 進一**	花と蝶
美空 ひばり	熱禱（いのり）	橋 幸夫	赤い夕陽の三度笠

総合司会＝宮田輝アナウンサー
紅組＝水前寺清子　　白組＝坂本九
人名の**太字**は渡辺プロ（8組）

第四章　分裂の始まり　1969年

目立ち始める空席

一九六九年が明けた。ザ・タイガースとしての三回目の正月で、彼らは新宿区信濃町の岸部おさみのアパートに集まって新年会を開いた。三日から六日までの北海道公演が控えており、さらに日劇ウェスタン・カーニバルも待っている。

新年会でどのような話があったのかは定かではないが、前年暮れから、加橋かつみが「脱退したい」との意向を漏らしており、メンバーで話し合ってもいたようだ。

四人でのサリーとプレイボーイズから数えれば五年、沢田が加わってのファニーズからも四年が過ぎていた。この二年で、彼らの環境は激変している。

タイガースの北海道ツアーでも、中学・高校は生徒がコンサートへ行くことを禁止した（父母同伴なら認める学校もあった）。そのため観客は六割ほどで、北海道外から来た人も多かった

1969年のレコード（《JULIE》以外はザ・タイガース）

3月25日	美しき愛の掟　作詞：なかにし礼、作曲：村井邦彦
	風は知らない　作詞：岩谷時子、作曲：村井邦彦
7月5日	嘆き　作詞：安井かずみ、作曲：村井邦彦
	はだしで　作詞：安井かずみ、作曲：村井邦彦
7月25日	スマイル・フォー・ミー　作詞：作曲　バリー・ギブ、モーリス・ギブ
	淋しい雨　作詞：作曲　ロナルド・F・ボンド、ロミー・セバスチャン
12月1日	君を許す　作詞：安井かずみ、作曲：村井邦彦
	ラブ・ラブ・ラブ　作詞：安井かずみ、作曲：村井邦彦
12月15日	LP《JULIE》 沢田研二のソロ・アルバム

ので、札幌市の中高生は少ない。

地方のコンサートが満席にならないのは、学校が禁止したためと解釈できたが、一四日から始まった第三七回・日劇ウェスタン・カーニバルも空席が目立った。マスコミはここぞとばかりに、「GSブームは終わった」と書き立てた。

二月五日には、大阪フェスティバルホールで「ザ・タイガース・ショー」が開催された。次のシングルやアルバムの打ち合わせ、レッスン、レコーディングも始まる。新しいアルバムは、全曲をメンバーで作詞・作曲することになった。「プロの先生」たちからの独立を果たすのだ。

そんななか、加橋かつみが「失踪」した。

加橋かつみ脱退

三月五日、タイガースのメンバーは渋谷の楽器店内のスタジオでレッスンをし、それが一八時に終わると、いったん解散した。その後、二〇時から表参道のグラモフォン・レコードのスタジオでレコーディングをする予定だった。

しかし加橋がスタジオに現れず、レコーディングは四人だけで行なわれた。前年秋から、加橋が番組の収録に現れないことが二度あり、メンバーとしては「またか」くらいの思いだったようだ。この時点では大きな騒ぎにはなっていない。

だが、六日のフジテレビの『ミュージック・フェア』と文化放送の『レッツゴー・タイガース』のスタジオにも、加橋は来なかった。

このあたりから謎めいてくる。加橋はどこか遠くへ行ったわけではない。分かっている限りでも、五日のレコーディングの時間と六日に、キャンティの川添梶子のもとに顔を出している。メンバーや渡辺プロのスタッフがその気になって探せば、見つかるはずだ。

メンバーは、加橋が来るのを待っていただけではない。六日の時点で、岸部は、アメリカ滞在中の弟の岸部四郎に電話し、「帰ってこい」と伝えているのだ。

七日もレコーディングだったが、加橋は現れない。四人は夜遅くまでミーティングをし、「とにかくトッポ（加橋）からの連絡を待とう」ということで合意した。

加橋は「三月五日」を脱退の日としたのは、「その日はテレビなどの仕事がなく、自分が抜けても迷惑をかける人や会社が少ないからだ」と説明している。計画的な行動だったのだ。

七日夜、香港に行っていた渡辺美佐が帰国した。社に帰ると、「加橋は身勝手だ」との声が充満し、「除名」の動きが止められなくなっていた。そこへ加橋から美佐のもとに電話がかかる。

八日朝、四人に渡辺プロへ来るよう連絡があり、社に集まると、「加橋を除名する」と伝えられた。直接の理由は「仕事をすっぽかした」で、プロとして許されないからだ。タイガースは五人が自発的に結成したバンドだったので、除名するかどうかは彼らに決定権があるはずだ。しかし五人は渡辺プロとは個々の契約になっている。したがって、渡辺プロは加橋との契約解除は、彼らに関係なくできる。

八日一六時半から、渡辺プロは記者会見を開き、松下制作部長が「加橋の除名」を発表した。加橋は「失踪中で連絡がとれない」ことになっていた。

だが、加橋は母親とともに、渡辺美佐によってヒルトンホテルの一室に軟禁されていたことが発覚する。美佐は社員には知らせず独断で、加橋を囲い込んでいた(ということになっている)。

九日から、四人は箱根の渡辺プロの寮での緊急合宿に入った。すぎやまこういち、村井邦彦も参加し、今後の方針を話し合った。この合宿は一四日まで続く。いくつかの仕事がキャンセルされたはずだ。一一日には岸部四郎を新メンバーにする方針が固まった。

一方、加橋は一〇日に渡辺プロの関係者と旅行代理店へ行き、ヨーロッパへの渡航手続きをした。一二日、渡辺プロは新メンバーの候補が四人に絞られたと発表した。箱根でのミーティングとは別の動きがあったのか、カムフラージュなのか。

一三日、加橋はロンドン行きの飛行機で旅立った、そしてパリへ落ち着く。かつて内田裕也がそうだったように、パリでの滞在は川添夫妻がアレンジした。

加橋の脱退とパリ行きは、渡辺美佐と川添梶子が考え、お膳立てした。パリへ行かせるからタイガースを脱退するよう因果を含めたとも言える。渡辺プロはヨーロッパ行きの航空券を買うまでは面倒を見たが、加橋との契約を打ち切った。

この間、タイガースの四人は加橋について何も知らされていなかった——とも言いがたい。前述のように、六日の段階で岸部は弟・四郎に帰国を促している。

瞳は『ロング・グッバイのあとで』で加橋脱退を〈天地がひっくり返らんばかりに驚き、同時にこれからの生きる希望がなくなるほど落胆した〉と振り返る。彼は、五人なら世界一になれると本気で考えていたのでショックは大きい。

森本は二〇一七年の「週刊新潮」別冊「《輝ける20世紀》探訪」収録のインタビューでこう語る。〈かつみから「独立しようよ」と言われたメンバーもいます。でも、僕自身は聞いた覚えがないんですよね。そんな大事な話を記憶してないということは、僕には御声が掛からなかったということでしょう。僕が思うに、かつみは事務所と金銭的な問題で意見の相違があったんだと思います。〉

一三日には渡辺美佐が加橋を軟禁していたことが発覚しており、東京音楽記者会は抗議声明を出し、渡辺プロに謝罪を要求した。加橋が羽田を飛び立った後、一三日午後に美佐は謝罪会見を開いた。当時の芸能ジャーナリズムは強い。

一方、一二日一六時過ぎ、岸部四郎が帰国し、その日のうちに公開オーディションが開かれた。これは形式的なものだった。一五日に、五人揃って四郎の加入が発表された。愛称は「シロー」となる。

岸部に弟がいて、アメリカへ音楽の勉強に行っていることは知られていたので、ファンとしてもそれほどの拒否感はないという判断もあった。タイガースは、渡辺プロが所属タレントのなかから選んで結成したのではなく、もともと友人同士のグループとして始まっているので、新メンバーを公募で赤の他人から選んでも、うまくいくかどうか。その点、気心の知れたシローなら問題はない。

再スタート

岸部シローの特訓が始まり、テレビやラジオ番組への出演、ステージが再開する。

タイガースの月給は五万円から始まったが、この頃には六〇万円になっており、新人のシローも五〇万円（四〇万円説もある）をもらった。沢田だけもっと高かったという説もある。ともあれ、この年の大卒初任給は三万四〇〇〇円前後だから、同世代の若者のなかではかなりの高給取りだ。しかし、彼らが稼ぎ出す金額からすると、微々たるものだ。

三月二三日の京都会館が新生タイガースの初ステージとなった。沢田は〈音的に薄くなった。ちょうどこの頃アート・ロックなんかが騒がれはじめていたのでよけい迫力が欲しかった〉と語っている（『すばらしい世界』）。

三月二五日にタイガースの九枚目のシングル《美しき愛の掟／風は知らない》が発売された。《美しき愛の掟》はニュー・ロック調、《風は知らない》はフォークソング調と、両面で曲調は異なる。後者は「トッポ最後のレコーディング」と称して発売され、たしかに加橋の声もコーラスから聞き取れる。しかし、《美しき愛の掟》は、シローを加えてコーラス部分を録《と》り直したという。オリコンの週間チャートでは四位が最高で、年間で四二位、二六・七万枚と、前作《青い鳥》からさらに下がった。

第二の失踪者

五月一日から八日までは、第三八回・日劇ウェスタン・カーニバルが開催された。客の入りは、初日が七割、以後はよくて六割で、明らかにGSブームは沈静化していた。

日劇での公演のさなかに、沢田は中野の商業住宅複合施設「ブロードウェイ」に引っ越した。

五月半ばになると、瞳みのるが加橋のように「失踪」を考えていることが発覚した。中井マネージャーが説得して、九月に解散させることを条件にし、それまでは続けることで一応は収まった。しかし他のメンバーと合意しているかどうかは、はっきりしない。すでにメンバー同士で腹を割って話せる状況ではなかったようだ。

解散の危険を孕みながら地方公演が続き、五月二七日にタイガースは三作目の映画『ハーイ！　ロンドン』の撮影のため、羽田を発ってロンドンへ向かった。

ロケの合間には、《スマイル・フォー・ミー》《レイン・ロールス・オン・ザ・スカイ》のレコーディングもした。またメンバー全員で『ヘアー』を見ている。ニューヨークでは沢田しか見ることができなかった、前衛的・反戦ミュージカルだ。同じころ、加橋もパリで『ヘアー』を見た。パリとロンドンは近い。しかし、加橋がロンドンへ行き、メンバーと再会することはなかった。

タイガースの帰国は六月九日で、一一日には東宝撮影所で映画『ハーイ！　ロンドン』の残りのシーンを撮った。

安井かずみ帰国

七月五日、シングル《嘆き／はだしで》が発売された。作詞した安井かずみはニューヨークで夫と暮らしていたが、二月頃に、「パリに服を買いに行きます」との書き置きを残して家を出た。結婚生活に行き詰まったのだ。パリに滞在していた渡辺美佐と会い、安井は離婚を決意し三月に日本へ帰国した。その後に書いたのがこの二曲だ。録音されたのはタイガースがロンドンへ行く前の五月二一日だった。週間チャートの最高は八位で、売り上げ枚数は一八・二万枚と、二〇万を割っている。夏に売る曲なのに、しっとりしたバラードという、季節外れの曲だったからか。

タイガース名義ではあるが、《嘆き》は沢田のヴォーカルだけで、コーラスはない。B面《はだしで》はコーラスがあるが、申し訳程度だ。実質的には沢田のソロシングルと言っていい。渡辺プロ、あるいは渡辺美佐の、沢田を安井と組ませて独立させようという意図が感じ取れる。そしてそれをファンが察したので、売れなかったのかもしれない。

安井かずみは夫との離婚調停に入り、六月に成立し、独身に戻った。

スマイル・フォー・ミー

タイガースの映画『ハーイ! ロンドン』は七月一二日に東宝系で封切られた。その前後に、週刊誌は瞳が脱退を希望していると書き立てた（「週刊明星」七月一三日号）。

七月二五日に、ロンドン滞在中にレコーディングされた《スマイル・フォー・ミー》が発売された。英語の歌詞で、ビー・ジーズのバリー・ギブとモーリス・ギブが、タイガースのために作詞・作曲した曲で、英国でも発売された。

一か月に二枚のシングルが出るのはイレギュラーだ。映画とのメディアミックスとも考えられるが、それであれば、《嘆き》を秋にずらしたほうが季節感は合う。渡辺プロ内部でのタイガースの販売戦略の混乱が見え隠れする。

それでも、オリコンの週間チャートで《スマイル・フォー・ミー》は最高で三位、二八・四万枚と英語の詞であることを考えると、まずまずのヒットだった。

解散の意思の表明

八月二五日からは第三九回・日劇ウェスタン・カーニバルで、九月一日まで開催された。すでにタイガース解散の噂が流れていた。そんななか、二七日の公演に加橋かつみが来て、二階のグランド・サークル席に着いた。気づいた観客はどよめく。ステージのミュージシャンたちも加橋に気づいていた。

やがてタイガースの登場となる。ファンから「解散するの?」という質問が飛ぶ。沢田はファンに向かって「解散しない」と宣言した。そう言うしかないではないか。

九月八日に、ついにメンバー全員で瞳の退団問題が話し合われ、解散するしかないとの結論が出た。瞳の脱退の意思が堅いのであれば、それを認めるしかなかった。問題は、その後はどうするか。四人だけで活動するのか、誰か他のドラマーを入れて続けるのか、解散するのか。四人は解散を選択したと思われる。

翌日、タイガースの五人は渡辺プロの松下制作部長と会い、解散の意向を伝えた。すでにGSブームは終わりに近いので、渡辺プロもタイガースを無理して維持するつもりはない。会社としては沢田研二さえ逃さなければよかった。だが、解散されては困る別の理由があった。翌年に大阪で開催予定の万国博覧会である。

万国博覧会では、渡辺プロ副社長の渡辺美佐が「催し物部門」のプロデューサーのひとりとなっており、ポピュラーミュージックを担当していた。この役職に美佐は個人として就任したが、当然、渡辺プロは全力でサポートすることになっていた。万博では多くのコンサートが開催される計画があり、渡辺プロの歌手が不可欠だった。一時よりは衰えたとはいえタイガースの人気は健在で、タイガースなしのコンサートはありえない。万博を成功させるためにも、いまタイガースに解散されては困る。

当時の感覚では万博は文字通りの国家イベントであり、それに関わることは名誉だった。渡辺美佐は会社の利益ではなく、「お国のため」という意識で取り組み、それは渡辺プロの社員たちにも伝わっており、タイガースも、「お国のため」に解散を一年先延ばしするしかなかった。

「解散」の見解

沢田は「解散」について「自叙伝」では、〈周りでああだこうだ、グループ・サウンズ自体が峠を越したとか言われだした時点で、メンバーからタイガースという名前をきれいなままで残したい、惨めになる前に解散してしまおうという意見が出てきた。／僕は寝耳に水だったですけどね。解散と聞いた途端に、ええ、解散、なんで？ というような感じだったですね。〉と語っている。

岸部は一九九〇年にこう振り返る。〈ちょうどシローー（岸部シロー）が参加する頃から、ナベプロ側は、ジュリーだけがスターで、「あと残り四人」という考え方を鮮明にしてきました。同時にメンバー一人ひとりの考え方の違いがはっきりしてきて、日常の中でそれぞれが我慢しながら「ザ・タイガース」を続けていく意味が薄れてきたんです。／そこで解散ということを真剣に考えたわけですが、このことに悩んだということでは決してありません。／それどころか「解散」することが一番前向きな姿勢だったし、積極的な選択だとも思いましたよ。レコードの売り上げが減ったとかして人気の下降は感じましたが、このことが解散の理由ではありませんでした。〉（岸部シロー『ザ・タイガースと呼ばれた男たち』）

森本は二〇一七年にこう語る。〈かつみが辞めると、直ぐに瞳も事務所に自分も抜けたいと相談したんです。後から知った話ですが、当時、僕らの給料は、他のGSの人たちよりも全然安かったんです。人気絶頂の頃で月五〇万～六〇万円。タクシー料金が一メーター、一〇〇円くらいの時代です。一般のサラリーマンに比べれば、良い給料でしょう。ただ、他のGSの中には僕らの四～五倍もらっていた人もいたそうです。〉〈僕や他のメンバーも一人ずつ呼ばれて、今後の進みたい道について面談が行われました。これが四四年の夏頃のことかな。〉（「週刊新潮」別冊）

九月に渡辺プロとの契約更新があり、瞳は解散を主張して拒んだが、説得されて、一年の延長を決めた。その間に質素な生活をして、貯金をすることにしたのだ。芸能界引退後に大学へ入り、学びたいと思うようになっていた。

沢田研二、ソロ・デビュー

九月二一日、タイガースは前年に事故が起きた奈良県あやめ池での野外コンサートに出演した。

一〇月頃から渡辺プロでは沢田研二をソロ・デビューさせる計画が走り出していた。デビュー・アルバムとなる《JULIE》は一二月二日から一〇日にレコーディングされ、一五日に発売される。

渡辺プロはタイガースを延命させる一方で、その後に備えて、沢田をソロシンガーとして世に出そうとしていたのだ。《JULIE》は予約だけで一五万枚と、当時のLPとしては驚異的なヒットとなった。

オリコンは七〇年一月からアルバム（LP）のランキングも発表するが、その第一回で、《JULIE》は二位となった。一位は森進一のベストアルバム《花と涙／森進一のすべて》（六九年一〇月発売）だった。当時の歌謡曲のレコード市場はシングル盤が中心で、LPは一万枚売れれば大ヒットだった。その時代に《JULIE》が一〇万枚を超えたことは、タイガースの人気は下降気味でも、沢田研二の人気は衰えていなかったことを意味する。

「独立してソロになる」との噂について、沢田は「自叙伝」ではこう語る。

〈あることないこといわれて、沢田は独立してソロになる、とか書かれる。べつに自分で言った覚えないし、お前ら、下手くそ、下手くそといつも言っているくせに、ソロシンガーにして恥をかかすつもりか、とか思ってましたけどね。〉

《JULIE》には一二曲収録され、全曲が作詞・安井かずみ、作曲・村井邦彦で、東海林修が編曲した。東海林修は、米軍相手のジャズピアニストをしていたところを渡辺晋にスカウトされて渡辺プロに入り、専属のアレンジャーとなった。

LP《JULIE》収録曲

全曲、作詞:安井かずみ、作曲:村井邦彦

君を許す
ビロードの風
誰もとめはしない
愛のプレリュード
光と花の思い出
バラを捨てて
君をさがして
未知の友へ
ひとりぼっちのバラード
雨の日の出来事
マイ・ラブ
愛の世界のために

安井かずみにとって、離婚後最初の大きな仕事だった。経済的に苦境にあったので、このアルバムの印税で助かった。渡辺美佐による安井救済のためのアルバムでもあったのだ。自由になった安井は「恋人は必需品」と宣言し、次々と浮名を流した。恋の相手は年下が多く、ミュージシャンや編集者、作家などの芸術家・文化人たちの名が上がっては消えた。沢田研二もそのひとりだ。

アルバム《JULIE》の第一曲となった《君を許す》は、タイガースのシングル盤として、一二月一日に発売された。B面は《ラブ・ラブ・ラブ》で、これも安井と村井による。オリコンの週間チャートではトップ10に入れず、最高で一八位、一一・六万枚だった。

一二月五日に東京・渋谷の東横劇場で加橋が主演する『ヘアー』の公演が始まった。プロデューサーは、キャンティの川添浩史の長男（母はピアニスト・原智恵子）・川添象多郎で、当初、寺山修司が日本版の脚本を書いたが、日本にも内在する民族問題や差別問題を意識させる内容になったので、共同制作の松竹が難色を示し、解雇されていた。

そんなトラブルも話題となり、初日には三笠宮夫妻をはじめ、三島由紀夫、黛敏郎、安井かずみらキャンティの常連客が駆けつけた。もうひとつの話題は舞台で全裸になるシーンがあるということだったが、これはドライアイスの煙で隠されて、客席は「見る」ことはできなかったようだ。公演には厳しい批評もあったが、二月二五日まで続き、一一万人を動員する。

さらに、二〇日には加橋がパリでレコーディングしたアルバム《パリ　１９６９》が発売された。

タイガースを脱退した加橋の成功は、残りのメンバーにも希望に見えたかもしれない。

一九六九年も無冠

日本レコード大賞はこの年から大晦日に帝国劇場で授賞式が開催され、夜七時からＴＢＳが放映する。九時からは『紅白歌合戦』で、「歌謡曲黄金時代の大晦日」が、この年から始まると言っていい。

1969年　第11回 日本レコード大賞（視聴率30.9％）

日本レコード大賞

「いいじゃないの幸せならば」佐良直美

作詞：岩谷時子　作曲：いずみたく　編曲：いずみたく

最優秀歌唱賞

森進一「港町ブルース」

最優秀新人賞

ピーター「夜と朝のあいだに」

歌唱賞

青江三奈「池袋の夜」

弘田三枝子「人形の家」

加藤登紀子「ひとり寝の子守唄」

森進一「港町ブルース」

佐良直美「いいじゃないの幸せならば」

大衆賞

水前寺清子「三百六十五歩のマーチ」「真実一路のマーチ」

森山良子「禁じられた恋」

新人賞

はしだのりひことシューベルツ（「風」）

内山田洋とクール・ファイブ（「長崎は今日も雨だった」）

千賀かほる（「真夜中のギター」）

高田恭子（「みんな夢の中」）

作曲賞

筒美京平　「ブルー・ライト・ヨコハマ」（いしだあゆみ）ほか

編曲賞

寺岡真三　「悲しみは駈け足でやってくる」（アン真理子）ほか

作詩賞

山上路夫　「夜明けのスキャット」（由紀さおり）/「禁じられた恋」（森山良子）ほか

特別賞

佐伯孝夫、東芝音楽工業と制作グループ

企画賞

東芝音楽工業

フォークソング・ブームの契機を作り、新音楽人口を開拓した功績。

童謡賞

「うまれたきょうだい11にん」（スリー・バブルス）

1969年　第20回 紅白歌合戦（視聴率69.7％）

紅組		白組	
青江 三奈	池袋の夜	**布施 明**	バラ色の月
いしだ あゆみ	ブルーライト・ヨコハマ	千 昌夫	君がすべてさ
小川 知子	初恋のひと	西郷 輝彦	海はふりむかない
カルメン・マキ	時には母のない子のように	アイ・ジョージ	ク・ク・ル・ク・ク・パロマ
越路 吹雪	愛の讃歌	春日 八郎	別れの一本杉
奥村 チヨ	恋泥棒	ザ・キング・トーンズ	グッド・ナイト・ベイビー
水前寺 清子	真実一路のマーチ	三田 明	サロマ湖の空
由紀 さおり	夜明けのスキャット	デューク・エイセス	筑波山麓合唱団
伊東 ゆかり	宿命の祈り	菅原 洋一	潮風の中で
岸 洋子	夜明けのうた	坂本 九	見上げてごらん夜の星を
森山 良子	禁じられた恋	鶴岡雅義と東京ロマンチカ	君は心の妻だから
島倉 千代子	すみだ川	三波 春夫	大利根無情
弘田 三枝子	人形の家	橋 幸夫	京都・神戸・銀座
黛 ジュン	雲にのりたい	佐川 満男	今は幸せかい
西田 佐知子	アカシアの雨がやむとき	村田 英雄	王将
梓 みちよ	こんにちは赤ちゃん	水原 弘	君こそわが命
高田 恭子	みんな夢の中	美川 憲一	女とバラ
中尾 ミエ	忘れられた坊や	ダーク・ダックス	あんな娘がいいな
ピンキーとキラーズ	星空のロマンス	**内山田洋とクール・ファイブ**	長崎は今日も雨だった
ザ・ピーナッツ	ウナ・セラ・ディ東京	フランク永井	君恋し
佐良 直美	いいじゃないの幸せならば	舟木 一夫	夕映えのふたり
都 はるみ	はるみの三度笠	北島 三郎	加賀の女
美空 ひばり	別れてもありがとう	**森 進一**	港町ブルース

総合司会＝宮田輝アナウンサー
紅組＝伊東ゆかり　　白組＝坂本九
人名の**太字**は渡辺プロ（8組）

八時四五分前後にレコード大賞が発表され、受賞しなかった歌手たちは、先に渋谷のNHKホールへ移動し、大賞受賞者が後を追う。この二つの番組に出ることができるのは、一〇人前後しかいない。

レコード大賞は佐良直美《いいじゃないの幸せならば》だった。この年から歌唱賞と新人賞の各五人の中から、それぞれ最優秀歌唱賞・最優秀新人賞が選ばれることになった。

大晦日に移したことでTBSが放映する『輝く！日本レコード大賞』の視聴率は激増した。前年は一〇・三パーセントだったのに三〇・九パーセントに上がったのだ。これにより、「レコ大」から「紅白」へという流れが確立された。歌手たちにとって大晦日はますます重要な日となる。

『紅白歌合戦』はこの年が第二〇回で、タイガースはこの年も出演しない。視聴率は六九・七パーセントだった。

オリコンの年間チャートでも、タイガースの陰りは明白だった。前年一二月発売《青い鳥》の二六位（三二・六万枚）しか、トップ30にランクインしていない。

第五章　解散へ　１９７０年

「その後」を模索する若者たち

ザ・タイガースにとって、実質的に最後の一年となる一九七〇年が明けた。

新年最初のステージは、一月二日の大阪フェスティバルホールでの「ザ・タイガース・ショー」だった。六日には、沢田を除くメンバーが、「岸部修三グループ」として、第二回日本ロックフェスティバルに出演した。

沢田はこの頃のことを、「自叙伝」でこう振り返っている。

〈メンバーのなかではもう次のことを考えている人もいた。〉〈サリーは自分のバンドを作るんだって、岸部おさみグループとかといってね、別にメンバー集めてやるとか言ってた。いや、もう作ったりなんかしてたのかも、解散の前に。タローはタローでまたグループを作ろうと思っていたらしいし、ピーはもうやめて、学校へ言って勉強するんだと言ってるし、シローはシローでまたブレッド・アンド・バターといっしょにやろうと。〉

1970年のレコード（すべてザ・タイガース）

3月20日	**都会**　作詞：山上路夫、作曲：クニ河内
	怒りの鐘を鳴らせ　作詞：山上路夫、作曲：クニ河内
7月1日	**素晴しい旅行**　作詞：山上路夫、作曲：沢田研二
	散りゆく青春　作詞：山上路夫、作曲：森本タロー
9月15日	**LP《THE TIGERS AGAIN》** シングルの曲を集めたベスト盤
11月20日	**誓いの明日**　作詞：山上路夫、作曲：クニ河内
	出発のほかに何がある　作詞：ジャン得永、作曲：森本タロー
12月15日	**LP《自由と憧れと友情》** オリジナル・アルバム

沢田自身も新たな挑戦をしていた。作曲を始めていることはすでに記したが、ザ・ピーナッツのシングルを作曲した。

ピーナッツは一九五九年にデビューし、一〇年が過ぎていた。洋楽のカバーから始まり、宮川泰が主軸となってオリジナル曲を作っていたが、路線転換を模索し、沢田に白羽の矢が立ったのだ。

ピーナッツのエミ（後に沢田と結婚する）によると、『シャボン玉ホリデー』のスタジオで、沢田がギターの弾き語りをしているのを聞いて、とてもいい曲なので、話しかけたら、自分の曲だと言うので、マネージャーに話して新曲を依頼したという。沢田と伊藤エミが結婚するのは一九七五年だが、「自叙伝」では二一歳から付き合っていたと語っており、逆算すると、六九年からとなる。

沢田がピーナッツのために作曲した《男と女の世界》

作曲する。

の作詞は山上路夫で、三月に発売された。次の七月発売《東京の女》も山上が作詞し、沢田が

解散へ向かっているのは、タイガースだけではなかった。

ライバルのザ・スパイダースも一九六九年夏には観客動員の落ち込みが目立ち、レコードの売り上げも六九年にリリースした四枚のシングルはどれも五万枚にも満たず、八月二五日発売《夜明けの二人》は二六八〇枚しか売れていない。七〇年一月二五日発売の《ふたりは今》は五・三万枚と盛り返したが、メンバーはソロで活動するようになっていく。それぞれが作詞・作曲、演奏、歌、俳優、コメディアンなどの分野での才能があったことも、分裂を加速させた。

スパイダースの弟分としてデビューしたザ・テンプターズも、一九六九年一一月二五日発売のシングル《エブリバディ・ニーズ・サムバディ》は七八〇〇枚しか売れなかった。

その一方で、一二月にはアメリカ・メンフィスで「日本人初のメンフィス録音」と謳って、アルバム《ザ・テンプターズ・イン・メンフィス》が発売された。しかし、渡米したのは萩原健一のみで、実質的には萩原のソロ・アルバムと言っていい。

一九六九年秋から七〇年春にかけて、タイガースだけでなく、スパイダースとテンプターズも「解散」を意識するようになっていたのだ。

加橋かつみの転落

一月一一日、キャンティのオーナー、川添浩史が亡くなった。五六歳だった。一三日の葬儀には、加橋はもちろん、タイガースの五人も全員が参列した。

一五日に第四〇回・日劇ウェスタン・カーニバルが開幕し二二日まで続き、タイガースも出演した。二一日にシングル《都会》をレコーディングした。

二月になると、岸部兄弟がアルバム《サリー&シロー　トラ70619》をリリースした。沢田に続く、グループ外の活動だ。森本もテレビ映画『柔道一直線』のヒロインで人気のあったアイドル、吉沢京子のシングル《幸せってなーに?》の作曲をし、三月一日に発売された。沢田は単独でテレビ番組に出る機会も出てくる。瞳はキャンティで知り合った作家・柴田錬三郎との親交を深めていく。

ミュージカル『ヘアー』の東京公演は二月二五日で終わった。その翌日、川添象多郎と加橋かつみが大麻取締法違反で逮捕された。松竹は予定されていた大阪公演の中止を決めた。

事件の余波はタイガースにも及んだ。加橋と親しかったことから大麻吸引を疑われ、メンバーは警視庁の事情聴取を受けたが、みな潔白だった。だが、大麻疑惑はキャンティ人脈全般へと広がり、三月一八日には安井かずみが逮捕された。

安井は不起訴となったが、加橋は起訴され、三月一九日に保釈された。迎えに行ったのは川添梶子だった。安井かずみが釈放されると、迎えに行ったのは渡辺美佐だった。安井は以後も何事もなかったかのように、渡辺プロを後ろ楯として、作詞家として活躍する。

加橋の裁判は六月に執行猶予付きの判決が出た。音楽活動の再開は九月になる。

万博でのタイガース

三月一四日、大阪・千里丘陵で日本万国博覧会の開会式が開催され、翌一五日に開会した。九月一三日まで続く。渡辺美佐だけでなく、万博の主要人物である丹下健三も岡本太郎も黛敏郎もキャンティの常連だった。

万博で渡辺プロダクションが企画したのが、「全国ヤング歌謡フェスティバル」だった。前年一〇月からＴＢＳが同題の三〇分の音楽番組を放映し、そこで毎回、歌手を紹介して、視聴者の投票を募り、五月に万博会場でグランプリを発表するという企画だった。番組の制作も渡辺プロで、当然、同社の所属歌手がグランプリになるという前提だ。タイガースもこのフェスティバルに、新曲《都会》で参加する。

三月二〇日、タイガースの一三枚目のシングル《都会》が発売された。週間チャートでは一〇位が最高で、一四・三万枚の売り上げだった。前作《君を許す》よりは順位も枚数も上だ。

同時期に発売されたテンプターズのシングル《復活》も、二・六万枚と前作より少し盛り返していた。

四月二日、TBSで毎週木曜二一時から沢田研二が司会をする三〇分の音楽バラエティ番組「虹のお祭り広場」が放映開始となった（六月二五日まで）。沢田の単独での活動で、萩原健一がゲストとして出演し共演するシーンもあった。最終回にはタイガースのメンバーも出演する。

四月二六日にタイガースは万博会場でショーを開催した。「お国のため」の活動だ。

五月二日から八日までタイガースは、第四一回・日劇ウェスタン・カーニバル、九日は万博会場での「ヤング歌謡フェスティバル」と忙しい。ヤング歌謡フェスティバルでは、タイガース《都会》がフェスティバル賞を受賞した。

この頃に発売された雑誌「女学生の友」七〇年六月号に沢田はこう寄せている。

〈音楽にとりつかれ、音楽にしか自分を表現できないぼく。音楽だけをやっていればしあわせだったぼくが、予測もしなかったスターの座についてしまったとき、ぼくは正直いって、混乱し不信感にとりつかれてしまった。ジュリー。GSのプリンス。貴公子。いつのまにかつくられた英雄像。そのころ、正直いってぼく自身は苦しみ悩んだ。〉

〈ジュリーではなく、沢田研二にもどれる時間。そのなかで、ぼくは考え、苦しみぬいた。ぼくがもとめていたものは、人気やスターの座ではなく、音楽で自分を表現することだったのだ。

だが、だれもそれをわかってくれようとはしなかった。〉

この「本音」もまた、記者・編集者の創作かもしれない。六〇・七〇年代の芸能記事の大半が、そういう作られ方をしていた。

帝国・渡辺プロダクションで叛乱が起きた。女性歌手の稼ぎ頭だった伊東ゆかりが五月一日に《結婚》が発売されると、六日に記者会見して渡辺プロからの脱退を宣言したのだ。彼女は七歳から芸能界で生きていた。かねてから「二三歳になったら芸能界を引退する」と言っており、四月にその二三歳の誕生日を迎えていた。

そのとたん、伊東はテレビの歌番組を次々とキャンセルされた。さらに渡辺プロは、「伊東ゆかりが歌ってきた曲はすべて同社に権利があるので、以後は歌ってはならない」という趣旨の内容証明を送りつけた。伊東ゆかりはコンサートを開いても、これまでのヒット曲を歌えなくなる。それは覚悟の上だった。独立を宣言した会見で、伊東ゆかりは「二度と歌えなくなってもかまいません。私には普通の女の子の生活がありませんでしたから」と語っている。この後に渡辺プロからデビューするキャンディーズが「普通の女の子に戻りたい」と言って解散するのは七八年のことだ。

伊東ゆかりは渡辺プロを通して契約していたキングレコードからも離れ、六月二五日にDENONから《わたしだけのもの》を出した。ナベプロ帝国の力をもってしても、芸能界・レコード界から完全に干すことはできなかった。この年の『紅白歌合戦』にも出場する。伊東が佐川満男と結婚するのは翌七一年四月である（後、離婚）。

渡辺プロの新たな鉱脈

六月一三日から一七日は浅草国際劇場で「ザ・タイガース・ショー」が開催され、ワイルド・ワンズが客演した。このグループも七一年秋にはいったん解散する。

一三日公開の渡辺プロダクション製作・東宝配給の、植木等主演『日本一のヤクザ男』（古澤憲吾監督）は、広義の「クレージー・キャッツ映画」だが、植木以外ではハナ肇しか出演していない。これに沢田研二は単独で出演した。タイガースもクレージー・キャッツのようにメンバーが別々に活動するという予兆でもあった。

一方、この頃、ザ・ドリフターズが大ブレイクしていた。前年一〇月からTBSで『8時だョ!全員集合』が始まっていたのだ。当初は視聴率一五パーセント前後だったが、七〇年になると、二五パーセント前後に上がり、一二月二六日には四五・七パーセントを記録する。渡辺プロダクションにとっての新たな鉱脈だった。

テレビ番組での沢田研二の活躍が増えてくる。バラエティ番組『虹のお祭り広場』が六月で終わると、その後番組は『あなたとジュリー』となり、七月から九月まで放映された。タイガースだけでなく、スパイダース、テンプターズ、ワイルド・ワンズもゲスト出演し、萩原健一はソロとしても出演した。

テンプターズは七月一日にシングル《出来るかい？出来るかい？》をリリースしたが、二八五〇枚しか売れなかった。

七月一日、タイガースの一四枚目のシングル《素晴しい旅行》が発売された。山上路夫が作詞、沢田研二が作曲した。沢田の曲がシングルで採用されるのは初めてだった。さらに、ライバルのはずのスパイダースの井上堯之が編曲している。沢田と井上との最初のコラボとも言える。B面《散りゆく青春》は森本太郎が作曲した。週間チャートでは一五位が最高で、一三・三万枚を売った。

七月下旬は地方公演で、姫路、岡山、大阪とまわった。

延期される解散

解散は「万博が終わってから」が、渡辺プロとの約束だったが、その日が近づいてくる。瞳はあくまで解散を主張していたが、他のメンバーには継続の意見もあったようで、メンバーと渡辺プロの間で何度かミーティングがもたれたが、結論は出ない。最短で一〇月解散という案もあったが、さらに延ばされていく。

ウェスタン・カーニバルは万博会場でも開催された。八月一二日から一六日での「インターナショナル・ウェスタン・カーニバル」にはタイガースも出演した。

そして二二日、東京・田園調布にあった田園コロシアムで「ザ・タイガース・イン・コロシアム」が開催され、約八千人を集めた。沢田は〈全体から見ればGSの人気が衰退していたけれども、僕らのところは他とは段違いでしたからネ。そりゃ《君だけに愛を》などの時と比べれば落ちてますが……だから、そんなに不振とは思っていませんでしたよ〉と語っている（『すばらしい世界』）。

二五日からは日劇での第四二回・ウェスタン・カーニバルが九月一日まで開催された。

九月一五日、タイガースの四枚目のアルバム《THE TIGERS AGAIN》がリリースされた。これまでのシングル盤の曲を一二曲収録したベスト盤だ。

二五日から二七日、大阪・梅田コマで「ザ・タイガース・ショー」が開かれ、ワイルド・ワンズが客演した。その間の二六日には、川添象多郎が企画・構成した野外コンサートも開かれ、雨だったが、三千人のファンが集まった。

万博は九月一三日に閉幕した。半年間に六四二一万人が来場した記録的なイベントとなった。

一九六四年の東京オリンピックから七〇年の万博までは、日本経済全体が右肩上がりだった。経済成長による歪みも生まれ、そのひとつが公害問題であり、平和運動や革命運動と連動する学生運動だった。学生運動は六九年一月の東大・安田講堂の攻防戦での敗北によって、沈静化へと向かっていた。そして一〇代の女性を熱狂させたGSブームも終わる。バンドの粗製乱造が一因ともされたが、いくら分析しても答えは出ない。ミュージシャンの一部は、すでに「ニュー・ロック」へと向かっていた。

スパイダース解散へ

九月二五日、スパイダースのシングル《エレクトリックおばあちゃん》が発売された。三・二万枚を売ったが、ヒットとは言い難い。週間ランキングでは六七位が最高だった。五月に田辺が引退したので前田富雄がドラムを叩き、ソロは堺正章が歌った。これがスパイダースの最後のシングル盤となる。

タイガースの森本は「タイガースよりも他のGSのほうが給料は高かった」と語っているが、スパイダースの井上堯之は逆のことを語る。井上はウェスタン・カーニバルでタイガースと楽屋が一緒になったとき、たまたまタイガースの給料日で、彼らがもらう現金の入った封筒を見て驚いたと語っている。当時は銀行振込ではなく、渡辺プロは月二回、現金で渡していたのだ。その封筒は厚く直方体で、二つに折り曲げることはできそうもない。しかし、スパイダースは月一回の給料なのに、封筒ごと折ることができた（井上堯之『スパイダースありがとう!』）。

「隣の芝生は青く見える」の一例かもしれないが、井上たちは、自分たちが田辺に搾取されていると感じるようになり、疑心暗鬼が積もっていく。ジャズ喫茶での観客動員も減っていき、やる気がなくなったところに、この疑惑が浮上したのだ。

井上が「組合委員長」として、待遇改善を求めて田辺と交渉することになった。ある日、TBSの楽屋で井上が、「要求が通らないなら、全員がスパイダースを辞めます」と言うと、田辺は「分かった」とだけ言って、楽屋を出た。これで解散かと、井上は覚悟した。だが、翌日、田辺に呼び出されると「他のみんなは続けると言っているが、お前はどうする」と言われた。一晩のうちに、他のメンバーは切り崩されていた。井上は続けると言うしかなかった。

しかし、一度は元の鞘に収まったが、スパイダースは分裂への動きが止まらない。井上によれば、待遇改善という問題ではなく、メンバーの活動の方向の違いが決定的になったからだという。田辺とは長い付き合いの、かまやつひろしが脱退を決めると、もう解散は避けられない。

メンバー全員が集まるミーティングの場で、井上から「話し合いはいいです。僕は辞めます。あとは代理人を通してください」と口火を切ると、田辺は「そうか」と言って、出て行った。

田辺は後に〈一二月三一日にスパイダースが解散、スパイダクションも解散〉と決めていたと言い、〈うまくいっていないものをうまくいかせようとしたってムダなだけですから。〉と淡々と振り返っている(井上堯之『スパイダースありがとう!』)。

しかし、テンプターズにいた萩原健一が自伝『ショーケン』で語るには、田辺は〈懸命に引き留めに走った。堺正章、井上順、私に向かって、「ほかのやつらが出て行っても、おまえたちさえ残ってくれれば……」〉と言ったという。

テンプターズもこの頃にはメンバーの一部が「金が、金が」と言うようになっており、なかには母親が「給料を上げてくれなければ辞めさせてもらう」と口を出したという。こうしたことに嫌気がさした萩原は、自分から報知新聞の記者に連絡をとり「テンプターズ解散」と書かせることにした。

田辺から引き留められると、萩原は「僕も辞めさせていただきます。もう記者に言ってしまいました」と答えた。こうしてテンプターズも解散が決まる。

タイガースも、瞳の脱退と解散の意思は堅い。一〇月には、年内いっぱいでの解散が、ほぼ決まった。

最後のシングル

一〇月三〇日、タイガース発祥の地である京都で、「ザ・タイガース・ショー」が開催された（京都会館）。これが結果として、最後の京都公演となる。

一一月に入ると、六日から八日まで北海道ツアーで、函館、旭川、札幌とまわった。

一一月二〇日に一五枚目のシングル《誓いの明日》が発売された。B面《出発のほかに何がある》とともに、一二月一五日に発売されるアルバム《自由と憧れと友情》に収録された曲の先行シングルカットとなった。

《誓いの明日》《出発のほかに何がある》は、そのタイトルからも、解散・再出発を意識していることが分かる。発売の一一月時点では、解散は発表されていない。したがって、「タイガース最後のシングル」という宣伝もしていない。そのせいか、五・七万枚のセールスに留まり、週間チャートでの順位も一八位が最高だった。

一一月二五日、キャンティの常連のひとりだった三島由紀夫が割腹自決をした。

高度経済成長はまだ続き、日本の繁栄は永遠と思われた。キャンティに集う芸術家や文化人は栄華を誇っているはずだった。だが、三島は何かを予知したかのようだった。

テンプターズも一二月には解散が決まった。二つのグループのメンバーは、それぞれの道を行く。確認すれば、スパイダースとテンプターズが所属するスパイダクションはのちに田辺エージェンシーになるものの、当時はホリプロダクション内にある。したがって、この二つのグループのメンバーたちのその後は、スパイダクションあるいはホリプロダクションがマネジメントするのが自然の流れだが、そうはならない。

渡辺プロダクションのタイガース解体、沢田研二のソロ・デビュー戦略のなかに、スパイダースとテンプターズも巻き込まれていくのだ。

一一月下旬、森本はレオ・ビーツの西信行と新バンド結成の相談を始め、これがアルファベッツ結成へとつながっていく。

解散発表

「タイガース解散」もまた、数多くの「真相」なるものがメディアに氾濫した。そのなかから、当事者の発言のみを拾っていく。

瞳みのるは解散発表後の一二月一〇日発売の「週刊女性」に「手記」を寄せている。

〈一二月四日午後七時、会社での会合において会社側は解散させず、あくまでもタイガースという名は今後も使うのだと言った。それは約束が違うと言ったが相手にされなかった。他のメンバーでタイガースを活動されるのがいやなので、我々は仕方なく一年に何回か今のメンバーでコンサートやLPレコードをやる事で、なんとかタイガースを守って行こうという対応策を出した。僕もこの突然の会社側の豹変に驚いたが、タイガースのために同意せざるを得なかった。〉

この決定が渡辺プロからリークされたのか、一二月七日の「日刊スポーツ」が「タイガース解散」とスクープした。その日は月曜日で、タイガースは夜八時から日本テレビの『紅白歌のベストテン』に出演することが決まっていた。渋谷公会堂からの生放送である。ここに行けばタイガースを捕まえることができると分かっていたので、マスコミは渋谷公会堂に押し寄せた。

番組の放送終了後、タイガースは楽屋で記者を前にして解散することを認めた。

岸部おさみが「タイガースの名前は残しますけど、来年の一月二四日の日本武道館の仕事を最後に、九〇パーセントは個人活動になります」と説明した。すでに一月二四日に武道館でコンサートを開くことは告知されているが、この時点では、それはひとつの節目のコンサートではあるが、「解散コンサート」「さよならコンサート」ではないということだった。

沢田は「解散といっても、一口には説明できない色々な問題があったんです。ファンのなかには人をバカにして…と思うかたもいるかもしれませんが…。まあ結局、個人々々の力を伸ばす時期にきたということです」と補足した（「ヤングレディ」七〇年一二月二一日号）。

だが瞳はきっぱりと「僕は辞めます」と芸能界からの引退を表明し、「京都の実家に帰ります」と言った。

翌八日のスポーツ新聞各紙には「タイガース解散」「発展的解消」などと報じられた。メンバーが個人活動に向かうことは分かったが、「タイガース」を残すのかどうかは、はっきりしない。渡辺プロもあえて曖昧にしている。

一一日から一三日、タイガースは九州へ行き、鹿児島、別府、宮崎で公演した。

最後のオリジナルアルバム

そして一五日、最後のオリジナルアルバムとなる《自由と憧れと友情》が発売となった。しかし、このレコードも「タイガース最後のアルバム」と銘打たれた大宣伝がなされたわけではない。渡辺プロは、まだ「解散」がビジネスになることを認識していない。解散ビジネスが確立されるのは一九七八年のキャンディーズまで待たねばならない。

《自由と憧れと友情》は、《ヒューマン・ルネッサンス》の続編的なオリジナルアルバムで、一曲目がシングルB面になった《出発のほかに何がある》で、B面最後の曲が《誓いの明日》となっている。一二曲が収録され、リード・ヴォーカルは沢田が七曲、岸部シローが三曲、岸部おさみが二曲を担当した。

作曲陣に加わったクニ河内とチト河内はハプニングス・フォー、かまやつはスパイダース、エディ藩はゴールデン・カップス、柳田ヒロはエイプリル・フールのミュージシャンだ。いずれもロック志向の強い人たちで、解散がなければ、タイガースがニュー・ロックへと進む可能性を示唆するものだった。しかし、彼らは解散するのだ。

LP《自由と憧れと友情》収録曲

出発のほかに何がある	作詞:ジャン得永、作曲:森本タロー
友情	作詞:安井かずみ、作曲:森本タロー
処女航海	作詞:山上路夫、作曲:沢田研二
もっと人生を	作詞:安井かずみ、作曲:沢田研二
つみ木の城	作詞:山上路夫、作曲:柳田ヒロ
青春	作詞:安井かずみ、作曲:チト河内
世界はまわる	作詞:山上路夫、作曲:森本タロー
誰かがいるはず	作詞:安井かずみ、作曲:クニ河内
脱走列車	作詞:山上路夫、作曲:ムッシュかまやつ
人は…	作詞:安井かずみ、作曲:ムッシュかまやつ
海の広さを知った時	作詞:安井かずみ、作曲:エディ藩
誓いの明日	作詞:山上路夫、作曲:クニ河内

東京に戻ると、森本太郎は新しいバンド、アルファベッツのヴォーカルのオーディションをしていた。もう彼は動き出していた。森本は〈解散が見え始めると、それぞれ、次のバンドの準備に取り掛かっていたからね。タイガースに対するモチベーションも下がる一方だった。〉と語っている(「週刊新潮」二〇一六年八月二三日別冊)。

岸部おさみは二〇一七年に当時をこう語る。

〈タイガースの人気に陰りが見えたから次のことを考えた、ということではありません。ただ、解散すれば、タイガースでできなかったことを違うかたちでやれるかな、という気持ちになっていきましたね。タイガースが内部分裂し始め、誰かが辞めるか解散かしかないので、だったら解散、となったわけです。〉(稲増龍夫『グループサウンズ文化論』収録の対談)

1970年　第1回 日本歌謡大賞

大賞	『圭子の夢は夜ひらく』藤圭子
放送音楽賞	『愛のいたずら』内山田洋とクール・ファイブ 『今日でお別れ』菅原洋一 『四つのお願い』ちあきなおみ 『銀座の女』森進一 『ドリフのズンドコ節』ザ・ドリフターズ
放送音楽新人賞	『一度だけなら』野村真樹 『経験』辺見マリ

一二月二七日、テンプターズはサンケイ・ホール内にある小ホールでコンサートを開いて、解散した。

歌謡大賞

一九七〇年から「日本レコード大賞」に対抗して、「日本歌謡大賞」が制定された。

レコード大賞は日本作曲家協会が制定し、ＴＢＳはその授賞式を放送するという関係だ。当初は放送日もその年によって異なり、視聴率も一〇パーセント台だったので他局は傍観していた。しかし六九年に大晦日の一九時から放送されると、三〇・九パーセントになったことで、他局は「レコード大賞」授賞式の制作・放映を持ち回りでやろうと提案した。しかしＴＢＳが断ったので、他の局は新たな賞を作ることになった。

一九七〇年七月四日にＴＢＳ以外の民放各局は「放送音楽プロデューサー連盟」を結成し、六日に「日本歌謡大賞」制定を決定した。「レコ大」の歌唱賞にあたるのが「放送音楽賞」六組で、新人賞にあたるのが「放送音楽新人賞」二組だった。「最優秀歌唱賞」に該当するものはない。以後、「日本歌謡大賞」は毎年一一月半ばに選定・発表され、その結果が「レコード大賞」を左右する年も出てくる。

第一回「日本歌謡大賞」の授賞式は一一月九日で、藤圭子《圭子の夢は夜ひらく》が大賞を受賞した。しかし、この年は生中継されず、同日夜に放映された日本テレビの『紅白歌のベストテン』に受賞者が出演して披露した。タイガースは何も受賞していない。

オリコンの年間ランキングでも、タイガースはトップ30に一曲も入らなかった。

一九七〇年一二月三一日

一二月三一日には東宝配給・渡辺プロダクション製作の正月映画『喜劇 右向けェ左!』『日本一のワルノリ男』が封切られた。前者は堺正章主演、後者は植木等主演だ。タイガースは前者に客演し、七月に発売したシングル《素晴しい旅行》が挿入歌として歌われた。

日本レコード大賞は菅原洋一《今日でお別れ》が受賞した。渡辺プロ関係では、森進一が歌唱賞、辺見マリが新人賞、ドリフターズが大衆賞を受賞した。視聴率は三六・七パーセント。

『紅白歌合戦』に渡辺プロからは七組が出たが、タイガースは出演しなかった。ザ・ピーナッツは沢田が作曲した《東京の女》を歌った。「沢田研二」の名が『紅白歌合戦』の歴史に登場

1970年　第12回 日本レコード大賞（視聴率36.7％）

日本レコード大賞
「今日でお別れ」菅原洋一
作詞：なかにし礼　作曲：宇井あきら　編曲：森岡賢一郎

最優秀歌唱賞
発表なし

最優秀新人賞
にしきのあきら（「もう恋なのか」）

歌唱賞
「噂の女」内山田洋とクール・ファイブ
「希望」岸洋子
「波止場女のブルース」森進一
「手紙」由紀さおり

大衆賞
「命預けます」藤圭子
「ドリフのズンドコ節」ザ・ドリフターズ

新人賞
辺見マリ（「経験」）
野村真樹（「一度だけなら」）
安倍律子（「愛のきずな」）
ソルティー・シュガー（「走れコウタロー」）

作曲賞
川口真　「真夏のあらし」（西郷輝彦）

編曲賞
馬飼野俊一　「笑って許して」（和田アキ子）

作詩賞
なかにし礼　「昭和おんなブルース」（青江三奈）

特別賞
日本コロムビアのスタッフ「日本流行歌の歩み」

企画賞
東芝音楽工業　「京都の恋」（渚ゆう子）ほか　作曲：ザ・ベンチャーズ

童謡賞
「ムーミンのテーマ」（テレビアニメ『ムーミン』主題歌）（玉川さきこ）

1970年　第21回 紅白歌合戦（視聴率77.0％）

紅組		白組	
水前寺 清子	大勝負	村田 英雄	闘魂
和田 アキ子	**笑って許して**	水原 弘	へんな女
ザ・ピーナッツ	東京の女	野村 真樹	一度だけなら
日吉 ミミ	男と女のお話	坂本 九	マイ・マイ・マイ
森山 加代子	**白い蝶のサンバ**	佐川 満男	いつでもどうぞ
黛 ジュン	土曜の夜何かが起きる	橋 幸夫	いつでも夢を
佐良 直美	どこへ行こうか これから二人	鶴岡雅義と 東京ロマンチカ	別れの誓い
弘田 三枝子	ロダンの肖像	美川 憲一	みれん町
ピンキーと キラーズ	土曜日はいちばん	ダーク・ ダックス	ドンパン節
小川 知子	思いがけない別れ	千 昌夫	心の旅路
トワ・エ・モワ	空よ	ヒデとロザンナ	愛は傷つきやすく
島倉 千代子	美しきは女の旅路	三波 春夫	織田信長
藤 圭子	圭子の夢は夜ひらく	西郷 輝彦	**真夏のあらし**
森山 良子	明日に架ける橋	**内山田洋と クール・ファイブ**	噂の女
辺見 マリ	私生活	フランク永井	大阪流し
西田 佐知子	女の意地	にしきの あきら	もう恋なのか
ちあき なおみ	四つのお願い	デューク・エイセス	ドライ・ボーンズ
都 はるみ	男が惚れなきゃ 女じゃないよ	**布施 明**	愛は不死鳥
いしだ あゆみ	あなたならどうする	舟木 一夫	紫のひと
奥村 チヨ	嘘でもいいから	フォーリーブス	あしたが生まれる
由紀 さおり	手紙	アイ・ジョージ	リパブリック讃歌
伊東 ゆかり	さすらい	菅原 洋一	今日でお別れ
青江 三奈	国際線待合室	北島 三郎	誠
美空 ひばり	人生将棋	**森 進一**	銀座の女

司会
紅組＝美空ひばり　　白組＝宮田輝アナウンサー
人名の**太字**は渡辺プロ（7組）、曲名の**太字**は阿久悠作詞（3曲）

する最初である。彼は歌手よりも先に作曲家として「紅白デビュー」していたのだ。視聴率は七七・〇パーセント。

一九六五年一二月に沢田研二が岸部たちのファニーズへの参加を決めてから、これで丸五年が過ぎた。当時一七歳だった青年は、二二歳になっていた。

この青年は二二歳にして、すでに一度「日本一」を経験していたのだ。「自叙伝」で沢田研二はタイガース時代をこう語っている。

〈タイガースというのは、あれはいわゆる大成功ですよ。まれにみる大成功だと思うんですね。〉

そのタイガースもあと一か月で終わる。メンバーたちもファンも燃え尽きようとしていた。だが冷徹な渡辺プロダクションは燃え尽きたりはしない。アイドルの人気は短命でも、ナベプロ帝国は永遠に続かなければならない。

渡辺プロはすでに沢田研二の「タイガース後」を見据えて動き出していた。まず、萩原健一と、そして井上堯之と大野克夫と接触していた。

第二部

日本歌謡大賞

第六章　PYG　1971年

新バンド結成の動き

ザ・タイガースは一九七一年一月二四日に武道館でのコンサートが予定されており、これがタイガースとしての活動の、とりあえずの最後と決まっていた。だが、年が明けても、「解散」かどうかは曖昧だった。

解散であろうがなかろうが、五人はすでに決まっている仕事をこなしていかなければならない。一月三日と四日は大阪フェスティバルホールで「ザ・タイガース・ショー」が開かれ、一五日から二二日までは日劇の「ウェスタン・カーニバル」に出演した。カーニバルには、ザ・スパイダースも「再結成」され、萩原健一も加わって出演した。

公演中のある日、瞳みのるは岸部修三を日劇の奈落に呼び出し、「一緒に京都へ帰ろう」と迫った。岸部が「まだこっちでやることがたくさんある」と断わると、「ならばもうお前とは会わない。一生絶交だ」と瞳は宣言した。二〇二三年に岸部は〈子どもじゃないんだけどね。

1971年のレコード

2月20日	LP《ザ・タイガース・サウンズ・イン・コロシアム》 タイガースの1970年8月のコンサートのライヴ盤　ザ・タイガース
4月10日 （PYG）	花・太陽・雨　作詞：岸部修三、作曲：井上堯之
	やすらぎを求めて　作詞：岸部修三、作曲：沢田研二
7月10日	LP《ザ・タイガース・フィナーレ》 タイガースの最後のコンサートのライヴ盤　ザ・タイガース
7月21日 （PYG）	自由に歩いて愛して　作詞：安井かずみ、作曲・井上堯之
	淋しさをわかりかけた時　作詞：安井かずみ、作曲：大野克夫
8月10日	LP《ＰＹＧ!》 オリジナル・アルバム　PYG
11月1日	君をのせて　作詞：岩谷時子、作曲：宮川泰
	恋から愛へ　作詞・作曲：沢田研二
11月10日	LP《FREE with PYG》 8月のコンサートのライヴ盤　PYG
12月21日	LP《JULIE II》 オリジナル・アルバム

そんなやりとりがあったね〉と振り返っている（「週刊朝日」二〇二三年五月二六日号）。

ウェスタン・カーニバルが開幕した一五日には、沢田研二の「その後」も決まっていた。一一日に新バンド「ＰＹＧ《ピッグ》」結成の記者会見がなされたのだ。

「週刊平凡」一月二一日号は〈沢田研二、萩原健一ら六人が新Ｇ・Ｓを結成〉との見出しで、七日に四谷にある小料理屋「錦水」にタイガースの沢田研二と岸部修三、スパイダースの井上堯之と大野克夫、テンプターズの萩原健一と大口広司の六人が集まり、新しいバンドの結成が決まったと書かれている。

一一日に正式発表となるが、そもそ

も、六人が偶然出会い意気投合してバンドを結成したわけではない。当然、仕掛け人がいる。すでに前年一二月の段階で「週刊平凡」（七〇年一二月二四日号）で〈一説によれば、ジュリーは「ザ・スパイダース」のかまやつひろしと一緒に新グループを結成するといわれている〉と報じられ、沢田は噂を否定せず、〈そんなことどこで聞いたんですか？ メンバーについては今考えているところなので、まだなんとも……。ただ新しいグループは、ニューロック中心の片寄ったものにはしたくないんです。オリジナルなものなど、若い人にうけるものをやっていきたいと思っています〉と言ったとある。これを読むと、沢田主導で動いているようでもあるのだが。

沢田研二は音楽を始めたのもバンドに入ったのも、ファニーズへ移ったのも、常に「誰かに誘われた」からで、自ら積極的に道を切り拓いてきたわけではない。タイガースになってからも、「俺が俺が」と他のメンバーを押しのけてトップに立ったわけではない。しかし、人生の決定的な瞬間においては、絶対に自分の意思を曲げない人でもあった。そのひとつが、ファニーズ時代に東京の芸能事務所から誘われた際に「五人一緒でなければ行かない」という姿勢を明確にしたとき、もうひとつが、タイガース解散が不可避となったときに「ソロにはならない」と決めたことだ。

タイガース解散は、外から見れば、「沢田研二の独立」であった。それくらい「ジュリーの人気」は際立っていた。それを認識しているがゆえに、自分が独立したので解散したと思われたくなかったのかもしれない。実際に、沢田が仲間を見捨てたわけではないのだ。

森本太郎は〈ナベプロもタイガースが解散するからといって、人気のあった沢田だけ残して後は野に放つということはせず、他のメンバーも救済しようとしてくれた。僕も（タイガース解散後）バンドを作らせてもらったしね〉と語っている（「週刊新潮」別冊、二〇一六年八月）。

渡辺プロダクションとしては、タイガースが解散しても、沢田研二だけが残ってくれればいいのだが、「ジュリーが仲間を見捨てた」「ジュリーが裏切った」という悪評が立つのは得策ではない。はるか後、ジャニーズ事務所はマネジメント能力の稚拙さから、SMAP解散時に木村拓哉を悪者にしてしまったが、渡辺プロはそういう愚かなことはしなかった。沢田を生かすためには、他のメンバーも生かさなければならない。

ところが、肝心の沢田は「ソロシンガー」になることを頑なに拒んでいる。

タイガースの解散は不可避であり、沢田はソロを拒む。この矛盾を解決するために導き出されたのは、「渡辺プロが沢田のために新しいバンドを作る」だった。

渡辺プロ上層部が企てたとしても、新バンド結成へ実際に動いたのは同社の最初のタイガースのマネージャー、中井國二だった。井上堯之の『スパイダースありがとう!』では、井上と大野克夫、そしてかまやつひろしの三人がPYG結成の経緯を語っている。

井上によると、まだスパイダースが解散していない時期に中井がスパイダースの楽屋に来て、「今度ゆっくりお話しさせてください」と言ったのが最初だった。中井の顔を見た瞬間、井上は「スカウトに来たな」と察したという。

かまやつひろしは〈井上さんに話が行く前に、中井さんから僕に「沢田とショーケンでバンドを作るから、井上さんと大野さんに話をしてくれないか」と依頼があった〉と語り、かまやつは、てっきり自分もそのバンドに参加できるのかと思ったがそうではなく、話をつなぐだけだったので、がっかりした。

井上は『傷だらけの天才』のインタビューでは〈僕はむしろ渡辺プロから誘われた方です。沢田、ショーケンのツイン・ヴォーカルのバンドでやってくれないかというのが最初でした。〉〈スパイダースの方は解散が決まっていて、かまやつさんと何かやろうという話も実はあったんです。そんな中でPYGの構想が出てきて、かまやつさんに相談したら、それをやるべきだと彼が後押ししてくれて、出来たというのもあったんだけどね〉とも語っている。初期の段階で、かまやつが何らかの役割を果たしたのは双方の記憶が一致している。

井上はさらに〈パワーのある二人（沢田と萩原）と出来るから、その中で自分のやろうとする事も出来る、と。それで大野（克夫）には僕から話をしました〉と語る。

大野克夫は〈タイガースが所属していた渡辺プロの企画だよね。三グループが解散するんで、

「一緒に組んでロックをやらせてみたら面白いだろう」ということで決まったみたいだね〉としか語っていない（『別れのあとに天使の言葉を』）。
萩原健一は自伝『ショーケン』で、井上から「ショーケン、一緒にやらないか」と言われたと語っている。

藪の中

ここまでを整理する――沢田のために新バンドを結成しようと決めた渡辺プロは、中井を担当者にした。中井は、かまやつに「萩原、井上、大野を新バンドに誘いたい」と相談した。その頃スパイダースでは、解散後はかまやつ・井上で何かやろうという話もあった。だが中井からの話があったので、井上はそれに乗り、大野を誘った――ここまでのスパイダース側の動きについて関係者の証言に矛盾はない。

問題は、中井が井上に話を持って行った段階で、すでに萩原健一の加入が決まっていたのかどうか。萩原は、「井上から誘われた」と語るが、井上は「沢田と萩原のツイン・ヴォーカルのバンドに誘われた」と言っている。芸能界では大物同士を共演させたいとき、「◯◯さんが、□□さんが出るなら出ると言ってくれました」的な言い回しで、双方に同時に話を持っていくことは日常茶飯事である。これもそのひとつなのか。

井上はこうも語る。〈こちらはタイガースがどういう状態にあるか知らなかった。だからPYGをやる事が決まってから、タイガースのピー（瞳みのる）が俺と会っても無視したりするようになって居心地よくなかったですね。こちらはそんなつもりは全くない。結局、向こう（タイガース）は決着ついてなかったんですね。こちらはそんなつもりは全くない。PYGをやる為にタイガースをつぶす気なんて無かったし。〉（『傷だらけの天才』）

渡辺プロが最初から「沢田と萩原のバンド」と構想していたのかが、はっきりしない。

岸部修三は〈「ザ・タイガース」を解散してからは、ジュリーや他のG・Sのメンバーと一緒に「ピッグ」を結成しました。〉と自分たちで自発的に作ったみたいに語る（『ザ・タイガースと呼ばれた男たち』）。『ショーケンよ永遠に』のインタビューでも、六人が〈集まって、GSとは音楽的に違う、もっと上のものを目指そうというところから始まった〉と語るのみで、六人が誰の呼びかけで、どのようにして集まったのかは語らない。

井上の発言を追うと、渡辺プロから新バンドのバンマスを頼まれたので、メンバーとして岸部と大口を選んだと語っている。〈サリー（岸部）は、プレイ的に弾けるというのもあったし、何かものが分かっているという感じが良かった〉、〈ヒロシの8分（のリズム）だって上手いと思っていたしね。そういうことをマネージャーと話していく内に決まってきた流れです〉。三つのバンドから各二名となったのは、結果論でしかないという。

ということは、岸部の参加は最初から決まっていたわけではなかった。

では、沢田研二はどういう認識だったのか。「自叙伝」では、解散が決まり、それぞれが自分の道を決めていたとき、〈サリーが井上堯之さんとか、スパイダースから二人、テンプターズから二人、タイガースからもジュリーで新しいグループをつくるという話をしてくれた。それで、やれやれという感じで。〉と岸部から誘われたように語る。

だが「自叙伝」の別のページでは、自分の意思で始めたのは野球部に入ったときくらいで、あとは誰かの後をついていったと語り、〈PYGのときもそうでしたよ、萩原健一とか、井上堯之さんとかに、俺たちやるんだけど、お前、やらない？　と言われて、じゃ、やらして、という感じ〉と言う。

Wikipediaには、「沢田を除く五人が七〇年末から集まっており、新バンド結成を話し合っていて、固まったところで、岸部が沢田を誘い、渡辺プロは新バンドを同社に所属させる条件で認めた」という趣旨のことが書かれているが、情報の出典が不明だ。これが正しいとしたら、渡辺プロ主導という井上の証言とは食い違う。

島﨑今日子は『ジュリーがいた』で、〈テンプターズ解散を知った内田（裕也）の案で、シヨーケンとのツイン・ヴォーカルのバンドが急浮上したということか〉と推測している。

また島﨑の同書によると、加瀬邦彦は沢田から新しいバンドについて相談され、うまくいくわけがないと思ったが、「やることがないんだから、とりあえずやってみたらいい」と言ったという。沢田もまた参加を打診された側であり、悩んでいたというひとつの証言となる。もし沢田が断ったら、渡辺プロは萩原をメインヴォーカルとした五人のバンドを作るつもりだったのだろうか。

経緯はともかくとして、六人はそれぞれGS時代の歌謡曲的な音楽に不満を抱いており、やりたい音楽をやろうという点で一致した。それは、ロックだ。

結果として、タイガース・スパイダース・テンプターズが相次いで解散したことで、渡辺プロは得をした。その逆が田辺のスパイダクションで、萩原・井上・大野・大口の四人を渡辺プロに引き抜かれたことになる。

一月一一日の会見で、六人は「ニュー・ロックのバンド」になると宣言した。

それは、アイドル的な仕事はしないという宣言でもあり、新バンドの名称は「PYG」と決まった。「ピッグ」と読む。つまり、スペルは一字違うが「豚」である。「豚のように蔑まれても生きてゆく」という意味が込められ、同じ渡辺プロに所属していたアラン・メリルが「pig」のスペルをpygにしたほうがいいと言うので、それを採用した。沢田研二はトラからブタになった。

こうして――一月一五日からのウェスタン・カーニバルの前までに、PYG結成は決まった。

すでに、森本のイージーリスニングのグループ「タローとアルファベッツ」、岸部シローのフォークソングの「シローとブレッド&バター」も動き出していた。

この三つのグループがそれぞれ活動し、年に何回かはタイガースとして集まり、アルバムを作りコンサートを開くというのが、渡辺プロが当初抱いた構想である。

しかしタイガースを解散させず三つのグループの活動も並行させていくには、瞳の参加が不可欠だ。瞳も他のメンバーのために、いったんはタイガースを残すことを了解したが、その欺瞞性に堪えられなくなった。彼は引退の意思をより固くし、芸能界から去るだけでなく、東京からも去って京都へ帰ることを決めた。

瞳の決断で渡辺プロのタイガース延命計画は破綻し、一月二四日のコンサートで解散することを正式に認めざるをえなくなり、一一日のPYGの結成発表となったのである。

渡辺プロでは「ジュリーで一万人、ショーケンで一万人、ふたり合わせて二万だぁ」と幹部が息巻いていたと、萩原は振り返っている(『ショーケン』)。しかし、この目論見は、見事なまでに外れる。

ビューティフル・コンサート

一月二四日、「ザ・タイガース・ビューティフル・コンサート」が日本武道館に一万人を集めて開催された。解散決定前に「ビューティフル・コンサート」という名称でチケットを売り出していたので、「さよならコンサート」とは銘打たれなかった。

開幕前に事件が起きた。渡辺プロの二つの陰謀が明らかになったのだ。ひとつは、ステージで三つの新しいバンドを紹介することだった。しかし瞳は「葬式が始まるのに、結婚式の話をするな」と怒った。もうひとつが、加橋かつみをステージに上げて、《花の首飾り》を歌わせることで、これも瞳が「そうするなら、自分はステージには上がらない」と反対した。他の四人も瞳に同意した。加橋は会場には来て、客席からかつての仲間たちの最後のステージを見ることになる。

コンサートは盛り上がったと言えばそうなのだろう。客席のファンのすすり泣きは悲鳴へと変わっていく。最後の曲は《ラブ・ラブ・ラブ》で、客席のファンとの合唱だった。それが終わると悲鳴は嗚咽へと変わった。

沢田研二は五年後にこう回想する。

〈単なる悲しさとはいいきれない、説明のつかない感情に若いぼくは涙を流した。最後の曲が近づいてくると、無意識のうちにメンバーの一人一人をふり向いていた。〉

〈お互いの音楽志向別によるグループ制の限界が解散の原因となったが、ぼくらにとってはそんなにクリアな仕事上の別れなどでかたづけられる問題ではなかった。それ以前にはぼくらは友達だった。〉(『ザ・スター』)

終演後、タイガースは用意されたマイクロバスに乗り込んで、武道館を後にした。そこで誰はばかることなく、泣くことができた。

コンサートの後、内田裕也の呼びかけで、有楽町の高速道路の高架下のちゃんこ料理店で「お別れの会」が開かれた。大スターにはふさわしくない、古ぼけた一杯飲み屋のような店だった。渡辺プロではなく、内田が個人的に開いた会だったのだ。渡辺プロ主催の豪華な打ち上げには出る気がなかった瞳も、このささやかな宴には参加した。加橋も来た。最後になってみんなをまとめてくれたのが、タイガースの歴史から追放された内田裕也だった。

瞳の中学時代の友人二人も来ていた。彼らは瞳に引っ越しの手伝いを頼まれていたのだ。すでに家財道具はトラックに乗せられており、宴が終わると、瞳はそのトラックで京都へ向かった。「次の日にすればいいのに、解散当日に帰るのか」と岸部たちは呆れた。それだけ、瞳の決意は堅かったのだ。

瞳は別れ際、メンバーに向かってこう言った。

「十年後に会おう。君らはきっと乞食になっているだろう」

以後、瞳みのるは芸能界との関係を完全に断った。その後、慶應義塾大学文学部中国文学科を卒業し、慶応高校の教員となる。四人は、瞳の予言とは異なり、一〇年後に乞食にはならなかった（だが、さらに後、岸部シローは破産する）。

解散から一か月後に、前年八月の田園コロシアムでのコンサートのライヴ盤ＬＰが《ザ・タイガース・サウンズ・イン・コロシアム》として発売され、三・七万枚を売った。

さらに武道館のコンサートのライヴ盤も、七月一〇日に《ザ・タイガース・フィナーレ》として発売され、三・六万枚を売る。少なくとも、これだけの数のファンが最後まで残っていたことになる。

ＰＹＧ始動

〈一人になってもどうにかなるさという気持と明日から仲間のいない生活の不安の間で、ぼくは何か手にしなければいられない状態だった。／新グループ、ピッグの練習に少しの空白も置かず入り込んだ。〉と沢田が『ザ・スター』で回想するように、武道館でのコンサートから一週間後の二月一日が、ＰＹＧのデビューの日だった。

感傷に浸ってしまったら、いつまでも動けない。沢田研二としては「空白を置かない」ことが重要だった。高校を卒業し、すぐに大学生活を始めるように、彼はＰＹＧに取り組む。だが、タイガース・ファンには、このジュリーの変わり身の速さは戸惑いだったのかもしれない。裏切られたとの思いもあったろう。ＰＹＧがファンに支持されなかった根本的な原因は、そこにあったのではないだろうか。ファンはジュリーにいつまでも泣いていてほしかった。だが、沢田研二は立ち止まらない、振り返らない。

ＰＹＧは、まずジャズ喫茶などへ出演し、新曲の制作を始めた。大きなコンサートへのデビューは三月、レコードデビューは四月だ。

デビューシングルになる《花・太陽・雨》について井上は、〈レコーディングに費やした時間は実に一〇〇時間。録音方法も、ドラムセットにそれぞれマイクをセッティングするという、現在では一般的になっている方法を、いち早く導入。テレビ番組の収録でも、そのセッティング以外では出演しない、という条件付〉で、〈それは決してわがままではなく、ミュージシャン主導の制作へと、すべてのシステムを変えていこうとしていたのです〉と語っている（『スパイダースありがとう！』）。

それは、ＧＳ時代の曲作りへの反省と反発からの要求だった。渡辺プロが彼らの要求を呑んだのは、音楽への理解があったからだったのか、沢田を逃したくないからだったのか。

結果的にＰＹＧは一年ほどで休止状態となる。最大の理由は客が入らない、つまり「売れなかった」からだ。いまふうに言えば、ＰＹＧは沢田研二にとっての「黒歴史」だが、当人たちは、異口同音に「楽しかった」と語っている。それまで「売れ過ぎた」彼らには、客が入らないことが新鮮だったのかもしれない。

沢田研二は「自叙伝」で、「PYGは最初から人気がなかったのか」との問いに、〈最初はそうでもなかったんじゃないかな。ただ、いままでみたいなテレビの世界とかいうところから、コンサート中心の世界というのかな、いわゆるロック畑に入っていったという形になるわけですね。そうしたら、ロックを地道にやってきた人たち、あるいはそれを応援していたファンの人たちからボイコットを食らった。ミュージシャンたちはそんな露骨には表さないけれども、見る側の人たちは、引っ込め、とか、お前たちのはロックじゃない、みたいな。ロックじゃなくて商業主義だと。空きカンが飛んできたこともありますよ、日比谷の野音（野外音楽堂）で。〉と答えている。

〈でも、この時期はとっても楽しかったですよ。負け惜しみでもなんでもなくてね〉と語り、タイガースという大成功の後なので、〈成功しようとか、そういう気持がまったくなかったわけですよ。それよりも楽しくやりたいと。タイガースのときなんかは、お人形さんみたいに言われて、プロダクションの管理のもとで動かされている。それに対して、今度は僕たちが好きなことをやる、好きな音楽をやるんだという、自分たちに暗示をかけたわけですね。〉

しかし当人たちは楽しくても、ロックファンは不愉快だった。

PYGが渡辺プロ主導ではなく、六人が自然に集まってできたのだったら、不愉快さはなかっただろう。それだけ、「渡辺プロ」は嫌われていた。ロックのファンにとって「ナベプロ帝国」は商業主義に堕落した低俗な歌謡曲の会社なのだ。そこに属していることそのものが許せない。一九七一年はそういう風潮がまだあった。

学生運動は退潮しつつあったが、社会全体に自民党政権への批判は根強く、反体制的空気は残っていた。しかし渡辺晋と美佐は自民党政権への擦《す》り寄りを隠すこともなかった。万博を通じて、政財界への人脈はさらに広がっていた。

そんな会社に所属すること自体が、反体制的なロックファンには許せない。

三月二〇日に京都大学の西部講堂で行なわれた音楽フェスティバル「第一回 ＭＯＪＯ ＷＥＳＴ」が、ＰＹＧの最初の大規模なライヴだったが、ロックファンから「商業主義の手先は帰れ」「ＧＳの寄せ集め」「儲かったらいいのか」「芸能界のロックなど紛い物」といった罵声を浴びた。あまりの反発で演奏が困難になるほどで、内田裕也が聴衆を説得して、どうにか演奏を聴いてもらえた。

同じ三月二〇日の夜、ＮＨＫの『サウンド・オブ・ポップス』に沢田研二は出演している。録画だったのだろう。タイガース時代の沢田研二はＮＨＫに「長髪だから」と出演できなかったが、ようやく初出演となった。

四月三日・四日に日比谷野外音楽堂で開かれた「日比谷ロック・フェスティバル」でも、ＰＹＧは「帰れコール」を浴びせられ、空き缶やトマトが投げつけられた。沢田が語る、「空き缶が飛んできた」とはこのときのことだ。

花・太陽・雨

四月一〇日、PYGの最初のシングル盤として《花・太陽・雨》が発売された。「青春」をテーマとしたバラード調の曲だが、サウンドには歌謡曲とは明白な違いがあった。ただ、せっかくの沢田と萩原のツイン・ヴォーカルという編成が生かされているとは言い難く、沢田がメインに聞こえる。

タイガース最後のシングル《誓いの明日》は五・七万枚、テンプターズ《出来るかい？出来るかい？》は〇・三万枚、スパイダース《エレクトリックおばあちゃん》は三・二万枚だったが、《花・太陽・雨》は八万枚で、オリコン週間チャートでは三〇位が最高だった。タイガースやテンプターズの全盛期とは比べ物にならないが、末期と比べれば、それほど落ちてはいない数字だった。

曲作りにおいては、渡辺プロからもレコード会社（日本グラモフォン）からも注文もなければ制約もなかったという。井上はこう振り返る。

〈自分がやりたい楽曲を作る。それが条件でしたし、それは僕の失敗でもあるんですが、自分たちの持っているいろんな可能性に全部挑戦したところもあったね。ですから「花・太陽・雨」

LP《PYG!》収録曲

戻れない道　作詞：安井かずみ、作曲：井上堯之
明日の旅　作詞：山上路夫、作曲：大野克夫
もどらない日々　作詞：岸部修三、作曲：井上堯之
サンデー・ドライバー　作詞・作曲：大野克夫
やすらぎを求めて　作詞：岸部修三、作曲：沢田研二
花・太陽・雨　作詞：岸部修三、作曲：井上堯之
何もない部屋　作詞：萩原健一、作曲：沢田研二
白い昼下り　作詞：山上路夫、作曲：大野克夫
ジェフ（サァー・ロレアル・ジュリー・オブ・ピーコック・ヒル）
作詞：リンダ・リー、作曲：井上堯之
ラブ・オブ・ピース・アンド・ホープ　作詞：リンダ・リー、作曲：井上堯之
祈る　作詞：岸部修三、作曲：沢田研二

なんて曲は、正直周りは反対してたんですけどね。〉（『傷だらけの天才』）

とくに沢田研二が「少し難しすぎるんじゃないか」と反対した。〈彼の予測は不幸にも当たってしまった。ヒットチャートには顔を出したものの、世間から期待されたスーパーセッションバンドには程遠いものであった。〉（『ザ・スター』）

六月二五日の沢田研二の誕生日（二三歳になった）には、日比谷公会堂に一五〇〇名のファンを集めて「誕生日の集い」が開かれ、萩原健一をはじめＰＹＧのメンバーと祝った。

七月二一日にはＰＹＧの二枚目のシングル《自由に歩いて愛して》が発売された。沢田と萩原のツイン・ヴォーカルが生かされ、軽快な曲だった。前作を上回る九・三万枚で、週間ランキングの最高も二四位だった。キャンペーンのひとつが「自

由への大行進」で、ＰＹＧのメンバー全員が調布市の神代植物公園から三鷹市公会堂まで、ファンとともに歩いた。ネガティブなことばかり語られるＰＹＧだが、ファンとの幸福な時間もあったのだ。

八月一〇日にはファーストアルバム《ＰＹＧ！》も発売され、シングルになった二曲も別テイクで収録されていた。全一一曲で、作詞は安井かずみや山上路夫らプロが書いた曲もあるが、岸部と萩原の作詞もあり、作曲は井上、大野、沢田とメンバーのみだ。ジャケットはブタのイラストでメンバーの写真はない。二・四万枚を売って、オリコン週間ランキングでは一〇位が最高だった。ＰＹＧのスタジオ録音でのオリジナルアルバムはこの一枚だけだ。

八月一六日には田園コロシアムでコンサートが開かれ、一一月一〇日にそのライヴ盤が二枚組のＬＰ《FREE with PYG》として発売される。

九月になると、ドラムの大口広司が脱退し、元ミッキー・カーチス&サムライの原田裕臣に替わった。

自然消滅の始まり

ロックフェスでの「帰れコール」と空き缶も誤算だが、渡辺プロにとっては、「ジュリーで一万、ショーケンで一万、二人で二万」のはずが、捕らぬ狸《たぬき》の皮算用に終わったほうが誤算であろう。双方のファンが対立する事態となったのだ。萩原は語る。

〈ぼくのファンは男の子ばっかりで、沢田のファンは女の子ばっかり。しかもボクのファンは沢田が大嫌いとくる。実際、コンサート会場では隣の席に座ろうとすらしない。挙げ句、しょっちゅうファン同士のケンカが起こるようになった。会場で腐ったトマトをぶつけられたこともあった。／そうこうするうちに、どちらのファンにも敬遠されてさ。二万人どころか二千人、いや、二百人も集まりゃしない。〉

これが、夏だと思われる。

井上堯之は〈ＰＹＧは半年間の活動で一〇〇〇万円の赤字を出して、自然消滅となりました。経済的にそれ以上の活動は無理だと判断され、解散宣言もないまま淋しい幕切れとなったのです。〉（『スパイダースありがとう！』）

たしかに、「さよならコンサート」もなければ、記者会見、ファンへの挨拶もなく、「自然消滅」だった。つまり「解散していない」という解釈もできる。

岸部は沢田と萩原のファン同士が争うようになり、ロックフェスでは排除される状況になって、〈やっぱり厳しいなあとそれぞれが思い始めたところに、ショーケンがもう辞めると言ったんです。僕の記憶では電話で話した覚えがあるんですが、「おれはジュリーに勝てない」と言うんです。だからもう音楽はやめて、映画の制作をやってみたいと。〉（『ショーケンよ、永遠に』）

萩原はこう語る。〈PYGをやっていて、改めて気づかされたことがひとつあります。歌に関しては、ぼくは沢田研二と張り合えない、ということ。／客が入らなくても、ファン同士がケンカをしても、沢田はいつも一生懸命歌っていた。／「歌が命だ」／沢田研二は、はっきりそう言った。ぼくのように決して自ら主張せず、誰かが創作した歌を与えられ、それを誠実に歌う。プロデューサーがつくりあげたイメージを存分に表現してみせる。歌の貴公子です。そういう沢田は、ナベプロにも可愛がられていた。〉

しかし、〈おれは違う。自分のイメージは自分でつくって、たとえ与えられた歌でも歌いたいように歌いたい。自分は創作家であって、創作をしたかった。当然、事務所のやることにも口出しするし、周囲にはうるさがられる。〉

そうなると、〈ツイン・ヴォーカルだったはずが、だんだん沢田だけのリード・ヴォーカルへと変わっていった。ナベプロとしては、いつもブツブツ言っているショーケンよりも、ジュリーを前面に押し出したかったんだろう。〉

沢田の隣でタンバリンを鳴らすことが多くなり、それに堪えられず、「おれはリード・タンバリンじゃねえんだ！　ヴォーカルは沢田ひとりでいいだろう！」と自分から渡辺プロに言ったという。

沢田は「自叙伝」で振り返る。〈とはいっても、グループ・サウンズなんかをやっていくのが難しくなってきている時代に、そういうグループを作ってやったわけですから、ビジネスとしては成り立たない。そういうことで、沢田は沢田で、ほかのメンバーはほかのメンバーで、というぐあいに、細分化しようという動きが出てきたんですね。沢田は沢田でソロをやれと言われた。でも僕はいやだと言った。ソロでやって成功すると思いますか、そんなうまいことといくわけないでしょう、だいたい僕がソロシンガーになるなんてことが信じられない、といってダダをこねたんですね、僕は。〉

君をのせて

沢田は渡辺プロに対し〈ソロでレコードは出してもいいと、妥協したんですよ。ただ、独立してとか、そういうことは言わないでほしいと。PYGの楽器を演奏するメンバーたちが、いつも一緒にいてくれるんであったら、やると。〉（「自叙伝」）

その妥協として出たのが、一一月一日発売のシングル盤《君をのせて》だった。B面は沢田が作詞・作曲した《恋から愛へ》である。しかし演奏はPYGではなく、ケニー・ウッド・オーケストラという森岡賢一郎が率いていた楽団だ。

《君をのせて》は、一九六九年からヤマハが〈歌手やプレイヤー中心であった当時の音楽状況のなかで、音楽の中心である作曲家に、作品を発表する機会を与え、日本のポピュラー音楽の質の向上と反映をはかるという目的〉で開催していた「合歓ポピュラーフェスティバル」への参加曲だった。ヤマハは三重県志摩市にリゾート施設「合歓の郷」を開発し、そこで一〇月三日に開催されていた。この年のグランプリは上條恒彦・六文銭《出発の歌―失われた時を求めて》だった。

このフェスティバルで沢田が歌う《君をのせて》は、ヤマハ創業者の名を冠した「川上賞」を受賞した。この時点では作詞者は「千家春」となっていたが、レコードとして発売するときは、岩谷時子だと明かされた。

沢田は〈最初に出した《君をのせて》というのは、これは大変いい曲なんだけれども、いわゆるソロシンガーの歌、という歌なんですよ。だから、こういうのはいやだと言ったのね。こんなの、売れるわけないって。こんなのは布施（明）さんだとか、そういうソロのうまい人がいっぱいいるわけで、そういう人たちが歌ったほうがいい歌だよ、と言って、いやいややったんですね。だから、もちろんこれは売れないんでね。〉と「自叙伝」で語るが、一〇・三万枚を売り、オリコンの週間ランキングでは最高二三位だった。大ヒットではないが、まったく売れなかったわけではない。

発売前の一〇月二九日にはフジテレビの『ゴールデン歌謡速報』に沢田は単独で出演して《君をのせて》を歌った。

《君をのせて》はゆったりとした叙情的な曲で、「君」と「僕」は肩を並べて、どこへともなく歩いている。僕は、君をのせて夜の海へわたる船になりたいと決意する。そんな、ピュアな心情が描かれる。音楽評論家の佐藤剛によると、これを聞いてTBSのプロデューサー久世光彦《くぜてるひこ》は男同士の友情の世界だと解釈し、小泉今日子は作詞者・岩谷時子にとっての「君」は越路吹雪ではないかと感じたという。

GSのその後

タイガース、スパイダース、テンプターズという三大人気バンドが相次いで解散したことで、GSはブームどころか、そのものが終焉した。

加瀬邦彦のワイルド・ワンズも七一年一〇月に神田共立講堂のコンサートで解散し、加瀬は渡辺プロの契約社員となり、沢田のプロデュースをすることになった。沢田から新バンド（PYG）への参加を相談された際、加瀬は「うまくいくわけがない」と予言したが、その後はソロになるだろうから、そうしたら自分がプロデュースしようと決めていたという（『ジュリーがいた』）。当初は加瀬自身が作曲することが多いが、他の作曲家に委ねることで、沢田の作品世界を拡張していく。

《君をのせて》と同じ一一月一日には「萩原健一＋PYG」名義で《もどらない日々》が発売

された。B面《何もない部屋》ともアルバム《PYG!》に収録された曲で、こちらは一万枚にも満たない四八五〇枚の売り上げで、週間ランキングでは九一位が最高だった。

二人のシングルを同時に出したのは、渡辺プロのどういう戦略であろう。沢田を早くソロとして売り出したいが、萩原も手放したくないということだろうか。

一方、萩原健一は俳優としての仕事も始めている。TBSの桜木健一主演『刑事くん』の一月二二日放送の第一二回にゲスト出演したのだ。刑事ものは「大人のドラマ」が大半だったが、『刑事くん』は一九時半からの放送で、小・中学生でも楽しめるものだった。

「週刊平凡」一一月一一日号にはPYGの今後の予定として、一一月に名古屋と福知山、来年正月に中国地方で公演、ジャズ喫茶への出演も月二回と書かれている。同誌で沢田は〈PYGは先走りしてると思うんです。まだまだニュー・ロックでの成功には時間がかかるでしょうね。もちろん、ボクもPYGとしての仕事はつづけます。/でも、ボクひとりでできることをやっていきたい。PYGはボクがいなくても仕事はあるし、もちろん実力もある。それにみんなボクより年上でしょう。気をつかう必要がないんです〉と語る。

同記事では、ドラマーが大口から原田裕臣になったのも、音楽水準を高めるためと説明されている。また萩原健一にも映画出演の話があり、〈PYGと離れてひとり歩きを始めるようす〉とある。

1971年　第2回 日本歌謡大賞

大賞	『また逢う日まで』尾崎紀世彦
放送音楽賞	『よこはま・たそがれ』五木ひろし 『知床旅情』加藤登紀子 『さらば恋人』堺正章 『雨の日のブルース』渚ゆう子
放送音楽新人賞	『17才』南沙織 『わたしの城下町』小柳ルミ子

渡辺プロが沢田のソロ・デビューを急いだのは、他のGS出身者が大ヒットを飛ばしていたからでもある。すでに元スパイダースの二人が歌謡曲でソロ・デビューしていた。四月二五日発売の井上順之《昨日・今日・明日》は三一・六万枚、五月一日発売の堺正章《さらば恋人》は五二・九万枚の大ヒットだ。

さらに三月五日には元ワンダースの尾崎紀世彦《また逢う日まで》が発売され九五・六万枚、四月一日には元スウィング・ウエストの湯原昌幸《雨のバラード》が発売され六一・九万枚と大ヒットしている。GS全盛期に、タイガース・テンプターズほどの人気がなかった人たちのほうが先にブレイクしたのだ。

前年に「レコード大賞」に対抗して始まった「日本歌謡大賞」は、一一月一一日に発表され、尾崎紀世彦《また逢う日まで》が受賞した。この年から授賞式はテレビで放映されるが、まだそれほど注目されていない。

堺・井上・尾崎・湯原らはGSから歌謡曲のメインストリームへ出て成功した。その逆に、ロックへの道を選んだ沢田たちは、ロックファンからは商業主義と批判され、商業的には成功しなかった。これを見て、渡辺プロは「もうお遊びは終わりだ」と判断したのだ。沢田や井上たちの「自由に音楽作りをする時間」は、終わりを告げようとしていた。

JULIE Ⅱ

一二月二一日、沢田の二枚目のアルバムになる《JULIE Ⅱ》が発売された。コンセプトアルバムで、全一二曲は山上路夫が作詞し、ひとつの長い物語になっており、ブックレットには歌詞とともに一曲ごとのショートストーリーも記されている。ある港が舞台で、少年はひとりの船乗りと出会い、英雄として憧れている。ところが、その船乗りが航海に出ている間に、その妻と関係を持ってしまう。やがて船乗りが帰ってくる。妻は少年に「どこかへ連れて行ってほしい」と言うが、彼にはそれができず、二人は別れる。そして少年は海へ出る——どことなく、三島由紀夫の『午後の曳航』に似ている。

作曲は沢田と親交のある音楽家たちだ（199ページ）。

初めて登場する筒美京平は青山学院大学の先輩が橋本淳で、その紹介ですぎやまこういちに師事して、作曲・編曲を学んだ。作曲家デビューは六六年で、橋本が作詞し、いしだあゆみが歌った六八年の《ブルー・ライト・ヨコハマ》が最初の大ヒット曲となる。

LP《JULIE II》収録曲

全曲、作詞：山上路夫

霧笛	作曲：東海林修
港の日々	作曲：かまやつひろし
おれたちは船乗りだ	作曲：クニ河内
男の友情	作曲：クニ河内
美しい予感	作曲：井上堯之
揺れるこころ	作曲：大野克夫
純白の夜明け	作曲：加瀬邦彦
二人の生活	作曲：筒美京平
愛に死す	作曲：東海林修
許されない愛	作曲：加瀬邦彦
嘆きの人生	作曲：すぎやまこういち
船出の朝	作曲：大野克夫

このアルバムのために沢田は一〇月に渡英して、ロンドンのオリンピック・スタジオで録音した。海外での録音について、「自叙伝」でこう語っている。

〈そのころ、誰が考えてくれたのか知らないけど、ロンドンでレコーディングしようという話が出てきた。意外と贅沢なことをやらしてくれるんだなと思ったけどね、今から思えば、会社としてはそれなりに賭けてくれていたんですね、ソロとしての沢田研二に。そのころは、海外でレコーディングするというだけで、箔がつくみたいな時代ですよ。なにもむこうで仕事したんじゃなくて、ただ録音しただけの話なんだけど、アメリカで録音ということになると、むこうの人たちを相手になんか仕事したみたいな、そういう印象を与える時代だったですから。それで、

けですね。〉

むこうで写真を撮ってくれて、その写真集を出すとか、そういうひとつの試みをやっていたわ

しかし〈日本での宣伝のためのというか、パブリシティのための活動であって、だから、むこうで仕事するというのが目的ではなかったから。あれは日本へ帰ってから、むこうでやってきましたよ、というためなんです……〉と明かしている。

バックは現地のミュージシャンなので、東海林修は同行したが、井上や大野たちは同行しなかった。沢田の「PYGの楽器を演奏するメンバーたちが、いつも一緒にいてくれる」という希望は、この時点では叶えられていない。渡辺プロは沢田をロックから引き離し、歌謡曲の世界へ入れたい。

《JULIE Ⅱ》は週間ランキングでは一三位が最高で、三・四万枚を売った。当時のLPとしては、悪い数字ではない。

発売日をはさむ一八日から二六日まで、日生劇場で「沢田研二リサイタル」が開かれている(二一、二二、二五日休演)。前掲の「週刊平凡」では〈まったくのワンマン・ショー、もちろん生まれてはじめてですよ〉と語り、ロンドンで録音したLPの曲を歌うと語っている。

このリサイタルの二四日のステージがライヴ盤として翌七二年三月に発売される。

リサイタルはキャロル・キング《I Feel The Earth Move》を日本語訳(山上路夫)でカバ

ーした《何かが始まる》で始まり、ビートルズ・メロディがあって、沢田がロック・パイロット（PYGと同時期に、渡辺プロがGSのミュージシャンを集めて作ったバンドで、これも短命）のために作曲した《風にそよぐ葦》があって、アルバム《JULIE Ⅱ》収録の曲が続く。

後半は再び洋楽の日本語訳カバーで始まり、その後はタイガース時代の歌を一四曲、メドレーで歌い、次がシングル曲《君をのせて》、そしてまた洋楽カバー、最後はPYG《祈る》だった。アルバムには「演奏・井上堯之グループ」とクレジットされ、沢田と萩原以外の四名の名も出ている。

一九七一年も無冠

一九七一年のオリコン年間チャートのトップ30に沢田研二もPYGもランクインできなかった。当然、沢田はこの年も無冠だ。

しかし渡辺プロダクションからは新たなスターが生まれていた。この年にデビューした小柳ルミ子《わたしの城下町》が年間一位・一三四・三万枚と大ヒットしたのだ。さらに一〇月には天地真理もデビューしていた。事務所は異なるが、六月にデビューした南沙織とともに彼女たちは「三人娘」（それまでの三人娘と区別して「新三人娘」とも）と呼ばれるようになる。伊東ゆかり・中尾ミエ・園まりの三人は、ピークを過ぎていた。

小柳ルミ子はワーナー・パイオニア、天地真理と南沙織はCBSソニーからデビューした。ともに新興のレコード会社である。社名の通り、二社ともオーディオメーカーの系列企業だ。テレビがほぼ全家庭に普及すると、家電メーカーが次に狙ったのはオーディオだった（当時は「ステレオ」と呼んだ）。オーディオを売るためにはレコードが売れなければならない。オーディオの購買層は若い世代だ。既存のレコード会社では、若い世代の音楽を作れない。そこで、電機メーカーはレコード会社を傘下にするか、新たに設立した。

ワーナー・パイオニアはアメリカのワーナー・ブラザーズ・レコードと日本のパイオニアと渡辺プロダクションの三社が出資して設立された。ワーナー五〇パーセント、パイオニア二五パーセント、渡辺プロ二五パーセントの比率である。CBSソニーはアメリカの放送会社CBS傘下のコロムビアレコードと、ソニーとの出資による会社で一九六八年に設立された。同時に、アメリカのコロムビアレコードと日本コロムビアとの提携は解消された。

渡辺プロはワーナー・パイオニアに資本参加したが、所属する歌手のすべてが同社からレコードを出すようになったわけではない。沢田研二はタイガース時代からのポリドール（日本グラモフォンは、七一年に「ポリドール」となった）との契約を続けていたし、他の歌手も以前からのレコード会社との契約を打ち切ることはない。新人でも、小柳ルミ子はワーナー・パイオニアからデビューさせたが、天地真理はCBSソニーからだ。この後も、アグネス・チャンはワ

1971年　第13回 日本レコード大賞（視聴率36.3%）

日本レコード大賞
「また逢う日まで」尾崎紀世彦
作詞：阿久悠　作曲：筒美京平　編曲：筒美京平

最優秀歌唱賞
「おふくろさん」森進一

最優秀新人賞
小柳ルミ子（「わたしの城下町」）

歌唱賞
「よこはま・たそがれ」五木ひろし
「知床旅情」加藤登紀子
「さいはて慕情」渚ゆう子

大衆賞
「傷だらけの人生」鶴田浩二
「さらば恋人」堺正章

新人賞
南沙織（「17才」）
本郷直樹（「燃える恋人」）
欧陽菲菲（「雨の御堂筋」）
シモンズ（「恋人もいないのに」）

作曲賞
筒美京平　「雨がやんだら」（朝丘雪路）/「真夏の出来事」（平山三紀）

編曲賞
服部克久　「花のメルヘン」（ダーク・ダックス）

作詩賞
北山修　「戦争を知らない子供たち」（ジローズ）/「冒険」（牧葉ユミ）

特別賞
淡谷のり子

企画賞
日本ビクター　ドキュメント「日本の放浪芸」　小沢昭一

童謡賞
「じんじん」（ひばり児童合唱団）

ーナー・パイオニア、太田裕美やキャンディーズはCBSソニーと分けている。

一九七一年のレコード大賞は《また逢う日まで》で、売り上げ枚数でも一〇〇万枚に迫っていた。受賞が発表されると、尾崎紀世彦はVサインをしてステージへ上がった。涙も感謝の言葉もなく、勝利宣言だった。『輝く！日本レコード大賞』の視聴率は三六・三パーセントと前年（三六・七）より微減。

『紅白歌合戦』の視聴率は七八・一パーセントだった。


一九七一年時点で、沢田研二のその後の賞レースでのライバルとなる歌手たちが、ほぼ揃っていた。渡辺プロでのライバルは布施明と森進一、萩原健一、GS出身では堺正章、井上順之、尾崎紀世彦が先行した。

「御三家」の舟木一夫、橋幸夫、西郷輝彦はすでに人気のピークは過ぎている。五木ひろしは六五年にデビューしていたがヒットせず、名前を変えレコード会社も移り、ようやく七一年に《よこはま・たそがれ》が大ヒットしたところだ。女性歌手では、新三人娘以外では、いしだあゆみ、ちあきなおみ、奥村チヨ、藤圭子、由紀さおり、和田アキ子、欧陽菲菲らが最前線で競っている。

翌年になると天地真理が大ブレイクし、それによってアイドルブームが到来するので、一九

1971年　第22回 紅白歌合戦（視聴率78.1％）

紅組		白組	
南 沙織	17才	尾崎 紀世彦	**また逢う日まで**
ピンキーとキラーズ	何かいいことありそうな	にしきの あきら	空に太陽がある限り
和田 アキ子	**天使になれない**	美川 憲一	想い出おんな
ちあき なおみ	私という女	坂本 九	この世のある限り
岸 洋子	希望	西郷 輝彦	**掠奪**
加藤 登紀子	知床旅情	デューク・エイセス	いい湯だなメドレー
青江 三奈	長崎未練	五木 ひろし	よこはま・たそがれ
小柳 ルミ子	わたしの城下町	はしだのりひことクライマックス	花嫁
藤 圭子	みちのく小唄	舟木 一夫	初恋
島倉 千代子	竜飛岬	北島 三郎	北海太鼓
トワ・エ・モワ	虹と雪のバラード	ダーク・ダックス	白銀は招くよメドレー
由紀 さおり	初恋の丘	菅原 洋一	忘れな草をあなたに
朝丘 雪路	雨がやんだら	フォーリーブス	地球はひとつ
雪村 いづみ	涙	ヒデとロザンナ	望むものはすべて
伊東 ゆかり	誰も知らない	アイ・ジョージ	自由通りの午後
いしだ あゆみ	砂漠のような東京で	村田 英雄	人生劇場
本田 路津子	一人の手	フランク永井	羽田発7時50分
ザ・ピーナッツ	サンフランシスコの女	堺 正章	さらば恋人
渚 ゆう子	京都慕情	千 昌夫	**わが町は緑なりき**
都 はるみ	港町	三波 春夫	桃中軒雲右ェ門
真帆 志ぶき	嘆きのインディアン	橋 幸夫	次郎長笠
弘田 三枝子	バラの革命	**布施 明**	愛の終わりに
佐良 直美	片道列車	鶴岡雅義と東京ロマンチカ	追憶
水前寺 清子	ああ男なら男なら	水原 弘	こんど生まれて来る時は
美空 ひばり	この道を行く	**森 進一**	おふくろさん

司会
紅組＝水前寺清子　　白組＝宮田輝アナウンサー
人名の**太字**は渡辺プロ（5組）、曲名の**太字**は阿久悠作詞（4曲）

七一年はその「前夜」にあたる。

ジャニーズ事務所の「ジャニーズ」は六七年一二月をもって解散していたが、入れ替わるようにして六八年九月にデビューしたフォーリーブス（北公次・青山孝史・江木俊夫・おりも政夫）は、七〇年から七一年が人気の絶頂だった。GSが退潮したところに躍り出て、少女たちの歓声を浴びていた。そのフォーリーブスの弟分として七一年にジャニーズ事務所に入り、デビューを待っていたのが郷ひろみである。

郷ひろみを含む「新御三家」で最初にデビューしたのは野口五郎で、七一年八月発売《青いリンゴ》がヒットし、若手スターのひとりになっていた。西城秀樹は七二年三月、郷ひろみはテレビドラマで顔を売ってから同年八月にレコードデビューする。彼ら三人と並ぶ「中三トリオ」（森昌子・桜田淳子・山口百恵）は七二年から七三年のデビューだ。

まるでシナリオがあるかのように、一九七一年、歌謡界という大海へ若い才能が船出しようとしていた。

第七章　許されない愛　1972年

約束

日劇ウェスタン・カーニバルはまだ続いている（一九七七年まで）。一九七二年も一月一五日から二二日まで開催され、ＰＹＧも沢田研二と萩原健一が揃って出た。

それが終わると、萩原健一は映画『約束』へ向かう。萩原はテンプターズ時代にも映画に出ていたが、個人としては七一年三月封切りの松竹映画『めまい』（辺見マリ主演）が最初で、このときに監督の斎藤耕一と知り合った。封切り日から逆算すると、ＰＹＧがスタートする前後の撮影と思われる。

そして七一年の終わり、萩原は斎藤の次回作『約束』にサード助監督として参加することになった。岸部に「映画の制作をしたい」と言ったように、当初は俳優として出るのではなく、作る側になりたかった。だが出演を予定していた中山仁が降板したので、その役を萩原が演じることになった。相手役となる主演女優はなかなか決まらず、ようやく岸恵子に決まって、七

1972年のレコード（表記のないものはすべて沢田研二）

3月10日	許されない愛　作詞：山上路夫、作曲：加瀬邦彦
	美しい予感　作詞：山上路夫、作曲：井上堯之
3月10日	LP《JULIE III SAWADA KENJI RECITAL》 1971年12月のコンサートのライヴ盤
6月25日	あなただけでいい　作詞：安井かずみ、作曲：平尾昌晃
	別れのテーマ　作詞：安井かずみ、作曲：平尾昌晃
8月21日	遠いふるさとへ　作詞：岸部修三、作曲：大野克夫　PYG
	おもいでの恋　作詞・作曲：井上堯之　PYG
9月10日	LP「JULIE IV　今僕は倖せです」 オリジナル・アルバム
9月25日	死んでもいい　作詞：山上路夫、作曲：加瀬邦彦
	愛はもう偽り　作詞：山上路夫、作曲：加瀬邦彦
11月21日	初めての涙　作詞：大橋一枝、作曲：大野克夫　PYG
	お前と俺　作詞：岸部修三、作曲：大野克夫　PYG
12月21日	LP《JULIE　V》 10月のリサイタルのライヴ盤

二年二月一日にクランクインした。

『約束』は三月二九日に封切られ、大ヒットはしないが、この年の「キネマ旬報ベストテン」で第五位になる。俳優・萩原健一にとっての出世作である。

『約束』撮影中の二月一九日、連合赤軍による「あさま山荘事件」が勃発した。長野県北佐久郡軽井沢町にある河合楽器製作所の保養所に、連合赤軍が人質をとって籠城し、警察が包囲し、二八日に銃撃戦の末、制圧された。当初は警察権力の巨大な暴力に対して批判的な声もあり、敗北はしたが革命的闘いだと連合赤軍を評価する声すらあった。だが、その後、連合赤軍があさま山荘に籠城する前に、同志一二名をリンチで殺害していたことが判明すると、同情論も消えた。これによって、戦後の左翼運動は一気に世論の支持を失い、より過激になっていく。

一九六八年をピークとした「日本の青春」の終焉でもあった。その時代の、政治とはまったく別の所で、「時代の顔」であった沢田研二の青春も、終わらざるをえない。タイガースもPYGも決して「遊び」ではなかったが、一段上のプロフェッショナルな次元へ向かわなければならないのだ。

許されない愛

三月一〇日、沢田研二の二枚目のシングル盤《許されない愛》が発売された。B面《美しい予感》とも、前年のアルバム《JULIE Ⅱ》（199ページ）のなかの一曲だ。

前述のように《JULIE Ⅱ》は港を舞台にした少年と船乗りとその妻の三角関係のドラマが背景にある。《美しい予感》は五曲目で、航海へ出る船乗りを見送りに港へ行った少年は、船乗りの美しい妻と出会う。そして心の中で、〈見知らぬもの〉が〈甘くふるえ騒いでいる〉のを感じている。

この後、六曲目《揺れるこころ》では、船乗りが航海に出て一か月以上が過ぎ、少年は船乗りの妻と食事をするようになり、〈二人の心の扉が開く〉のを感じている。だが、二人は愛し合えないことも分かっている。七曲目《純白の夜明け》で、嵐の夜に〈二人は愛を確かめ合った〉。八曲目《二人の生活》では二人は一緒に暮らしている。九曲目《愛に死す》で少年は〈この命消えるまでは　二人は結ばれ　生きてゆくよ〉と決心している。

だが、船乗りが帰ってくる。二人の世界は崩れていく。それがアルバムでの一〇曲目《許されない愛》である。ブックレットにはこう書かれている。〈誰も許してはくれない二人の愛。はじめての、この世で一つの愛。それはもう手のとどかないところに行ってしまうのだ。〉

これが〈忘れられないけど 忘れようあなたを〉で始まる《許されない愛》の背景にあるストーリーである。アルバムを持っている人にしか背景の物語は分からないが、知らなくても、この歌だけで、年上の人（おそらく夫のいる）との禁断の恋の歌だとは分かる。

少年は〈めぐり逢う時が　二人遅すぎた〉と悟り、〈愛の炎は消し　暗い絶望だけ〉を抱きしめて生きていくと決める。しかし、ここにあなたがいたら抱いて連れ去って逃げていきたいというのが本音だ。

タイガース時代の沢田は、大半が同年代か歳下の「君」へ向けての恋を歌っていたが、この歌では「年上の人」との「許されない愛」を、激しく、そしてせつなく歌った。

沢田研二はこの年で二四歳になる。学園での恋愛模様の歌からは脱皮しなければならない。では、どういう「恋」を歌うべきか——これからは、一〇代の女の子だけを相手にするのではなく、もっと上の層を狙いたい。恋の相手を年上にしてみよう。「不倫」を歌うのは賭けだが、試す価値はある……。

そして、その賭けに沢田研二は勝った。《許されない愛》はオリコンの週間ランキングで最高四位、年間では二七位で三五・三万枚を売った。沢田研二の「最初のヒット曲」となる。

《許されない愛》の作曲者は元ワイルド・ワンズの加瀬邦彦だ。加瀬はロックへ行ったPYGを長く続かないだろうと思いながら見ていた。音楽の方向性も違ったので、沢田たちと一緒に仕事をする機会もなかった。

〈PYGもあまり評判にならずに、キミ（沢田研二）も最大の試練のときだったと思う。だが、このPYG時代がなければ、こうして歌手・沢田の姿は今存在しなかったろう。／キミは苦しんだ。GSの可愛こちゃんからの脱皮をどうするか。〉（「ヤングレディ」七四年一月二一日号）

そんな沢田を見て、加瀬はアルバム《JULIE Ⅱ》に参加し、《許されない愛》などを作曲したのだ。

《許されない愛》と同日（三月一〇日）には、前年一二月の日生劇場でのリサイタルのライヴ盤が《JULIE Ⅲ SAWADA KENJI RECITAL》として発売された。

NHKに出演

四月一〇日、TBSが放映するテレビ映画『刑事くん』の第三二話「許されない愛」に沢田研二がゲスト出演し、ラジオの深夜番組のディレクターを演じた。劇中には《許されない愛》の他、《君をのせて》とPYG《淋しさをわかりかけた時》が流れた。

七二年になっても沢田研二のコンサートは、PYGのメンバーをバックにして開催されていた。PYGのオリジナル曲やソロになってからの曲も歌ったが、盛り上がるのは、タイガース時代のナンバーだ。

沢田と萩原が独自の活動をする一方、井上堯之と大野克夫たちは、NHKの『歌のグランドショー』のレギュラーの仕事を得た。その四月四日の第一回のゲストは沢田研二で、タイガース・メドレーを歌った。「長髪」の男性歌手は番組に出させないと公言していたNHK会長の前田義徳は、七三年七月でその座から降りるが、この時点で長髪の男性歌手は解禁されていたようだ。

井上たちは「井上堯之グループ」として、沢田や萩原の出ないコンサートでも演奏するようになる。

萩原健一は『約束』の後は、NHKのテレビドラマ『明智探偵事務所』（四月三日から一〇月九日まで放映）に出演し、さらに六月からは『太陽にほえろ！』も始まる（七月二一日放映開始）。

そんななか、五月も日劇ウェスタン・カーニバルが開催され、ＰＹＧは全員が揃って出演した。この回は「アイドル登場！」と題されており、西城秀樹など売り出し中のアイドルも出演した。沢田は《許されない愛》、萩原は七月に発売される《ブルージンの子守唄》を披露した。

あなただけでいい

沢田研二の三枚目のシングル《あなただけでいい》が、二四歳の誕生日の六月二五日に発売された。レコーディング時の演奏はケニー・ウッド・オーケストラだった。

作曲した平尾昌晃はロカビリー時代のウェスタン・カーニバルのスターから作曲家に転じ、伊東ゆかり、布施明、小柳ルミ子など、渡辺プロダクションの歌手の曲を多く作っていた。そして沢田がレコード大賞を競う五木ひろしの曲も作る。作詞した安井かずみはソロになってからの沢田のシングル盤はこれが初めてとなる。ジャケットは沢田の正面のアップで、写真はモノクロームだが、くわえている赤いバラは着色されている。

この曲でも二人称は〈あなた〉だ。二人のこれまでの関係は曖昧だが、すでに終わってしまったようで、〈忘れようとして忘れられない〉。でも、〈幸せには出来なかった〉あなたを思い、〈あなただけでいい〉〈それで死んでいい〉と呼び続けている。

オリコンの週間ランキングでは最高が五位、年間では四四位で、前作よりは落ちたが、二四・一万枚を売った。

この頃、沢田はファンの前で「今年のキャッチフレーズは『一等賞を取って紅白《あかしろ》歌合戦に出よう』」と宣言した。テレビの歌番組への出演も増え、タイガース時代のスター歌手の日日が戻ってくる。

太陽にほえろ!

一方——七月一日、萩原健一のシングル盤《ブルージンのララバイ》が発売された。前作《もどらない日々》は「萩原健一＋ＰＹＧ」名義だったが、萩原単独の名義となった。バックの演奏はケニー・ウッド・オーケストラである（B面《少年の魂》とも、作詞・阿久悠、作曲・加藤和彦）。

七月二一日、萩原健一が出演するテレビ映画『太陽にほえろ!』第一回が放映された。東宝が製作した石原裕次郎主演の刑事もので、一九八六年一一月まで続く。

一九五〇年代から六〇年代にかけての日活の大スターだった石原裕次郎は、映画の斜陽化に抗して石原プロモーションを立ち上げて、自主製作に挑み、『黒部の太陽』など成功したが、七〇年には大きな負債を抱えるまでになっていた。テレビへの出演を拒み続けていたが、周囲から説得されて、一クルー一三回という条件で引き受けたのが『太陽にほえろ!』だった。

萩原の自伝『ショーケン』によれば〈クランクインの一週間前、いや、二、三日前までか。出る、出ないで散々揉《も》めた〉という。萩原サイドの史料では、もともと萩原主演で若い刑事が成長していくドラマとして企画されたものだった。その後、石原裕次郎を上司の役で出演させようとなったようだ。しかし、そうなると、クレジットのトップは石原裕次郎でなければ収まりが悪い。萩原は二番目になる。もっとも、これは芝居では「二枚目」なのだから、悪いポジションではない。

萩原が「出る・出ない」でもめたのは、まず劇中でのニックネームだった。このドラマでは刑事たちはニックネームで呼び合うが、萩原は最年少の刑事なので、「坊や」と呼ばれることになっていた。それが気に入らない。そこで「マカロニ・ウェスタンみたいな帽子をかぶる」という設定から「マカロニ」になった。それは受け入れたが、そんな帽子はかぶりたくない。萩原は、キャンティの川添梶子のブティック「ベビードール」のスリーピースを衣裳にすることを求め、それが受け入れられたので出演した。

もうひとつ、最後まで残った萩原の条件が、音楽をロックにすることだった。テレビドラマのみならず、映画でも、ロックを音楽にする前例はない。クランクイン一日前にロックを使うことが決まった。そこで萩原は井上堯之と大野克夫に声をかけ、大野が作曲し、「井上堯之バンド」が演奏することになった。

それまで、沢田や萩原とは関係のない仕事では「井上堯之グループ」「堯之グループ」として出ていたが、『太陽にほえろ!』では、「音楽・大野克夫」「演奏・井上堯之バンド」とクレジットには出ている。『太陽にほえろ!』の音楽がきっかけで、井上堯之と大野克夫は萩原の主演作の多くで作曲と演奏を担うことになる。

井上は、PYGから沢田研二のバックバンドに転じたことに複雑な思いを抱いていた。〈あの頃は、伴奏バンドをするということは、成れの果てというイメージが強い時代です。PYGの解散後、私は精神的に落ち込んでいました。本気でやった分、そのリバウンドも大きかったのです。〉(『スパイダースありがとう!』)

そこに萩原が持ってきた『太陽にほえろ!』の仕事で、井上は「作家としてのキャリア」を始めることになる。沢田のバックバンドだけではないというのが、彼のプライドを維持したとも言える。

『太陽にほえろ!』第一回では、萩原演じる刑事が聞き込みに行く喫茶店で《もどらない日日》が流れ、張り込みのシーンでは《ブルージンのラブバイ》が背景音楽として流れたが、どちらも印象に残る使われ方ではなかった。この曲が使われていると知っていれば分かるが、知らなければ気づかないだろう。「挿入歌」としてのクレジットもない。《ブルージンのララバイ》は二回以降では流れていない。ドラマで使って積極的に売ろうという気はなかったようだ。週間ランキングでは九二位が最高で、売上げは〇・五万枚にすぎない。

余談だが、この第一回で犯人の青年を演じたのが水谷豊である。二人が『傷だらけの天使』で組むのはこの二年後だ。


沢田研二は七月には浅草国際劇場、八月には大阪・梅田コマでリサイタルを開催した。

この頃、「女性セブン」（八月一六日号）の記事で、沢田は「タイガース解散後も芸能界に残った理由」を問われこう語っている。

〈過去の栄光って重荷でした。もし、芸能界に残ったあと、「むかしは人気があったのに」といわれるんじゃないかとイヤでした。それでも歌はつづけたかったんです。〉

八月二一日にはPYG名義でのシングル《遠いふるさとへ》（作詞・岸部修三、作曲・大野克夫）が発売された。B面は《おもいでの恋》（作詞作曲・井上堯之）だ。

八月の日劇ウェスタン・カーニバルにもPYGは出演した。結果としてこれが最後の出演となる。

今僕は倖せです

九月一〇日、沢田研二の四枚目のLP（オリジナルアルバムとしては三枚目）《JULIE Ⅳ 今僕は倖せです》が発売された。「制作 企画 構成 作詞 作曲 歌唱 沢田研二」とクレジットされている、セルフ・プロデュース作品だ。編曲は井上堯之と大野克夫、演奏は「井上堯之グループ」となっている。

歌詞は手書きの文字で印刷されている。一三曲収録され（別表）、どれも私小説的で、当時の沢田の心境を歌にしたものと解釈できるが、「僕はこういうことを思っています」という虚構なのかもしれない。詞も曲もフォークっぽいものが多い。ジャケットも、後ろ姿の沢田らしき男性がギターを抱えているイラストだ。このなかの《湯屋さん》という曲は内田裕也賛歌となっており、このアルバムの中ではロック色が強い（湯屋＝裕也）。このアルバムからシングルカットされた曲はない。

前掲の「女性セブン」ではこのアルバムについて〈愛とか恋とかっていうのでなく、人間のドラマティックな生き方を歌に出したいと思っているんです。ため息の出そうな……〉

イメージチェンジはプロダクションの方針なのかとの問いには〈そうともいえます。しかしぼく自身にも、おとなの歌手として残りたいという願いがあるわけですから〉

LP《JULIE Ⅳ　今僕は倖せです》収録曲

全曲、作詞・作曲：沢田研二

今　僕は倖せです
被害妄想
不良時代
湯屋さん
悲しくなると
古い巣
涙
怒りの捨て場
一人ベッドで
誕生日
ラヴ・ソング
気がかりな奴
お前なら

そして、このインタビューでは「年上のひと」と付き合っているとし、しかし結婚は「まだ決めてません」と答えている。

死んでもいい

九月二五日、沢田研二の四枚目のシングル《死んでもいい》が発売された。演奏は「井上堯之バンド」とクレジットされた。加瀬邦彦と井上堯之バンドが本格的に沢田と組んでいく。

加瀬は「ヤングレディ」七四年一月二一日号の特別記事「わが友、沢田研二」で、沢田の曲を作曲しプロデュースしていくことについて、こう語っている。

〈ぼくはもともと裏方が好きだった。演出と作曲。キミの曲を作り、ステージの演出をする。自らのイメージをキミに託して表現する。こんないいかたが許されるならば、沢田、キミはぼくの分身だ。〉〈陽性のぼく、陰性のキミ。陽が裏方にまわって、陰のキミがステージで喝采を浴びる。これがぼくたちにとっては一番自然な姿なのだ。〉

この時代の歌手は季節ごとにシングルを出し、ヒットすると同傾向のものを二曲は続ける傾向がある。《あなただけでいい》の次が《死んでもいい》となった。

《死んでもいい》でも、〈僕〉の相手の〈あなた〉は〈あの人そばにいる〉という状況で、〈僕など余計ものだよ〉と分かっている。しかし〈抱きしめたい　あなたのこと〉〈こわれるほどこの手で〉という思いは、なくならない。僕は彼女を忘れるために旅に出ているようで、愛のためならば〈死んでもいい〉。

年上の女性との不幸な恋路線は飽きられたのか、週間ランキングでの最高は九位、売上げ枚数は前曲より減って、一七・二万枚だった（年間では五〇位以内に入らず）。

天地真理と小柳ルミ子

渡辺プロダクションにとって一九七二年は「天地真理の年」である。

ＴＢＳの久世光彦が演出・制作するドラマ『時間ですよ』の、七一年六月からの第二シリーズで、堺正章が憧れる「隣のマリちゃん」役でデビューして顔と名前が知られたところで、同

1972年　第3回 日本歌謡大賞

大賞	『瀬戸の花嫁』小柳ルミ子
放送音楽賞	『ひとりじゃないの』天地真理 『待っている女』五木ひろし 『どうにもとまらない』山本リンダ 『さよならをするために』ビリー・バンバン 『雨のエア・ポート』欧陽菲菲
放送音楽新人賞	『雨』三善英史 『せんせい』森昌子

年一〇月に《水色の恋》でレコードデビューし、四三・二万枚のヒットとなった。年末の賞レースには間に合わなかったので、新人賞は取れなかったが、七二年になると、人気は爆発した。二月五日発売《ちいさな恋》は五四・七万枚、五月二一日発売《ひとりじゃないの》は六〇・一万枚、九月一日発売《虹をわたって》は五一・七万枚を売った。LPも合わせたレコード売上高は二六億円に達した。

九月二九日には天地が主演した映画『虹をわたって』（前田陽一監督）が封切られ、沢田と萩原が共演した。

小柳ルミ子は前年《わたしの城下町》が一三四・三万枚と大ヒットし、新人賞を総なめにしていたが、「二年目のジンクス」とはならず、七二年も四月一〇日発売《瀬戸の花嫁》が七四・一万枚の大ヒットとなっていた。レコードの売り上げでは天地真理が上だが、曲の評価、歌唱力の評価では小柳ルミ子が上だった。

一一月一六日、第三回日本歌謡大賞が決定・発表された。受賞式はフジテレビが放映し、この年から人気番組になる。

大賞の候補である放送音楽賞には、小柳ルミ子、天地真理、五木ひろし、山本リンダ、ビリー・バンバン、欧陽菲菲が選ばれ、小柳《瀬戸の花嫁》が大賞を受賞した。小柳ルミ子は二年目で栄冠を摑んだのだ。

これで小柳ルミ子《瀬戸の花嫁》はレコード大賞の本命候補となった。

放送音楽新人賞は三善英史と、『スター誕生!』から生まれた最初の歌手、中学二年生の森昌子だった。

スター誕生!

『スター誕生!』は日本テレビが制作するオーディション番組である。

それまでもオーディション番組は存在した。日本テレビは前年の一九七〇年に『全日本歌謡選手権』を始め、セミプロを対象とした歌唱力のある本格的な歌手を発掘し、この番組から五木ひろしや八代亜紀が出る。『スター誕生!』はそれとは異なり「テレビ時代のアイドル歌手」を発見し育てようというものだった。このコンセプトは見事に時代と合致し、一二年間続いたこの番組からは多くのアイドルが誕生した。森昌子、桜田淳子、山口百恵、片平なぎさ、岩崎宏美、ピンク・レディー、石野真子、柏原よしえ、甲斐智枝美、岡田有希子、中森明菜、小泉今日子などだ。一二年間の応募者総数約二〇〇万人といわれ、そこから八八組九二人が歌手としてデビューした。

『スター誕生!』は毎週日曜午前に放映される。事前の予選を通過した五人から七人が出て、「合格」した者が、三か月に一度の「決戦大会」に進む。その「決戦大会」でも順位をつけるが、それだけでは「のど自慢」と大差ない。違うのは客席にはレコード会社や芸能プロダクションのスカウトたちがいることだ。決戦に残った出場者を歌手として育ててみたいと思ったスカウトは、自社の名前を書いたプラカードを揚げるシステムになっていた。

最初の決戦大会で、ホリプロが指名したのが森昌子だったのだ。続いて九月六日(放映は九月一七日)の決戦大会で、桜田淳子がサンミュージックに指名されていた。彼女のデビューは七三年二月である。

『スター誕生!』に企画段階から関わっていたのが、放送作家から作詞家へ転じた阿久悠だった。阿久は番組で審査員も務め、全国の小・中学生の間で最も知名度の高い「作詞家の先生」となった。この番組から芸能界に入った新人たちのデビュー戦略にも関与し、多くの歌手のデビュー曲を書いた。単なるヒットメーカーではなく、プロデューサー的作詞家でもあった。

レコード大賞歌唱賞

一一月二一日、PYGの、結果として最後のシングル盤となった《初めての涙》(作詞・大橋一枝、作曲・大野克夫)が発売された。作詞の大橋一枝はのちにアルファミュージック社長になる大橋一恵の筆名だ。

PYGは「解散」を宣言していないので、「最後のレコード」として発売されたわけではない。B面の《お前と俺》の曲は『太陽にほえろ！』の音楽の原曲ではないかと思われる。ジャケットは六人が楽しそうに集まっている写真だ。

一一月二二日、大晦日放送の『NHK紅白歌合戦』の出場者が発表され、沢田研二は初めて選ばれた。

そして一一月二六日、第一四回日本レコード大賞の部門賞が決定・発表された。新人賞候補は一六組で、審査員は三九人。五名連記で投票し、過半数の支持を得た者が受賞する。投票の結果、森昌子(三七票)、三善英史(三六票)、麻丘めぐみ(二七票)、青い三角定規(二〇票)、郷ひろみ(二〇票)の五組に決まった。西城秀樹は一九票で泣いた。

歌唱賞は第一回の投票で過半数の二〇票以上を得たのが、ちあきなおみ《喝采》(二八票)、小柳ルミ子《瀬戸の花嫁》(二四票)、和田アキ子《あの鐘を鳴らすのはあなた》(二三票)の三人、第二回で沢田研二《許されない愛》が二〇票で決定、残る一枠をめぐり、五木ひろし《夜汽車の女》と吉田拓郎《結婚しようよ》とが競い、二三対一七で五木が受賞した。

歌唱賞で落ちた吉田拓郎は大衆賞の候補にまわされ、橋幸夫、天地真理、井上順と四人に対して投票が行なわれ、橋幸夫(二四票)と天地真理(二一票)で決まった。橋幸夫はテレビ映画『子連れ狼』の主題歌がヒットしていた。

歌唱賞を受賞したことで、沢田研二は大晦日に「レコ大」「紅白」の二つに出演することが決まった。タイガース時代の六七年から七〇年の四年間、絶大な人気があったにもかかわらず出演できなかった番組である。

沢田のコメントが「週刊明星」(一二月一〇日号)に載っている。

〈紅白の方は八月ごろから意識していた。独立もしたし、ヒットも出た。これで選ばれなかったらどうしようもないナと思っていました。だけど今日の歌唱賞は、ぼくとしては、編曲賞か作曲賞のツマミのつもりで出て来ただけに、いまだに信じられないくらいうれしい。とにかく、タイガース時代を含めて、歌手になってから全く初めての賞でしょう。紅白といい、これといい、ここ一週間で今年は最高の年になったナ。落着いて考えると、歌唱賞には二〜三年早い気もするけど、歌手として最高の賞に恥じないようにこれからもがんばります。〉

その夜、森本太郎が経営する店では、沢田研二の歌唱賞のお祝いに常連客に赤飯が出された。ともに「レコ大」「紅白」に締め出された仲間たちも祝ってくれたのだ。

ショーケンとジュリーのドラマでの共演

一二月一日放映の『太陽にほえろ！』第二〇話「そして、愛は終った」には、沢田研二が犯人の役で出演した。この刑事ドラマは視聴率がよく一クールでは終わらなかったのだ。しかし萩原は物足りなさを感じていた。夜八時からという子どもも見る時間帯のため、性的な事件は扱えない。さらに、刑事が発砲するなどして犯人を殺すことも、当時のテレビではタブー視されていた。萩原はそれを打破したい。

その希望が叶い、その野心的な回に沢田が客演することになった。萩原と沢田の二人だけのシーンもあり、沢田のアルバム《ＪＵＬＩＥ　Ⅳ　今僕は倖せです》収録の《不良時代》が劇中で流れた。沢田はこの回の主役と言っていい大きな役で、萩原と互角に対峙し、俳優としての才能も発揮した。

クライマックスでは——沢田が女性を人質にとり逃亡しようとするので、萩原が「女を離せ」と拳銃を構える。沢田は「一人殺すも二人殺すも同じ」とナイフで女性を刺そうとしたので、萩原は撃つ。弾丸は当たり、沢田は絶命する。萩原は「撃っちゃった。俺、撃っちゃった」

「ごめんなさい、ごめんなさい」「俺、もう刑事やめる」と泣き叫ぶ。

一二月二一日、沢田研二の一〇月の日生劇場のリサイタルのライヴ録音盤が《JULIE Ⅴ》として発売された。

レコード大賞

一二月三一日午前一一時、日本テレビの『スター誕生！』の「決戦大会」が放映された。三日に収録されたもので、神奈川県横須賀市で暮らす中学生が二位になった。山口百恵である。一〇社以上が百恵を獲得したいとプラカードを掲げ、一二月中旬にはホリプロダクションに所属することが決まっていた。

この時点で山口百恵はすでに歌手になる切符を摑んでいた。後に沢田研二の最大のライバルとなるこの少女は、しかし、一九七二年の大晦日は横須賀に住む中学二年生でしかない。

一九時、TBSの『輝く！日本レコード大賞』が始まった。

すでに決定している新人賞五人のなかから、麻丘めぐみが最優秀新人賞を受賞した。歌唱賞は小柳ルミ子、五木ひろし、沢田研二、和田アキ子、ちあきなおみの五人だった。沢田研二は賞レースへの参戦を決意した最初の年から、トップ5のひとりになったのだ。

1972年　第14回 日本レコード大賞（視聴率46.5％）

日本レコード大賞
「喝采」ちあきなおみ
作詞：吉田旺　作曲：中村泰士　編曲：高田弘

最優秀歌唱賞
「あの鐘を鳴らすのはあなた」和田アキ子

最優秀新人賞
麻丘めぐみ（「芽ばえ」）

歌唱賞
「瀬戸の花嫁」小柳ルミ子
「夜汽車の女」五木ひろし
「許されない愛」沢田研二

大衆賞
「子連れ狼」橋幸夫
「水色の恋」/「ひとりじゃないの」天地真理

新人賞
青い三角定規（「太陽がくれた季節」）
郷ひろみ（「男の子女の子」）
三善英史（「雨」）
森昌子（「せんせい」）

作曲賞
都倉俊一　「どうにもとまらない」（山本リンダ）/「涙」（井上順）

編曲賞
土持城夫　「ハチのムサシは死んだのさ」（平田隆夫とセルスターズ）

作詩賞
千家和也　「終着駅」（奥村チヨ）

特別賞
越路吹雪
石本美由起

企画賞
キングレコード「日本歌唱大百科」ダークダックス

童謡賞
「ピンポンパン体操」（杉並児童合唱団・金森勢）

歌謡大賞を受賞した小柳ルミ子が大賞の最有力と報じられていたが、九月に発売された、ちあきなおみ《喝采》がセールスでも追い上げていた。

歌唱賞や新人賞の受賞者が歌った後で、大賞の最有力候補だった小柳ルミ子が出番を待っていると、大御所の審査委員がやって来て、「君は歌謡大賞を獲ったから、もういいよな」と言った。〈その言葉を聞いた瞬間、全身の力が抜けて放心状態になりました。〉と小柳は振り返っている。〈この時ばかりは大人の社会の非情さを思い知らされて、心が折れましたね。〉（『輝く！日本レコード大賞　公式インタビューブック』）

大賞の前に最優秀歌唱賞の発表がある。これを受賞するのは名誉ではあるが、同時に大賞は獲れなかったことを意味する。沢田は後に「二等賞」と呼ぶ。

この年は各賞を受賞した歌手たちは客席で発表を待ち、名前が呼ばれるとステージへ上がることになっていた。「最優秀歌唱賞は和田アキ子」と発表されると、和田は興奮状態となり、号泣し、隣にいた沢田研二の手を摑むとステージまで引き連れて行った。沢田は戸惑い、苦笑いしながらもステージまで付いていった――「レコード大賞の名場面」として伝説となるシーンだ。

和田アキ子は柔道師範の父を持ち、それに反抗して中学時代から大阪ミナミの繁華街で「ミナミのアコ」と呼ばれる不良番長だったという。ファニーズがナンバ一番などで演奏するときは、最前列に陣取っていたという伝説もある。やがて和田もジャズ喫茶で歌うようになり、ホリプロダクション創業者・堀威夫にスカウトされ、六八年にデビューした。たまたま隣にいたということもあるが、沢田を連れて行ったのはそういう背景もある。和田にとって沢田は頼れる人だったのだ。

そして――日本レコード大賞は、「歌謡大賞を獲ったからもういいだろう」と言われた小柳ルミ子ではなく、ちあきなおみ《喝采》と決まった。

日本中が《瀬戸の花嫁》か《喝采》のどちらが獲るか注目していたので、『輝く！日本レコード大賞』の視聴率は四六・五パーセントと、前年より一〇ポイントも高くなった。

皮肉にも歌謡大賞が注目されるようになったことで、レコード大賞の権威が確立され、この年から国民的関心事となったと言っていい。

新しい音楽

レコード大賞の各賞を受賞した曲と、オリコンのシングル盤年間ランキング上位とは、だいぶ乖離がある。

一九七二年に最も売れたのはぴんからトリオ《女のみち》だったが、新人賞の投票でもわずか五票で受賞せず、『紅白歌合戦』にも出ていない。ぴんからトリオは宮史郎と兄の宮五郎、並木ひろしの三人の音曲漫才トリオだった（後に並木が抜けて「ぴんから兄弟」、さらに宮史郎のみとなる）。《女のみち》は宮史郎が作詞し、並木が作曲した曲で、自主制作で三〇〇枚プレスし、自分たちの興行先で売っていたところ、有線放送で人気が出て、日本コロムビアから発売されると爆発的なヒットとなった。七二年だけで一三八・二万枚、七三年はさらに売れて一八一・一万枚で、合計で三〇〇万枚を超えた。しかし、賞には無縁だった。

二位《瀬戸の花嫁》は大賞候補となったので問題はない。三位のビリー・バンバン《さよならをするために》はレコ大では何も受賞していないが、歌謡大賞では放送音楽賞を受賞し、紅白にも出演している。

問題は四位のよしだたくろう（以下、「吉田拓郎」とする）《結婚しようよ》である。七二年一月二一日に発売されると四二・二万枚の大ヒットとなった。フォークソングだが、従来の反体制的なイメージではなく叙情的だったので、広く支持された。闘争の時代から優しさの時代への転換を象徴するものとも解釈できた。七月一日発売《旅の宿》はさらに売れて七〇・〇万枚を売った。大資本によるCBSソニーに在籍した上での大ヒットだったので、フォークソングのファンからは商業主義に堕落したと批判されてもいた。

そうした毀誉褒貶を含め、吉田拓郎はこの年を代表するヒット曲であり歌手であり、作詞家であり、作曲家だった。だが、当人がテレビ出演を拒んでいたせいもあってか、何も受賞できなかった。もっとも、受賞しても喜んで出場したかどうか分からない。それが不安視され、受賞できなかったのだろう。「週刊明星」は吉田の落選について〈自身の姿勢による部分が大きい〉と指摘している。

ぴんからトリオと吉田拓郎は音楽の性質はまったく異なるが、自作自演で、自主制作からメジャーレーベルへ転じて大ヒットさせた点は共通する。レコード会社や芸能プロダクションとは別のところから新しい音楽が生まれていた。「レコード大賞」と『紅白』はその現実を直視せず、旧態依然とした思考で選考していた。

紅白歌合戦

ＴＢＳの『輝く！日本レコード大賞』が終わると、二一時からは『ＮＨＫ紅白歌合戦』である。宣言した通り、沢田研二は初出場を果たした。

「自叙伝」では「歌手にとって紅白は特別なものなのか」との質問に、こう答えている。

〈僕らにとっては、べつにそんな、あれに出なくたってお客さん入っているし、レコード売れているし、という感じだったけど、会社としては、あれに出てくれるということが一人前の証しみたいに考えるところもありますから。たしかに日本全国のことを考えれば、ＮＨＫはどこでもテレビさえあれば映るわけで。〉

1972年　第23回 紅白歌合戦（視聴率80.6％）

紅組		白組	
天地 真理	ひとりじゃないの	**森 進一**	**放浪船**
和田 アキ子	孤独	フォーリーブス	夏のふれあい
朱里 エイコ	北国行きで	堺 正章	運がよければ いいことあるさ
渚 ゆう子	風の日のバラード	にしきの あきら	嵐の夜
奥村 チヨ	終着駅	鶴岡雅義と東京ロマンチカ	くちづけ
由紀 さおり	故郷	石橋 正次	夜明けの停車場
佐良 直美	オー・シャンゼリーゼ	村田 英雄	ここで一番
山本 リンダ	**どうにもとまらない**	尾崎 紀世彦	ゴッドファーザー ～愛のテーマ～
いしだ あゆみ	生まれかわれるものならば	青い三角定規	太陽がくれた季節
南 沙織	純潔	野口 五郎	めぐり逢う青春
ザ・ピーナッツ	さよならは突然に	ビリー・バンバン	さよならをするために
本田 路津子	耳をすましてごらん	西郷 輝彦	**愛したいなら今**
森山 良子	美しい星	菅原 洋一	知りたくないの
藤 圭子	**京都から博多まで**	美川 憲一	**銀座・おんな・雨**
欧陽 菲菲	恋の追跡(ラブ・チェイス)	上條 恒彦	出発(たびだち)の歌
小柳 ルミ子	瀬戸の花嫁	三波 春夫	あゝ松の廊下
平田隆夫とセルスターズ	ハチのムサシは死んだのさ	水原 弘	お嫁に行くんだね
島倉 千代子	すみだ川	フランク永井	君恋し
都 はるみ	おんなの海峡	橋 幸夫	子連れ狼
ちあき なおみ	喝采	**沢田 研二**	許されない愛
青江 三奈	日本列島・みなと町	五木 ひろし	待っている女
水前寺 清子	**昭和放浪記**	**布施 明**	マイ・ウェイ
美空 ひばり	ある女の詩	北島 三郎	冬の宿

司会
紅組＝佐良直美　　白組＝宮田輝アナウンサー
人名の**太字**は渡辺プロ(8組)、曲名の**太字**は阿久悠作詞(6曲)

この年は初出場が紅組四組・白組六組、一方、前年出場して落選したのが一八組でかなり入れ替わった。渡辺プロダクションからは天地真理、奥村チヨ、ザ・ピーナッツ、欧陽菲菲、小柳ルミ子、森進一、布施明と、沢田を含めて八組が出場した。

沢田は初出場としては厚遇され、二三組中二〇番目だった。《許されない愛》を歌い、「ザ・いのうえバンド」も一緒にステージに出て演奏し、それぞれがアップで映された。この時代、自分のバンドを率いて歌う歌手は、他にいない。沢田研二の衣裳は銅色に見えるスーツで、光り物をふんだんに施してあるのだろう。胸には白いバラが飾られている。その下は茶色のシャツと同色の蝶ネクタイで、薄茶色のズボン。激しいアクションで、許されない愛の悩みと苦しみを歌った。

対戦相手はレコード大賞を獲ったばかりのちあきなおみ。白組は、沢田の後、五木ひろし、布施明と続いて、トリは北島三郎、大トリはお決まりの美空ひばりである。

だが、美空ひばりにとっては、これが「最後の大トリ」だった。翌年から出演しなくなるのだ（七九年に三〇回記念ということで特別出演）。

視聴率は八〇・六パーセントで、八〇を超えるのはこれが最後だった。

ソロとなった沢田研二の歌と容姿は、普段、テレビを見ない人にも届いた。

第八章　危険なふたり　1973年

あなたへの愛

沢田研二の一九七三年は、一月一日発売のシングル盤《あなたへの愛》で始まった。

安井かずみ作詞のこの曲はキャンディーズがアルバムでカバーしているように、女性から男性へ向けた歌との解釈も可能だ。歌詞には「僕」とか「俺」も「わたし」もなく、男なのか女なのか分からない。しかし沢田が歌えば、男性から（おそらくは年上の）女性への歌となる。

ゆったりとしたテンポのバラード調の曲で、二人の恋はすでに終わっている。〈あなたが言い出せば　悲しく聞こえる〉と始まるが、何を言われたのかは明示しない。行間というか紙背を読めというわけで、安井かずみは分かりやすい詞は書かない。

〈いつもなら　自然につなぎ合う手と手も〉〈跡切れがちな愛の　風に泣いている〉。「愛の風」は何なのか気になるが、これは行政文書ではなく詩なのだ。そんなことは考えなくていい。ふたりでいれば〈風の吹く日もまた　楽しかった〉。だけど、別れを言い出された。そして〈分

1973年の沢田研二のレコード

1月1日	あなたへの愛　作詞:安井かずみ、作曲:加瀬邦彦
	淋しい想い出　作詞:安井かずみ、作曲:川口真
4月21日	危険なふたり　作詞:安井かずみ、作曲:加瀬邦彦
	青い恋人たち　作詞:安井かずみ、作曲:加瀬邦彦
8月10日	胸いっぱいの悲しみ　作詞:安井かずみ、作曲:加瀬邦彦
	気になるお前　作詞:安井かずみ、作曲:加瀬邦彦
8月21日	LP《JULIE VI ある青春》 オリジナル・アルバム
11月21日	魅せられた夜　作詞・作曲:Jean Renard、訳詞:安井かずみ
	15の時　作詞・作曲:沢田研二
12月21日	LP《JULIE VII THE 3rd 沢田研二リサイタル》 10月のリサイタルのライヴ盤

り過ぎる程の　あなたの気持を〉〈傷つけるつもりは　ないのに　お互い〉と倒置法を駆使する。
サビは〈誰にも負けない　ああ〉〈あなたへの愛を　あああ〉〈胸に抱きしめて　ああ〉〈今日まで来たのに　あああ…〉と、文節ごとに〈ああ〉と歌い上げる。この沢田独自の〈ああ〉の歌唱法は《勝手にしやがれ》で頂点に達する。

同棲時代

沢田研二をとりまく若い才能のひとりに、マンガ家の上村一夫もいる。上村は武蔵野美術大学デザイン科在学中に広告代理店・宣弘社でアルバイトをし、卒業後は同社に入り、イラストレーターとして広告制作に携わっていた。宣弘社で同僚だったのが、作詞家となる阿久悠である。

上村はマンガ家に転じ、一九六七年にデビューし、創刊されたばかりの「ヤングコミック」「漫画アクション」などの青年コミック誌に描いて人気が出た。「漫画アクション」七二年三月二日号から連載した『同棲時代』は時代を代表する大ヒットとなった。フリーのイラストレーターの次郎と、広告代理店に勤める今日子が主人公で、タイトルの通り、ふたりは同棲している。「同棲」という言葉は以前からあるが、それを新しい形の男女の愛だとして描いた。

その『同棲時代』が、連載開始から一年が過ぎた七三年二月一八日にTBSの九〇分の単発ドラマとして放映され、沢田研二が次郎、梶芽衣子が今日子を演じた。萩原健一がワンシーンだけ「友情出演」している。劇中では赤い鳥や吉田拓郎などのフォークソングが流れ、沢田は俳優としてのみの出演だ。仲雅美と由美かおる主演の松竹映画『同棲時代』（山根成之監督）の公開は四月で、それに先んじている。

テレビドラマ『同棲時代』について沢田は『すばらしい世界』収録の萩原健一との対談で、〈完全にテレビむけになっているからネ〉〈あれ以上のものは出来ないよ俺は〉〈完全に日常会話でない台詞じゃない、だから余計やりにくかったネ〉と振り返っている。視聴率もよく評判もいいのでほっとしている様子ではある。

萩原とのライバル関係については、〈やっぱり率直にネ、両方ともうまく行ってればいいわけ。でも両方ともすごーく欲張りだからそのへんで嫉妬するってわけよ。出来ればスーパーな方がいいわけだけど、歌も出来て芝居もできてね……。何でも一番になる方がいいわけよ。友達だしね、お互いにうまくいってるし、僕は嬉しいです、だけじゃないわけよ僕らはもう〉と語る。そして二人が〈ナァナァになっちゃ駄目だと思うしね〉と言う。

沢田が本気で俳優の仕事をすると決めれば、萩原健一に負けない青春映画のスターになる可能性は十分にあった。だが、彼は歌手であることを選択した。

一月一日発売《あなたへの愛》はオリコンの週間ランキングでは一月八日に八位になり、二九日と二月五日に六位に上がったものの、一二日は八位、一九日に一二位と下がっていった。それでも三月一九日まではトップ20にランクインしていた。売り上げ枚数は二二・五万枚で、前作より増えた。

一月のヒットチャートは、前年から《女のみち》と、「レコ大」「紅白」効果で《喝采》が一・二位となる状態が続いていた。天地真理《ふたりの日曜日》、小柳ルミ子《漁火恋唄》なども追うが、この二曲には敵わない。さらにぴんからトリオの第二弾《女のねがい》も上位に入り、ガロ《学生街の喫茶店》が上昇していた。ほかに、郷ひろみ《小さな体験》、内山田洋とクール・ファイブ《そして、神戸》なども上にいる。

フォーク・グループ「ガロ」の《学生街の喫茶店》は前年六月に発売され、当初はそれほど売れなかったがじわじわと広がり、二月になると、一九日に《女のみち》を落として一位になった。四月二日まで七週連続して一位を維持、七七・二万枚で年間チャートでは三位になる。

渡辺プロは新たなアイドルとして香港出身のアグネス・チャンを前年一一月にデビューさせ、《ひなげしの花》が二月になるとトップ20に入り、最高五位まで上昇した。

二月のチャートは《女のみち》《女のねがい》《喝采》《ふたりの日曜日》、森昌子《中学三年生》、五木ひろし《あなたの灯》などが上位を競っていた。

三月もほぼ顔ぶれは同じで、三善英史《円山・花町・母の町》、郷ひろみ《愛への出発》、小柳ルミ子《春のおとずれ》も参戦するが、トップ3には及ばない。

渡辺プロ対日テレ

四月二日、NET(現・テレビ朝日)は、月曜八時からの枠で『スター・オン・ステージ　あなたならOK!』の放送を開始した。渡辺プロダクションが制作するオーディション番組だ。

渡辺プロが最も親密な関係を持っていたのが、『シャボン玉ホリデー』の日本テレビである。だが同番組は七二年一〇月で終わっていた。それと前後して『スター誕生!』が始まった。それだけではない。日本テレビは一九七一年四月に系列局一四局と「JAN」(ジャパン・オーディオ・ネットワーク)を結成し、音楽利権の獲得に乗り出していた。こうした日本テレビの動きに渡辺晋は危機感を抱いていた。

ＪＡＮの設立趣意書にはこうある。

〈従来われわれ放送局のレコード使用は、新曲の持ち込みを何の抵抗もなく相当数を使用してきました。すでに東京、大阪各局は「音楽出版社」を設立、自局の電波を活用して新たな実績を上げつつありますが、しかしローカル処理的要素が強く、全国的に組織化された活動ではありませんでした。ここに結集したＪＡＮは、点をラインに結びつけることで日本最大の「音楽出版」となることは必然であり、その収入については、ＪＡＮが今後取り扱うレコードに関して、数種の印税収入といったかたちで入金され、各社に配分されます〉

「音楽出版」というビジネスを日本で始めたのは渡辺プロで、同社の歌手のために作られる楽曲の出版権は渡辺音楽出版に帰属する。テレビ局はそれに目をつけて、自分たちも音楽出版社を持つことにした。自分たちが権利を持つ曲をテレビで優先的に流し、レコードが売れれば、その印税収入の一部が入るシステムを作ったのだ。

『スター誕生！』でスカウトされた歌手は、芸能プロダクションやレコード会社と契約するが、その楽曲は日本テレビ音楽出版も権利を持つ。各プロダクションは利益の一部を日本テレビに取られるが、何の実績もない新人でも日本テレビの音楽番組に出演できるし、新曲を出すたびにテレビで歌えるのだから、その宣伝効果は大きい。両者の利益は一致した。

渡辺プロダクションの歴史では、この日本テレビの動きに、渡辺晋は危機感を抱き、〈大企業が電波を私的に使って、プロダクションの脇腹に匕首を突きつけるような真似はやめてほしい〉ということになる。とはいえ、巨大な資本と設備と全国ネットワークを持つ日本テレビに、いくら「帝国」と称されていても、所詮は中小企業でしかないプロダクション単独では対抗できない。そこで渡辺は他局と組んでオーディション番組を作れないかと考えていた。

そんなところに、NETから「音楽番組部門を強化したい」と相談があった。後発局であり、当初は「教育テレビ」として発足したので、NETは音楽・娯楽部門が弱かったのだ。渡辺は「番組制作は渡辺プロが請け負い、新人の発掘、オーディション、審査員の選定と何から何まで仕切る番組」を提案した。

その番組から生まれた新人は渡辺プロに所属し、レコードの原盤制作権も渡辺プロが所有する。NETは放送するだけなのでビジネスとして旨味はないが、この企画に乗り、『あなたならOK!』の制作・放映が決まった。

そこまでは、日本テレビの『スター誕生!』と類似の番組ができるだけの話だった。だがNETが『あなたならOK!』に決めた放映時間が「月曜八時」だったことで、事態は誰も望まない方向へと展開していく。「月曜八時」は日本テレビが『紅白歌のベストテン』を放映している枠だった。

当時のテレビ界・芸能界では、同じプロダクションのタレントは同時間帯の裏番組には出ないという暗黙のルールがあった。『あなたならOK!』は渡辺プロが制作するので、当然、同社のタレントが出演する。となると、『紅白歌のベストテン』には渡辺プロの歌手、つまり沢田研二も天地真理も小柳ルミ子も森進一も出ないことになる。

これを知った日本テレビの制作局次長・井原高忠は渡辺に面会を求め、沢田研二らには引き続き出演して欲しいと頼んだ。渡辺は「そんなにウチのタレントが欲しいのなら、『紅白歌のベストテン』の放送日を変えたらいい」と言い放った。

テレビ創生期からの渡辺晋と井原との盟友関係が、これで終わった。井原は社に戻ると「渡辺プロのタレントは、一切、日本テレビの歌番組とバラエティ番組では使わない」と宣言した。それは無謀と思われた。帝国のタレントなしで歌番組が成り立つのか。バラエティが作れるのか。しかし、井原はその方針を徹底させた。

日本テレビは七三年四月から金曜午後一〇時に渡辺プロと共同でバラエティ番組を放送する予定だったが白紙に戻し、渡辺プロ抜きで『金曜10時!うわさのチャンネル!!』を制作する。「打倒!ナベプロ」で日本テレビの社員は燃え、番組は成功した。

渡辺プロとNETは予定通り、四月二日から『あなたならOK!』を制作・放送した。しかし、視聴率的には惨敗した。歌謡曲ファンは、もしかしたらスターになるかもしれない素人が出る番組よりも、現時点でのスターである郷ひろみや西城秀樹が出るほうを選んだのだ。さらに「月曜八時」はTBSが『水戸黄門』を放映していた時間帯でもあった。

かくして『あなたならOK！』は半年で打ち切られた。これが「ナベプロ帝国」が崩壊へと至る、最初の躓《つまず》きとされる。一〇月からのNETの月曜八時は渡辺プロ制作の『ビッグスペシャル』と題した歌謡バラエティとなり、そのなかにオーディション・コーナーとして「あなたならOK！」が組み込まれ、七三年一二月に太田裕美が優勝する。

危険なふたり

ヒットチャート戦線では、ガロ《学生街の喫茶店》の連続一位が七週で終わり、四月九日には天地真理《若葉のささやき》が一位となり、五月七日まで五週連続して維持した。天地真理に「二年目のジンクス」はあてはまらず、絶好調だった。小柳ルミ子も一位にはなれないが《春のおとずれ》が最高四位で追いかける。郷ひろみ《愛への出発》、野口五郎《オレンジの雨》、アグネス・チャン《妖精の詩》、コミックソングである「あのねのね」《赤とんぼの唄》なども参戦していた。

五月になり、天地真理に替わって一四日に一位になったのは浅田美代子《赤い風船》だった。浅田も天地真理と同じようにTBSの『時間ですよ』に出て、《赤い風船》を劇中で歌い、四月二一日にレコードとして発売された。

その同じ四月二一日に沢田研二《危険なふたり》が発売された。イントロから通常の歌謡曲とは異なるロックのサウンドだった。軽快なテンポとメロディだが、詞は「別れの曲」だ。しかも、女性から別れを告げられたのに、〈それでも愛しているのに〉別れるのは嫌だという男の歌で、「女々しい」とも言える。ところが、そんな詞なのに、沢田研二が歌えば、少しも惨めではなく、それどころかカッコいい。

〈あなた〉は〈年上の女《ひと》　美し過ぎる〉と、年上の女性であることが明確である。既婚者かどうかははっきりしない。〈世間を気にする〉のは年上だからだろうか。別れましょうと言われたが、僕はあなたが無理していると思っている。〈あなたは大人の　振りをしても　別れるつもり〉だが、〈僕には出来ない　まだ愛してる〉。

この曲を書いた安井かずみを知っている人は「美し過ぎる年上の女《ひと》」は彼女のことだと思った。この曲は「あなた」の立場の女性が自分で作詞して自分のことを沢田に歌わせているという倒錯した構造にある。

沢田は安井かずみの詞について〈覚えにくいな。あの人とは先生と歌手という関係でなく友人で、いろいろぼくも作詞に参加するんだけど、とにかく覚えにくい。／七五調じゃないでしょう、だから時どき歌詞を間違えてしまう〉と語っている（「ヤングレディ」一二月一〇日号）。

早川タケジ

《危険なふたり》から、沢田研二の衣裳は早川タケジが担当するようになり、そのビジュアル面も、沢田を他の男性歌手とは異なる次元に押し上げていく。早川はこの後、レコードジャケットやコンサートの衣裳も含め、沢田のビジュアル面を統括していく。

『自叙伝』では早川について、〈彼はいわゆる洋服屋さんじゃなくて、絵を描いている人。自分でもモデルをやったりなんかして、面白いことが好きだという感じの人。だからプリントものだとかビーズものだとか、そういうのが多いんですよ。洋服屋さんなら考えないような、手間のかかることだとか、機械で出来ないようなことばっかり。最初のうちは衣裳だけやってもらっていて、そのうちにポスターだとか、Tシャツのデザインとか、そういうデザイン面を全部担当してもらうようになりました。〉と語る。

そして〈僕らの気分としては、その曲に合ったものというよりも、合わなくても、ぜんぜんちぐはぐでなければいい。歌と合いすぎるとイメージが狭くなるというか、小さくなるから……。へーっと驚かれて、またそこから、いろんなふうに受け止めてもらえればいいと、まあそんなふうに考えてやっている……。〉と早川との関係を説明している。

その衣裳については〈昔は「高校三年生」なら学生服、ピエロといったらピエロの格好して出てくればいい、ということがあったでしょうけど。〉そういうものではないものをやっていたと語る。

〈派手であればいい、人目を引けばいいというわけで。みんながあっと驚くような〉ものを着ようとするので、渡辺プロダクションやレコード会社からは反対もあった。しかし、〈やっぱり衣裳というのは、それによって気分が、本当にガラッと変わりますからね。衣裳を着ないで練習してるとぜんぜん身が入らない、どうやっていいかわからない、とか思うのに、衣裳を身につけるとそれによって触発されるというか、衣裳に動かされるというか、そういうことあるでしょう。メイクでもそうだし。だから、それはそれで、僕にとっては得なことだったし。それからまた予想もしないような意見を言ってくれるというか、みんながああだこうだと言ってくれる。それがまた面白くてね。だから、どんどん過激になっていったんですね。〉

二位では満足できない

週間ランキングでは、五月七日にテレビドラマとタイアップしていた《赤い風船》が二位になり、《危険なふたり》は四位になった。五月一四日に《危険なふたり》は二位に上がるが、《赤い風船》が一位になり、六月一一日まで五週連続して《赤い風船》の一位、《危険なふたり》の二位が続く。

沢田は五月に渡英して一七日から二一日にかけてロンドンでアルバムをレコーディングした。帰国した直後に、内田裕也と対談をし、「ミュージック・マガジン」七月号に掲載される。内田から「《危険なふたり》が売れて、すごいらしいね」と言われると、沢田は「まだ二位ですけどね。」と、満足していない。

〈内田　でもさ、業界では二位だ、一位だって言うけど、ふつうの人はさ、いますごい当ってるな、というイメージだけで、一位だろうが二位だろうが、レコード屋に行けばワーッと置いてあるしさ…。かといって、おたがいに、内部的に存在感を示したいって気持もあるしね。

沢田　ざまみろ、って言いたいほうだから…。〉

沢田には、業界内で、「へただ」とさんざん言われ、人気があっても評価されなかったことへの反発がある。見返すためにも何としても一位になりたい。そこで——ヒットチャートの動きをより詳細に記す。沢田研二が誰のどの曲と競い、その結果としての「一等賞」であることを確認しなければ、この歌手の偉大さは分からない。沢田の「一等賞」とは、「歌謡曲黄金時代」と呼ばれる一九七〇年代の数多《あまた》の名歌手・名曲たちを制しての一等賞だったのだ。

六月一八日付で、ようやく《危険なふたり》は一位を奪取した。沢田研二にとってソロでは初めて、ザ・タイガース時代では六八年《シー・シー・シー》以来の一位だ。

翌週の二五日はガロ《君の誕生日》に一位を取られたが、七月二日には奪還し、九日も一位を守った。通算で三週にわたり一位を獲得できた。しかしそこまでで、二三日には天地真理《恋する夏の日》に一位を譲った。その後も八月二〇日までトップ20に入り、年間チャートでは五位、六一・八万枚の大ヒットとなる。

六月のヒットチャートは《危険なふたり》《赤い風船》、南沙織《傷つく世代》、天地真理《若葉のささやき》、ガロ《君の誕生日》などが上位を競った。

『スター誕生！』出身者では森昌子はデビュー曲《せんせい》から成功したが、桜田淳子は二月二五日デビュー曲《天使も夢みる》、五月二五日《天使の初恋》もそれほどふるわない。五月二一日発売の山口百恵のデビュー曲《としごろ》も六・七万枚と、ぱっとしない数字だった。どうにかしなければならない——百恵を担当するCBSソニーのプロデューサー酒井政利は「青い性」路線を思いつく。

胸いっぱいの悲しみ

五月に沢田研二はまたもロンドンへ飛び、一七日から二一日にかけて、アルバム《JULIE Ⅵ》を録音した。ⅢとⅤはライヴ盤なので、オリジナルアルバムとしては四枚目で、八月二一日に発売される。一二曲収録で、安井かずみと山上路夫が六曲ずつ作詞、加瀬邦彦と森田公一が六曲ずつ作曲した。演奏は現地のロンドン・オリンピック・サウンド・スタジオ・オー

LP《JULIE VI ある青春》収録曲

朝焼けへの道　作詞：山上路夫、作曲：森田公一
胸いっぱいの悲しみ　作詞：安井かずみ、作曲：加瀬邦彦
二人の肖像　作詞：安井かずみ、作曲：加瀬邦彦
居酒屋ブルース　作詞：安井かずみ、作曲：加瀬邦彦
悲しき船乗り　作詞：山上路夫、作曲：森田公一
船はインドへ　作詞：安井かずみ、作曲：加瀬邦彦
気になるお前　作詞：安井かずみ、作曲：加瀬邦彦
夕映えの海　作詞：山上路夫、作曲：森田公一
よみがえる愛　作詞：山上路夫、作曲：森田公一
夜の翼　作詞：安井かずみ、作曲：加瀬邦彦
ある青春　作詞：山上路夫、作曲：森田公一
ララバイ・フォー・ユー　作詞：山上路夫、作曲：森田公一

ケストラで、これは臨時編成の楽団だ。

このアルバムのなかから《胸いっぱいの悲しみ》と《気になるお前》（二曲とも作詞・安井かずみ、作曲・加瀬邦彦）がシングルカットされて、八月一〇日に発売された。《胸いっぱいの悲しみ》は〈短い夏の恋〉が終わったという歌だ。〈これでもう逢えない〉とあなたに言われたが、僕には何も出来ない。情けない男なのだが、沢田研二が歌うと、その情けなさが美へと転じる。

《危険なふたり》は八月二〇日のチャートでは一四位で、翌週二七日にはトップ20から落ちていたが、《胸いっぱいの悲しみ》が七位に入った。

一方、二〇日まで一位を続けていた天地真理《恋する夏の日》だったが、二七日には二位に下がり、替わって一位となったのは、麻丘めぐみ《私の彼は左きき》だった。前年にデビューした

麻丘の初の一位で、四九・五万枚の最大のヒット曲である。

七二年から七三年にかけて日本で最も愛された歌手・天地真理にとって、八月二〇日がヒットチャート一位の最後だった。

アイドルとニューミュージック

八月のヒットチャート上位は《恋する夏の日》《私の彼は左きき》の他、郷ひろみ《裸のビーナス》、野口五郎《君が美しすぎて》、アグネス・チャン《草原の輝き》、チェリッシュ《てんとう虫のサンバ》が競っていた。アイドル全盛時代の真っ只中にあるが、そこへ参入してきたのが、チューリップ《心の旅》だった。前年の吉田拓郎に続いて、フォークソングがヒットチャートを席巻するようになっていた。チューリップのリーダーの財津和夫は沢田と同年生まれだ。

《私の彼は左きき》は九月三日も一位だったがここまでで、一〇日はチューリップ《心の旅》が一位となり、一七日まで続いた。

沢田の《胸いっぱいの悲しみ》は九月一〇日と一七日の四位が最高だった。年間で二五・六万枚でトップ30にも入らなかった。一般的基準ではヒットしているが、沢田の曲としては、いい数字ではなかった。

山口百恵の二枚目は《青い果実》で九月一日に発売された。酒井が思いついた「性に怯えながらも、好奇心にみちあふれた、あぶなげな十代」というイメージに基づいた〈あなたが望むなら　私何をされてもいいわ〉という際どい歌詞が当たり、一九・六万枚のクリーンヒットとなる。八〇年まで続く「山口百恵の時代」の幕開けだった。

桜田淳子も三枚目の八月二五日発売《わたしの青い鳥》が一五・九万枚と、ようやくヒットした。森昌子・桜田淳子・山口百恵の三人は『スター誕生！』のプロデューサーによって「花の中3トリオ」と命名され、彼女たちの進学・進級にしたがい「高3トリオ」まで続く。

《胸いっぱいの悲しみ》は一〇月一日のチャートでは九位に下がり、二二日の一六位でトップ20は最後だった。

《心の旅》にかわり九月二四日一位になったのは西城秀樹《ちぎれた愛》で、一〇月一五日まで四週連続して維持した。それに替わったのが「かぐや姫」《神田川》だった。そこにフィンガー5《個人授業》が迫る。一〇月二九日から一一月二六日までは一位《神田川》、二位《個人授業》が不動だった。

そして一二月三日に《個人授業》が一位となるが、翌週は《神田川》が返り咲く。トップ10には達しないが、井上陽水《心もよう》が一〇月二二日に一三位になり、以後、一二月まで一〇位内にいた。さらに一一月五日に一八位でトップ20入りした五木ひろし《夜空》がじわじわと上がっていく。

沢田研二対五木ひろし

一一月下旬からは賞レースが始まっていた。

「週刊平凡」一〇月一八日号は、「ことしの歌謡界ナンバー1は　五木ひろしか沢田研二か」との大見出しで、この二人が日本歌謡大賞・日本レコード大賞の最有力候補であると報じ、それぞれの陣営のコメントを載せている。

五木陣営の徳間音工宣伝部係長・中邑《なかむら》健二は〈ミーチャン、ハーチャンだけに騒がれている歌い手の多いなかで、幅広い大衆から支持されている五木の存在は、ひいき目抜きでもズバリ日本一〉と評し、ディレクターの和田宏は〈彼は着実に王座の道を歩んでいますよ。〉と語る。「ミーチャン、ハーチャンだけに騒がれている歌手」とは沢田のことだろう。

沢田陣営のポリドール宣伝課長・橋本満雄は、沢田のほうがレコードの売上げ枚数が多いので、〈五木とは互角じゃない〉と言い切り、〈沢田は歌手として格がある〉と言う。ディレクターの佐々木幸男は〈沢田は日本一の説得力のある歌手です。〉と讃える。

五木対沢田は、山口洋子対安井かずみという女性作詞家同士の闘いでもあった。山口は〈五木ひろしは大衆の拍手で育てられた歌手〉であり、〈地味ながら黙々と積み重ねてきた実績と、たぐいまれな素質と才能は稀有のもの〉と評す。そして、毎年大賞を逃してきたので、〈日の当たらない寒いところを歩いてきた彼の肩に、ぜひともコートを着せてあげたい〉と語る。そのコートが「大賞」ということだ。

安井かずみは〈ジュリーが歌謡界にもたらした功績は大きいわヨ。世界的に流行しているロック音楽を日本の土壌に植えつけられるタレントは、ジュリーしかないんじゃない。あれだけのスターになると「ベテラン」なんて呼ばれて歌唱力が固まってしまうものだけど、それがジュリーにはない。テクニックぐらい音楽にじゃまなものはないけど、ジュリーはテクニックにたよらない人ね〉と、沢田を語りつつ自分の音楽観も語っている。

さらに安井は「自分が個人的にファンになるとしたら、ローリング・ストーンズのミック・ジャガーと、沢田しかいない」と言い切り、〈ジュリーの顔はハンサムだけど暗いでしょう。あれがスターの絶対条件よ。アラン・ドロンと同じムードよ〉と讃える。安井は他の場面でも沢田研二をアラン・ドロンと並べて語る。アラン・ドロンは映画では犯罪者の役が多いが、沢田もドラマ・映画では犯罪者を演じ、なおかつ、最後は死ぬ役が多い。そして五木については、〈うまいと思うけど、最近は曲に恵まれない感じネ。そばで見ていて、もったいないと思う〉と言ってしまう。安井かずみが「恵まれない感じ」と言う、この年の五木の曲、《あなたの灯》《涙の出船》《ふるさと》《夜空》はすべて山口洋子の作詞だ。

五木陣営の作曲家である平尾昌晃は、「大賞」は価値はあるものだろうけれど、歌手にとっては歌唱賞が名誉だと思うから、どうしても五木に大賞をとらせたいという気持ちはないと言う。五木については〈なんでも消化できるまれな歌い手〉と評価し、〈彼には、無限の可能性があるんですよ〉と言う。

沢田陣営の加瀬邦彦はまず、〈ジュリーの歌を聞いて、これはロック・シンガーだなと、ピンと来ました。〉と語る。沢田をロックだと断じるのは安井かずみと同じだ。そして加瀬は〈外国のロックをいきなり日本に持ってきてもうまくいかないから、ジュリーを通して少しずつ日本でも発展させたいと思っています。〉と意気込みを語る。

沢田について加瀬は〈歌は不器用だし、人間的にも器用じゃない。しかし説得力があって、大人の色気のある歌手〉だと言い、〈あいつに演歌や歌謡曲を書こうとは思わない。将来は世界に通じる歌手にしたいし、絶対になれますよ。〉と語る。

沢田VS.五木は、安井かずみVS.山口洋子の女性作詞家対決であり、加瀬邦彦VS.平尾昌晃というポップス系歌手から作曲家になった者同士の対決でもあった。

当人たちのコメントも載っている。

五木ひろしは〈ジュリーのははなやかなヒットと、ボクのコンスタントな実績との勝負〉になると分析し、歌い手としては歌唱賞で十分だが、〈歌を作り、応援してくれたかたたちに恩返しするには、やはり大賞を受賞することだと思う〉ので、大賞を欲しいと語っている。

沢田研二は、五木について〈うまい歌手だし、すばらしいと思う〉と評し、自分のことだけで精一杯なので、〈ほかの人と比較するなんて余裕はありません〉と言っている。

この誌面では沢田は「一等賞」にこだわっている様子はないのだが、当人たちより周囲が大騒ぎしているというトーンの記事なので、こうなっているのかもしれない。だがもっと騒いでいるのが週刊誌などのマスコミなのである。

ともあれ、一九七三年になってようやく、沢田研二は賞レースの主役へと躍り出た。

「週刊プレイボーイ」一〇月三〇日号は、沢田とソンコ・マージュ、岡林信康の三人を「音楽の世界に台頭してきたニューロマン派ＢＩＧ３」として取り上げている。沢田について、〈タイガース時代の、あの幼かった、どこかひ弱な感じの彼がここまで成長したのは、むろん本人の努力もあるが、彼のブレーンというか、周囲がすばらしかったという声が強い〉とし、大野克夫、井上堯之、加瀬邦彦、安井かずみ、内田裕也、東海林修などの名を挙げている。そして〈プレスリーやトム・ジョーンズらに共通している浮き沈みを超越した人気〉があるとしている。

五木ひろしは、日本の歌謡界の中で歌がうまい歌手という評価だが、沢田の本質は世界に通用するロックシンガーなのだ。その沢田の「ロック」な部分を選考委員たちが理解し評価できるのだろうか。

歌謡大賞部門賞発表──一一月八日

この年も日本歌謡大賞が先に決まる。一一月八日、赤坂プリンスホテル・グリーンルームに、レコード会社、プロダクションやマスコミなど約五〇〇名が参集し、部門賞が決定・発表された。

選考委員はテレビ・ラジオのプロデューサー、新聞・雑誌の芸能記者たちで、合計三二三名。正午から各部門の投票が始まり、開票が終わったのは一八時三〇分だった。

決定した新人賞候補は発表順に、桜田淳子、あべ静江、山口百恵、藤正樹、浅田美代子、チューリップ、アグネス・チャンの七人、放送音楽賞候補は、野口五郎、麻丘めぐみ、郷ひろみ、チェリッシュ、八代亜紀、ガロ、天地真理、堺正章、山本リンダ、沢田研二、五木ひろし、西城秀樹の一二人である。前年の大賞受賞者・小柳ルミ子は受賞者にメダルをかける役だった。この年は放送音楽賞も受賞できなかったのである。

右記の順に名前が呼ばれていったが、堺正章は「ジュリー、お先に」と叫び、さらに、受賞の言葉として、「(大賞決定の)二〇日までこんな気持ちでドキドキするのはイヤだな。今日、決めてくださいよ」と言って、場内を笑わせた。

レコード大賞部門賞発表──一一月一一日

歌謡大賞部門賞発表の三日後の一一日、日本レコード大賞の部門賞が発表となった。前年から歌謡大賞の視聴率が上がったことで、TBSは対抗して歌謡大賞の発表前にレコード大賞の歌唱賞や新人賞を発表し、大晦日に最優秀歌唱賞や最優秀新人賞、そして大賞を発表することにしたのだ。歌手たちの争いは、テレビ局間の視聴率競争でもあった。

レコード大賞は票数が公表されている。審査員三九名のうち四名が欠席したので、三五名が投票した。新人賞は五名連記での投票で、桜田淳子〈三〇票〉、浅田美代子（二五票）、あべ静江（二四票）、安西マリア（二四票）、アグネス・チャン（二二票）が受賞した。山口百恵は一五票で落選だ。

歌唱賞は一五名のなかから五名が受賞する。単純に票数の多い順ではなく、過半数の一八票を取らなければならない。五木ひろし（二七票）、チェリッシュ（二五票）、由紀さおり（一九票）、西城秀樹（一八票）の四人がまず決まった。その下は、八代亜紀（一七票）、沢田研二（一五票）、森進一（一〇票）、野口五郎（一〇票）、金井克子（九票）、内山田洋とクール・ファイブ（七票）、ちあきなおみ（五票）、布施明（五票）、森昌子（四票）、小柳ルミ子（二票）、チューリップ（二票）だった。票数では八代亜紀が五番目だが、一七票は過半数に満たない。そこで、沢田と八代で決選投票となり、二〇対一五で八代が勝った。

レコード大賞は、建前としては各部門賞を受賞した「楽曲」の中から選ばれるが、これまでずっと歌唱賞の五人のなかから選ばれてきた。したがって歌唱賞を逃した時点で、沢田のレコード大賞受賞の可能性は、ほぼ潰《つい》えた。

次に大衆賞の投票となった。歌唱賞や新人賞受賞者以外に投じられたが、あのねのね（一票）、南沙織（一票）、梶芽衣子（三票）、ぴんから兄弟（一二票）、南こうせつとかぐや姫（四票）、夏木マリ（一票）、フィンガー5（四票）、山本リンダ（八票）、郷ひろみ（八票）、ガロ（一四票）、麻丘めぐみ（一七票）、天地真理（二票）、野口五郎（四票）、金井克子（一一票）、チューリップ（〇票）、沢田研二（一三票）と、過半数を取れた者はいない。そこで上位の麻丘、ガロ、沢田、ぴんから、金井の五組で決選投票となり、ガロ（一三票）、麻丘めぐみ（三一票）、沢田研二（二三票）の三組に決まった。次点の金井克子が二〇票だったので、沢田はギリギリだった。

大賞に本命視されていた沢田研二は、まさかの大衆賞となったのだ。

審査は先に歌唱賞で、次に大衆賞だったが、発表は逆で、先に大衆賞の歌手たちが呼ばれた。司会の高橋圭三が「広く大衆のアイドルになった沢田研二くん！」と紹介すると、客席から立ち上がりステージへと向かう沢田は、激しく怒っているように見えた。大衆賞受賞で、歌唱賞を逃したことが確定し、さらにはレコード大賞も獲れないと分かったからだ。その怒りは自分に対してのものだったのか、それとも審査員に対してのものだったのか、それは分からない。
それでも沢田研二は《危険なふたり》を熱唱し、内田裕也がやってきて握手をすると、ようやく笑顔になった。しかし、この日の取材には応じなかった。

日本歌謡大賞――一一月二〇日

一一月二〇日、第四回日本歌謡大賞の授賞式が日本武道館で開催され、この年は日本テレビが放映した。すでにレコード大賞の部門賞が一一日に発表されていたが、その結果が日本歌謡大賞に影響した。

まず新人賞候補のアグネス・チャン、山口百恵、藤正樹、浅田美代子、チューリップ、あべ静江、桜田淳子の七人と、放送音楽賞候補の西城秀樹、山本リンダ、チェリッシュ、郷ひろみ、五木ひろし、野口五郎、麻丘めぐみ、沢田研二、八代亜紀、堺正章、天地真理が、それぞれの受賞曲を歌った（ノミネートされていたガロは出演しなかった）。

先に放送音楽新人賞がアグネス・チャン、桜田淳子の二人に決まった。

大賞候補である放送音楽賞は最終審査の票が公表されている。四七名の審査員が五名連記投票をし、第一回投票で沢田研二（三八票）、五木ひろし（三四票）、郷ひろみ（三三票）、八代亜紀（二八票）の四人が過半数を獲っていたので、決定した。以下は、チェリッシュ（二〇票）、麻丘めぐみ（一八票）、堺正章（一五票）、野口五郎（一一票）、西城秀樹（九票）、ガロ（九票）、天地真理（八票）、山本リンダ（八票）だったので、一〇票以上を獲ったチェリッシュ、麻丘、堺、野口の四組での決選投票となり、チェリッシュと麻丘に決まった。

整理すると、放送音楽賞は、沢田研二、麻丘めぐみ、五木ひろし、郷ひろみ、チェリッシュ、八代亜紀の六組だ。

この年は他に、ザ・ピーナッツが特別賞を受賞した。渡辺プロダクションは新人賞でアグネス、放送音楽賞で沢田、特別賞でザ・ピーナッツと好調だった。

いよいよ大賞である。四七名の審査員が一票ずつ投票し、沢田が二四票、五木が一五票で、沢田が一回の投票で過半数を得て、大賞に決定した。

放送音楽賞受賞者がステージに並び、「日本歌謡大賞は沢田研二」と発表されると、沢田は五木に握手を求めた。〈五木さんとぼくとの争いといわれていたから、やっぱり対抗の人にということで握手を求めた〉と「ヤングレディ」一二月一〇日号で明かしている。

沢田を祝福して、タイガースの仲間である岸部修三とシロー、森本太郎がステージに上った。加橋かつみと瞳みのるが来なかったことについて、沢田は〈トッポ（加橋）とは今でもつきあいがあるし、会えばおめでとうぐらいはいってくれるが、会っていないんでね。ピーは学生で今は世界が違うから〉と説明している（「ヤングレディ」）。

1973年　第4回 日本歌謡大賞（視聴率47.4％）

大賞	『危険なふたり』沢田研二
放送音楽賞	『私の彼は左きき』麻丘めぐみ 『ふるさと』五木ひろし 『裸のビーナス』郷ひろみ 『てんとう虫のサンバ』チェリッシュ 『なみだ恋』八代亜紀
放送音楽新人賞	『草原の輝き』アグネス・チャン 『私の青い鳥』桜田淳子

安井かずみと加瀬邦彦はロンドンへ行っていて来れなかった。授賞式後は井上堯之バンドのメンバーとパーティーを開き、萩原健一や内田裕也も来てくれた。

この年の歌謡大賞の視聴率は四七・四パーセントで歴代最高である。

こうして沢田研二は《危険なふたり》で「一等賞」を得た。だが、その瞬間、レコード大賞は五木ひろしに決まったと言っていい。

芸能評論家の加東康一はこう解説する。〈これでレコード大賞は五木に決まりだね。沢田がこっちの賞をとったのだから、TBS（レコ大）のほうは心おきなく五木に賞をあげられるんじゃないかな。〉（「ヤングレディ」一二月一〇日号）

前年に小柳ルミ子も歌謡大賞を獲ったために、レコード大賞は逃した。それと同じ構造だった。加東はさらに、〈今度の歌謡大賞はやはりレコード大賞とのからみがあったと思う。レコード大賞で沢田が大衆賞にまわされたことへの反発が沢田に有利に作用したということだよ〉とも語っている。

なんということだ。レコード大賞が獲れないだけでなく、歌謡大賞も同情票で得たというのか。

沢田研二は歌謡大賞受賞について、「自叙伝」でこう語る。

〈「危険なふたり」で、TBSを除いた民放が連合して日本歌謡大賞というのを作った四回目だったかな、その大賞を取った。かりにも一番になっちゃった、かといって、誰も本当にそれは認めてないみたいな雰囲気を自分で感じていたから、勝負はこれからや、という気持がありました。それまでは、ソロになりたいと思ってなったわけじゃなかったんだけど、一番になっちゃったし、ほかのことをできるわけでもないし、じゃあちょっと本気になってやろうか、という気になりましたね。〉

魅せられた夜

日本歌謡大賞決定で、賞レースは前半のクライマックスを迎えた。まだレコード大賞決定まで一か月以上あり、通常の音楽番組が制作・放映されていく。歌手たちは、来年へ向けての新曲も準備していた。

沢田研二は《胸いっぱいの悲しみ》が一〇月二二日の一六位でトップ20から出た後、次のシングルはまだ出ていない。一一月はトップ20には一度も入らなかった。

しかし、一一月二一日に《魅せられた夜》が発売されると、一二月三日に、初登場でいきなり九位にチャートインした。

《魅せられた夜》はフレンチ・ポップスのマイク・ブラント《Mais Dans La Lumière》（作詞・作曲Jean Renard）のカバーで安井かずみが訳詞した。主人公と〈あなた〉の〈魅せられた夜〉が描かれているわけで、〈濡れた夜〉〈金色に輝く夜〉〈光の海〉といった詩的なフレーズがちりばめられている。そんな夜、〈あなた〉は〈愛している〉と言い続け、主人公も〈ジュ・テーム〉を繰り返し、官能的な世界が展開されていく、「大人の歌」だ。一二月三日に九位、一〇日に五位、一七日に四位、二四日に三位と上がった。三四・五万枚と《胸いっぱいの悲しみ》より売れた。

沢田研二はそれまでもイギリスでアルバムを録音していたが、イギリス音楽界にデビューしたわけではなかった。だが、《魅せられた夜》はイギリスをはじめフランスなどヨーロッパ各国でも同時発売された。渡辺プロとしては「世界」を視野に入れていたのだ。

一二月二一日には、一〇月一〇日に中野サンプラザで開催されたリサイタルのライヴ録音版《JULIE Ⅶ THE 3rd 沢田研二リサイタル》が発売された。

《魅せられた夜》と同じ一一月二一日には山口百恵《禁じられた遊び》が発売され、トップ10

には入らなかったが、一七・六万枚売れた。

一二月のヒットチャートで、《神田川》に替わり一七日に一位になったのはアグネス・チャン《小さな恋の物語》だったが一位は一週のみだった。

この年最後となる一二月二四日のランキング一位は西城秀樹《愛の十字架》だった。二位は郷ひろみ《モナリザの秘密》、三位が《魅せられた夜》、四位がフィンガー5《恋のダイヤル6700》、五位が《小さな恋の物語》で、七三年のヒットチャート戦線での闘いは終わった。

五木ひろし対沢田研二、再び

レコード大賞では、大衆賞受賞者が大賞を獲る可能性は、「ゼロではない」。だが、実際にはありえないので、勝負もついていた。しかし、それでは盛り上がらないので、芸能マスコミは「五木かジュリーか」、「ジュリー、史上初の大衆賞からのレコ大か」と煽っていた。

「ヤングレディ」一二月二四日号には沢田の〈今まで大衆賞から大賞をとった歌手はいないということなので、それならばぼくが……と狙う気持ちは正直いってありますね〉というコメントを載せている。

同じ誌面で、評論家のばばこういちは〈この大賞は実力よりもむしろ、TBSが放送する『レコード大賞』と、他の民放各社が放送した『日本歌謡大賞』の両賞のはりあいということで決定されるようですからね。すでに歌謡大賞を受賞している沢田はその点不利です〉と解説し、五木については〈レコード大賞をとれば坂を昇りつめたあとのむずかしさがある〉、沢田については〈一度GSブームからおちて、またはい上がってきたものの強さがある〉と指摘し、二人の対決はこれからも続くと予言している。

レコード大賞

ついに一九七三年一二月三一日がやってきた。『輝く！日本レコード大賞』は一九時に放送開始だ。

まず、最優秀新人賞は桜田淳子が獲った。

大衆賞は麻丘めぐみ、ガロ、沢田研二の三組だ。実質的な大賞候補である歌唱賞には、五木ひろし、由紀さおり、西城秀樹、八代亜紀、チェリッシュが選ばれ、最優秀歌唱賞は由紀、レコード大賞は五木に決まった。

五木ひろしは半世紀近くが過ぎた二〇一九年の「スポーツ報知」の『あの時・日本レコード大賞』の連載で、〈みんなジュリーが歌謡大賞に続いて大賞を取ると思っていたら、レコ大が大衆賞なるものを作って彼に与えたんです。それで僕に大賞が回ってきたんでしょうね。数日前から、ひょっとしたらという情報もあって、ちょっとは心の準備もしていましたが、実際に名前を呼ばれた瞬間は頭も真っ白で、横綱の輪島関が来てくれて僕をステージで抱きかかえてくれました。あれもこれもびっくりしたレコ大でしたね。結局はジュリーに大衆賞が行ったお陰だと思います〉と語っている。

レコード大賞を受賞した《夜空》は一〇月二〇日の発売で、そんなにヒットしたとは言えない。前年一二月発売《あなたの灯》や七月発売《ふるさと》のほうが、「今年の歌」だった。実際、日本歌謡大賞では《ふるさと》で放送音楽賞を受賞している。

前掲の「スポーツ報知」でも〈僕は《夜空》よりも《ふるさと》で賞レースを戦おうと思っていました。（略）歌謡大賞はジュリーが取ったので、レコード会社が急きょレコ大に向けて勝負曲を《夜空》に切り替えました。あまりに急だったもんだから僕は紅白では《ふるさと》を歌っているんです、レコ大取った年に大賞曲を歌っていないのは僕だけですよ。当時の野口プロ、徳間音楽工業が一丸となって大賞を取るという気持ちで動きました〉と解説している。

レコード会社が《夜空》に切り替えたのは、前年の《喝采》が、レコード大賞を獲った後に、さらに売れたからかもしれない。一年の総決算で「ご褒美」的なものだった「レコ大」は、プロモーションの場にもなっていた

TBSの『輝く！日本レコード大賞』の視聴率は四四・一パーセントで、前年の四六・五パーセントから下がった。歌謡大賞の方が高かった唯一の年となった。

1973年　第15回 日本レコード大賞（視聴率44.1％）

日本レコード大賞
「夜空」五木ひろし
作詞：山口洋子　作曲：平尾昌晃　編曲：竜崎孝路

最優秀歌唱賞
「恋文」由紀さおり

最優秀新人賞
桜田淳子（「わたしの青い鳥」）

歌唱賞
「ちぎれた愛」西城秀樹
「なみだ恋」八代亜紀
「白いギター」チェリッシュ

大衆賞
「わたしの彼は左きき」麻丘めぐみ
「ロマンス」ガロ
「危険なふたり」沢田研二

新人賞
浅田美代子（「赤い風船」）
安西マリア（「涙の太陽」）
あべ静江（「コーヒーショップで」）
アグネス・チャン（「草原の輝き」）

作曲賞
浜圭介　「そして、神戸」（内山田洋とクール・ファイブ）/「街の灯り」（堺正章）

編曲賞
竜崎孝路　「若葉のささやき」（天地真理）

作詩賞
阿久悠　「ジョニィへの伝言」（ペドロ&カプリシャス）/「じんじんさせて」（山本リンダ）

特別賞
●丸山鉄雄と日本コロムビア ●キングレコード ●日本コロムビア
●藤田まさと ●渡辺はま子

企画賞
CBSソニー「他人の関係」金井克子
春日八郎とキングレコード「春日八郎演歌100選」

童謡賞
「ママと僕の四季」（大慶太）

日本レコード大賞制定15周年記念賞
●青江三奈 ●北島三郎 ●ザ・ピーナッツ ●西郷輝彦 ●佐良直美 ●水前寺清子
●橋幸夫 ●フランク永井 ●美空ひばり ●水原弘 ●都はるみ ●森進一

売上げと賞との乖離

レコード大賞は売り上げで決めるものではないとしても、売り上げを見ると、歌唱賞に選ばれた五曲でトップ30に入っているのは、一五位の西城《ちぎれた愛》、一九位の八代《なみだ恋》だけだ。チェリッシュは《てんとう虫のサンバ》と《避暑地の恋》は入っているが対象となった《白いギター》は入っていない。

売り上げの一位から一〇位までは、《女のみち》《女のねがい》《学生街の喫茶店》《喝采》《危険なふたり》《神田川》《心の旅》《恋する夏の日》《若葉のささやき》《赤い風船》で、《女のみち》は七二年五月発売なので対象外としても、《女のねがい》も無視された。《喝采》は前年に受賞している。

ぴんからトリオと《喝采》を除けば、トップはガロと沢田研二だったが、二組とも大衆賞に押しやられた。選考委員のおじさまたちにしてみれば、「GS上がりのジュリーやフォークのガロなど、人気はあるが歌唱力はないから、大衆賞でもやっとけ」ということなのだろう。

沢田は五月の内田裕也との対談で、〈評論家っていうか、レコード大賞の審査員とかやってる人に、演歌を歌ったらもっと売れるよ、なんてよく忠告されますからね。〉と明かしている。ポップス系はなかなか賞が取れない。その意味では、沢田は大衆賞でも受賞できただけましだった。天地真理は売り上げ枚数では二曲もトップ10には入っているのに、何も受賞できなかった。沢田以外の渡辺プロの歌手ではアグネス・チャンが新人賞を受賞しただけだ。

沢田は内田にこの一年について、〈芸能界的にみれば、PYGのころは停滞した時期ということになるけど、去年(一九七二)一年なんとかカッコウがついて、今年も順調で、今年は目いっぱいやってみて、それで来年あたりからは、また井上グループをみんなで作って行けると思うんですけどね〉と語っていた。

紅白歌合戦

『NHK紅白歌合戦』は、この年からNHKホールで開催された。レコード大賞新人賞五人のなかで、「紅白歌合戦」に選ばれたのはアグネスだけで、桜田淳子は出場できなかった。前年デビュー組からは森昌子と麻丘めぐみが選ばれた。森昌子は前年ヒットした《せんせい》を一年遅れで歌い、これが紅組の史上最年少記録となった。

紅白各二二組が出場したなか、沢田研二は白組の一六番目で、初出場の前年よりも前になった。レコード大賞大賞受賞の五木ひろしもトリではなく、最後から三人目だった。美空ひばりが出なくなったので、紅組のトリは島倉千代子、白組は北島三郎で大トリだ。

沢田研二が歌うのは、もちろん《危険なふたり》で、上下とも白い衣裳で、右手には真っ赤

1973年　第24回 紅白歌合戦（視聴率75.8％）

紅組		白組	
小柳 ルミ子	漁火恋唄	**布施 明**	甘い十字架
いしだ あゆみ	ブルーライト・ヨコハマ	西郷 輝彦	星のフラメンコ
森 昌子	**せんせい**	野口 五郎	君が美しすぎて
南 沙織	色づく街	堺 正章	**街の灯り**
朱里 エイコ	ジェット最終便	美川 憲一	さそり座の女
和田 アキ子	**笑って許して**	橋 幸夫	潮来笠
金井 克子	他人の関係	フォーリーブス	若いふたりに何かが起る
八代 亜紀	なみだ恋	菅原 洋一	今日でお別れ
チェリッシュ	てんとう虫のサンバ	ガロ	学生街の喫茶店
麻丘 めぐみ	わたしの彼は左きき	三善 英史	円山・花町・母の町
山本 リンダ	**狙いうち**	ぴんから兄弟	女のみち
ザ・ピーナッツ	ウナ・セラ・ディ東京	上條 恒彦	シャンテ
アグネス・チャン	ひなげしの花	郷 ひろみ	男の子女の子
天地 真理	恋する夏の日	にしきの あきら	はじめは片想い
由紀 さおり	恋文	鶴岡雅義と 東京ロマンチカ	君は心の妻だから
欧陽 菲菲	恋の十字路	**沢田 研二**	危険なふたり
佐良 直美	世界は二人のために	フランク永井	有楽町で逢いましょう
青江 三奈	長崎ブルース	**森 進一**	**冬の旅**
渡辺 はま子	桑港のチャイナタウン	藤山 一郎	長崎の鐘
水前寺 清子	いっぽんどっこの唄	三波 春夫	大利根無情
ちあき なおみ	夜間飛行	五木 ひろし	ふるさと
都 はるみ	涙の連絡船	水原 弘	君こそわが命
島倉 千代子	からたち日記	北島 三郎	帰ろかな

司会
紅組＝水前寺清子　　白組＝宮田輝アナウンサー
人名の**太字**は渡辺プロ（8組）、曲名の**太字**は阿久悠作詞（5曲）

なファーを持って振り回しながら登場した。歌っている間も、ファーを激しくふりまわす。白いハーフコートのようなものの下は、肌色のシャツなのかあるいは何も着ていないのか。白い真珠に見えるネックレスも目立つ。胸には黒い花のような飾りを付けている。髪の毛と飾りが黒、肌色、白い衣裳、そして赤いファーと四つの色のコントラストが際立つ。ステージに出てくるときから飛び跳ねるように軽快で、笑顔で終わった。一年の充足感が感じられる。

ナベプロ帝国は「レコ大」ではふるわなかったが、小柳ルミ子、ザ・ピーナッツ、アグネス・チャン、天地真理、欧陽菲菲、布施明、沢田研二、森進一と八組が出場した。

視聴率は七五・八パーセントで、前年より約五ポイント下がった。下がった原因はいろいろあるが、そのひとつが、女王・美空ひばりの不在だった。実弟が暴力団と関係しているとの理由で、美空ひばりは公共施設でのコンサートができなくなり、一部の識者からは批判され、紅白の出場も危ぶまれた。そこで先手を打って「卒業」を宣言していたのだ。

レコード大賞を逃したことは沢田研二にとって、さらなる奮起を促すことになった。来年こそは、真の一等賞を獲らなければならないのだ。

第九章　追憶　1974年

ヨーロッパへ

竹下登の戯れ歌では流行歌手は一年で使い捨てられることになっており、実際、大ヒット曲の翌年は「二年目のジンクス」となり低迷する歌手は多い。当人や周囲が燃え尽き症候群になってしまうのだ。一九七四年の沢田研二は大ヒットし、日本歌謡大賞を受賞した《危険なふたり》の翌年にあたり、飽きられて低迷する可能性が高かった。だがレコード大賞を逃し、真の一等賞はまだ得ていないことで、沢田は「二年目のジンクス」に陥らずにすんだ。

沢田の歌唱力について、加瀬邦彦は「ヤングレディ」七四年一月二一日号でこう評価する。

〈歌唱力という点ではまだかなわない歌手がいるかもしれないけれど、リズム感ではキミは日本一だ。／リズム感は努力だけではどうしようもない天性のもの。声にしてもずいぶん幅広い音が出せるようになっているし、音量も大きい。キミはかけ値なしに、もう日本で最高の歌手の一人だ。〉

1974年の沢田研二のレコード

3月21日	恋は邪魔もの　作詞：安井かずみ、作曲：加瀬邦彦
	遠い旅　作詞：安井かずみ、作曲：井上堯之
7月10日	追憶　作詞：安井かずみ、作曲：加瀬邦彦
	甘いたわむれ　作詞：安井かずみ、作曲：加瀬邦彦
9月10日	LP《JEWEL JULIE　追憶》 オリジナル・アルバム
11月21日	愛の逃亡者 THE FUGITIVE 作詞：Tony Waddington & Wayne Bickerton 作曲：Arther Greenslade
	アイ・ウォズ・ボーン・トゥ・ラヴ・ユー 作詞：Tony Waddington & Wayne Bickerton 作曲：Arther Greenslade
12月21日	LP《THE FUGITIVE（愛の逃亡者）》 オリジナル・アルバム

あとはその日本最高の歌手に適した最高の歌があればいい。一九七四年はその模索の年でもあった。

一月半ば、沢田研二は渡欧し、パリで開催された第八回「ミディム音楽祭（国際音楽見本市）」に参加した。その場で、渡辺美佐が親しくしていた、インターナショナル・ポリドールのプロデューサー、アーミングが沢田の歌を聴き、ヨーロッパ市場でも通用すると判断し、レコーディングの話が持ち上がった。日本国内向けの曲を制作・録音するのではなく、英語あるいはフランス語の曲を制作するのだ。

しかし、フランスで成功するには最低でも一か月は滞在してプロモーションをしなければならない。日本の芸能界は浮き沈みが激しい。そんなに留守にしていたら、忘れられてしまう。

だが、沢田研二としてはトライしてみたい。

〈タイガースの解散直後は、ぼくの歌が演歌万能の日本の土壌に受け入れられなかった時期があった。その頃から日本というワクを突き抜けてインタナショナルな歌手になるということが、ぼくの第一の目標であり、支えでもあったわけです。その意味では自分なりに冒険をしてきたと思うし、その結果いま日本でもぼくの歌が受け入れられるようになったということは、なんといっても大きな自信になっています〉と「週刊明星」（一九七四年五月五日号）で語っている。

一九七四年最初のオリコン週間ランキング（一月七日付）では、前年一一月二一日発売の沢田研二《魅せられた夜》は三位だった。トップはフィンガー5《恋のダイヤル6700》、二位は西城秀樹《愛の十字架》だ。

四位以下は郷ひろみ《モナリザの秘密》、アグネス・チャン《小さな恋の物語》、森進一《冬の旅》、かぐや姫《神田川》、南沙織《ひとかけらの純情》、チェリッシュ《白いギター》、井上陽水《心もよう》と続く。レコ大効果で五木ひろし《夜空》が急上昇して一三位になっていた。

翌週一四日、《魅せられた夜》は五位に下がり、二一日も五位、二八日は六位、二月四日はトップ10に入れず一一位だった。一一日の一七位でトップ20からも消えていく。売り上げ枚数は三四・四万枚で、年間ランキングでは二四位とまずまずのヒットとなった。

《恋のダイヤル6700》は一月七日から二一日まで一位だったが、二八日に小坂明子《あなた》に抜かれた。《あなた》は三月一一日まで七週連続して一位となり、この年の大ヒット曲になった。六〇年代末からの学生運動や反戦運動は下火となり、小さな幸福を求めるマイホーム主義を歌うプチブルジョワジー的な曲がもてはやされたのだ。

《あなた》を追うのが、殿さまキングス《なみだの操》だった。ぴんからトリオ《女のみち》などと同路線のど演歌だ。「女性の自立」とは無縁の世界だった。この反動的な曲は前年一一月五日に発売されるとじわじわと売れて、一月一四日に二〇位となり、二月一八日に三位まで上がり、三月四日に二位、一八日に一位となった。以後五月一三日まで九週連続の一位となり、七四年の年間ランキングトップ、一九三・六万枚を売る。

恋は邪魔もの

三月二一日、沢田研二の九枚目のシングル盤《恋は邪魔もの》が発売された。ジャケットには「井上堯之バンド」とも明記され、メンバーの写真もちりばめられていた。クレジットされているミュージシャンは井上堯之・速水清司・岸部修三・原田祐臣・大野克夫だ。

《恋は邪魔もの》はどうやら歳下の女の子が相手のようで、主人公は〈お前〉と呼ぶ。〈僕〉は〈別の女《ひと》〉との恋が終わったばかりで、〈お前〉と恋をする気にはなれない。そんな心情を歌っている。リズムは軽快だが、沢田の歌唱からは倦怠感が漂う。

三月の週間ランキング上位は、小坂明子《あなた》、殿さまキングス《なみだの操》、フィンガー5《恋のダイヤル6700》が強く、そこに西城秀樹《薔薇の鎖》が食い込み、渡哲也《くちなしの花》と森進一《襟裳岬》がじわじわと上がっている。

森進一の代表作として誰もが認める《襟裳岬》だが、発売当初はそれほどヒットしていない。最高六位で、四六・二万枚というセールスは、その前《冬の旅》の四八・九万枚よりも少なく、最大のヒット曲である《港町ブルース》の一〇六・八万枚の半分にも達していない。もっとも、《おふくろさん》にしても二二・七万枚で、森進一はレコードがずば抜けて売れる歌手ではなかった。

沢田研二は《魅せられた夜》が二月でトップ20圏外に出た後、三月はトップ20にはランクインできなかった。次の《恋は邪魔もの》は四月一日付で一三位で初登場し、八日は四位に上がる。だがこれが最高だった。発売と同時に買ってくれる固定ファンは買ってくれたが、広がっていない。一五日は五位に下がり、二二日と二九日は六位だった。

フランスへの意欲

四月に来日していたフランスの「ニュー・シャンソン」の歌手ジュリアン・クレールと、沢田研二との「ジュリー」同士の対談が、「週刊明星」五月五日号に載っている。クレールはハンサムなシンガーソングライターで、当時のフランスの女性雑誌の人気投票でアラン・ドロンを引き離していた。

沢田のヨーロッパ進出は具体化しつつあったが、イギリスとフランスのどちらで発売するかがまだ決まっていない。そんなタイミングでクレールと対談したことで、沢田の気持ちはフランスへと傾いていた。安井かずみがアラン・ドロンを持ち出すように、沢田にはフランスの雰囲気があったのだ。

クレールからはフランスの音楽界の事情も聞けた。日本では三か月ごとに発売されるシングルの売上げで判断されるが、フランスでは何年もかけて一枚のレコードを売るという。レコードの作り方も〈日本ではヒット第一主義で、スタッフが寄ってたかってワクをはめてしまうケースが多いが、向こうでは、こういうものを歌いたいという歌手自身の意志がかなり尊重されるらしい〉と知り、意欲を湧かしている。

四月のヒットチャートも《あなた》《なみだの操》という反動的な歌が強く、それをフィンガー5《学園天国》と郷ひろみ《花とみつばち》、西城秀樹《薔薇の鎖》、アグネス・チャン《星に願いを》が追うが、抜くことはできない。沢田同様、アイドル系は発売と同時に上位で登場するが下がるのも早い。山口百恵は《春風のいたずら》、桜田淳子は《三色すみれ》がトップ20には入るが五位以上へはいけない。さらに下にまたも反動的な中条きよし《うそ》が登場し、上位をうかがっていた。

《なみだの操》は三月一八日に《あなた》に替わって一位になると、《学園天国》が猛迫するも五月一三日まで九週連続一位を守ったが、二〇日に《うそ》に替わられた。

《うそ》《なみだの操》という演歌に迫るのは、りりィ《私は泣いています》と、布施明の久々のヒットとなった《積木の部屋》だった。それを森進一《さらば友よ》、野口五郎《告白》、チェリッシュ《ふたりの急行列車》が追っていた。

《恋は邪魔もの》は五月二〇日の九位がトップ10の最後で、六月三日の一七位がトップ20の最後となった。売り上げは二七・四万枚と前作より下がり、年間ランキングでは四四位だった。

六月三日に西城秀樹《激しい恋》がいきなり一五位でチャートインし、一〇日には二位に上がったが、《うそ》の一位は揺らがない。《私は泣いています》、殿さまキングスの新曲《夫婦鏡》が上位を競い、それらを山口百恵《ひと夏の経験》が追っていた。

追憶

七月一〇日、沢田研二のソロとして一〇枚目のシングル盤《追憶》が発売された。演奏はケニー・ウッド・オーケストラで、前曲で作曲と編曲、演奏を担った井上堯之バンドはレコードにはクレジットされていないが、ライヴでは沢田との共演が続いている。

《追憶》は七月二二日にいきなり六位でチャートインした。この週の一位は《夫婦鏡》、二位は《うそ》、三位は《ひと夏の経験》である。

後に週間ランキングと年末の賞レースで熾烈な競争を繰り広げる沢田研二と山口百恵だが、その最初の闘いが一九七四年七月だった。

山口百恵は「花の中3トリオ」では森昌子・桜田淳子に次ぐ三番手の扱いだったが、この曲でトップに躍り出た。〈あなたに女の子の一番大切なものをあげるわ〉という際どい歌詞は毀誉褒貶があった。しかし世間の喧騒と大人たちの好奇な視線を無視するかのように、当人は淡々と無表情に歌っていた。

《追憶》のタイトルは、四月に日本でも公開されたアメリカ映画『追憶』（シドニー・ポラック監督、アメリカでは七三年一〇月公開）からの借用だろう。バーブラ・ストライサンドとロバート・レッドフォードが主演し、同題の主題歌をストライサンドが歌い、どちらも大ヒットした。学生時代に知り合った、裕福な家の青年と理想主義者で左翼運動家である女性とが出会い、結婚し、別れ、再会するという約二〇年のドラマを描いた映画と、沢田の曲は、同じなのはタイトルだけで、ストーリーにも人物にも共通するものはない。

《追憶》は〈ニーナ〉という女性へ呼びかける歌だ。安井はこの名前の由来を明らかにしていないが、沢田は後にＮＨＫのＦＭの番組『ジュリー三昧』のなかで、「いま思えば、チェーホフの『かもめ』のヒロイン、ニーナのことかもしれない」と推測している。

ニーナは〈おまえ〉と呼ばれるので、歳下の女性だろう。二人はすでに別れているようで、〈小雨降れば　ひとり待つ〉〈夜の風を恐がった〉〈長い髪を切ってきた〉と過去として描写される。〈僕〉は、〈もし今なら　お前を二度とは悲しませない〉〈もし今なら　お前を二度とは離さない〉と叫ぶ。きわめて個人的なことを歌っているのだが、スケールの大きな楽曲だ。

七月のトップ10には他に、フィンガー5《恋のアメリカン・フットボール》、五木ひろし《浜昼顔》、ルネ《ミドリ色の屋根》、《私は泣いています》、《激しい恋》などが入っていたが、そのなかにアグネス・チャン《ポケットいっぱいの秘密》もあった。

アグネス・チャンの曲の詞は、山上路夫と安井かずみが交互に書いていたが（松山猛も一曲）、六枚目《ポケットいっぱいの秘密》で、松本隆が起用された。

松本隆、歌謡曲へ進出

松本隆は、大瀧詠一・細野晴臣・鈴木茂とロックバンド「はっぴいえんど」を組み、ドラムスと作詞を担っていたが、七二年に解散すると、当初はフリーで音楽プロデューサーをしていたが、まだ職業として成立していなかった。そこで、プロの作詞家に転じ、最初のヒット曲となったのが《ポケットいっぱいの秘密》だった。

ロックから歌謡曲の世界へ転じ、渡辺プロのアイドルの曲を書いたので、松本隆は「一気に友だちがいなくなった」と振り返っている。ＰＹＧが渡辺プロダクション所属というだけでロックから締め出されたのと似ている。

松本隆と沢田研二は同世代で、松本が細野晴臣らとバンド「エイプリル・フール」を結成したのは、ザ・タイガース絶頂期の六八年である。沢田がソロとして本格的に始動する七二年にはっぴいえんどは解散した。二人は近いところにいたが、この二つの才能が本格的にタッグを組むことはない（松本は二曲だけ沢田のアルバムの曲を作詞している）。

《追憶》は二週目の七月二九日に二位に上がり、八月五日も二位だったが、一二日に《夫婦鏡》を落として一位となった。だが思わぬ伏兵がいた。中村雅俊《ふれあい》が一九日に一位となり、以後、一〇月二一日まで維持する。中村雅俊は文学座の俳優で、七四年四月から九月まで放映されたテレビドラマ『われら青春！』に主演し、同番組内でこの曲が流れ、ヒットにつながった。

グレープ《精霊流し》も八月二六日に三位まで上がり、《ふれあい》《追憶》とトップ3を競った。グレープは、さだまさしが吉田正美と結成したフォーク・デュオで、七二年に結成され、一枚目《雪の朝》はヒットしなかったが、二枚目《精霊流し》がラジオの深夜番組から火がついて大ヒットする。

《ふれあい》《精霊流し》とも、いわゆる歌謡曲、芸能界の外から参入してきた曲だった。レコードセールスという点では沢田研二の新たなライバルとなる。

この激戦のなか、《追憶》は、八月一二日に一位になった後は一九日から九月二日までの三週は二位、九日は四位、一六日は五位となり、一〇月は一〇位台になり、二一日の一八位でトップ20から出た。激戦のヒットチャート戦線で、四か月にわたりトップ20にあったのだ。売り上げは五三・二万枚、年間ランキング一一位と、沢田研二の七四年最大のヒット曲となり、年末の賞レースにもこの曲で挑む。

ロンドンへ

《追憶》がヒット中の七月三一日から、沢田研二は一か月にわたり一五都市をまわる全国縦断コンサートを行なった。オープニング公演は七月二一日・日曜日の日比谷野外音楽堂で、一六時開演だったが、前日からの徹夜組も出た。三一日の大阪フェスティバルホールでツアーは始まり、八月二五日の東京・中野サンプラザホールで打ち上げる。演奏は井上堯之バンドで、照明や音響などのスタッフを入れて総勢四〇名、機材を運ぶトラックは二台という大所帯でのツアーだった。

大阪フェスティバルホールの初日の様子を「ヤングレディ」（八月一九日号）はこう伝えた。

〈「キャーッ、ジュリー、好きよ！」／「愛しているゥ」／耳をろうせんばかりのファンの熱狂的な嬌声が会場をつつむ。ジュリーはその歓呼の声援を受けて、全身をゆさぶりながら歌い、踊った。〉

〈昼の部は、夏休みの女子中学生、高校生の黄色い声援でいっぱい。夜に入ると、ＯＬやアベックが色どりを添える。／この公演にそなえて、合歓の里で一〇日間の合宿をしたという沢田は、すっかり日焼けしてたくましく変わっている。／純白の乗馬服に身をかためた沢田が、スポットをあびて登場すると、もう場内は興奮のるつぼ……〉

沢田は二時間四〇分をかけて、二二曲を歌った。

八月二五日にツアーを打ち上げると三一日に、沢田研二はレコーディングのためロンドンへ旅立った。一月の渡仏で話が持ち上がったヨーロッパ市場へ向けての楽曲を制作・録音するためだった。ロンドンでアルバムのための英語の歌詞の一二曲を制作し、パリへ渡り、フランス語の三曲を制作した。

その海外録音とは別に、九月一〇日には五枚目のオリジナル・アルバム《JEWEL JULIE 追憶》が発売された。これまでのアルバムにはローマ数字で通し番号が振られていたが、前作の「Ⅶ」で打ち切られ、番号はなくなる。

ジャケットは早川タケジがデザインし、沢田は頰紅と口紅をつけ、白い猫を抱いて、妖しく

LP《JEWEL JULIE　追憶》収録曲

お前は魔法使い	作詞・作曲：沢田研二
書きかけのメロディー	作詞：沢田研二、作曲：大野克夫
親父のように	作詞：岸部修三、作曲：速水清司
ママとドキドキ	作詞：沢田研二、作曲：大野克夫
四月の雪	作詞：沢田研二、作曲：大野克夫
ジュリアン	作詞・作曲：速水清司
衣装	作詞：岸部修三、作曲：大野克夫
ヘイ・デイヴ	作詞：岸部修三、作曲：井上堯之
悲しい戦い	作詞：岸部修三、作曲：大野克夫
バイ・バイ・バイ	作詞・作曲：速水清司
追憶	作詞：安井かずみ、作曲：加瀬邦彦

微笑んでいる。ジャケット内面には往年のハリウッドスター、ルドルフ・ヴァレンティノ、グレタ・ガルボ、マレーネ・ディートリヒが写真つきで紹介されている。その後の沢田研二のビジュアルにおける方向性を予告しているかのようだ。

沢田研二自身が四曲を作詞し、その内の一曲は作曲もした。B面ラストにシングル《追憶》も収録され、アルバムタイトルにも付け加えられているが、これは営業戦略として加えたものだろう。アルバムの中でこの一曲だけが、明らかに浮いている。

沢田研二は九月一五日に帰国すると、ゆっくり休む間もなく、二六日にハワイへ向かった。二八日からハワイ・ホノルル・インターナショナルセンターで、初のハワイコンサートも行なったのだ。

「週刊平凡」九月一二日号は〈昨年度の「歌謡大賞」につづいて、ことしも《追憶》でグランプリを狙う沢田研二の前に、いま「国際歌手」の道が大きく開かれようとしている〉と記している。

新御三家の三人、一位を経験

九月のチャート上位は、《ふれあい》《追憶》《精霊流し》《夫婦鏡》に、山本コウタローとウィークエンド《岬めぐり》、野口五郎《愛ふたたび》、中条きよし《うすなさけ》、西城秀樹《傷だらけのローラ》、山口百恵《ちっぽけな感傷》などが競っていた。天地真理の最後のヒット曲《想い出のセレナーデ》も最高四位で、三二・四万枚を売った。

一〇月も《ふれあい》の一位が続いたが、郷ひろみ《よろしく哀愁》が七日に二位まで上がり、二八日に一位になった。七二年八月に《男の子女の子》でデビューした郷は、一〇枚目で、初の一位獲得だ。小柳ルミ子《冬の駅》、五木ひろし《みれん》なども上位で競っていた。

一一月は《よろしく哀愁》が一一日まで三週連続一位で、一八日に《冬の駅》に替わった。しかし一週だけで二五日は野口五郎《甘い生活》が一位となる。野口は一九七一年八月に《青いリンゴ》でデビューして、一三枚目でようやく一位を獲得した。《甘い生活》は四九・四万枚で、野口の最も売れたシングル盤となる。

七二年三月に《恋する季節》でデビューした西城秀樹は、六枚目《ちぎれた愛》、七枚目《愛の十字架》で一位となっていたので、これで西城・野口・郷の「新御三家」は全員がチャート一位を経験したことになる。沢田研二のすぐ下の世代では、この三人が強敵だ。

三人について沢田研二は『ザ・スター』でこう語る。

〈(彼らは)ぼくとちがったプロダクションから生まれた。/よかったと思う。沢田の弟分としてよろしく、といったような一種、抱き合わせ的なデビューだったら、今の彼らはなかったかも知れない。スターになるためには他人の名を借りてはいけない。〉

同年代のライバルについては〈森進一さんにしても、布施明さんにしても、まったくジャンルのちがった人達と並んで仕事をしている。ぼくは自分の歌を歌える場を与えられている。〉と認識し、だからこそ、〈ぼくと同じジャンルの新人歌手が渡辺プロダクションからデビューしたとしたら、ぼくはきっと冷たい。先輩と呼ばれることも拒否するし、弟とかわいがることもない。そんなに甘いもんじゃない。欲しいなら盗め! ただそれだけだ〉と断言する。

沢田のこの言葉に影響されたとは思わないが、結果として、この後、渡辺プロダクションからは若い男性歌手は出ない。そして帝国は凋落していく。

賞レース下馬評

一〇月の時点で、賞レースの下馬評が始まっていた。歌謡大賞に始まりレコード大賞で終わる二か月にわたるレースは国民的関心事となっていた。当事者である歌手たちとそのプロダクションやレコード会社の関係者は、「賞はいただければ嬉しいですが、それが目的ではありません」などという綺麗事は言わず、明確に「賞獲り」を口にする。

当時、業界では歌手の目標として「一に紅白、二にレコ大、三、四がなくて五に歌謡大賞」と言われていた。レコード大賞と歌謡大賞とではそれだけの差があった。明文化されたルールはないが、日本歌謡大賞はその年の実績で評価され、レコード大賞は過去の実績、現在の実力、将来性までを加味して評価すると言われていた。

そして、その歌謡大賞を脅かすものが身内から生まれてくる。フジテレビは七二年に「日本歌謡大賞」の授賞式を制作・放映し、高視聴率を取った。しかし「歌謡大賞」は四局の持ち回りなので、次は四年後だ。その間、何もしないのはもったいないと、系列局を組織し「FNS歌謡祭」を始めたのだ。それを見て、日本テレビも「日本テレビ音楽祭」を、NETも「全日本歌謡音楽祭」を七五年から始める。他に一九六八年から始まった日本有線大賞もあった。本書では——煩雑になるので、引き続き「歌謡大賞」「レコード大賞」のみを追う。

賞が乱立すればするほど、日本レコード大賞の価値が高まるという皮肉な結果になるのだが、各テレビ局は目先の視聴率を重視し、どこも退く気はない。その結果、夏の終わりから賞レースが始まることになっていく。上半期にヒット曲がなければ、事実上、生き残れない。

「週刊明星」は一〇月六日号で、「森進一、沢田研二、布施明、五木ひろしが激突、大混戦」

と報じた。

森進一は九月二二日に放映されたTBS『レコード大賞挑戦者全員集合』で、「できれば今年こそレコード大賞をもらって、結婚したいですね」と抱負を語った。森のデビューは六六年で六八年から『紅白歌合戦』に出場、《花と蝶》《港町ブルース》《おふくろさん》などヒット曲も多いが、これまで無冠だった。七四年はフォーク出身の岡本おさみと吉田拓郎に曲を依頼し、その《襟裳岬》がヒットしており、大賞を狙えた。

森と同じ渡辺プロダクションの布施明もこれまで無冠だった。七四年はデビュー一〇年目で、《積木の部屋》がヒットし、東京音楽祭銀賞、ポーランド音楽祭三位となり「国際歌手」と呼ばれていた。布施も〈上半期は何も意識しなかったが、最近になって、ぼくも何かもらえるんじゃないかという期待がわいて来たんです〉と語っている。

《追憶》が大ヒットした沢田研二は、二年連続の歌謡大賞となるか、そして念願のレコード大賞を獲得するかが注目された。本人は〈GSあがりという目で見られてたのが、去年の大賞でやっと一人前のソロ歌手と認められるようになった。今年は去年以上に充実している自信もあるし、連続受賞をねらいたい〉と意欲を示す。

しかし沢田は〈ぼくはあくまでも「アイドル歌手」でいたいから、何度大賞をもらっても若さや甘さはなくしたくないんです。森さん、五木さんの線より、むしろ「新ご三家」に近い気持ちで歌いつづけます〉とも語る。

前年のレコード大賞受賞者の五木ひろしは「V2宣言」をしている。この年も《浜昼顔》がヒットし、一〇月発売の《みれん》も好調だった。国際劇場、梅田コマ劇場での公演も超満員で、九月の日劇ではこれまでタイガースが持っていた前売りの記録を抜いた。レコード会社の徳間音楽工業は徳間康快《やすよし》率いる徳間書店グループで、グループの総力をあげて、五木のV2へと邁進していた。

五木自身も〈ぼくはジンクスに挑戦する〉と、「二年目のジンクス」の打破を宣言する。〈グランプリを受けた歌手が、必ずといっていいほど翌年さえないのは、実力、人気のピークで大賞を取るからだ。その点ぼくは、デビュー曲《よこはま・たそがれ》以来、まだピークを打っていない。こうなったら、レコード大賞史上でまだ前例のない、二年連続グランプリをものにしてみせます。〉

五木の分析は正しい。ただ、問題はいつがピークなのか、誰にも分からないことだ。下り坂になって初めて、その前がピークだったと分かるのだ。

それにしても——一九七〇年代に大賞を競ったこの四人が、半世紀を過ぎた二〇二〇年代も、みな現役で歌い続けているのは驚異である。

この四人のうち三人が渡辺プロダクションというのもまた驚異だ。帝国の絶頂期はまだ続いていた。しかし、小さなプロダクションであれば、ひとりに集中して運動も工作もできるが、候補者が三人もいると分散してしまう。

さらに四人が互角に闘い、いわば星のつぶしあいをすると、他の歌手が大賞を獲るかもしれない。この年のレコード売上げでは殿さまキングスが強いし、フィンガー5の人気も絶大だ。かぐや姫、海援隊、チェリッシュなどのフォーク勢もセールスでは上だが、これまでの傾向からフォークが大賞はありえないだろう。

かくして、大賞候補は森・布施・沢田・五木の四人に絞られ、賞レースの開幕となる。

この年の歌謡大賞のスケジュールは、一一月五日に部門賞発表、一一月二六日に大賞の発表、レコード大賞は一一月一九日に部門賞発表、一二月三一日に大賞発表である。

「週刊平凡」一〇月三日号は、評論家に予想させている。歌謡大賞について小西良太郎は「本命は布施、対抗は森」とし、「沢田の二年連続は難しい。五木も去年に比べて実績がきびしい」としている。しかし「レコード大賞は森進一が大本命だ」と言う。

伊藤強は歌謡大賞については「布施が本命。沢田は去年とったので新味がないし、森は演歌なので泥くささがいやがられるのでは」と言いながら、レコード大賞は沢田と森の争いだと言う。西田三郎は「歌謡大賞は沢田の二年連続、レコード大賞も沢田」と予想した。

五木のレコード大賞を予想する者がいないのは、やはり「二年連続」はないとの判断だろう。

その年の活躍だけでなく、過去の実績や将来性まで加味して決めるのであれば、一回しか受賞できない。事実、それまでは二度受賞した者はいない。

歌謡大賞部門賞

第五回日本歌謡大賞は一一月五日に、放送音楽賞候補一四名と、新人賞候補六名が発表された。放送音楽プロデューサー連盟に所属するテレビ局五九社、ラジオ局二七社、新聞・雑誌一四社、合計一〇〇社の音楽担当記者三二九名が記名投票したデータをもとにして選ばれる。

新人賞候補には麻生よう子、伊藤咲子、グレープ、中条きよし、西川峰子、林寛子の六名が選ばれた。

放送音楽賞候補は一四名で、あいうえお順に、アグネス・チャン、梓みちよ、五木ひろし、郷ひろみ、西城秀樹、桜田淳子、沢田研二、殿さまキングス、野口五郎、フィンガー5、布施明、森進一、八代亜紀、山口百恵――二六日に本選でこのなかから六名が放送音楽賞となり、さらに一名が日本歌謡大賞だ。

その前に、日本レコード大賞の部門賞が発表される。

レコード大賞部門賞

一一月一九日、日本レコード大賞の部門賞が東京プリンスホテルで選考され、発表された。この年から歌唱賞と大衆賞の合計一〇曲を選び、それを「大賞候補曲」とするルールになった。前年、沢田研二が大衆賞を受賞し、その段階で大賞は無理だとなり、大晦日の大賞授賞式が盛り上がりに欠けたので、その反省からのようだ。

その歌唱賞と大衆賞の候補は三一曲、新人賞は一九曲、合計五〇曲で、審査員たちは一四時一五分から全曲をレコードで聴いて判断する。審査員は四三名なので過半数は二二、前年同様に五名連記投票で多い順に決まるが、過半数を取れなかったら、決選投票になる。

新人賞は西川峰子（三一票）、麻生よう子（三〇票）、浅野ゆう子（二五票）の三人が過半数をクリアしたので当選した。残り二人は、荒川務（二二票）、テレサ・テン（二一票）、城みちる（二〇票）の三人から二人を選ぶことになり、荒川務（三一票）、城みちる（二八票）、テレサ・テン（二七票）で、まず荒川が決まった。

テレサ・テンと城みちるは僅差だったので、二人とも新人賞に入れることになり、この年は六人が最優秀新人賞を目指す。《あなた》が大ヒットした小坂明子は一六票で落選した。「新人」であるはずの中村雅俊は、「歌手とは言い難い」という理由で、新人賞では投票の対象から外され、大衆賞の候補にまわされた。またフィンガー5の扱いでも、大衆賞か、童謡賞を改称したヤングアイドル賞かでもめる一幕もあった。

歌唱賞は六名連記投票の結果、森進一（三七票）、五木ひろし（三四票）、八代亜紀（二六票）、布施明（二五票）、西城秀樹（二二票）、沢田研二（二二票）の六名が過半数を獲得したので、一回の投票で決まった。その下は梓みちよ（一八票）、中条きよし（一六票）、野口五郎（一三票）の三人だけが二桁であとはみな一桁だった。

三一名から歌唱賞の六名を除いた二五名が大衆賞の対象となり四名を選ぶ。したがって、四名連記投票の結果、中条きよし（二六票）、殿さまキングス（二五票）、山口百恵（二五票）、梓みちよ（二三票）の四名に、一回の投票で決まった。山口百恵は歌唱賞では一票しか取れていなかった。

下馬評通り、レコード大賞候補には、森、五木、布施、沢田の四人が残った。

日本歌謡大賞

一一月二六日、日本歌謡大賞が決定・発表された。

放送音楽新人賞は六名の候補のなかから、中条きよしと西川峰子の二人に決まった。

放送音楽賞は一四名の候補者から、梓みちよ、五木ひろし、西城秀樹、森進一、八代亜紀、

1974年　第5回 日本歌謡大賞（視聴率45.3%）

大賞	『襟裳岬』森進一
放送音楽賞	『ふたりでお酒を』梓みちよ 『浜昼顔』五木ひろし 『傷だらけのローラ』西城秀樹 『愛ひとすじ』八代亜紀 『ひと夏の経験』山口百恵
放送音楽新人賞	『うそ』中条きよし 『あなたにあげる』西川峰子

山口百恵の六名が選ばれた。前年の歌謡大賞受賞者である沢田研二はこの段階で落選、布施明も及ばなかった。

そして第五回日本歌謡大賞は森進一《襟裳岬》に決定した。NETが放映した授賞式の視聴率は四五・三パーセントである。

過去四回の歌謡大賞受賞者で、レコード大賞も受賞したのは七一年の尾崎紀世彦しかいない。はたして森は二冠に輝くのか、それとも五木ひろしのレコード大賞二連覇か、あるいは布施明か沢田研二か、それとも圧倒的なセールスの殿さまキングスか――一九七四年も残り一か月だった。

愛の逃亡者

賞レースのさなかの一一月二一日、沢田研二の一九七四年最後のシングル盤《愛の逃亡者 THE FUGITIVE》が発売された。

これは八月から九月にロンドンでレコーディングし、一二月二一日に発売されるアルバム《THE FUGITIVE（愛の逃亡者）》からのシングルカットで、英語の歌詞の曲だった。

LP《THE FUGITIVE(愛の逃亡者)》収録曲

全曲、作詞・作曲:Tony Weddington, Wayne Bickerton

愛の逃亡者 - THE FUGITIVE
ゴー・スージー・ゴー - GO SUSY GO
ウォーキング・イン・ザ・シティ - WALKING IN THE CITY
サタデー・ナイト - SATURDAY NIGHT
悪夢の銀行強盗 - RUN WITH THE DEVIL
マンデー・モーニング - MONDAY MORNING
恋のジューク・ボックス - JUKE BOX JIVE
十代のロックンロール - WAY BACK IN THE FIFTIES
傷心の日々 - NOTHING BUT A HEARTACHE
アイ・ウォズ・ボーン・トゥ・ラヴ・ユー - I WAS BORN TO LOVE YOU
L.A. ウーマン - L.A. WOMAN
キャンディー - CANDY

《THE FUGITIVE》はロンドンでレコーディングされただけでなく、イギリス、香港、インドネシアなど英語圏で《KENJI》としてリリースされた。これまでのイギリスやフランスでのレコーディングは日本国内で売るもので話題作りのためのものだったが、ここから本格的に世界進出を狙うのだった。すべて英語の詞だ。

《愛の逃亡者》は一二月九日に一七位になり、一六日に一三位、二三日に一二位まで上がった。英語の歌にしてはヒットしたと言えるが、売上げは一九・一万枚だった。

一二月はヒットチャートよりも賞レースに注目が集まる。一位は、第一週の二日が《甘い生活》、九日は《冬の駅》が返り咲き、一六日は《あなたにあげる》、二三日は山口百恵《冬の色》と毎週入れ替わった。山口百恵にとって初の一位である。

炎の肖像

一二月二八日、沢田研二主演の映画『炎の肖像』（藤田敏八、加藤彰監督）が公開された。ザ・タイガース時代の映画を除けば初の主演作である。「ジュリー」と呼ばれているロック歌手が主人公で、そのステージと私生活とを描いた映画で、映画のジュリーは、現実の沢田研二に近いキャラクターとして設定され、セミ・ドキュメンタリー風に撮られている。コンサートのシーンは実際の沢田研二のコンサートを撮ったものだ。

DVDの内容紹介には〈喧嘩、放浪、セックスと気ままな生活を送るロック歌手・鈴木二郎（沢田研二）のもとに、ある日ふたりの少女・きり（秋吉久美子）とひろ（原田美枝子）が押し掛けてくる。ひろはかつて二郎を愛していた女の妹で、姉は二郎に捨てられて自殺したと言う。ふたりを疎ましく思っていた二郎だったが、やがて彼女たちのどちらにも惹かれていく…。ジュリーというニックネームを共有する沢田研二と劇中歌手・二郎のイメージをダブらせた、ふたりの監督による異色作。〉とある。

ベッドシーンで始まり、ケンカもするなど、いまのアイドル映画では考えられない過激さがある。日活はロマン・ポルノへ路線転換していたが、『炎の肖像』は一般映画として公開されている。共演の秋吉久美子は七四年に藤田敏八監督の『赤ちょうちん』(三月)、『妹』(八月)、『バージンブルース』(一一月)の三作に立て続けに主演し、時代のミューズに踊り出たところだった。藤田と秋吉が組む四作目ではあるが、ここでは脇役になっており、これはあくまで「ジュリーの映画」だ。

藤田と秋吉の『バージンブルース』は一一月二二日公開で、『炎の肖像』は一二月二八日公開なので、一か月で撮ったことになり、そのためか、加藤彰に応援を頼んだのだろう。

秋吉は『秋吉久美子調書』(二〇二〇年刊行)で、共著者・樋口尚文の「ジュリーはとても高感度な俳優さんだと思いますが、どんな印象でしたか」との質問にこう答えている。

〈この作品しかご一緒していませんが、映画界もああいう人だらけになるといいんですけどね。愁いもありながら、男として野太い信念を持っていて。私は個人的には敬意を持って見ていました。あんなふうに実人生と大衆芸能の部分と芸術家の部分が全部豊かに統合成立してる人って多くないですよね。〉

ファンに囲まれている「ジュリー」がインタビューを受けているところから、この映画はドキュメンタリータッチで始まる。ここからすでに虚構と現実が混在している。続いて、ケンカや濃厚なベッドシーンになる。実際に一二月二日に東京体育館で開催されたコンサート「ヘイ!ジュリー　ロックンロール・サーカス」で撮られたコンサートシーンもある。この時期の沢田研二のテレビ番組は一部しかビデオが残っていないし、ましてライヴ・コンサートの映像は少ないので、資料的にも貴重だ。井上堯之バンドも登場し、ひとりずつ紹介されるシーンもあり、内田裕也も客演している。

レコード大賞

一二月三一日、第一六回日本レコード大賞が決定、発表された。

歌唱賞に選ばれていたのは、五木ひろし、西城秀樹、沢田研二、布施明、森進一、八代亜紀の六人だった。このなかで、売り上げの年間ランキング三〇位以内に入っているのは、沢田の《追憶》(一一位)と布施の《積木の部屋》(九位)だけだ。五木、西城、森、八代も三〇位以内に入っているが、受賞曲以外の曲だった。レコード売上げで決める賞ではないとしても、だいぶ乖離がある。

最優秀新人賞には麻生よう子が選ばれた。テレサ・テンを選ばなかった審査員は、いったいどんな耳をしていたのだろう。

本命の森進一の弱点は、すでに歌謡大賞を獲っていることと、審査員のなかにフォークソング嫌いが多いという点だった。さらに渡辺プロダクションが全社一丸となっていないことも指摘されていた。宣伝部は森進一を推していたが、沢田研二と布施明の担当プロデューサーたち

1974年　第16回 日本レコード大賞（視聴率45.7%）

日本レコード大賞

「襟裳岬」森進一

作詞：岡本おさみ　作曲：吉田拓郎　編曲：馬飼野俊一

最優秀歌唱賞

「みれん」五木ひろし

最優秀新人賞

麻生よう子（「逃避行」）

歌唱賞

「傷だらけのローラ」西城秀樹

「追憶」沢田研二

「積木の部屋」布施明

「愛の執念」八代亜紀

大衆賞

「二人でお酒を」梓みちよ

「なみだの操」殿さまキングス

「うそ」中条きよし

「ひと夏の経験」山口百恵

新人賞

浅野ゆう子（「恋はダンダン」）

荒川務（「太陽の日曜日」）

城みちる（「イルカに乗った少年」）

テレサ・テン（「空港」）

西川峰子（「あなたにあげる」）

作曲賞

筒美京平　「甘い生活」（野口五郎）

編曲賞

星勝　「夕立」（井上陽水）

作詩賞

さだまさし　「精霊流し」（グレープ）

特別賞

●藤山一郎 ●田谷力三

企画賞

井上陽水とポリドール「氷の世界」

海援隊とエレックレコード「母に捧げるバラード」

ヤングアイドル賞

フィンガー5（「恋のアメリカン・フットボール」）

中山晋平・西条八十賞

●吉田正 ●遠藤実 ●横井弘 ●千家和也

も諦めていなかった。

五木ひろしは、二年連続の大賞は前例がないというのが最大の弱点であり、V2を狙うならば前年以上のヒット曲が必要だが、《みれん》はそこまでのヒットはしていない。作品としても《みれん》よりも《浜昼顔》のほうが出来がいいとの指摘もあった。

最優秀歌唱賞には五木ひろし《みれん》が選ばれ、五木の二年連続のレコード大賞はなくなった。

そして――レコード大賞は森進一《襟裳岬》に決まった。半世紀後の現在も森進一の代表作であり、名曲としての評価も定まっている。順当な結果だった。テレビの歌番組に出演しない吉田拓郎だったが、この曲の作曲家としてステージに上がっていた。

沢田研二は一等賞も二等賞も獲れなかった。視聴率は四五・七パーセントと、前年の四四・一パーセントよりは盛り返した。

紅白歌合戦

二一時から『NHK紅白歌合戦』が始まった。この年の視聴率は七四・八パーセント。

初出場の山口百恵は紅組のトップで《ひと夏の経験》を歌った。沢田研二は白組のトリから三番目で《追憶》を歌った。この年は井上堯之バンドは出演していない。

《追憶》はバラードだ。沢田研二は黒い帽子に、黒の衣裳と黒ずくめで登場した。胸には銀色の飾りが輝く。照明もかなり抑えた状態で歌い始めた。間奏で背中に手をまわし、それを前に戻すと、指の上には白い鳩がいた。マジックだ。黒い服と白い鳩のコントラストが美しい。会場から歓声が起きる。後半は鳩を指に乗せ、腕を上げて顔のすぐそばにいる鳩に向かって歌った。最後まで鳩は指に止まっていた。

白組の沢田研二の次は紅組のちあきなおみ、次が三波春夫、紅組のトリは前年に続いて島倉千代子、そして大トリは森進一《襟裳岬》だった。レコード大賞受賞曲がトリとなるのは史上初めてだった。森進一は史上初の同年での日本歌謡大賞・レコード大賞・紅白トリの三冠に輝いた。

森進一は一九六八年に《花と蝶》で初出場すると、六九年《港町ブルース》、七〇年《銀座の女》、七一年《おふくろさん》と三年連続してトリをつとめていた。七二年の白組は北島三郎《冬の宿》だったが、以後も森、北島、五木でトリを競うことになる。保守的な『紅白』には「トリは演歌系」という固定観念があった。

一九七四年の『紅白』に、渡辺プロダクションからは、アグネス・チャン、小柳ルミ子、梓みちよ、天地真理、ザ・ピーナッツ、いしだあゆみ、内山田洋とクール・ファイブ、布施明、沢田研二、森進一の一〇組が出た。過去最高で、この後も（二〇二三年まで）一社から一〇組

1974年　第25回 紅白歌合戦（視聴率74.8%）

紅組		白組	
山口 百恵	ひと夏の経験	西城 秀樹	傷だらけのローラ
アグネス・チャン	ポケットいっぱいの秘密	中条 きよし	うそ
チェリッシュ	恋の風車	三善 英史	愛の千羽鶴
小柳 ルミ子	冬の駅	フォーリーブス	急げ!若者
桜田 淳子	**黄色いリボン**	堺 正章	**枯葉の宿**
佐良 直美	花のフェスティバル	郷 ひろみ	花とみつばち
梓 みちよ	二人でお酒を	殿さまキングス	なみだの操
南 沙織	夏の感情	野口 五郎	甘い生活
森 昌子	おかあさん	菅原 洋一	ケ・セラ
和田 アキ子	美しき誤解	海援隊	母に捧げるバラード
山本 リンダ	**闇夜にドッキリ**	美川 憲一	はしゃぎすぎたのね
森山 良子	ある日の午後	橋 幸夫	沓掛時次郎
都 はるみ	にごりえの町	渡 哲也	くちなしの花
水前寺 清子	てっぺんまごころ	北島 三郎	寒流
あべ 静江	**みずいろの手紙**	にしきの あきら	花の唄
ペドロ&カプリシャス	**ジョニィへの伝言**	村田 英雄	皆の衆
小坂 明子	あなた	三橋 美智也	哀愁列車
天地 真理	想い出のセレナーデ	**内山田洋とクール・ファイブ**	海鳴り
八代 亜紀	愛ひとすじ	五木 ひろし	浜昼顔
ザ・ピーナッツ	ブギ・ウギ・ビューグル・ボーイ	**布施 明**	積木の部屋
いしだ あゆみ	美しいわかれ	春日 八郎	雨降る街角
青江 三奈	銀座ブルーナイト	フランク永井	おまえに
由紀 さおり	挽歌	**沢田 研二**	追憶
ちあき なおみ	**かなしみ模様**	三波 春夫	勝海舟
島倉 千代子	襟裳岬	**森 進一**	襟裳岬

司会
紅組＝佐良直美　　白組＝山川静夫アナウンサー
人名の**太字**は渡辺プロ（10組）、曲名の**太字**は阿久悠作詞（6曲）

以上が出演したことはない。後のジャニーズ事務所も多い年で六組だ。まだ帝国は健在だった。

しかし、男性歌手では沢田、布施、森以後の若い歌手が育っていない。新御三家の三人はみな他のプロダクションだ。女性歌手は、ザ・ピーナッツは健在だが、園まりは六八年、中尾ミエは六九年が最後の『紅白』で、伊東ゆかりは渡辺プロを出ていった。入れ替わって、天地真理、小柳ルミ子、アグネス・チャンと若い世代が登場していたので、数としては維持している。だが絶大な人気を誇っていた天地真理はスキャンダル報道も相次ぎ、人気は下がっていた。『紅白』はこの年が最後となる。

阿久悠登場

ナベプロ帝国に替わって『紅白』を制覇しつつあるのが、阿久悠だった。

阿久悠が書いた曲が『紅白』に初めて登場したのは一九七〇年で、和田アキ子《笑って許して》、森山加代子《白い蝶のサンバ》、西郷輝彦《真夏のあらし》と、いきなり三曲が歌われた。七一年はレコード大賞受賞曲の尾崎紀世彦《また逢う日まで》をはじめ四曲、七二年は山本リンダ《どうにもとまらない》、藤圭子《京都から博多まで》など六曲、七三年は森昌子《せんせい》、堺正章《街の灯り》、森進一《冬の旅》など五曲、七四年も《ジョニイへの伝言》《黄色いリボン》《みずいろの手紙》など六曲が『紅白』に登場した。

さらに、七四年の年間ランキング一〇〇位以内に、フィンガー5《恋のダイヤル6700》《学園天国》《個人授業》《恋のアメリカン・フットボール》《恋の大予言》森進一《冬の旅》《さらば友よ》、夏木マリ《お手やわらかに》、桜田淳子《花物語》《三色すみれ》《黄色いリボン》、野口五郎《こころの叫び》《愛さずにいられない》、ペドロ&カプリシャス《五番街のマリーへ》、あべ静江《突然の愛》と十五曲がランクインしていた。

沢田研二は年間ランキングでは、《追憶》が一一位、《魅せられた夜》が二四位、《恋は邪魔もの》が四四位と、出したシングル盤はいずれも五〇位以内に入っていた。

阿久悠は西城秀樹や野口五郎、森進一の曲も書いているので、当然、沢田研二も視野に入れていた。だが自分から売り込むことはしない。それが阿久悠の仕事の流儀である。

阿久悠は一九九七年に出たCD「阿久悠大全集『移りゆく時代　唇に詩』」の付属の本で、タイガース時代の沢田研二には「書きたい」とは思わなかったと振り返っている。それはPYG時代も同じだったが、たまたま放送作家の仕事でテレビ局のスタジオにいたとき、沢田が《君をのせて》を歌うのを聴いて、「いいな」と思った。

〈歌がいいというよりは、彼がいいな、という感じがしてね。あの色っぽさというのは何なのだろうという。〉そして、〈機会があればやりたいな〉と思った。

だが、まだ「その時」ではないとも思った。〈彼もそのうち熟してくるだろうし、こっちも腕があがってくるだろうし、そしたらどこかでクロスするはずだから〉と、その時を待つことにした。
一九七四年——沢田研二は「熟して」おり、阿久悠も「腕を上げていた」。あとは二人を「クロス」させる何かが起きればいい。

久世光彦

ＴＢＳの久世光彦は知る人ぞ知る歌謡曲の仕掛け人だった。彼が作ったテレビドラマ『時間ですよ』で挿入歌を堺正章や天地真理、浅田美代子らに歌わせ、大ヒットさせた。

『時間ですよ』の次に久世が制作したのが『寺内貫太郎一家』で七四年一月から一〇月まで放映された。そのなかで毎回、樹木希林（当時は悠木千帆）扮する老婆が部屋に貼った沢田研二のポスターを見て「ジュリ〜〜」と言いながら、腰を振って身悶えるシーンがあった。ドラマの流れとは何の脈絡もないシーンだが、毎回、いつ樹木希林が「ジュリ〜〜」と身悶えるかが話題となり、小学生の子どもたちが真似をするほどだった。

樹木希林は七三年一〇月に内田裕也と結婚したところだった。内田と沢田の関係もあり、樹木希林の「ジュリ〜〜」にクレームがつくことはなく、それどころか、沢田は『寺内貫太郎一家』に本人役で特別出演した（七月三一日）。

これによって、きわめて細い糸だが、沢田研二―内田裕也―樹木希林―久世光彦とつながった。『寺内貫太郎一家』の樹木希林の「ジュリ～～」は、久世から沢田へのラブコールだったのだ。

久世は渡辺プロダクションから、沢田主演のドラマの内諾を得ると、準備に入った。

どんな物語で、どんな役を沢田に演じてもらうかも何も決まっていない段階で、まさに、それを決めるために久世が選んだブレーンが、阿久悠だった。

第三部

日本レコード大賞

第一〇章　時の過ぎゆくままに　1975年

アラン・ドロンを重ねて

一九七四年暮れ、阿久悠はTBSのプロデューサー久世光彦から「沢田研二主演で連続ドラマを作ることになったので、一緒にやらないか」と誘われた。阿久はそのときの気持ちをこう書いている。

〈作詞の注文ではなかったが、とにかく同じ世界を構築するというチャンスが巡って来たのだから、一種昂揚して快諾したのである。大仰な言い方をすると、遠い遠い道を歩きながら何かの捻れで合流する瞬間が訪れたような気がした。〉（『夢を食った男たち』）

沢田研二には届いていなかったが、阿久悠は新聞や雑誌で沢田へのラブコールを三回書いていた。そのひとつが「拝啓　沢田研二様」という手紙形式のもので、〈近ごろ歌というものが、段々密室化して行っているような気がしてなりません。／機械から体へ。それは一度も外気に触れることなく流入し、いわば、歌は注射のような存在になりつつあると思いませんか？〉と

1975年の沢田研二のレコード

1月20日 フランスで発売	MON AMOUR JE VIENS DU BOUT DU MONDE 作詞:G.Sinoue、作曲:G.Costa
	FUGITIVE KIND 作詞・作曲:Tony Weddington,Wayne Bickerton
1月21日 イギリスで発売	THE FUGITIVE 作詞:G.Sinoue、作曲:G.Costa
	NOTHING BUT A HEARTACHE 作詞・作曲:Tony Weddington, Wayne Bickerton
1月21日	LP《KENJI》 74年の《THE FUGITIVE 愛の逃亡者》と同じ、英国他で発売
3月1日	白い部屋　作詞:山上路夫、作曲:加瀬邦彦
	風吹く頃　作詞:安井かずみ、作曲:加瀬邦彦
4月21日	LP《KENJI SAWADA》 オリジナル・アルバム
5月20日	ATTENDS MOI 作詞:C.Level、作曲:G.Costa
	JULIANA 作詞:Ch.Levell、作曲:G.Costa
5月21日	巴里にひとり　作詞:G.Sinoue、訳詞:山上路夫、作曲:G.Costa
	明日では遅すぎる　作詞:安井かずみ、作曲:加瀬邦彦
8月21日	時の過ぎゆくままに　作詞:阿久悠、作曲:大野克夫
	旅立つ朝　作詞:安井かずみ、作曲:加瀬邦彦
10月15日 フランスで発売	FOU DE TOI 作詞:G.Sinoue、作曲:G.Costa
	MA GEISHA DE FRANCE 作詞:G.Sinoue、作曲:G.Costa
10月21日	LP《沢田研二比叡山フリーコンサート》 7月20日のコンサートのライヴ盤
12月21日	LP《いくつかの場面》 オリジナル・アルバム

いう問いかけで始まる。

そして〈歌が密やかに密室にこもり、密やかな楽しみになっている様を、沢田研二さん、あなたが黙って見ていてはいけません。いけないのです！／歌に翼を生やし、歌に炎を持たせ、時に歌に花や剣を咥えさせ、街の中を自由に、大胆に、そして細心に飛び廻らせようじゃありませんか！／そのような歌を送り出せるのは、あなたしかなく。言い換えれば沢田研二の使命でもあるのです。〉と沢田研二に呼びかける。

〈有りそうな形をした嘘よりも、有りそうもない姿をした真実を描く方が、ズーッと誠実だと信じています。壮大な嘘の顔をした真実を、壮大なまやかしの振りをして歌ってみませんか？／なにしろ、沢田研二の歌でそれぞれの小さな革命が起こる事を、そして、歌が密室から再び外気に出ることを、誰よりも期待しているのです。〉

その歌を自分が書くから一緒に革命を起こそうというのが、阿久の秘めた思いだった。その革命のチャンスがやってきたのだ。

阿久と久世ともうひとりのプロデューサーの三人は箱根の旅館に籠もり、沢田で何をやろうかと語り合った。記録が残っているわけではないので、どういう経緯なのかは分からないが、阿久が「怪傑ゾロはどうだ」と言い、久世が「それはテレビでは無理だ」と答えた。この年、アラン・ドロン主演の『アラン・ドロンのゾロ』が公開されるので、「沢田を外国のスターにたとえるなら誰だ」「アラン・ドロンだ」「そういえば、ドロンがゾロをやるらしいな」という話の流れがあったと思われる。

ゾロはアメリカの作家ジョンストン・マッカレーが一九一九年に書いた小説の主人公で、何度も映画になっている。メキシコがスペイン領だった時代の仮面の剣士で、大泥棒なのだが、けっして人は殺さず弱い者の味方という、日本のねずみ小僧のような義賊だ。

阿久と久世の会話はゾロをきっかけに「人を殺さない泥棒」はどうだとなり、一九六八年一二月に起きて未解決の三億円強奪事件を題材にすることが浮上する。七五年一二月で時効になるので、「時効まであと一年」とマスコミで再び話題になっていたのだ。犯人はモンタージュ写真からして青年である。犯人を沢田が演じても無理はない。

こうして沢田研二が三億円強奪事件の犯人を演じるという基本設定が決まった。社会の底辺にいる青年が、ふとしたことから三億円を持ってしまうとどうなるか――阿久悠は、イマジネーションをふくらませていく。

タイトルは「悪魔のようなあいつ」と決まった。アラン・ドロン主演の『悪魔のようなあなた』から借りているのだろう。後に阿久悠が作詞する《サムライ》はアラン・ドロンの映画『サムライ』のタイトルそのままだ。安井かずみをはじめとする女性たちは沢田にアラン・ドロンのイメージを重ねていたが、阿久悠も同じだった。

久世が『悪魔のようなあいつ』の企画書を渡辺プロダクションへ提出すると、出演するとの回答を得た。そして久世は加瀬邦彦が経営している焼き鳥屋の二階で、沢田と面談した。〈建てつけの悪いフスマを開けると薄暗い座敷の石油ストーブの後ろで、ジーパンのひざをかかえた彼が待っていた。／上目づかいにスッと見あげられたその瞬間を、いい女に出会ったような感じだったと表現したらおかしいだろうか。外は凍てつくような一九七四年の暮れであった。〉と久世は『ザ・スター』で語っている。

『悪魔のようなあいつ』の制作が決定すると、阿久悠が原作を書くことになったが、どうせならば「作品」にしようとなった。それも小説ではなく劇画にしようとなり、阿久悠の広告代理店時代からの盟友である上村一夫に作画を頼むことになる。

フランス、イギリスへの進出

沢田研二の一九七五年最初のシングルは、前年九月の渡欧時にパリでレコーディングした《MON AMOUR JE VIENS DU BOUT DU MONDE》(恋人よ、私は世界の果てからやってきた)で、一月二〇日にヨーロッパで発売された。当然、歌詞はフランス語だ。沢田はまったくフランス語ができないので発声にはかなり苦労した。

「自叙伝」ではフランスでのレコーディングをこう振り返っている。

〈三カ月ずっとフランスにいなさいと言われた。発音が難しいでしょう。フランスなんかのシングル盤というのは、歌詞カードなんかつけてないんですね。だから、これでは何言ってるのかわからないと言われて、やり直させられてね、何度も何度も。涙が出てきちゃう。直されたって、どこがいいのか悪いのかわからないんだから。〉

〈モナムール・ジュ・ヴィアンという、あそこのジュって音が難しいのね。僕がジュっていうと、違うっていう。ウジュッという感じで発音しろと。ウジュ、ウジュとかといって、まいっちゃった。わしゃ日本人や。〉

三か月どころか一か月もいなかったが、レコードはできた。

発売されると、沢田の声はフランス人にも魅力的だったようで、フランスのラジオ番組のチャートで四位となり、約二〇万枚のヒットとなった。この成績から、スイス、オーストリア、ギリシャ、ノルウェー、ベルギー、オランダ、カナダでのリリースも決まり、これまでの他の曲もヨーロッパ各国でリリースされる。

沢田は「自叙伝」で〈出会いがしらに偶然当たったということなんでしょうけれども。〉と謙遜し、〈もの珍しさだけだろうな〉と受け取っていたとも言う。冷静に見ていたのだ。

続いて一月二一日には前年一一月に日本で発売された《愛の逃亡者　THE FUGITIVE》がイギリスで《THE FUGITIVE》として発売された。

本格的なヨーロッパ音楽シーンへの進出だった。しかし、本気でヨーロッパで活躍するのであれば、一年の半分は滞在しなければならない。そんなに日本を空ければ、日本でのマーケットを失う。

「自叙伝」でも、〈まずあくまでも日本で、いわゆる第一線で活躍していくということが大事だと思っていたし、そもそも日本で第一線であったとしても、世界的に通用するかどうかといえば、そんな甘いもんじゃないと思っていたから、日本を捨ててまで勝ち目のない賭けをやるつもりはなかった。〉と当時の自分を分析している。

イギリス、フランスでのプロモーションのため、沢田は渡欧した。

ザ・ピーナッツ引退

当時の小さなニュースとして、個人事務所だったジャニーズ事務所は一月三〇日に株式会社として登記された。ジャニーズ、フォーリーブス、郷ひろみに続いて、数人がデビューしていた。だがトップスターとなっていた郷ひろみが、仕事に対する考え方が違ってきたという理由で、移籍を考えるようになっており、結局この年の三月末でジャニーズ事務所との契約を切って、バーニングプロダクションへ移籍する。

せっかく株式会社になったのに、この年から八〇年に田原俊彦がデビューするまで、ジャニーズ事務所は低迷する。

一九七五年のヒットチャート戦線での沢田研二は、前年からの、《愛の逃亡者》が前年最後と同じ一二位でスタートした。この曲の人気はピークを過ぎており、一三日に一七位と下がり、二〇日に一四位に再浮上したものの、二七日に一七位、二月三日に一八位と下がり、トップ20はこれが最後だった。次の曲まで一か月、トップ20から沢田研二の名は消える。

二月一八日、渡辺プロダクションはザ・ピーナッツが引退すると発表した。そのひとり、伊藤エミは沢田研二と結婚するのではと報道されていたが、この時点では、結婚についての発表はない。もともと三月から四月に予定されていた公演を「さよなら公演」とすることになった。日程は二一日に大阪のフェスティバルホール、二四日に京都会館、二九日に名古屋市民会館、そして四月五日の東京・渋谷のＮＨＫホールが最後となる。

ザ・ピーナッツの「さよなら公演」は、渡辺プロにとって、いや、日本音楽界にとって、初の引退公演とされる。売れなくなって引退同然となる歌手は無数にいるが、引退を宣言して、「さよなら公演」をできる歌手はいないのだ。引退公演が興行として成り立つのは人気があるということだが、人気があるのに引退する歌手などいない。だから、引退興行そのものが、これまではなかった。

「引退」に近いものとして、渡辺プロはすでに一九七一年にザ・タイガースの「解散」コンサートを興行としても成功させていた。そして後に、キャンディーズの解散コンサートも成功させる。

女性歌手たち

ヒットチャートの一九七五年最初（一月六日付）の週間一位は山口百恵《冬の色》で、二位は西崎みどり《旅愁》、三位は西川峰子《あなたにあげる》、以下、桜田淳子《はじめての出来事》、小柳ルミ子《冬の駅》と女性陣が上位を独占した。賞レースもヒットチャート戦線も男女別ではないので、沢田研二は女性歌手とも競わなければならない。

七五年最初の対決は、「スタ誕」出身の百恵対淳子だった。百恵の《冬の色》は四週連続一位で、桜田淳子《はじめての出来事》は一月六日に四位、一三日に二位になったが、なかなか一位になれない。

二月三日に《はじめての出来事》は一位となった。桜田淳子にとって八枚目のシングルで初の一位となったが、これが最後の一位でもあった。

二月三日のヒットチャートでは、二〇位に太田裕美《雨だれ》が入っていた。前年一一月一日に発売された太田のデビュー曲で、発売から三か月が過ぎていたが、じわじわと上昇していたのだ。

太田裕美は幼少期からピアノを習っていたが、クラシック音楽への道は進まなかった。一九六九年、中学三年生の年に、「ジュリー（沢田研二）に会えるかも」との理由で、渡辺プロのスクールメイツのオーディションを受け、同プロ系列の東京音楽学院に入った。同期生に伊藤蘭や田中好子ら後のキャンディーズがいた。

太田は東京音楽学院でレッスンを受け、七二年一一月にNHKの『ステージ101』の「ヤング101」のメンバーとなった。そして七三年一二月、渡辺プロダクションが制作するオーディション番組『スター・オン・ステージ　あなたならOK！』で優勝し、渡辺プロが経営するライブハウスでピアノの弾き語りをした後、七四年一一月に《雨だれ》でレコードデビューした。松本隆と筒美京平が組んで曲を作り、「音楽性のあるアイドル」というのがセールスポイントだった。

音楽性とアイドル性は両立するのか――沢田研二が常に直面したのがこの問題だった。ザ・タイガースにおいて、渡辺プロはアイドル性を重視する戦略を取りビジネスとしては大成功したが、音楽面では評価されず、グループは解体した。解散後、沢田研二はアイドル性を捨ててPYGを結成したが、今度は商業的に失敗し、その上、音楽面でも当時は論評の対象にもならなかった。ソロになってから、ようやく沢田研二はアイドル性と音楽性を両立させることに成功していた。

商業主義の権化のように思われている渡辺プロだが、所属している歌手たちはアイドルであっても、歌がうまいというのが大前提だった。その点では、『スター誕生!』出身歌手たちと大きな違いがあった。『スター誕生!』は「素人こそテレビ時代のスターだ」というコンセプトだ。しかし、『スター誕生!』からも、「歌のうまいアイドル」が誕生した。四月二五日にデビューした岩崎宏美である。彼女は山口百恵たちと同じ学年で、七五年四月に高校二年生になったところだった。デビュー曲《二重唱》は阿久悠作詞・筒美京平作曲だった。太田裕美の曲は松本隆作詞・筒美京平作曲なので、この時期の筒美京平はライバルとなる作詞家双方と組んでいた。

太田裕美が売れだすのと前後して、数年前までテレビでその顔を見ない日はないとまで言われた天地真理は、一般の団体旅行のひとりとしてパリへ旅立った。全盛期は過ぎていたとは言え、前年暮れの『紅白』にも出場していた歌手が、団体旅行に参加するとは前代未聞だった。しかも、二月五日に出国して帰国は三月四日と、一か月もの「休暇」である。これを渡辺プロは「ボーナス休暇」だと美談に仕立てて説明していたが、天地真理に何かが起きていたのは明らかだった。「一人旅」のはずが、パリでは劇団四季の青年俳優と会っていたともスクープされる。このスクープそのものが、渡辺プロがリークしたとも伝えられた。

天地真理の母親がギャラのアップを要求し、それを聞いた渡辺美佐が担当マネージャーに

「わがままを言うなら、もうお前はいらないと、はっきり言っておやり」と怒鳴ったというウワサもあった（竹中労『タレント残酷物語』）。

二月一〇日のチャートで野口五郎《私鉄沿線》が一位になった。《甘い生活》に続いて二曲連続の一位獲得で、野口五郎のレコードセールスにおける最盛期となる。《私鉄沿線》の売り上げは四五・三万枚だ。

《私鉄沿線》の一位は二月一〇日から三週連続、三月三日はフォークグループ「風」の《22才の別れ》だった。

三月になると、かまやつひろし《我が良き友よ》、ダウン・タウン・ブギウギ・バンド《スモーキン'ブギ》、さくらと一郎《昭和枯れすゝき》などが上位で競うようになり、歌謡曲勢はランキング上位から追いやられてしまう。

《22才の別れ》は三週連続して一位だった。三月三一日に《我が良き友よ》が一位となり、この曲も四月二一日まで四週連続、次の二八日は《昭和枯れすゝき》で五月一二日まで三週連続の一位となった。

沢田研二はフォークとも競わなければならない。

白い部屋

沢田研二の日本での一九七五年最初のシングルは、三月一日発売《白い部屋》だった。山上路夫が作詞した《白い部屋》は「僕」と「あなた」の物語だ。二人は一緒に暮らしていたが、〈あなた〉は〈消えて〉しまい、その後を描く。〈あなた〉は〈コーヒー冷めてしまうと　僕をゆすり　起こした人〉〈ゆり椅子　いつもすわって　毛糸編んで〉いる人とある。それを僕は〈かけがえのない　だいじな　やさしさ〉と知ったが、もう〈あなた〉は消えていて、〈こんなに部屋は　うつろに冷たいばかり〉〈むなしい広さ　うずめるものは　あなたのほかにない〉。タイトルの「白い部屋」は歌詞には出てこないが、二人が暮らした部屋が〈あなた〉がいなくなったので、何もないというイメージを表現している。最後は「あーあー」の絶叫で、《危険なふたり》《追憶》の路線の歌となっている。

《白い部屋》は三月一〇日に、初登場で一九位にチャートインした。翌週一七日は八位、二四日、三一日と三週連続で八位となり、これが順位としては最高だった。《22才の別れ》《我が良き友よ》《昭和枯れすゝき》などが上位にあり、上へは行けなかったのだ。三月は演劇に出演するのでその稽古が二月半ばから始まっており、歌番組への出演も少なく、それも響いたのか、《白い部屋》は売り上げ枚数も二一・八万枚と、沢田の曲としては物足りない数字で終わった。

七三年九月にデビューした渡辺プロダクションのキャンディーズは、ヒット曲にめぐまれなかったが、五枚目のシングル《年下の男の子》が、二月二一日に発売されると、二六・〇万枚のヒットとなる。

唐版・瀧の白糸

三月一一日から一六日、沢田研二は舞台『唐版・瀧の白糸』に主演した。萩原健一が前年の映画『青春の蹉跌』（神代辰巳監督）で「キネマ旬報」最優秀主演男優賞を受賞していたので、芸能マスコミは俳優業でも二人はライバル意識を燃やしていると報じた。

『唐版・瀧の白糸』は既存の劇団・劇場の公演ではなく、企画集団「花の社交界」プロデュースによるもので、前年に唐十郎が発表した新作戯曲を、蜷川幸雄が演出し、大映東京撮影所のステージで上演された。

三月一二日の朝日新聞にこう紹介記事が載った。

〈たしかに約一二〇〇人の超満員の観客をのみこんだ大映撮影所の大スタジオは、「演劇スペクタクル」を自称するにふさわしい道具立てを備えている。超リアリズムといえるほどの細密さで組みたてられた荒廃した長屋のセット（美術・朝倉摂）が舞台から客席までをほぼ半円型に取り囲み、ここで唐独特の下町的叙情と鮮血のロマン主義にいろどられた約一時間半のドラマが展開する。長屋育ちの青年アリダ（沢田研二）、その兄嫁で今は女プロレスの「芸人」お甲（李礼仙）、少年時代のアリダを誘拐して刑務所入りした銀めがね（伊藤雄之助）、乳酸菌飲料を売る偏執的な羊水屋（阿部昇二）、この四人の奇妙な絡み合いが劇の主筋である。

長屋の物干台が崩れ落ちる屋台崩し、お甲が演じる「滝の白糸」の水芸、さらにみずからカミソリで手首を切り、鮮血をしたたらせるお甲を乗せて客席の頭上を飛び交うクレーン仕掛けの流し台など、スペクタクルな見せ場も豊富である。〉

記事の後半は批評となり、〈沢田も好感はもてるが、演技者としての幼さは隠せない〉と厳しい。

沢田自身は『ザ・スター』でこう語っている。

〈にわか役者のぼくがどれほどコンプレックスにかかったかというと、実はほとんどなかったのである。

麻布の青俳でのけいこはおよそ一か月続いた。関西弁でゆっくり話すくせのあるぼくは、ハキハキしたセリフのいいまわしのダメ出しに悩みはしたが、歌手のぼくは役者の立場として苦しむ必要があえてここになかったのだ。

ただ、あまたいる役者を外して、ぼくに出演依頼をしてくれた唐十郎さんらへの期待に対する責任は重く、けいこ期間中は歌の仕事を大分カットして毎日六、七時間をそこに費やした。

役者になり、もがくことは肉体的苦痛がともなっても、未知の世界への挑戦であって喜びでもあった。

大映撮影所での六日間公演が連日満員で終わった時に新たなコンプレックスが起きた。一か月のけいこを唐さんは少ないといった。土煙をあげて体当たりの演技で迫った役者にも冷たかった。ショーとして完ぺきな仕上がりを企てる彼だった。同じショーマンとしてぼくの歌の世界と立場をひとつにした時、それはあまりに開きすぎていた。〉

悪魔のようなあいつ、連載開始

『唐版・瀧の白糸』が開幕する前日の三月一〇日に発売された女性週刊誌「ヤングレディ」で、阿久悠原作・上村一夫作画の劇画『悪魔のようなあいつ』の連載が始まった。

『悪魔のようなあいつ』連載第一回は、一九七五年三月一〇日から一一日にかけての出来事となっており、発売日とほぼ同じだ。冒頭には「あと二七五日」、最後のページには「あと二七四日」とあり、これの日数は三億円事件の時効までという意味だ。以後、毎週その数字は減っていき、一二月の最終回では、時効まで「あと〇日」となるはずだった。

『悪魔のようなあいつ』連載第七回（四月二一日発売）に「時の過ぎゆくままに」という詩が載った。阿久悠が書いたもので、ドラマの主題歌になるはずの曲だった。言うまでもなく、ハンフリー・ボガートとイングリッド・バーグマンが主演した映画『カサブランカ』の挿入歌《As Time Goes By》のタイトルを日本語に訳したものだが、歌詞で映画を想起させるのは〈ピアノで想い出の歌〉というところぐらいだ。

ドラマはまだ始まっていないが、すでに主題曲の歌詞はできていた。

ドラマの準備も進む。劇画版の最初の数回で主要人物が登場していたので、その設定をもとにして脚本が書かれるが、それを担ったのは、七四年に萩原健一主演・神代辰巳監督『青春の蹉跌』の脚本を書いて注目された長谷川和彦だった。長谷川が『青春の殺人者』で監督としてデビューするのは七六年のことである。

テレビドラマと阿久悠・上村一夫の劇画とは主要登場人物は同じだが、ストーリーは異なる。

布施明《シクラメンのかほり》

七五年前半、とくに二月から五月にかけてヒットチャート上位にあった《昭和枯れすゝき》は前年七月に発売され、当初は売れなかった。だが、久世光彦が『時間ですよ昭和元年』の挿入歌に採用し、ドラマのなかで使われると売れだして、発売から九か月が過ぎてから、チャート上位に上がった。久世は『時間ですよ』から、堺正章《街の灯り》や浅田美代子《赤い風船》などをヒットさせていた。沢田の《時の過ぎゆくままに》もそれと同じ結果が期待される。

四月は山口百恵《湖の決心》、桜田淳子《ひとり歩き》、西城秀樹《この愛のときめき》、アグネス・チャン《恋人たちの午後》などが健闘するが、三位にも届かない。

五月になると、郷ひろみ《花のように鳥のように》が五日に二位、野口五郎《哀しみの終わるとき》が一二日に二位となるが、《昭和枯れすゝき》には勝てなかった。

だが五月一九日、布施明《シクラメンのかほり》が一位を奪取した。一九六八年にオリコンのチャートが発表されるようになってから、布施明の曲が一位になったのはこれが初めてだ。《シクラメンのかほり》は大ヒットし、年間ランキングでも二位（一位は《昭和枯れすゝき》）となる。

布施明は沢田の一歳上で、東京で生まれ育った。高校在学中に渡辺プロダクションにスカウトされ、伊東ゆかりや園まりの前座から始め、一九六五年に《君に涙とほほえみを》でデビューし、六七年から『紅白歌合戦』に連続出場していた。《霧の摩周湖》《愛は不死鳥》《積木の部屋》などのヒット曲はあったが、賞には無縁だった。

《シクラメンのかほり》は銀行員だった小椋佳が作詞・作曲した曲だ。渡辺プロは前年、森進一にフォークの岡本おさみと吉田拓郎による《襟裳岬》を歌わせ、レコード大賞を受賞したので、布施にもフォークの作詞・作曲家に書かせようと考えた。

小椋はシンガーソングライターとして一九七一年にレコードデビューしていたが、コンサートを開くこともなく、テレビの歌番組にも出ていないので、広く知られていたわけではない。布施サイドからの依頼で作ったのが《淋しい時》で、B面用にもう一曲と依頼され、かつて自分のために作っていた《シクラメンのかほり》を提出した。作ってはみたが、気に入らなかったので、発表しなかった曲だった。渡辺プロ社長・渡辺晋の判断で、《シクラメンのかほり》がA面になった。

《シクラメンのかほり》は四月一〇日に発売され、二一日付のランキングで七位に初登場した。二八日には三位になるが、郷ひろみや野口五郎の新曲に抜かれて、五月五日は五位、しかし一二日は三位に上がり、一九日に一位に到達した。

宇崎竜童、阿木燿子登場

五月のランキングでは、ダウン・タウン・ブギウギ・バンドが健闘していた。

宇崎竜童率いるダウン・タウン・ブギウギ・バンドは一九七三年に結成され、一二月に宇崎の作詞作曲による《知らず知らずのうちに》でレコードデビューした。これはヒットしたとは言えなかったが、三枚目《スモーキン・ブギ》は七四年一二月に発売されると、じわじわと広がり、二月一〇日のチャートでは一九位にまで上がっていた。阿久悠は《スモーキン・ブギ》について〈前年あたりからすっかり主流になっているフォークソング、またはフォーク調歌謡曲の、湿度の高いセンチメンタリズムに、「冗談じゃねえやい」と一撃を食わせたような快感〉を抱いていた。つまり、好意を持ちつつも新たなライバルの登場だと認識していた。《スモーキン・ブギ》は三月三日には四位に上がり、以後も四位から六位に位置していた。四月二八日も六位で、翌週五月五日は一〇位と下がるが、同時に《港のヨーコ・ヨコハマ・ヨコスカ》が八位になっていた。以後、二曲がトップ20に入り続ける。《シクラメンのかほり》は五月一九日から六月一六日まで五週連続して一位だったが、二三日に《港のヨーコ・ヨコハマ・ヨコスカ》に奪われた。

《港のヨーコ・ヨコハマ・ヨコスカ》は宇崎竜童の妻、阿木燿子の作詞家デビュー作である。この五月、山口百恵は《湖の決心》が上位にいて、《港のヨーコ・ヨコハマ・ヨコスカ》と競っていた。百恵が宇崎・阿木と組み、沢田研二最大のライバルに成長するのはこの一年後のことだ。

四月二〇日発売《港のヨーコ・ヨコハマ・ヨコスカ》は「歌」というよりも「語り」で、探偵らしき男が港の酒場をめぐり、ヨーコという女を探しているという設定だ。この男はあくまで「聞き役」であり、この男に対して、「関係者」らしき人物がヨーコについて知っていることを語る。最後に、〈あんたあの娘のなんなのさ〉となって、バンドのメンバーが〈港のヨーコ・ヨコハマ・ヨコスカ〉と絶叫するところだけがメロディが付いている。構成も斬新だった。

こんな歌はなかった。阿久悠は、「やられた。俺が書きたかった」と衝撃を受けたという。

巴里にひとり

沢田研二のフランスへの挑戦は続き、五月二〇日にシングル第二弾《ATTENDS MOI》が発売された。翌日の二一日には、日本で《巴里にひとり》が発売される。一月にフランスで発売された《MON AMOUR JE VIENS DU BOUT DU MONDE》(恋人よ、私は世界の果てからやってきた)を日本語の歌詞にしたもので、山上路夫が訳詞した。

フランス語版のタイトルは「私は世界の果てからやってきた」という意味で、歌の主人公は、世界の果て(日本のことか)からパリへ来たという設定だ。しかし日本版の《巴里にひとり》はその逆で、主人公は〈あなたをなぜ残し　ここへ来たのだろう〉と思う。「ここ」とはパリのことだ。別れてパリへ来たが、〈何を見てもあなた　かんじるばかり〉で、〈あまりに美しいこの街を歩けば　よけいに哀しみが　この胸つつむ〉という心情だ。

フランスで発売された《MON AMOUR JE VIENS DU BOUT DU MONDE》(恋人よ、私は世界の果てからやってきた)は二〇万枚のヒットとなり、ゴールド・ディスク賞を受賞し、五月五日放映のフジテレビ『夜のヒットスタジオ』ではフランスのポリドールの担当者が、その「ゴールド・ディスク」を沢田に手渡した。

ドラマ『悪魔のようなあいつ』

六月六日、TBS系列で沢田研二主演のテレビドラマ『悪魔のようなあいつ』の放映が始まった。金曜日夜一〇時からという、大人が見る時間帯だ。

沢田研二が演じる「可門良《かもんりょう》」は横浜のバー「日蝕」で歌手として働いている。一晩に何回か歌うのが仕事だ。昼間は何をしているでもない。足が不自由な妹がいて入院している。藤竜也演じる「日蝕」の経営者「野々村」は元刑事で、三億円事件の捜査で何らかのミスをして警察を辞めたらしい。野々村は良を金持ちの女性に斡旋してもいる。「日蝕」に顔を出す刑事が若山富三郎で、三億円事件を個人的に追っており、良が怪しいと睨んでいる――こんな設定で物語は進む。

現在のテレビの状況ではとても放映できない、暴力と性が炸裂するドラマだった。それぞれの登場人物が持つ過去もほのめかされるだけで、分かりにくい。それゆえカルト的な人気はあったが、視聴率は低迷する。沢田研二は俳優としては、テレビドラマでも映画でも視聴率や興行収入という点では、大きな成功を得られない。

阿久悠と沢田研二は原作の劇画が連載されている「ヤングレディ」五月五日号（ドラマ放映

開始の一か月前）で宣伝を兼ねて対談した。阿久はこのドラマのテーマについて〈男の友情というか、ホモ的な世界がテーマなんだ。〉と語っている。〈ホモっていうとイメージ悪いけど、ずばりホモセクシャルな意味のホモじゃなくて、気持ちの上では男が好きといった……。／僕も真から好きになれるっていうのは女より男だね。〉

沢田が驚いて、〈へえ、そうですか。〉と答えると、阿久は〈フランス映画であるでしょ。例えば、アラン・ドロンとリノ・バンチュラとか〉と説明した。沢田もアラン・ドロンとジャン・ギャバンを例に挙げ、〈僕もそういった男同士の関係っていうのは、いいと思いますよ。〉と言う。

たしかに、沢田研二演じる良と、藤竜也演じる野々村の間にはホモセクシュアルな雰囲気がある。それに気づいたのが、まだ作家デビューする前の栗本薫（中島梓）だった。彼女はこのドラマに触発されて、『真夜中の天使』『翼あるもの』などを書き、そこからBL（ボーイズラブ）文学が始まったとも言われる。こんにち隆盛を極めるBLの起点のひとつはこのドラマであり、沢田研二だというわけだ。

ドラマ『悪魔のようなあいつ』の第一回から、沢田研二はギターの弾き語りで《時の過ぎゆくままに》を歌った。

阿久悠はこの曲について〈虚無的な人間が一瞬虚無を忘れて愛に溺れ、熱が冷めるとやはり虚無の中にある〉と『夢を食った男たち』で自己解説している。

小林亜星との対談（「文藝春秋」一九九九年一〇月号）では、《時の過ぎゆくままに》で、いい男にめぐり逢った気がしました。私は彼にそこそこの不埒なイメージを抱いているんですが、彼が歌うともっと不埒になる。それは沢田くんに言わせると、めいっぱい戦ってそうしてたんだ、ということになるんです〉と語っている。

《時の過ぎゆくままに》は〈あなたはすっかりつかれてしまい〉と倦怠感漂う詞で始まる。年上の女性と思われる〈あなた〉は、〈生きてることさえいやだ〉と言う状況にある。〈小指に食い込む指輪を見つめ〉とあるから、彼女は既婚者なのだろう。

別れの歌ではない。二人は現在進行形の関係だ。といって幸福な恋でもない。

〈こわれたピアノで想い出の歌〉〈あなたは昔を思って泣いた〉など『カサブランカ』を思い出させるフレーズをはさみながら、二人の状況が描かれていく。歌は〈もしも二人が愛せるならば　窓の景色もかわってゆくだろう〉で終わる。ここは、《As Time Goes By》のラスト〈The world will always welcome LOVErs（世界はいつでも恋人たちを歓迎するだろう）〉に呼応しているのかもしれない。

この曲は「あなた」へ向けて呼びかけているというより、モノローグのようだ。「僕」や「俺」といった一人称代名詞も出てこない。どこか客観的で、投げやりで半ば他人事のようだ。

〈時の過ぎゆくままに　この身をまかせ　男と女がただよいながら　堕ちてゆくのもしあわせだよと　二人つめたい　からだ合わせる〉と虚無的な世界観が示される。

この「堕ちてゆく」に、渡辺プロ社長・渡辺晋から「変えてくれ」との要請があった。頽廃的で好ましくないというのだろう。しかし阿久としてはもともと「堕ちる歌」を書いたのだ。譲れなかった。

〈あの「堕ちてゆくのが幸せだよ」というフレーズが、これほど似合う歌手というのも、日本では珍しい気がして、これはプロダクションの社長がどんなにクレームつけようが、「堕ちる」という言葉をカットしなくてよかったと思いました。〉（『移りゆく時代　唇に詩』）

作曲については、阿久悠が贅沢な試みを提案した。大野克夫、加瀬邦彦、井上堯之、井上忠夫、都倉俊一、荒木一郎の六人に詞を渡し、作曲してもらい、そのなかから選ぶというコンペをしたのだ。その選考経緯は分からないが、大野克夫の曲に決まった。このコンペについて大野はこう明かしている。

〈選ばれるよう策を練りましたから（笑）。詞をもらった途端にメロディが浮かんだから、忘れないうちにさっさと帰ってその日のうちに作曲し、翌日には持っていったんです。早く聴いてもらった方が有利ですから。〉と明かしている（「週刊朝日」二〇一七年一二月八日号）。

大野克夫はそれまでも沢田研二のアルバムの曲は作曲しているが、シングル盤は初めてだった。阿久悠と組むのもこれが最初だ。

阿久悠は大野克夫の作品を〈独特のパッションとセンチメンタリズムが同居している。奇妙に言葉で説明するならば、濡れたパッションと、乾いたセンチメンタリズムという矛盾したものの融合である。感性のクロスオーバーという言い方が当たっているかもしれない。／歌いたい気分ときききたい気分の融合、音楽における和洋の完璧な融合、感性のドライとウェットの融合。それらに生理的快感が加わっている〉と評している（「ｙｏｕ」一九七八年一月一五日）。

主題曲は完成し、ドラマの中でも歌われたが、六月の時点ではまだレコードは発売されていない。この時期の沢田のシングル盤は《巴里にひとり》だ。

ドラマ『悪魔のようなあいつ』の音楽は井上堯之バンドが担った。メンバーの岸部修三はドラマにチンピラの役で出演すると、これを機会に久世光彦のすすめもあって俳優に転身すると決め、井上堯之バンドから脱退し、翌年、「岸部一徳」と改名した。ＰＹＧでは萩原健一に次ぐ俳優への転身だ。

結婚

《巴里にひとり》がチャート上位にあり、『悪魔のようなあいつ』が放映開始となる直前、沢田研二はザ・ピーナッツのひとり、伊藤エミと結婚した。

「自叙伝」には「恋愛・結婚・女性観」という九ページにわたる章がある。そこでは、伊藤エミとの交際は二一歳、一九六九年に始まったと明かされている。ザ・タイガースの人気絶頂の頃だ。以後、「極秘裏」に交際は続いた。彼女以外にも、〈闇から闇に葬られた〉〈極秘裡の〉恋愛がいくつかあったとも語っている。それが伊藤エミと交際する前なのか後なのかは分からない。好みのタイプは〈ファニーフェイスですね、いわゆる美人というよりも。アッケラカンとした人〉と言う。

伊藤エミとの交際を〈極秘の極秘〉とするため、ひとに知られないよう〈最大の努力〉をした。そして、つきあい始めた頃から、結婚を考えていたという。

六月四日午前に二人は世田谷区役所等々力出張所へ婚姻届を提出しに行った。なぜか報道陣が待ち構えていた。同日一五時五分から帝国ホテルで、二人は渡辺プロダクション社長・渡辺晋の立ち会いで記者会見をした。二四八名の記者が集まり、テレビカメラも五台という、トップスターの結婚発表にふさわしい大規模な会見だった。以下、「週刊平凡」(六月一九日号)をもとに、この会見の模様を記していく。

沢田は「結婚を考えるようになったのはいつか」の質問に、「交際を始めたときから、かれこれ五年か六年前」と答えた。これまで二人だけで人前に出たことはなく、会うのは、伊藤エミの家かハナ肇の家だったと明かす。そして「まったくふたりきりということはなかった。これは断言いたします」と質問にないことも語った。

「自叙伝」では〈自分の意識のなかでは、恋愛イコール結婚に結びつけるという、覚悟みたいなのをしてたところがあった。いまでこそ結婚しないことを認める人種もふえてきましたけど、結婚して一人前という気持が僕にはあった。〉とも説明する。

問題は、沢田研二が大スター、アイドルだったことだ。

〈でもずっとアイドルをやっていけるわけではないし、そろそろこのあたりで誰かがいままでのアイドルじゃないやり方というものを、やっていかないといけないと。〉

〈また人気というのが、やれ恋人ができただの、結婚するだのというとガタ落ちになることは既成事実だったけれど、なんとかそれを打ち破りたいと思いましたからね。〉

沢田研二は二七歳になる年に結婚したが、同世代の他の男性歌手はどうだったか。GS出身の井上順は七一年（二四歳）でモデルの青木エミと結婚（八二年離婚）、堺正章は七四年（二八歳）に一般女性と結婚（八〇年離婚）していたが、二人とも司会業に転じていたので、アイドル的存在ではなかった。

賞レースのライバルたちはどうか。一九七五年時点で、布施明、森進一、五木ひろしの三人はみな独身だ。布施は一九八〇年（三三歳）にオリビア・ハッセーと（八九年離婚）、森進一は一九八〇年（三三歳）に大原麗子と（八四年に離婚）、五木ひろしは一九八九年（四一歳）に和由布子と結婚する。

沢田の下の世代のアイドルも結婚は遅い。一番早い郷ひろみが一九八七年（三二歳）で二谷友里恵と（九八年に離婚）、野口五郎は二〇〇一年（四五歳）に三井ゆりと、西城秀樹は二〇〇一年（四六歳）に木本美紀と結婚する。

沢田研二が他のスターと決定的に違うのは、結婚しても人気が落ちなかっただけでなく、結婚した後に頂点を極めた点だ。似た例としては石原裕次郎や木村拓哉もいるが、逆に言うと、星の数ほどいるスター、アイドルのなかで数えるほどしかいない。

結婚しても人気を保てる自信のある者は少ない。何よりも、それを決断し所属事務所の合意をとりつけるのが困難である。沢田の場合、結婚相手が渡辺プロダクション最大の功労者だったことが、プラスに働いたと言える。渡辺晋と渡辺美佐は伊藤エミの望みを潰すことはできなかった。

沢田が渡辺晋に相談したのは前年一月のヨーロッパ旅行のときで、渡辺は「慎重によく考えるように」とのみ言ったという。反対はしなかったのだ。そして一一月に、沢田は正式に伊藤エミと結婚すると渡辺プロに申し出て、了承された。伊藤エミの結婚は同時に引退を意味する。一一月の時点で渡辺プロはザ・ピーナッツの引退興行を決めたのだろう。

ザ・ピーナッツ解散後の五月一六日、沢田家と伊藤家の両親が揃って、渡辺社長宅を訪れ、二人の結婚が決まった。ようするに「婚約成立」である。しかし極秘にされた。

会見で沢田は「結婚に一番力になってくれた人は」との質問に、「社長（渡辺晋）と副社長（渡辺美佐）」と答えている。加瀬邦彦をはじめとする仲間には「たとえ親友でも、今日まで、発表できないことを打ち明けては迷惑がかかる」と思い、何も相談しなかったという。

沢田は中野ブロードウェイで暮らしていたが、これからは伊藤エミの実家で暮らすことになったとも報告し、記者会見は祝福ムードに包まれ、四〇分ほどで終わった。

同日夜、沢田はフランスで発売される新曲のキャンペーンのため、羽田空港を二二時五八分発の日航機でパリへ旅立った。羽田空港には約二百人のファンが押し寄せ、騒然となった。彼女たちのなかには、ジュリーを祝おうと来た者もいたかもしれないが、「裏切り者！」「もう帰ってこないで！」との声が飛んだ。

それまでも伊藤エミと結婚するのではと報道されていたが、沢田はコンサートなどでファンに向かって「結婚するようなことがあったら、マスコミ関係者よりも先にファンのみなさんに報告します。裏切りません」と語っていた。ファンはそれを信じていた。沢田もその約束を守ろうとした。それなのに「週刊平凡」五月一日号が「沢田研二・伊藤エミの結婚段取り完了」と報じ、さらに同六月一二日号では「沢田研二・伊藤エミが京都で仏前結婚」とまで報じたのだ。〈甘かった。気がつけばもう記者団はすべての計画を知っていた。〉と沢田は『ザ・スター』で振り返る。

沢田の渡航が四日夜と決まっていたので区役所への届け出は延ばせない。そこで急遽同日に記者会見をすることになり、結果として、「マスコミよりも先にファンに報告する」という約束を破ってしまった。だから、「裏切り者」との声が飛んだ。あるいは、結婚したことそのものが裏切りだと思ったファンもいたのかもしれない。

「裏切り者!」との声は沢田の耳にも届いていた。

〈その時背後からの一言がぼくの甘さを切り裂いた。足がピタリと押えつけられたように止まった。顔面が硬直してくるのがわかる。動きの不自由になった体を無理にかえすようにふりむけば涙をためた少女が立っていた。その目は何もかもみすえたように悲しんでいた。そしてもう一度つぶやくように、/「裏切り者」/と声を落とすと、そのうすい影を消した。〉

『ザ・スター』には小説風にこう書かれている。沢田は「裏切りなものか、自分の幸福を自分のいいままにして何が悪い」と思ったそうだ。

羽田まで来たのはごく一部だが、それは日本全国にいるファンたちの縮図だった。ジュリーに疑似恋愛的感情を抱いていた者は裏切られた気分だったろう。もちろん、ジュリーの幸福を祝おうと思う者もいただろう。

夏の闘い

沢田研二はフランスでの新曲のプロモーションのため、六月はほとんど日本にいない。そのため、《巴里にひとり》を日本の歌番組で歌う機会は少なかった。この曲は六月二日付でチャートに入ったが、《シクラメンのかほり》《港のヨーコ・ヨコハマ・ヨコスカ》《哀しみの終わるとき》《昭和枯れすゝき》などが上位にあるので、翌週九日も五位で、それより上へはいけなかった。フランスのチャートでは四位だったのに日本のチャートの最高は五位で、売り上げ枚数は二〇・三万枚と、沢田のシングルとしては満足な数字ではない。

六月二三日に《港のヨーコ・ヨコハマ・ヨコスカ》が一位となり、《巴里にひとり》は一二位、三〇日と七月七日は一三位、一四日は一四位と下がり、二一日の一八位でトップ20からは消えた。

週間ランキングで七月二八日に、《港のヨーコ・ヨコハマ・ヨコスカ》を落として一位になったのは細川たかし《心のこり》だった。女性の立場での歌で、〈私バカよね　おバカさんよね〉と女の愚かさを美化する後進性をあらわにした歌だった。こういう反動勢力が好む歌はまだまだ強い。

七月から八月——桜田淳子は《十七の夏》、山口百恵は《夏ひらく青春》で競い、新御三家は、西城秀樹《恋の暴走》、野口五郎《夕立ちのあとで》、郷ひろみ《誘われてフラメンコ》で競っていた。演歌勢では五木ひろし《千曲川》、八代亜紀《ともしび》が競う。

そして——一九七五年もまた大手芸能プロダクションではないところから大ヒット曲が生まれた。前年のヤマハポピュラーソングコンテスト（通称・ポプコン）で、《恋のささやき》でグランプリを獲ってデビューした小坂恭子の、三枚目のシングル《想い出まくら》である。ポプコンの曲だが歌詞もメロディも演歌のようだ。男に捨てられた女が、タバコを吸ったり酒を飲んだりして、あの人の想い出に浸っている後ろ向きの歌である。五月二五日に発売されると、じわじわと売れだし、七月二八日に一二位となり、八月一一日には三位、一八日に二位になっていた。

細川たかし《心のこり》は七月二八日から四週連続で一位だったが、八月二五日に《想い出まくら》に替わられた。

《想い出まくら》は七九・四万枚を売り、年間ランキング三位となり、三六週にわたり一〇〇位以内にチャートインしていたが、一位だったのは一週だけだった。

比叡山フリーコンサート

沢田研二は六月下旬に帰国した。六月二五日の誕生日（二七歳）の深夜に、萩原健一やザ・

タイガースのメンバー（瞳みのるを除く）をはじめ、親しい仲間による「極秘披露宴」が行なわれた。

夏には全国縦断ロックコンサートが予定されていた。テレビでは「歌謡曲の歌手」だが、ステージでの沢田研二はロックシンガーだ。

ファンに結婚を報告するため、沢田と渡辺プロは七月二〇日の比叡山延暦寺でのコンサートを入場無料にすることを決めた。

七月二〇日午後一時に延暦寺釈迦堂で結婚式を挙げ、三時になると、沢田はリンカーンの白いオープンカーで野外コンサートのステージへ登場した。孔雀の刺繍のピンクのチャイナスーツを身にまとい、一時間一〇分にわたり歌った。そして「結婚しました」と報告し、白いウェディングドレスの伊藤エミをステージに呼び、「僕の妻です」と紹介した。その瞬間、歓声と悲鳴が飛んだ。現実を認めたくないファンもまだたくさんいた。

この「比叡山フリーコンサート」の入場者は三万人とも二万人とも一万五千人とも言われる。京都府警が一〇〇名、民間の警備会社からも一〇〇名、場内整理の学生アルバイトが三〇〇名と、警備の数でも当時としては異例だった。ステージには一五〇本もの巨大スピーカーが並び、ニッポン放送が中継した（一〇月にはライヴ盤のアルバムが発売）。

続いて、全国縦断コンサート「JULIE ROCK'N TOUR '75」が八月一日の北海道から始まり、二七・二八日の渋谷公会堂まで、二〇都市で三九公演が開催された。

主題歌は大ヒット、視聴率は低迷

その間の八月二一日に、ドラマ『悪魔のようなあいつ』の主題歌《時の過ぎゆくままに》が、満を持して発売された。B面の《旅立つ朝》は安井かずみが沢田に書いた最後の歌となる。《時の過ぎゆくままに》は九月一日に三位でトップ20に登場した。六月から二か月にわたりドラマのなかで歌われていたこともあり、発売と同時に火が点いた。

《時の過ぎゆくままに》が三位となった九月一日の一位は岩崎宏美《ロマンス》だ。《時の過ぎゆくままに》は八日に二位になるが、《ロマンス》は一位を守る。三位は《想い出まくら》、四位は桜田淳子《天使のくちびる》、五位は細川たかし《心のこり》という順位だ。このうち三曲（ロマンス、時の過ぎゆくままに、天使のくちびる）が阿久悠の作詞だった。この作詞家は絶頂期を迎えていた。

一五日も《ロマンス》《時の過ぎゆくままに》《想い出まくら》《天使のくちびる》が変わらず、二二日になって、《時の過ぎゆくままに》が一位を奪取し、《ロマンス》は二位になった。上位二曲は一〇月二〇日まで変わらなかった。一・二位を阿久悠が独占したのだ。

《時の過ぎゆくままに》は大ヒットへと向かっていくが、ドラマ『悪魔のようなあいつ』の視聴率はふるわなかった。当代一のスター・沢田研二が主演しているのに、最高一一・六パーセントだった。二〇二〇年代の現代ならば、大ヒットと言える数字だが、当時は二〇パーセントがヒットの基準だ。『悪魔のようなあいつ』は三億円事件の時効となる一二月に終わる予定だったが、九月二六日（一七回）で打ち切られた。原作の劇画も九月八日号の二四回で中途半端というか、何も解決しないまま終わる。すでにドラマのストーリーは原作とは異なる展開をしていた。

ドラマ『悪魔のようなあいつ』は視聴率としては成功したとは言えなかったが、主題歌《時の過ぎゆくままに》は二六週間にわたりチャートインし、累計売り上げ枚数九一・六万枚、年間ランキング四位となる。視聴率が低いとはいえ、『悪魔のようなあいつ』は一〇〇〇万人以上が見ていたから、相乗効果があった。

ドラマの主題歌がミリオンセラーを生むのが常態化するのは、一九九〇年代になってから、フジテレビの月曜九時枠、通称「月九」あたりからで、七〇年代はレコード会社、歌手の側にテレビとタイアップしようという意識は薄い。ドラマ側のプロデューサーが仕掛けて散発的にヒット曲が出るだけだ。久世光彦は「ドラマからヒット曲を生む」点で先駆者であり、最大の功労者であった。

またもパリへ

一〇月一八日、沢田研二はパリへ旅立った。フランスで一〇月一五日に発売された《FOU DE TOI》のプロモーションと、映画『パリの哀愁』(出目昌伸監督、渡辺プロダクション制作、七六年公開)のロケのためで、一一月一〇日に帰国予定だった。九月一日放映の『夜のヒットスタジオ』で、この映画のタイトルと、簡単なあらすじが司会の三波伸介によって紹介されている。

一九七五年の沢田研二は俳優としても、前年末公開の映画『炎の肖像』と翌年公開の『パリの哀愁』、演劇『唐版・瀧の白糸』、テレビドラマ『悪魔のようなあいつ』に出演した。だが、歌ほどの成功は得られなかった。

ユーミン・ブーム

一〇月二七日に《時の過ぎゆくままに》から一位を奪ったのは荒井由実(後、松任谷由実)だった。彼女が歌った曲ではなく、作詞作曲したバンバン《「いちご白書」をもう一度》が一位になったのだ。これもじわじわと売れたタイプで、発売は八月で、九月一五日に一五位でトップ20に入り、少しずつ順位を上げて、一位になった。その後も一二月一日まで六週間一位を維持し、七五万枚の大ヒット曲となる。

荒井由実は一九七二年に《返事はいらない》でデビューしたが、あまり売れなかった。しかし七三年のファーストアルバム《ひこうき雲》がヒットした。シンガーソングライターとして自分で歌っていたが、初期から作詞家あるいは作曲家として、他の歌手へ楽曲を提供していた。そして一九七五年秋、その二つの分野で相次いで成功した。《「いちご白書」をもう一度》がヒットしている間に、一〇月五日発売の荒井由実自身の《あの日にかえりたい》も売れだしていたのだ。

《「いちご白書」をもう一度》は一二月一日まで六週連続して一位で、秋の最大のヒット曲となった。《時の過ぎゆくままに》は二位、三位、六位、七位、九位、一〇位と順位は下がるが、次の曲が発売されていないこともあり、根強くトップ10に入っていた。一二月八日に一三位となった後も一五位、一六位で、年内最後の二九日で、トップ20から消えた。

《「いちご白書」をもう一度》から一位を奪ったのは岩崎宏美《センチメンタル》で、岩崎は二曲連続して週間ランキング一位を獲得した。デビュー一年目での快挙である。

《センチメンタル》は翌週一五日も維持したが、二二日は荒井由実《あの日にかえりたい》に一位を奪われた。ユーミンが本格的にヒットチャート戦線に登場したのだ。三五週にわたりチャートインし、六一・五万枚を売る、ユーミン最初のヒット曲である。《「いちご白書」をもう一度》もまだ上位にあった。連動して六月発売のアルバム《COBALT HOUR》も売れだしていた。後に、この時期は「第一次ユーミン・ブーム」と呼ばれる。

《あの日にかえりたい》は七五年最後の二九日のチャートでも一位だった。

激動のチャート

一九七五年の週間ランキングの一位の推移は次ページの図表のようになる。

一五曲のうち最も長く一位だったのは《「いちご白書」をもう一度》で六週、《港のヨーコ・ヨコハマ・ヨコスカ》《シクラメンのかほり》《時の過ぎゆくままに》が五週となる。

売り上げ枚数の年間ランキングでは、《昭和枯れすゝき》《シクラメンのかほり》《想い出まくら》《時の過ぎゆくままに》《港のヨーコ・ヨコハマ・ヨコスカ》《ロマンス》《22才の別れ》《心のこり》《我が良き友よ》《冬の色》がトップ10で、いずれも一位を獲得した曲だ。

これが、いわば「民意」である。ではその民意は「権威」である賞にどう反映されたのか。

賞レース下馬評

一一月になると賞レースの予想記事が週刊誌を賑わす。

《シクラメンのかほり》の布施明と《時の過ぎゆくままに》の沢田研二が最有力とされていた。

1975年 オリコンチャート1位推移

1月6日	山口百恵《冬の色》
13日	
20日	
27日	
2月3日	桜田淳子《はじめての出来事》
10日	野口五郎《私鉄沿線》
17日	
24日	
3月3日	風《22才の別れ》
10日	
17日	
24日	
31日	かまやつひろし《我が良き友よ》
4月7日	
14日	
21日	
28日	さくらと一郎《昭和枯れすゝき》
5月5日	
12日	
19日	布施明《シクラメンのかほり》
26日	
6月2日	
9日	
16日	
23日	ダウン・タウン・ブギウギ・バンド《港のヨーコ・ヨコハマ・ヨコスカ》
30日	
7月7日	
14日	
21日	
28日	細川たかし《心のこり》
8月4日	
11日	
18日	
25日	小坂恭子《想い出まくら》
9月1日	岩崎宏美《ロマンス》
8日	
15日	
22日	**沢田研二《時の過ぎゆくままに》**
29日	
10月6日	
13日	
20日	
27日	バンバン《「いちご白書」をもう一度》
11月3日	
10日	
17日	
24日	
12月1日	
8日	岩崎宏美《センチメンタル》
15日	
22日	荒井由実《あの日にかえりたい》
29日	

『オリコンチャート・ブック』を基に作成

レコードセールスでは、《シクラメンのかほり》のほうが上だが、それほどの差はない。五木ひろしと森進一には大ヒット曲はない。

三つ巴の闘いも面白いが、芸能マスコミとしては二者激突が好ましい。賞発表の番組の視聴率も上がる。そしてその二者に因縁があれば、なおいい。

沢田研二と布施明はともに渡辺プロダクション所属だった。これほど書き甲斐のある激突もめったにない。「週刊平凡」一一月一三日号は「もっか有力は布施明、沢田研二、野口五郎」と三人を挙げた。「週刊明星」一一月一六日号は「布施明との間に散った一瞬の火花　沢田研二が突然帰国　その真相」、「週刊平凡」一一月二七日号は「布施明と沢田研二がいま深刻な対立！」と煽った。

日本歌謡大賞ノミネート

前述のように、沢田研二は一〇月一八日に映画撮影のためパリへ向かった。一一月一〇日まで滞在の予定だったが、急遽、一一月三日に帰国した。羽田に着いたのは一一時二七分で、同日二二時三〇分発の日航機で再びヨーロッパへ飛んだ。日本には九時間ほどしかいなかった。当時ヨーロッパへはアラスカ経由で二七時間もかかった。

そんなにまでして帰国したのは、一五時からの日本歌謡大賞のノミネート発表会に出席するためだった。欠席したら受賞資格を失うわけではないが、審査員の心証を損なうかもしれないとの周囲の判断で、急遽、ハードスケジュールを組んで帰国した。

この日は大賞候補者が発表され、野口五郎、桜田淳子、ダウン・タウン・ブギウギ・バンド、西川峰子、布施明、八代亜紀、西城秀樹、小柳ルミ子と呼ばれていった。沢田研二は九番目で、その後、郷ひろみ、五木ひろし、伊藤咲子で合計一二名。ここから六名が放送音楽賞に選ばれ、さらに一名が大賞となる。

会場に来ていたなかで、森進一、山口百恵、森昌子、梓みちよ、かまやつひろし、さくらと一郎は落選した。

布施はスピーチで、「『シクラメンのかほり』がこんなに売れたのは、すべて小椋佳さんの力です。ぼくには、今年がもう最後のチャンスじゃないでしょうか？　来年は引退、なんてウワサもあるようで…、よろしくお願いします」と、笑わせた。

沢田研二は「今年はドラマや芝居をやったりして、歌のほうで目ぼしいことはなかったんですが、大賞への第一歩としてノミネートされ、大変うれしく思ってます。外国でいくらがんばっても、日本で評価されなくては意味がありません。今日はパリから強引に帰って来ましたが、いいおみやげができました。一生けんめい帰ってきたので、よろしくどうぞ」と、強引な帰国であることを強調した。それは、帰ってこいと命じた会社への反抗のようでもある。

発表会後、沢田は一七時半に世田谷区の自宅へ帰り、妻エミと会うと、ゆっくり休む間もなく、二〇時からの『紅白歌のベストテン』の「即日発表！3万人が選ぶ日本歌謡大賞!! ノミネート歌手総出演」に出演し、二二時三〇分発の日航機でパリへ向かった（自宅から羽田に向かったとの報道もある）。

布施明、沢田研二それぞれのパーティー

三日後の一一月六日、布施明はホテルオークラ「平安の間」で開かれたキャンドル・ナイトパーティーで、「みなさんにもなんとか手助けしていただいて、賞を獲りたい」と意欲を表明した。このパーティーには約三〇〇名のマスコミ、音楽関係者など、各賞で審査員を務めている者たちが招待され、食事代はひとり一万円、お土産に一万円相当の万年筆とボールペンのセットが配られ、総額一〇〇〇万円以上と報じられた。参加者のひとりは、布施から「絶対に、本当に絶対に大賞を獲りたい」と半分涙声で言われた。日頃は「気取り屋」と言われている布施が、来場者たちに笑顔を振りまいていた。彼は必死だった。

沢田研二は一〇日にパリでの残りの撮影を終えて帰国した。一三日、ホテルオークラ別館で《時の過ぎゆくままに》一〇〇万枚突破記念謝恩パーティーが開催された。こちらもマスコミや音楽関係者六〇〇名が集まる盛大なパーティーだった。パリに行っていたことにちなみ、高

さ六メートルの氷細工のエッフェル塔が置かれていた。

沢田は挨拶で「今年もいろいろな賞が決定する季節がやってきました。ぼくは毎年、賞に関してはは本音をいってきたつもりですけど、今年もできるなら、どれかの賞がいただければ、とても嬉しいと思います。」と述べた。

布施明と沢田研二は、前年に同じ渡辺プロの森進一が《襟裳岬》で歌謡大賞・レコード大賞・紅白トリの三冠に輝いているので、対抗心を燃やしていた。

だが、「週刊平凡」（一一月二七日号）は、〈一説によれば、「渡辺プロ」内部ではひそかに暗黙の合意がなされているといわれる。それは『歌謡大賞』は沢田へ、『レコード大賞』は布施へ」という割り振りだ。〉とし、一一月三日のノミネート発表会に沢田がわざわざパリから緊急帰国したのがその根拠だとしている。だが、決めるのは渡辺プロではない。はたしてその戦略があったとしても、うまくいくかどうか。

同誌には阿久悠の言葉も載っている。〈どうしてもジュリーにとってもらいたい。ただこういった賞は、人が選ぶものだから、運を天に任せるほかないでしょうね。／いまのジュリーなら、賞をもらって当然と思うな。彼はいままでにない歌い手ですよ。繊細で男の色気がある。ぼくは前々から彼を見ていて、一度、彼の詞を書いてみたいと思っていたんです。それが、ほとんど実現したんだ。それだけに、ジュリーにとってもらいたい〉

沢田の《時の過ぎゆくままに》が受賞すれば、それは阿久悠が受賞したことにもなる。

日本レコード大賞部門賞

沢田のパーティーの六日後の一一月一九日、日本レコード大賞の部門賞が決定・発表された。レコード会社からエントリーされた五〇一曲から、一〇月二七日に二五曲が選ばれており、この日はその中から一〇曲の大賞候補曲が選ばれる。

審査員は四五名、五名連記投票で、過半数の二三票を獲得しなければならない。この年は、投票数も同時に読み上げられ、多い順に、布施明（四四票）、五木ひろし（三九票）、野口五郎（三九票）、南沙織（三六票）、小柳ルミ子（三五票）、西城秀樹（三四票）、内山田洋とクール・ファイブ（三三票）、沢田研二（三三票）、八代亜紀（三三票）、森進一（二五票）の一〇組が選ばれた。布施明が四四票でトップで、沢田研二は三三票と、だいぶ差がある。

予想外だったのが、五木ひろしの二位だ。五木陣営も審査員たちに猛烈な攻勢をかけていたのだ。

大衆賞は黒沢年男、桜田淳子、さくらと一郎、ダウン・タウン・ブギウギ・バンド、山口百恵がノミネートされていたが、ダウン・タウン・ブギウギ・バンドは企画賞を受賞した。宇崎竜童と阿木燿子のポジションは、まだその程度だった。「話題になった」ことは事実なので、何らかの評価はしなければならなかったが、大衆賞にも届かない。

大衆賞は桜田淳子が獲った。山口百恵は無冠だった。二人の差は、本人の実力でも人気でもなく、所属事務所の「ヤル気」の有無だったと「ヤングレディ」（一二月四日号）は報じている。

部門賞発表の直前、五木ひろしは東京アメリカンクラブの「メイフラワールーム」で「五木ひろし世界への道」と題した晩餐会を開き、レコード大賞関係者を招いた。沢田陣営も布施陣営も五木陣営も、審査員に対し、現金を渡す「買収」はしていないが（公になっていないだけかもしれない）、公然と饗応・接待をしていた。

一方、ついこの前まで沢田研二や布施明と並んでいた天地真理は、キャバレーで歌わされていた。テレビの仕事がなければ、他で稼げというわけだ。

日本歌謡大賞

一一月二四日月曜日（勤労感謝の日の振替休日）、日本歌謡大賞が決定・発表された。この年の受賞式の制作は東京12チャンネルで、一五時から一七時までの枠で放送された。昼間の放送だったので視聴率は一九・七パーセントと低いが、東京12チャンネルの番組としては高い。しかし同局は系列局が少ないこともあり、二〇時からの日本テレビの『紅白歌のベストテン』にも受賞者たちが出演することになった。東京や大阪などの大都市圏以外は、12チャンネルの番

1975年　第6回 日本歌謡大賞（視聴率19.7％）

大賞	『シクラメンのかほり』布施明
放送音楽賞	『時の過ぎゆくままに』沢田研二 『ともしび』八代亜紀 『天使のくちびる』桜田淳子 『千曲川』五木ひろし 『私鉄沿線』野口五郎
放送音楽新人賞	『心のこり』細川たかし 『ロマンス』岩崎宏美

組は見ることができないので、日本テレビも放送することになったのだ。

歌謡大賞は布施明《シクラメンのかほり》に決まった。まず、布施が獲ったのだ。渡辺プロは「歌謡大賞は沢田、レコード大賞は布施」という戦略だと報じられていたが、その説は間違っていたことになる。

前年は《襟裳岬》が歌謡大賞を獲ったことで勢いがついて、レコード大賞も獲れた。はたして、布施の二冠となるか、それとも沢田研二が逆転するのか、あるいは五木ひろしの大逆転か、はたまた野口五郎か。

レコード大賞決定まであと四〇日近く。その間に他の賞も決まっていき、その受賞式の番組が続く。沢田研二はそれと並行してコンサートも各地で開いていた。

そのひとつ、愛知県刈谷市での公演の帰途に事件が起きた。

頭突き事件

一二月七日、沢田研二は愛知県刈谷市での公演を終え、東海道新幹線で二一時四〇分頃、東京駅に着いた。駅のホームには沢田を見ようと四〇人から五〇人のファンが待ち構えていた。いつものことだった。沢田が降車すると、歓声が上がった。これもいつものことだった。だが――ファンに囲まれる沢田を見て、三〇歳の男性駅員が「キャーキャー騒ぐミーハーは、くだらないな」と呟いた。それが沢田の耳に入った。もともと沢田は喧嘩っ早い。ファンともよく口論になっていた。沢田は駅員に「くだらないとは何だ」と言い返し、両肩をつかむと顔面に頭突きした。沢田としては、日頃から「手だけは出すな」と言われていたので、頭を出してみたらしい。だが駅員は鼻から出血した。それに気づいた他の駅員が、沢田を抑え込み、鉄道公安室へ連れて行った。

駅のホームという衆人環視のなかでの出来事だったので、一二月一〇日にマスコミが報じた。いまならスマホで撮られた映像が瞬時に拡散したところだ。

通称「ジュリーの頭突き事件」は駅員とのトラブルでもあり、起訴猶予となった。

いくつかの場面

一二月二一日、一年ぶりのオリジナルアルバム《いくつかの場面》がリリースされた。一一曲が収録され、A面一曲目が《時の過ぎゆくままに》である。

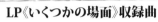

LP《いくつかの場面》収録曲

時の過ぎゆくままに	作詞：阿久悠、作曲：大野克夫
外は吹雪	作詞：及川恒平、作曲：大野克夫
燃えつきた二人	作詞：松本隆、作曲：加瀬邦彦
人待ち顔	作詞：及川恒平、作曲：大野克夫
遥かなるラグタイム	作詞：西岡恭蔵、作曲：東海林修
U.F.O.	作詞：及川恒平、作曲：ミッキー吉野
めぐり逢う日のために	作詞：藤公之介、作曲：沢田研二
黄昏のなかで	作詞・作曲：加藤登紀子
あの娘に御用心	作詞・作曲：大滝詠一
流転	作詞：加藤登紀子、作曲：大野克夫
いくつかの場面	作詞・作曲：河島英五

参加している作詞家のなかに、これまで沢田の曲を書いてきた安井かずみの名はなく、初めて組む作詞家・作曲家が多い。

曲ごとに演奏者名も記されており、井上堯之バンド以外に、細野晴臣（ベース）、鈴木茂（ギター）、林立夫（ドラムス）、大滝詠一（コーラス）、山下達郎（コーラス）、ミッキー吉野（キーボード）、浅野孝已（ギター）、スティーブ・フォックス（ベース）など豪華なメンバーが参加している。松本隆も作詞で参加しているので、松本、細野、大滝、鈴木のはっぴいえんどの四人が沢田研二と共演したアルバムとも言える。

松本隆が作詞した《燃えつきた二人》は加瀬邦彦が作曲したが、これは《時の過ぎゆくままに》の作曲コンペで落選した曲だった。埋もれさすにはもったいないので、松本隆に作詞してもらったのだ。だから、《燃えつきた二人》のメロディに阿久悠《時の過ぎゆくままに》を乗せて歌うこともできるし、《時の過ぎゆくままに》のメロディに《燃えつきた二人》の歌詞を乗せても歌える。本人たちは意図していないが、阿久悠と松本隆の唯一の競作となった。

松本は翌七六年のアルバム《チャコール・グレイの肖像》にも《影絵》を作詞するが、結局、この二曲しかない。この後、沢田のシングルは阿久悠が独占し、他の作詞家が入り込む余地はなくなるのだ。松本は「悔しかったですよね」と二〇一七年に語っている。「嫉妬するくらい(笑)。僕、ジュリーの一連のヒット曲は大好きですよ。ジュリーの全盛期に彼のフルアルバムをつくりたかったんです」(二〇一七年、「週刊朝日」一二月八日号)

アルバムタイトルにもなった《いくつかの場面》は河島英五の作詞作曲だが、沢田研二の私小説的な詞となっている。〈いくつかの場面があった〉として、まさに人生におけるいくつかの場面が語られる。〈淋しさにふるえていたあの娘〉〈怒りに顔をひきつらせ去っていったあいつ〉〈泣きながら抱きあっていたあの人〉などが回想され、〈できるなら　もう一度　僕の回りに集ってきて　やさしく肩たたきあい　抱きしめてほしい〉と、ここまでは、誰が歌っても成立する歌詞だった。

後半になると、〈野次と罵声の中で司会者に呼びもどされた　にがい想い出のある町　有頂天になって歌ったあの町　別れの夜に歌った淋しいあの歌〉と、ＰＹＧ時代のコンサート、あるいはタイガースの最後のコンサートのような光景が歌われる。

だが、この曲は沢田サイドの依頼で河島が書いたわけではなく、すでに河島が歌っていたのを沢田が気に入ってアルバムに収録した。レコーディングでは感極まったのか涙声になっている。

大賞は《シクラメンのかほり》

レコード大賞は例年通り、一二月三一日に決定・発表された。まず、前もって発表されていた新人賞五人のなかから、最優秀新人賞は細川が獲った。

歌唱賞には一〇組がノミネートされており、うち五組が受賞することになっていた。

『輝く!日本レコード大賞』のステージを、沢田研二は『ザ・スター』でこう振り返っている。〈白い視線が感じられる。スポットライトを受け、観客席は目つぶしになって見えないはずなのに、そいつだけは胸につきささる。やはり負い目がそうさせるのか、あの日以来見せ物になっている被害者意識がつきまとう。〉「あの日」とは「頭突き事件」のことだ。

そして歌唱賞の発表となる。〈五十音順に呼びあげられる歌手の名。五木ひろし、小柳ルミ子、南沙織……落ちた。/握りしめていたこぶしが力なく弱まる。かみしめた唇からは、むなしさよりも何かがひとつ崩れ落ちるのを確認したような、安心にも似た吐息がもれる。そして

1975年　第17回 日本レコード大賞（視聴率43.0％）

日本レコード大賞

「シクラメンのかほり」布施明

作詞：小椋佳　作曲：小椋佳　編曲：萩田光雄

最優秀歌唱賞

「千曲川」五木ひろし

最優秀新人賞

細川たかし（「心のこり」）

歌唱賞

「私鉄沿線」野口五郎

「人恋しくて」南沙織

「花車」小柳ルミ子

大衆賞

「十七の夏」他、一連のヒット曲　桜田淳子

新人賞

岩崎宏美（「ロマンス」）

小川順子（「夜の訪問者」）

片平なぎさ（「美しい契り」）

太田裕美（「雨だれ」）

作曲賞

森田公一　「下宿屋」（森田公一とトップギャラン）

編曲賞

萩田光雄　「空飛ぶ鯨」（ちゃんちゃこ）

作詩賞

阿久悠　「乳母車」（菅原洋一）

特別賞

●島倉千代子 ●フランク永井 ●田端義夫 ●石原裕次郎

企画賞

東芝EMI「港のヨーコ・ヨコハマ・ヨコスカ」

冨田勲とRVC「ムソルグスキー/展覧会の絵」

中山晋平・西条八十賞

小椋佳

また飛び立つスペースが開けたような空白。〉

歌唱賞に選ばれたのは、五木ひろし、小柳ルミ子、野口五郎、布施明、南沙織だった。野口五郎の名が呼ばれた時点で、沢田は落選を認識したはずだ。《時の過ぎゆくままに》という大ヒット曲がありながらも、沢田研二は歌唱賞も受賞できなかった。

沢田研二が五木ひろしにも負けたことについて、審査員の遠山一彦は「沢田の場合はパリでの活躍が、審査の上でかえってマイナスに出た。大衆歌謡の立場から選ぶとすれば評価の別れるところ」と言い、伊藤強は「ポップスより演歌が強いということですね。それに五木側のスタッフの優秀さもあります」と説明していたが（「ヤングレディ」一二月八日号）、それが本選の結果にも現れたのだろう。それと、頭突き事件の影響も否定できない。

さらに言えば、《時の過ぎゆくままに》は渡辺晋が〈堕ちていく〉の歌詞に懸念を抱いたように、あまりにも頽廃的だった。その頽廃さが審査員に嫌われたのではないか。さらに、選考委員はほとんどが男性だ。彼らは「妻子ある男との恋に苦悩する女性」の歌は好むが、「家庭のある女性が若い男性と恋に落ちる」歌は容認できなかっただろう。

それにしても――歌唱賞の五人のなかで、大ヒット曲と呼べるのは布施明《シクラメンのかほり》の八七・八万枚（年間ランキングで二位）だけだ。五木ひろし《千曲川》は三七・二万枚で年間二四位なので、ヒットはしているが、その年を象徴する曲ではない。南沙織《人恋しくて》は二三・二万枚、小柳ルミ子《花車》は一六・三万枚とヒットかどうかも微妙だ。この二曲よりは、野口五郎《私鉄沿線》(四五・三万枚)のほうが売れている。

最優秀歌唱賞には五木が選ばれ二年連続、大賞は布施明《シクラメンのかほり》が獲得した。渡辺プロダクションの二連覇だ。

紅白歌合戦

頭突き事件が報じられると、NHKには「なぜ沢田研二を紅白に出演させるのか」という抗議の電話があったという。いまなら自粛に追い込まれていただろうが、当時は出演できた。

一九七五年の『紅白歌合戦』での渡辺プロダクションは、前年は史上最高の一〇組が出演したが、ザ・ピーナッツが引退し、人気が失速した天地真理は落選し、内山田洋とクールファイブは契約が切れたのでマイナス3だが、キャンディーズが初出場し、他に、アグネス・チャン、小柳ルミ子、梓みちよ、いしだあゆみ、森進一、沢田研二、布施明の八組が出場した。

一方、渡辺プロを脱退した後、七一年を最後に出ていなかった伊東ゆかりが返り咲いた。伊東は渡辺プロを辞めても芸能界で生きていけ、『紅白』にも出場できることを示したことになる。帝国の威光に僅かではあるが陰りが出ていた。

ヒットメーカー阿久悠の曲は、岩崎宏美《ロマンス》、桜田淳子《はじめての出来事》、森昌子《あなたを待って三年三月》、いしだあゆみ《渚にて》、沢田研二《時の過ぎゆくままに》、森進一《あゝ人恋し》、そして都はるみ《北の宿から》と、合計七曲が歌われた。四八曲のうちの七曲なので占有率一四・六パーセントである。前年は六曲だったので新記録だ。しかしヒット曲と言えるのは《ロマンス》《はじめての出来事》《時の過ぎゆくままに》の三曲だけで、あとは歌手の力で出場し、その持ち歌として選ばれたに過ぎない。

都はるみの《北の宿から》は一二月に発売された曲で、この『紅白』で初めて聴いた人が多く、まさに「紅白」で火が点いて、翌年に大ヒットする。

沢田研二は二四組のなかでうしろから六番目で、《時の過ぎゆくままに》を歌った。上着からズボンまで電飾でキラキラと輝く衣装だった。この年は井上堯之バンドも出演し、司会の山川静夫は、「ロックは青春の血潮です。ロックで結ばれた、いのうえバンドとともに、ジュリーが奏でる愛の挽歌《時の過ぎゆくままに》」と紹介した。

〈このステージでぼくらしく歌うことでしかぼくは（暴行事件を）弁解出来ない。運命の一曲、最後の一曲。……!? 予想とちがう。ステージはもっと暗くならなければならないのに、この衣装に飾った電飾は、もっと光り輝かなければならないのに、どうしてだジュリー。錯覚なのか!? 光れ、ジュリー。そして終わる。〉（『ザ・スター』）

1975年　第26回 紅白歌合戦（視聴率72.0％）

紅組		白組	
岩崎 宏美	**ロマンス**	細川 たかし	心のこり
南 沙織	人恋しくて	郷 ひろみ	花のように鳥のように
藤 圭子	さすらい	堺 正章	明日の前に
キャンディーズ	年下の男の子	ずうとるび	初恋の絵日記
チェリッシュ	ペパーミント・キャンディー	三善 英史	細雪
和田 アキ子	もっと自由に	ダウン・タウン・ブギウギ・バンド	港のヨーコ・ヨコハマ・ヨコスカ
桜田 淳子	**はじめての出来事**	西城 秀樹	白い教会
佐良 直美	オブ・ラ・ディ・オブ・ラ・ダ	殿さまキングス	女の純情
森 昌子	**あなたを待って三年三月**	にしきの あきら	赤い恋のバラード
水前寺 清子	大勝負	村田 英雄	無法松の一生
アグネス・チャン	愛の迷い子	フォーリーブス	ハッピー・ピープル
青江 三奈	神戸北ホテル	内山田洋とクール・ファイブ	中の島ブルース
伊東 ゆかり	わたし女ですもの	菅原 洋一	愛の嵐
山口 百恵	夏ひらく青春	三橋 美智也	津軽じょんがら節
西川 峰子	あなたにあげる	橋 幸夫	木曽ぶし三度笠
由紀 さおり	慕情	野口 五郎	私鉄沿線
森山 良子	歌ってよ夕陽の歌を	三波 春夫	おまんた囃子
小柳 ルミ子	花車	**森 進一**	**あゝ人恋し**
梓 みちよ	リリー・マルレーン	**沢田 研二**	**時の過ぎゆくままに**
八代 亜紀	ともしび	フランク永井	君恋し
いしだ あゆみ	**渚にて**	春日 八郎	赤いランプの終列車
都 はるみ	**北の宿から**	北島 三郎	残雪
ちあき なおみ	さだめ川	**布施 明**	シクラメンのかほり
島倉 千代子	悲しみの宿	五木 ひろし	千曲川

司会
紅組＝佐良直美　　白組＝山川静夫アナウンサー
人名の**太字**は渡辺プロ（8組）、曲名の**太字**は阿久悠作詞（7曲）

照明スタッフの不手際で周囲が暗くならなかったのだ。テレビで見ている視聴者はもともとの演出プランを知らないのでアクシデントとは思わなかったろうが、沢田としてはショックだったのだ。

その後、白組はフランク永井、春日八郎、北島三郎、布施明と続き、トリは五木ひろしが初めてつとめた。布施明は歌謡大賞・レコード大賞の二冠のみで三冠達成はならなかった。NHKは約九〇万枚を売った《シクラメンのかほり》ではなく、四〇万枚に満たない《千曲川》を選んだのだ。それは楽曲としての評価以前の、「日本人は演歌を聴いて年を越さなければならない」という旧態依然としたイデオロギーに支配されているからだ。ポップス系の歌が紅白両組でトリとなるまでにはさらに三年が必要だった。

この年の『紅白歌合戦』の視聴率は七二・〇パーセントである。

第一二章　謹慎　1976年

およげ！たいやきくん

一九七六年は思わぬところから大ヒット曲が生まれた。子門真人が歌う《およげ！たいやきくん》である。フジテレビの子ども番組『ひらけ！ポンキッキ』で前年一〇月から流されていた曲で、レコードが発売されると告知されると、予約だけで三〇万枚を超えていた。発売は前年一二月二五日だったが、歌謡界が「レコード大賞」や「紅白歌合戦」に明け暮れている間に爆発的に売れ、年明けの一月六日には出荷数一〇〇万枚となり、オリコンの週間ヒットチャートでは、七六年最初の一月一二日付で、初登場でいきなり一位となった。六八年に週間ランキングが発表されるようになってから、初めての快挙だった。年間売り上げ四五三・六万枚と、枚数でも新記録となり、いまだに最高記録だ。

以後、《およげ！たいやきくん》は三月一五日まで一〇週連続で一位となる。この大ヒット曲がなければ一位になれた、つまりこの一〇週の間に二位だったのは、荒井由実《あの日にか

1976年の沢田研二のレコード

1月21日	立ちどまるなふりむくな　作詞：阿久悠、作曲：大野克夫
	流転　作詞・作曲：加藤登紀子
2月1日	LP《KENJI SAWADA》 フランスで先行発売
4月21日	LP《KENJI SAWADA》 オリジナル・アルバム
5月1日	ウィンクでさよなら　作詞：荒井由実、作曲：加瀬邦彦
	薔薇の真心　作詞：荒井由実、作曲：加瀬邦彦
5月15日 フランスなどで発売	ELLE 作詞：M. Jouveaux、作曲：G.Costa
	SEUL AVEC MA MUSIQUE 作詞：G.Sinoue、作曲：G.Costa
5月15日 イギリスでのみリリース	WHEN THE LIGHT WENT OUT 作詞・作曲：Chris Button、Barry Morrisson
	FOOLING AROUND WITH LOVE 作詞・作曲：David Reilly
9月10日	コバルトの季節の中で　作詞：小谷夏、作曲：沢田研二
	夕なぎ　作詞：山上路夫、作曲：加瀬邦彦
12月1日	LP《チャコール・グレイの肖像》 オリジナル・アルバム

えりたい》、山口百恵《白い約束》、岩崎宏美《ファンタジー》、太田裕美《木綿のハンカチーフ》だった。

立ち止まるなふりむくな

沢田研二《時の過ぎゆくままに》の次の曲は《立ちどまるなふりむくな》で、一月二一日に発売された。阿久悠作詞・大野克夫作曲の二枚目のシングルとなる。《時の過ぎゆくままに》に続くロック・バラードで気怠さはあるが、頽廃的ではない。

〈立ちどまるなふりむくな

あなた〉と、別れたひとへの呼びかけで始まる歌だ。別れの理由は具体的には明かされていない。二人のこれまでについては、〈ふたりの愛は確かに終った　色あせたフィルムのように〉〈楽しい夢は昨日で終った　とざされたウィンドウのように〉と語られ、〈心に悲しみの青いあざをつくり〉〈冷たい握手　もう二度と出来ない〉など、阿久悠らしいフレーズが連発される。〈ちぎれた糸をたぐってはいけない〉〈誰かがブルース　口ずさむ道を　コートのえりを立て走ってゆけよ〉〈通りに出たなら　人ごみにまぎれ　あてなくゆれながら　歩いて行けよ〉と、相手の女性を諭している、あるいは命令しているのだが、沢田の歌い方はナイーヴで甘いので、冷たいとか酷い男だとは感じない。

《立ちどまるなふりむくな》は二月二日のチャートで九位となったが勢いがなく、翌週九日も九位に留まり、二月一六日で八位になったのが最高だった。二三日と三月一日は一〇位、八日に一五位になり、それでトップ20からは消えた。売り上げ枚数も一六・五万枚と、沢田研二の曲としても、阿久悠の曲としてもふるわない数字に終わった。

沢田が前年六月にザ・ピーナッツの伊藤エミと結婚したのが、人気に響いているとも分析できるが、《時の過ぎゆくままに》も結婚した後の発売だが大ヒットしたので、そう単純なものではないだろう。

《時の過ぎゆくままに》で沢田研二の「阿久悠時代」が始まるとされるが、厳密にはそうではない。この時点では、阿久悠は沢田研二の楽曲の作者陣のひとりで、唯一絶対の存在になるのは、まだ先だった。いったん、沢田は阿久悠から離れる。

視聴率三・七パーセントを忘れるな

《立ちどまるなふりむくな》がチャートにある二月一五日、沢田研二はTBSの『セブンスターショー』に出演した。専売公社（現・JT）一社提供の九〇分番組で、当時のヒット商品であるセブンスターにひっかけた「七人のスター」のワンマンショーの、その第一回だった。企画したのは久世光彦だ。久世はTBSではドラマ制作の部署にいて、歌番組は別の部署なので、本来なら、歌番組を手掛けることはありえない。

例外の場を得ると、久世は通常の歌番組では考えられないことをやろうとした。司会もゲストもいない、文字通り、その歌手しか出演しない「ワンマンショー」である。ひとりしか出ないが、歌ごとにセットや照明、衣裳も変える。九〇分「聴かせる」だけの歌の力があり、さまざまな衣裳・セットが合う歌手でなければならない。久世は最初から沢田研二を出そうと考えていたが、残りの六人については、盟友・阿久悠に相談した。二人がリストアップしたのは、沢田の他、森進一、五木ひろし、布施明、西城秀樹、井上陽水、吉田拓郎だった。陽水、拓郎はテレビ番組には出ない姿勢をとっている。拓郎は出るが、久世が直接声をかけても陽水は固辞した。そこで荒井由実に頼むと、ひとりではなく、かまやつひろしと一緒に出ることになった。第一回は沢田、以下、森、西城、布施、ユーミンとかまやつ、五木、拓郎の順に放映された。

沢田の回は収録に二日かけられた。オープニング曲はロック・ミュージカル《ジーザス・クライスト・スーパースター》だ。〈画面には古城の壁に大きく浮かび上がったぼくの顔が映しだされた。城壁の石がひとつ落ちると真っ黒い手が出てリンゴをつかむ。黒ぬりにしたぼくなのだ。不敵に笑ってリンゴをかじると、そいつを正面に向かって投げつけた。とたんにぼくを乗せたクレーンが動きだしせせい絶な屋台くずしが始まる。暴力的なクレーンは壁をくずし終えると奔放に動きながら前進。歌うぼく。〉と、『ザ・スター』で沢田は自ら解説する。〈歌い終わったぼくは、クレーンより地上めがけて舞い落ちる。スローモーションでカメラがそれをとらえオープニングは終わった。〉

コマーシャルの後は〈ぼくは逆光の中に右手をロープで結ばれた後ろ姿である。力いっぱいロープを引けばギリギリという音がし、やがてピシッとちぎれて《立ちどまるなふりむくな》のイントロが始まった。〉

〈ベッドでバラの花にかこまれたぼくが《フランチェスカの鐘》を歌い出していた。女の側に立って心情を歌うことも初めての試みである。あらゆる試行錯誤をする沢田研二がそこにい

た。〉
選曲は沢田も加わって決めたというが、久世と阿久が主導したのではないだろうか。《フランチェスカの鐘》（作詞・菊田一夫、作曲・古関裕而）は沢田が生まれた一九四八年に二葉あき子が歌ってヒットした曲で、沢田から「歌いたい」と言ったとは思えない。以後は、《エンターテイナー》《月光価千金》《朝日のあたる家》《愛は限りなく》など洋楽のカバーもあれば、阿久悠作詞の《ざんげの値打ちもない》を歌詞にあわせて、牢獄のセットで歌った。
沢田自身のヒット曲はタイガース時代の《モナリザの微笑》《銀河のロマンス》、《時の過ぎゆくままに》《危険なふたり》《許されない愛》などで、他にアルバムのみのオリジナル曲《お前は魔法使い》《気になるお前》などを含めても全一八曲のなかでは少ない。最後はアルバムに収録された《いくつかの場面》で、〈一台のカメラが容赦なく切りかえなしでぼくをずっと押す。手を広げ、その手でやがて我が身を抱きしめ、コーダーに聞きいってるぼく。その目にうっすらと光るのは、先ほど雨の中で歌った名残なのかどうか定かではない。〉
この『セブンスターショー』を沢田は〈すべてがいままでの歌番組とは別世界。〉と総括する。そして〈確かに自分が望んでいた企画である。だがあまりに理想に近づいて、ぼくは飛びすぎたのではないかと思ったりもする。〉とも漏らす。
『セブンスターショー』の放映時間はＮＨＫが大河ドラマ（七六年は『風と雲と虹と』）を放映

している日曜一九時三〇分から二〇時五五分だった。そのせいもあってか、沢田の回の視聴率は三・七パーセントという衝撃的な「低さ」だった。久世はこの数字を「生涯忘れるな」と沢田に語る。
〈三・七パーセントという数字は不当に低いものとは思っていない。やはり現実なのだ。／ぼくは一億人を相手に商売をしている。きみもそうだろう。ごく一部の愛してくれるファンだけを対象としているなら、ぼくはきみを好きではないだろう。／ぼくらは一億人の前にまだ無力に近かった。同情的に、裏番組が強力すぎたとか、日本の価値観がそこまでいってなかったのだという人もいるが、そんなことは関係ない。ぼくらはノーエクスキューズの商売をしているのだから。〉（『ザ・スター』収録）
さらに街を歩く人五〇〇人に「森光子を好きな人」と尋ねれば二〇パーセント以上が「はい」と答えるだろうが、「沢田研二」ではやはり三・七パーセントだろうと分析しつつ、視聴率では計れない「密度」では、沢田のほうが熱い視線を受けただろうとも認める。では、高い視聴率を得るためにはその「熱い視線」の濃度を薄めればいいのか、そうすればより広範な人びとが見てくれるのか。そうかもしれない。だが久世は言う。
〈濃度をうすめて視聴率を上げることはきみには許されない。〉そのために、久世は『悪魔のようなあいつ』を作り、沢田を追い込んだのだと言う。そして、

〈あえていう。きみはもっと魅力的にならなければならない。歌手とはプラス・アルファを歌に感じさせせなければならない。〉

パリの哀愁

二月一一日、前年秋にパリでロケした映画『パリの哀愁』（出目昌伸監督、渡辺プロダクション制作、東宝配給のメロドラマ）が封切られた。併映は秋吉久美子主演『挽歌』（河崎義祐監督）だった。

沢田の役はパリへ絵を学ぶために留学している画家・二郎で、美しい人妻と恋に落ちる。その人妻マリーを、クローディーヌ・オージェが演じた。六五年に『007サンダーボール作戦』に出演し、一躍、有名になった女優だ。

二郎とマリーは駆け落ちし、南フランスで愛の日々を送っていたが、二郎は過激派学生の嫌疑で逮捕され、日本へ強制送還される。その後いろいろあり、マリーが二郎を追って日本へやってくる。二郎が日本の女性と結婚する予定だと知ったマリーはフランスへ帰るが、二郎が追いかける。二人を乗せた飛行機は、中東のある国に給油で立ち寄ると、ゲリラの襲撃にあった……。日本赤軍など過激派が世界中で事件を起こしていた時代なので、沢田が演じる青年が過激派学生の嫌疑というのも、二人が中東でゲリラに襲われるのも、そう突飛な設定ではなかった。

『パリの哀愁』は大ヒットとはならず、絶賛され賞の対象になった記録もない。萩原健一とは異なり、沢田研二は俳優としては作品に恵まれない。

フランスへ

二月二五日から一か月近く、沢田研二はヨーロッパにいた。二月一日に《KENJI SAWADA》と題したアルバムを、フランス、ドイツなどで発売したので、そのプロモーションのためだった。このアルバムは、フランス語・英語・日本語の歌が混ざっている。日本語の歌は、《追憶》《時の過ぎゆくままに》《白い部屋》の三曲で新録音ではない。

三月四日からはポリドール・パリでレコーディングもする。五月一五日にフランスで発売されるシングル盤《ELLE》（彼女）他、《L'AMOUR ESPERANTO》（恋は世界語）、《BELLE DAME DUCE DAME》（ビューティフル・スイート・ガール）、《LA VERITE》（真実）の四曲だ。そして一〇日にはロンドンで《MY LOVE IS YOUR LOVE》（僕の恋は君の恋）などをレコーディングし、一五日に帰国した。二六日からはコンサートツアーが始まり、四月一八日まで続く。

フランスでの仕事に、沢田研二は満足していない。『ザ・スター』にはこうある。ヒットす

LP《KENJI SAWADA》収録曲

4月21日発売（2月1日、フランス、ドイツなどで先行発売）

MON AMOUR JE VIENS DU BOUT DU MONDE（巴里にひとり）

作詞:G.SINOUÉ、作曲:G.COSTA

JULIANA

作詞：Ch.Levell、作曲：G.COSTA

SEUL AVEC MA MUSIQUE

作詞:G.SINOUÉ、作曲:G.COSTA

GO! SUZY! GO!

作詞・作曲:Tony Weddington,Wayne Bickerton

追憶

作詞：安井かずみ、作曲：加瀬邦彦

時の過ぎゆくままに

作詞：阿久悠、作曲：大野克夫

FOU DE TOI

作詞：G.SINOUÉ、作曲：G. COSTA

MA GEISHA DE FRANCE

作詞：G.SINOUÉ、作曲：G. COSTA

ITSUMI

作詞：G.SINOUÉ、作曲：G. COSTA

RUN WITH THE DEVIL

作詞・作曲：Tony Weddington,Wayne Bickerton

ATTENDS-MOI

作詞：G.SINOUÉ、作曲：G. COSTA

白い部屋

作詞：山上路夫、作曲：加瀬邦彦

るしない以前に、〈真価を賭けるべくパリで日本と同じペースで仕事が出来るのは、まだぼくには遠い〉状況への不満があった。〈生のステージで生のぼくの歌を彼らにみて欲しいと思っていた。〉が、それができない。〈レコードとテレビ出演だけなら、それはレコード歌手としての役目にすぎない。歌手として出せるものをすべて出さなければ歌手としての役目をみたしていない。〉

すでに日本のレコード歌手としては頂点に近いところにいる沢田研二だが、本人はそれでは満足していない。彼は「歌手」でありたい。彼の本領発揮の場はライヴなのだ。

といって、〈パリ駐在の日本の会社員を集めて、あるいは日本の留学生の人気にたよってコンサートは出来ない。かたちばかりのそんな簡単なコンサートのために、遠い日本からやってきているのではない。／そうだ。圧倒的に、超満員のフランス人の前で歌わなければならない〉。

この時代はまだ、コンサートのために海外へ旅行する人は、ほとんどいない。この後は何人もの歌手が海外でコンサートをするが、その客席にいるのは日本から来たファンばかりとなる。そういうコンサートを沢田は否定する。

ニューミュージックの進攻

《立ちどまるなふりむくな》が発売される一月二一日は、中島みゆきの前年一二月二一日発売

《時代》が順位を上げていた頃で、二六日付で一八位とトップ20入りした。前年九月二五日発売のデビュー・シングル《アザミ嬢のララバイ》は三八位が最高で、七・九万枚だったので、トップ20に入るのはこれが初めてだった。《時代》は一六・四万枚のヒットとなる。だが中島みゆきの時代が本格的に始まるのは七七年《わかれうた》の大ヒットまで待たねばならない。

一月二六日は荒井由実《あの日にかえりたい》が四位で、「ユーミンVS.みゆき」がヒットチャート上位で展開される最初だった。その下の五位にはイルカ《なごり雪》、井上陽水《青空、ひとりきり》も一四位、グレープ《無縁坂》も一五位にある。

この頃から「フォーク」「ロック」はひとまとめに「ニューミュージック」と称されるようになっていく。レコードのヒットチャート戦線は、若い世代に支持されるニューミュージック勢が目立つようになっていた。演歌歌手もアイドルも、ニューミュージックのシンガーソングライターと競わなければならなくなった。なかには、森進一《襟裳岬》、布施明《シクラメンのかほり》など、ニューミュージックのシンガーソングライターに曲を作ってもらい、成功する例もある。アイドルでもキャンディーズは吉田拓郎の曲を歌う。

沢田研二も前年のアルバム《いくつかの場面》では、大瀧詠一、河島英五、加藤登紀子などに曲を作ってもらっていた。そこから新たな鉱脈を見出そうとしていたと思われる。模索の時期だった。

筒美京平

二月になっても《およげ!たいやきくん》は一位を維持していた。二月二日付のチャートの上位は、《白い約束》《木綿のハンカチーフ》《あの日にかえりたい》《俺たちの旅》だった。九日に岩崎宏美《ファンタジー》が二位に浮上し、一六日も二位、二三日に三位に下がる。替わって二位に浮上したのは太田裕美《木綿のハンカチーフ》だった。さらに郷ひろみ《恋の弱味》が四位に上がった。この三人の「ひろみ」の曲はすべて、筒美京平が作曲した。《ファンタジー》は阿久悠、《木綿のハンカチーフ》は松本隆、《恋の弱味》は橋本淳が作詞だ。この時代、筒美京平は最高のヒットメーカーだった。

だが、沢田研二と筒美京平が組むのは、一九八三年のアルバム《女たちよ》まで待たねばならない。

太田裕美《木綿のハンカチーフ》は二月二三日から三月一五日まで四週連続して二位だった。渡辺プロダクションは太田裕美がヒットしただけでなく、《年下の男の子》でブレイクしたキャンディーズも《ハートのエースが出てこない》《春一番》と連続してヒットしていた。その一方、天地真理はふるわない。

三月二二日、ついに《およげ!たいやきくん》は二位に下がったが、《木綿のハンカチーフ》も三位に下がった。またも初登場でいきなり一位になった曲があったのだ。ダニエル・ブーン《ビューティフル・サンデー》である。一九七二年にイギリスでヒットした曲が、TBSの朝の情報番組『おはよう720』で紹介され、三月一〇日に日本盤が発売されると、瞬く間にベストセラーとなった。

《ビューティフル・サンデー》は六月二八日まで、一五週にわたり一位を維持した。《およげ!たいやきくん》もテレビ番組が生んだヒット曲で、結局、一九七六年の週間ランキングは、一月から三月までが《およげ!たいやきくん》、三月から六月までは《ビューティフル・サンデー》が一位だった。

ウィンクでさよなら

四月一九日、《およげ!たいやきくん》は二位も明け渡して一気に五位に落ちた。二位は山口百恵《愛に走って》、三位は《木綿のハンカチーフ》、四位はキャンディーズ《春一番》と、CBSソニーの女性アイドルが独占した。

《春一番》は三月一日の発売直後にトップ10に入ったわけではなく、じわじわと売れていき、一か月半が過ぎて四位にまで上昇してきたのだ。

四月二六日は一位、二位は変わらず、《木綿のハンカチーフ》が四位に下がり、《春一番》が三位に上がった。アグネス・チャン《恋のシーソー・ゲーム》が八位に入り、渡辺プロダクションの女性歌手がトップ10内に三組となる。

そして、都はるみ《北の宿から》がトップ20に入ってきた。前年暮れの『紅白』で全国民に披露してから四か月、この間、都はるみは各地のコンサートで《北の宿から》を歌い続け、テレビの歌番組に出る機会があれば歌った。そのおかげでじわじわと売れるようになり、一六位となったのだ。

五月になってもトップ5は変わらないが、この年のヤマハのポプコンで最優秀曲賞となった因幡晃《わかって下さい》が上位をうかがっていた。五月一〇日で、《木綿のハンカチーフ》は六位に下がり、七位に五月一日発売の岩崎宏美《未来》、郷ひろみ《20才の微熱》も初登場で一〇位だ。

四月二一日、二月にフランスで発売されたアルバム《KENJI SAWADA》が日本でも発売された。

シングルでは、三月八日に《立ちどまるなふりむくな》が一五位となったのを最後に、沢田研二はトップ20にランクインしていなかったが、五月一〇日に《ウィンクでさよなら》が一九位でいきなりチャートインした。固定ファンはしっかりとついていた。

《ウィンクでさよなら》は五月一日に発売された。前年暮れ《『いちご白書』をもう一度》と

《あの日にかえりたい》の大ヒットで注目された、荒井由実に作詞を依頼していたのだ。

〈あなた〉と〈僕〉の軽快なラブストーリーだ。つきあい始めて時間が過ぎ、〈出会ったときめきが　この頃　色あせて　塗りかえなくちゃいけない〉と思った僕は、部屋にほかの女性を呼び入れ、〈あなたの写真を裏返し〉口づけをした。だけど、そんな〈あわてた浮気では　心はちっとも燃えなかった〉。〈あなた〉は〈ベッドに見馴れぬコンパクト〉があるのを見ても、気づかぬふりをしているので、〈どうしてそんなにクールなの　立場がますます悪くなる〉。あなたから〈ウィンクでさよなら〉されそうで、僕は気が気じゃない。そして、やはり〈I LOVE YOU I NEED YOU〉だと思う。

荒井由実は作詞だけで、作曲は加瀬邦彦なのだが、ユーミンっぽいメロディの、軽快なテンポで、わがままな若い男の気持ちが描かれる。

《ウィンクでさよなら》は「ジュリーとユーミン」の数少ないコラボのひとつとなる。この曲が大ヒットしていたら、次の曲もユーミンが書いたかもしれないが、そうはならなかった。二人ともキャンティ人脈であり、当人同士の目指す音楽は近かったかもしれないが、ジュリーのファンとユーミンのファンは重ならず、1＋1で2になるどころか、1よりも少ない。チャートイン二週目の一七日は七位と順調に上がったが、二四日と三一日も七位から動かず、六月七日は一〇位に下がり、一四日は一七位で、トップ20に入ったのは六週間だった。売り上げ枚数も一六万枚だった。

そして——沢田研二がまたも暴行事件を起こし、謹慎することになったことも影響した。

イモジュリー事件

事件は五月一六日に起きた。要約すれば、「新幹線で、乗客からイモジュリーと言われた沢田研二が、その乗客を殴った」という事件だ。しかし、それはあくまで「要約」である。

事件はまたも新幹線が舞台となった。この日、沢田研二は大阪・厚生年金会館でコンサートがあり、それを終えて新大阪二〇時四〇分発の新幹線ひかり号のグリーン車で帰京した。新大阪駅を出て一〇分ほどして、乗客の男性が食堂車へ行くため、グリーン車を通る際、沢田を見かけ、「いもジュリー」と冷やかした。沢田はこのときは自制した。

以下『ザ・スター』にある沢田の回想をもとにして記す。〈彼がまたここを通ったら、／「もう一度面とむかっていってみろ」／といってやろうと思っていた。〉が、男はすぐには戻らなかった。東京駅に近づいた頃（三時間近く過ぎてから）、沢田が降りる準備を始めたときに、〈彼がぼくのわきを通りかけたのに気づいた。ぼくはまだ座っており、彼は立っていた。〉。

「よけいなことをいうんじゃないよ」と沢田が言葉をかけると、男は、「いや、言っていない」と答え、それから「言った」「言わない」のやりとりとなった。同乗していた井上堯之バンドのメンバーたちが「よせよせ、かまうな」と止める。沢田は穏やかに言っていたつもりだが、男は大声で反論し、それは車内中に響きわたった。当然、沢田の脳裡には前年の「頭突き事件」が過《よぎ》る。またケンカをしたと思われては損だ。沢田は「本当に言っていないのなら、変なことを言ってすみませんでした」と不本意だが謝った。男は「こちらもすみませんでした」と言ったが、「みんなでよってたかって」とも吐き捨てるように言った。「みんな」とはバンドのメンバーが止めようとしたことだろう。

そして沢田も立ち上がったその時、列車は東京駅に着いた。〈ガタンという音がして、ぼくらの体はもつれる状態になった〉。男はかなり大きな体格で、沢田に倒れかかってきた。もともと好意を持っている相手ではないので、沢田は反射的によけた。そのとき、沢田の手の甲が男の歯に当たってしまった。男は口を怪我したが、沢田も手を負傷した。

〈これでグリーン車にいた人達から、またケンカしたのかと思われるのか、と思いながら列車を降りた。〉男は騒ぎだし、車掌も手のほどこしようがなくなった。沢田は営業担当のスタッフから「帰ったほうがいい」と言われたので、家へ向かった。

つまり――「イモジュリー」と言われ、カッとなってすぐに殴ったのではない。三時間近い時が流れている。

男は酔っており興奮状態にあったともいう。沢田と離れた後、男は東京駅から一一〇番した。

沢田のマネージャーが男に同行して丸の内署へ行き、捜査員立ち会いのもと示談書と誓約書を交わした。被害届けは出されなかった。

翌一七日、沢田はまたもパリへと旅立った。手の怪我はたいしたことがないと思ったのか、そのまま出かけたが悪化してしまう。

二一日に帰国したが、その間に男は週刊誌に「ジュリーに殴られた」と売り込み、これが「週刊平凡」六月三日号で〈沢田研二また暴力事件！新幹線車中で〉と報じられた。前年の「頭突き事件」に次ぐ、「イモジュリー事件」となる。警察は沢田の取り調べをしないまま「起訴猶予以下が相当」との意見書を添付して書類送検し、それを発表した。

二二日に帰国した沢田は急遽、フジテレビ局内の喫茶店で説明のための記者会見をすることとなり、「結果としては殴ったということになりました」と認めた。沢田としては「手が当っただけ」などと言い訳してもしょうがないと思い、明解にしたつもりだったが、翌日の新聞各紙は「ジュリー、またも暴行」と報じ、大騒ぎとなった。

検察は起訴していないので、沢田研二が有名人でなければ、報じられるような事件ではない。だが沢田研二は、日本で最も有名な人物だった。そして、女性に人気がある男性スターに、男たちは無意識のうちに嫉妬する。当時の芸能マスコミはまだ大半が男性だった。メディアは一斉に沢田をバッシングした。

報道の翌日、沢田研二は予定されていた盛岡市でのコンサートに出演した。会場には「公演はあるのか」との問い合わせがいくつもあったという。

山形の会場では「暴力歌手の公演をさせるな」と叫ぶ街宣車が市内を走りまわった。その街宣車は、沢田を呼んだ主催団体のライバル団体が仕組んだものだと、あとで分かる。

謹慎

そしてまた沢田研二はヨーロッパへ向かった。フランスの税関では係員が沢田研二を知っており、サインをせがまれた。ルーブル美術館でひとりゆっくりとモナリザを見た。ラジオの公開放送に出演し、客席から手を引っ張られ、帰るときには泣いているファンがいた。フランスでの新曲《ELLE》がヒットチャートの四三位になった。プロモーションは順調だった。

だが、留守にしている間に日本では「暴行事件」の報道が激化していた。〈沢田研二暴行事件はこうして起きた〉（「週刊明星」六月三日号）、〈沢田研二暴力事件が奇妙な告訴問題に発展！〉（「週刊明星」六月一三日号）、〈沢田研二暴力事件の内と外〉（「サンデー毎日」六月一三日号）、〈沢田研二はNHK『紅白』に出場できるのか？〉（「週刊明星」六月二〇日号）などと報じた。

渡辺プロダクション社長・渡辺晋は沢田が記者会見で「芸能人だからといって何を言われても黙っていなければならないのか」と発言したことを問題視していた。

「週刊明星」七月四日号に、同社の波多野宣伝部長の発言が載っている。
〈社長は、沢田は考え違いをしていると、怒っていた。スターであろうとあるまいと、それ以前に社会人としての基本的モラルがある。ましてタレントは社会的に注目されているのだから、責任はさらに重い。〉

かくして渡辺プロダクションは、沢田研二に対し一か月の謹慎処分を下すことにした。渡辺晋から制作部長の松下へ告げられたのが一一日だった。「相談」という形だったが、実質的には「決定」を伝えた。沢田は一六日に帰国の予定だったが、二日早く一四日夕方に帰ってきた。沢田が松下部長に電話で帰国の報告をすると、「明日午前一〇時に会いたい」と言われた。さらに渡辺晋にも電話をすると、「いろいろあるからな」とだけ、言われた。沢田は事態の深刻さを知った。

一五日午前一〇時、沢田は渡辺プロダクションへ行き、松下と面談した。「君に一か月の謹慎処分を与えることになりました。君自身からの問題はありますか」と言われたので、沢田は「わかりました」とだけ言った。松下は「暴力をふるっていないことは信じている。だが、二回にわたり問題を起こした責任はある」と説明した。

「謹慎」は渡辺プロダクションとしての危機管理だった。まだ六月だったが、暮れの『紅白歌合戦』に出場できないだろうとの憶測記事が書かれ、民放各局も沢田を出さなくなるかもしれない。そんな状態がズルズルと続くのは避けたい。自分のほうから、「一か月謹慎する」と決めれば、その謹慎が明ければ復帰できる──そういう計算だった。

マスコミを集めて「謹慎」を発表するのではなく、渡辺プロが各社をまわって陳謝の表明をして説明することになった。すでに決まっていた仕事もキャンセルしなければならない。

謹慎を伝えられた後、沢田は丸の内署からの求めに応じて出頭した。取り調べは一時間ほどで終わった（早朝にまず丸の内署へ行き二時間か三時間の取り調べを受けた後に渡辺プロへ行ったという報道もある）。起訴されるかどうかは、まだ分からない。

沢田研二の謹慎は、六月一九日から七月一九日までと決まった。キャンセルした仕事はテレビとラジオで合計二三件だった。その間に開催される東京音楽祭への出場も辞退した。後に、年末の賞レースも『紅白歌合戦』も辞退する。このままでは、どうせ落とされるだろうから、「辞退」したほうがいいという判断だ。

謹慎について、「自叙伝」では一章・四ページが割かれている。

〈あの当時でも、大きく分けて三つの意見が出たんですね。芸能人がそんなことしちゃいかん、要するになんでもがまんしろというのがひとつ。もうひとつは、気持はわかるけども、君たちのような仕事をしている者はそれはしてはいけないという。それと反対で、よくやったな、いまどき珍しい、怒るということをまだ忘れてない男がいる、みたいな変な持ち上げ方する人も

あったわけですよ。非常に人間的だと。でもどれもこれも自分にとって、無責任な意見でしかないという感じでね。〉

ここでも沢田研二は冷静だ。誰かの意見に流されていない。

「謹慎」については、〈謹慎させられたことになってるんだけど、僕が申し出たんですね〉と明かし、〈僕流の、うやむやにしたままズルズルッといきたくないという考え方〉だと説明する。この点は、渡辺晋が決めたという当時の報道とは食い違う。

〈それまではそういう例がなかったんですけどね。とにかく僕の気分としては、人前に出たくない、とにかく出るのいやだと。仕事が入っているから周りに迷惑をかけるけれども、こういう事情だから、謹慎ということでキャンセルさせてくださいって……。〉

謹慎に入ると、しばらくは〈自分のせいでなんてくだらんことしてしまったんだろうと〉と思い詰めていたが、いままでちゃんと休んだことがなかったと気づく。渡辺プロダクションと契約して東京へ出てきたのが一九六六年秋なので一〇年以上が過ぎていた。年譜を作ると、ザ・タイガース時代、PYG時代、ソロ時代と分けられるが、その間に空白期はない。結婚の報告もコンサートで行なわれたし、新婚旅行にも行っていない。沢田研二は公私の区別のない生活を、一〇年以上続けてきたのだ。

一九七〇年代までの芸能界には「充電期間」という言葉もない。〈時間を盗んでひそかに休むというくらいで。だいたい休むということがよしとされない時代でした〉と沢田は振り返っている。沢田研二だけが休みのない生活を送っていたわけではなく、スターとはそういうものだった。テレビに出なくなれば、それは「あのひとは売れなくなった」としか思われない。〈だから、こんなに休んだあと出ていって、みんなが受け入れてくれるんだろうかと、不安でしたね。〉と本音を明かしている。

しかし、この一か月の間、することがないので、一日中テレビを見ていたことで、変化が起きる。

〈暇だからなんでもかんでも見るわけですよ。そうするとね、いままでだったら、こんな番組くだらんというふうに、自分のなかで決めていたところがあったんだけど、くだらんとか、くだらなくないとかいうことよりも、どういうぐあいに楽しむのかということが、みんなにとっては大事なんだろうと思いはじめた。〉

〈僕なんかは落語だとか、漫才だとか、関西吉本喜劇だとか、好きだったし、ずっと好きなんですね。ただ好きで見てる。そう考えてみると、自分がこれをやったらどうなんだろう、結構人は意外性が出ると喜んでくれる場合もあるだろうし、え、あの人がこんなことやるのみたいな、気取ってないとか、気さくな人だみたいな言われ方をすることもあるだろうし。僕たちがこう思ってほしいと思うとおりには、けっしてならないんじゃないかと。いやな言葉で言えば、

トチったことを喜ぶ人だっているだろう、みたいなことを、なんかのきっかけで思うようになったんですね。〉

この発見が、ザ・ドリフターズの『8時だョ!全員集合』やその後の志村けんの番組でのコントへとつながる。

それと同時に、復帰後のスタイルについても沢田研二は決断した。

〈謹慎が解けて出ていくときには、どういうぐあいにすればいいか。ひそかに復帰するのはつまらない。どうせなら、華々しく復帰をしなきゃいけない……。〉

〈新聞にああいう事件が出てしまったら、もうこれ以上の恥ずかしいことはない、親戚にも迷惑かけて。だから仕事でもってやることは、多少の恥をかいたって、あれに比べれば大したことはない。それから、イヤリングをつけ始めたり、いろいろなこと始めましたけど、べつにいいじゃないの、仕事だからと、割り切るようになりました。〉

それまでも男性歌手のなかでは衣装に凝っていた。そのステージは派手で、イヤリングも付けていたし、メイクもしていた。だが、テレビでは抑制していた部分もあった。それを全開放していこうと決断した。沢田研二は「ジュリー」として歌っていこうと開き直ったのだ。

七月二〇日、沢田研二は新聞各社をまわり、謹慎が解けたことを報告した。そして四谷スタジオで夏のコンサートツアーのリハーサルを始めた。三〇日の渋谷公会堂で始まり、八月三〇日まで続く。『ザ・スター』では渋谷公会堂のコンサートがこう書かれている。

〈満員の客席がそこにあった。ぼくはこの瞬間、一カ月の月日が、自分の胸から消えていくのがわかった。久しぶりの感情などどこにもない。まさしく昨日の出来事なのだ。それでなければ客席とぼくの心がこんなにうまくとけ合うはずがないじゃないか。〉

〈ジュリー！　の声と手拍子がぼくを包む。全身が歌になったようにぼくはゆれる。あんまり飛ばしすぎたら、あとがつらくなるなんて計算はたたない。ぼくはもう歌そのものだ。〉

最初の曲《Rain falls on the lonely》（淋しい雨）を歌い終えると、沢田は「いろいろとご心配をおかけしました。でもぼくはもう元気です」と言った。

ツアー最中の八月一四日、新幹線暴行事件について不起訴が決定した。

八月三〇日の横田基地がツアーの最終日だったが、基地内での事情で直前の中止となり、二八日のナゴヤ球場がツアーの最終となった。

そして沢田研二は、ヒットチャート戦線とテレビの歌番組へも復帰する。

沢田研二のいないヒットチャート

《ウィンクでさよなら》の次のシングル盤《コバルトの季節の中で》は九月一〇日の発売で、週間ランキングのトップ20には九月二七日に九位でランクインする。それまで、三か月以上にわたり、沢田研二の名はチャート上位から消えていた。

その間のヒットチャートを振り返る。

前半最後の六月二八日までは《ビューティフル・サンデー》が一位を維持していた。

六月に二位まで上がりながら、一位になれなかったのは桜田淳子《夏にご用心》、野口五郎《きらめき》で、三位以下では因幡晃《わかって下さい》、西城秀樹《ジャガー》、太田裕美《赤いハイヒール》などが競っていた。そして一〇位前後で都はるみ《北の宿から》と二葉百合子《岸壁の母》が競うという構図だ。

六月二八日、山口百恵《横須賀ストーリー》が一四位でチャートインし、七月五日、ついに《ビューティフル・サンデー》から一位を奪い取った。

デビュー四年目の山口百恵は、阿木燿子作詞・宇崎竜童作曲《横須賀ストーリー》で新境地を開き、女性アイドルのトップへ躍り出た。そして一九八〇年秋の引退まで、ヒットチャートと賞レースにおいて、沢田研二の最大のライバルとなる。

ひとりのスターが輝くために必要なのは、ライバルである。沢田研二には同世代の男性歌手として、布施明、五木ひろし、森進一などがいて、少し歳下に、郷ひろみ、西城秀樹、野口五郎の新御三家がいたが、ここにきて山口百恵もライバルとして浮上してくる。宇崎竜童は、「山口百恵にロックを歌わせてきた」「歌謡曲をロックに引きずり込んだ」と語っており（『俺たちゃとことん』)、その点では沢田と近い。それゆえに山口百恵は強敵だ。

《横須賀ストーリー》は七月五日から八月一六日まで七週にわたり一位を走った。《ビューティフル・サンデー》は落ちていき、七月二六日に二位についたのは太田裕美《赤いハイヒール》だった。太田裕美は不運である。最大のヒット曲《木綿のハンカチーフ》は《およげ!たいやきくん》と《ビューティフル・サンデー》によって二位に留まり、《赤いハイヒール》も同時期のチャートに《横須賀ストーリー》があった。

郷ひろみ《あなたがいたから僕がいた》も二位までしか上がれず、八月二三日に一位になったのは、あおい輝彦《あなただけを》だった。

ジャニーズが六七年秋に解散すると、あおいは劇団四季の研究生を経て、テレビドラマに出演するようになり、俳優として活躍していた。また、七〇年から七一年にかけて出演したドラマ『二人の世界』で同題の主題歌を歌い、これがソロとしての最初のヒット曲となった。《あなただけを》はそれに次ぐヒット曲となり、六週連続一位となる。

《あなただけを》が一位の八月から九月にかけては、斉藤こず恵《山口さんちのツトム君》、桜田淳子《ねぇ!気がついてよ》、岩崎宏美《霧のめぐり逢い》、野口五郎《針葉樹》、西城秀樹《若き獅子たち》などが競っていた。《北の宿から》も一〇位前後に留まっており、すでにこの年最大のヒット曲になると予想されていた。

そんなヒットチャート戦線に、沢田研二は《コバルトの季節の中で》で復帰した。

コバルトの季節の中で

九月一〇日に発売された《コバルトの季節の中で》は、TBSの久世光彦が「小谷夏」名義で作詞し、沢田研二が作曲した曲だ。シングルA面を沢田自身が作曲するのは初めてだ。編曲も船山基紀が初めて担った。

『ザ・スター』によると、最初からA面に決まっていたわけではなく、それどころかレコードになるとも思っていなかったのが、採用されたのだという。レコード化の前提なく、久世光彦が作詞するとは思えない。一二月に《コバルトの季節の中で》を含むアルバム《チャコール・グレイの肖像》が発売されるが、このアルバムは一〇曲すべてを沢田が作曲している。アルバムの企画が先にあり、そのなかからどれかをシングルカットすることになり、《コバルトの季節の中で》が選ばれたのではないだろうか。

自作がシングルA面になったことについて『ザ・スター』では〈そのことで特別に意識はしていないが、心配であることにはちがいない。〉と明かす。そして、〈宣伝対象として作曲沢田研二は、キャッチングになる要素かも知れない。〉とは認識しているが、〈それはそれだけのことで、そのコピーライトでいままでと売上げ枚数が変わるとも思われない。結局中身の問題になってくる。そうでなければさびしい。〉と、冷静に自分と自分の置かれている状況を見ている。

シンガーソングライター全盛の時代だが、沢田は自分がシンガーソングライターになることを否定する。〈ぼくは自分で自分の歌を作ることに意味をもっていない。その意味のわくの中でぼくのスケールが小さくなるのはいやだ。ぼくは歌っていればいい。だれが作った歌でも、よければそれでいい。〉

《コバルトの季節の中で》については、〈詞に必要以上の思い入れをせず、非常にクールに作った。それがいいとぼくは思ったからそうした。〉と明かしている。

〈髪形がかわりましたね〉と始まる、「です・ます」調で〈あなた〉へ呼びかけるフォークソングっぽい歌だ。〈秋風に　よく似合いますね　誰だって秋は独りですね〉〈この秋の中で〉と、秋を重ねる。「コバルト」はコバルトブルーのことだ。〈今朝はなにも　話しかけません　しあわせの手ざわりが　いまとても懐しく〉とあるから一夜を過ごしたあとなのか。〈あなたを見失いたくないのです〉というのが、いまの心情だ。

曲調にあわせ、優しく語りかけるように沢田研二は歌った。激しい感情は、この歌にはない。感傷的だがしめっぽくはなく、まさに秋風のように乾いている。新境地と言っていい。だが、売上枚数は二三・二万枚に留まった。

ヒットチャートでも九月二七日に九位でトップ20にランクインしたものの、翌週は一二位に下がるなど、初動に勢いはなかった。それでも一〇月一一日は七位と盛り返し、一八日も七位で、以後、二五日・九位、一一月一日・一一位、八日・一一位、そして一五日の一八位がトップ20の最後だった。この間、一位になっていたのは山口百恵《パールカラーにゆれて》である。一〇月四日から一一月一日まで五週連続して一位だった。

そして——沢田研二にとって、いや全ての歌手にとって、新たなる脅威が迫っていた。

ピンク・レディー登場

山口百恵《パールカラーにゆれて》が一位にある一〇月から一一月、それを追うのは、ジャニス・イアン《ラブ・イズ・ブラインド》、小椋佳《揺れるまなざし》、太田裕美《最後の一葉》、布施明《落葉が雪に》、研ナオコ《あばよ》などだった。

一一月八日、《パールカラーにゆれて》から一位を奪ったのは《落葉が雪に》だったが、一週のみで、一五日は《あばよ》が一位となった、研ナオコ最初の大ヒット曲である。中島みゆきが作詞作曲して提供した。中島みゆきもシンガーソングライターとして自身で歌うだけでなく、他の歌手へも提供し、大ヒット曲を生んでいく。《あばよ》は一一月二九日まで三週連続して一位だった。

一一月になると、《北の宿から》が一日、八日、一五日と三週連続して四位、二二日は二位にまで上がり、二九日も二位だったが、一二月六日、ついに一位を獲得した。発売されたのは前年一二月一日で、一年かけて一位にまで達したのだ。賞レースたけなわで、毎日のように「今年最高の歌」としてテレビやラジオで流れていたので、相乗効果でレコードも売れていた。ある意味、理想的なパターンだが、季節ごとに年四枚のシングルを出すというビジネスモデルでまわしているアイドル勢にはできないことだった。

一位になった《北の宿から》だったが、翌週一三日は《あばよ》が奪還し、二〇日は再び《北の宿から》が一位で、二七日、七六年最後も《北の宿から》が一位だった。この週に二位だったのが、森田公一とトップギャラン《青春時代》である。

一二月のチャートでは山口百恵《赤い衝撃》、岩崎宏美《ドリーム》なども上位にいたが、じわじわと上昇していたのが、ピンク・レディー《ペッパー警部》だった。八月二五日に発売された曲が三か月が経過して、一一月二二日に一九位とトップ20に入った。

ピンク・レディーも『スター誕生!』出身だった。したがってデビュー時には、日本テレビの音楽番組に優先的に出演できた。小中学生から高校生の間で奇抜な振り付けが話題になり、レコードも売れだしたのだ。

かろうじて賞レースにも間に合い、ピンク・レディーは一一月一六日に日本歌謡大賞で新人賞、日本レコード大賞も一九日の部門賞発表で新人賞を得た。これで広く知られるようになり、レコードも売れだした。一一月二九日には八位、一二月六日も八位、一三日に七位、二〇日に六位、二七日は七位と下がって、七六年を終えた。

チャコール・グレイの肖像

賞レースは辞退したが、沢田研二の歌手活動は続いており、一二月二三日には日本武道館でリサイタルを開き、一万二千人を動員した。このコンサートは収録され翌七七年一月六日にフジテレビが放映する。

一二月一日には九枚目のオリジナル・アルバム《チャコール・グレイの肖像》が発売された。シングルになった《コバルトの季節の中で》も収録されている。

収録された一〇曲すべてを沢田が作曲し、そのうちの二曲は作詞もした。「企画構成」は久世光彦、「プロデュース」は沢田研二と石川浩二、「コーディネーション」が木崎純久となっている。沢田研二を含め、ブレーン、スタッフは新たな方向性を模索していた。沢田が作詞した以外の曲は、小谷夏(久世光彦)、阿木燿子、藤公之介、桃井かおり、荒木一郎、松本隆、岸部修三が作詞した。演奏は井上堯之バンドを中心に後藤次利(ベース)、羽田健太郎(キーボード)が

LP《チャコール・グレイの肖像》収録曲

12月1日発売

ジョセフィーヌのために	作詞:小谷夏、作曲:沢田研二
夜の河を渡る前に	作詞:阿木燿子、作曲:沢田研二
何を失くしてもかまわない	作詞:藤公之介、作曲:沢田研二
コバルトの季節の中で	作詞:小谷夏、作曲:沢田研二
桃いろの旅行者	作詞:桃井かおり、作曲:沢田研二
片腕の賭博師	作詞:荒木一郎、作曲:沢田研二
ヘヴィーだね	作詞・作曲:沢田研二
ロ・メロメロ	作詞・作曲:沢田研二
影絵	作詞:松本隆、作曲:沢田研二
あのままだよ	作詞:岸部修三、作曲:沢田研二

参加した。

沢田研二は、《コバルトの季節の中で》を作曲したことについて『ザ・スター』では、〈歌を作るのは好きだ〉と認め、〈だがレコードの売上げを気にして作るものではない。（もちろん売れたらすばらしいだろうが）ぼくらが売るために歌を作ったのであれば、そっぽをむかれてしまうにちがいない〉とも分析する。〈ぼくの歌は自分の主張とかメッセージとしての歌よりも、ストレートに娯楽としての歌であった。楽しければよかった。そこにジャンル別はない。〉

「売るための歌」ではないが、「娯楽の歌」ではある――これが沢田研二が考える「自分の歌」なのだろう。それには、完全なフィクションとしての歌が必要だった。そのフィクションの歌の中での「ぼく」や「俺」は沢田研二であって沢田研二ではない。虚構の人物でありながらも、そこには沢田研二の何かが投影されていなければならない。聴く人、見る人が、歌の中の主人公を沢田研二と同一視してしまうほどの、完璧なフィクションが必要だった。それは映画と似ているはずだった。

沢田研二陣営には、個人の思い入れを廃して、完璧なフィクションを作れる作家が必要だった。

北の宿から

一九七六年の賞レースは、夏頃から都はるみ《北の宿から》が本命とされていた。

一一月一六日に決定・発表された日本歌謡大賞も、一二月三一日に決定発表した日本レコード大賞も、《北の宿から》が受賞した。

レコード大賞では、五年連続で歌唱賞を受賞（大賞一回、最優秀歌唱賞二回）していた五木ひろしがノミネートもされなかった。五木も一九七六年は不振だったのだ。新御三家は、野口五郎と西城秀樹は歌唱賞、郷ひろみは大衆賞を得た。山口百恵は《横須賀ストーリー》が作詩賞の対象となっただけだった。

レコード売り上げで圧勝した《およげ！たいやきくん》（四五三・六万枚）は童謡扱いで、ダニエル・ブーン《ビューティフル・サンデー》（一九〇・九万枚）は洋楽なので、賞の対象とならない。したがって、売上げにおいて実質的には一位の都はるみ《北の宿から》（八七・六万

1976年　第7回 日本歌謡大賞（視聴率41.8％）

大賞	『北の宿から』都はるみ
放送音楽賞	『あばよ』研ナオコ 『針葉樹』野口五郎 『もう一度逢いたい』八代亜紀 『横須賀ストーリー』山口百恵 『さざんか』森進一
放送音楽新人賞	『想い出ぼろぼろ』内藤やす子 『嫁に来ないか』新沼謙治
新人賞	『白いスカーフ』朝日のぼる 『ペッパー警部』ピンク・レディー 『まちぶせ』三木聖子 『嘘でもいいの』角川博 『水色の星』吉田真梨
特別賞	『およげ!たいやきくん』子門真人 『踊り子』フォーリーブス

枚）の大賞は、誰もが納得できるものだった。

だが、太田裕美《木綿のハンカチーフ》（八六・七万枚）、中村雅俊《俺たちの旅》（七五・七万枚）、あおい輝彦《あなただけを》（七二・二万枚）、山口百恵《横須賀ストーリー》（六五・三万枚）、因幡晃《わかって下さい》（六一・四万枚）、荒井由実《あの日にかえりたい》（五三・九万枚）などの年間トップ10に入った曲は冷遇された。

レコードセールスではニューミュージックとアイドルポップスが圧倒しているが、賞になると演歌が強い。しかし昔ながらの演歌では売れない。この矛盾を解決したのが、阿久悠《北の宿から》だった。阿久悠にとって、二度目のレコード大賞となった。そして奇跡の三年連続レコード大賞の始まりでもあった。

1976年　第18回 日本レコード大賞（視聴率41.9％）

日本レコード大賞
「北の宿から」都はるみ
作詞:阿久悠　作曲:小林亜星　編曲:竹村次郎

最優秀歌唱賞
「もう一度逢いたい」八代亜紀

最優秀新人賞
内藤やす子（「想い出ぼろぼろ」）

歌唱賞
「あばよ」研ナオコ
「針葉樹」野口五郎
「若き獅子たち」西城秀樹

大衆賞
「あなたがいたから僕がいた」他　郷ひろみ

新人賞
芦川よしみ（「雪ごもり」）
角川博（「嘘でもいいの」）
新沼謙治（「嫁に来ないか」）
ピンク・レディー（「ペッパー警部」）

作曲賞
宇崎竜童　「想い出ぼろぼろ」（内藤やす子）

編曲賞
萩田光雄　「メランコリー」（梓みちよ）

作詩賞
阿木燿子　「横須賀ストーリー」（山口百恵）

特別賞
●美空ひばり ●ダーク・ダックス

企画賞
日本フォノグラム「山田五十鈴を聴く」
ビクター音楽産業「我等のテナー:藤原義江全集」

審査委員会選奨
●二葉百合子 ●加山雄三

中山晋平・西条八十賞
●小林亜星 ●阿久悠

紅白歌合戦

沢田研二は『紅白歌合戦』も辞退した。渡辺プロダクションからは太田裕美が初出場を果たし、六七年以来九年ぶりに加山雄三が出場したのでプラス2だが、沢田の辞退とアグネス・チャンの休業でマイナス2となったので、前年と同じ八組が出場した。

前年まで出場していたアグネス・チャンは、八月発売の《夢をください》で、芸能活動を休止し、カナダのトロント大学へ留学した。父の勧めでいったん休むことにしたとなっているが、竹中労著『タレント残酷物語』によると、〈「収入の八〇パーセントを芸能プロが取る」システムに対して、彼女の父親が抗議したことから、「引退騒動」がはじまった〉という。これが正しければ、天地真理に次ぐ帝国の失策である。そして翌年にはキャンディーズの造反劇も勃発する。天地真理は七月の《愛の渚》はかろうじてヒットチャート五一位になったが、一二月の《夢ほのぼの》は一〇〇位以内に入れなかった。秋からテレビ局員の間で、天地真理の言動がおかしいと噂になっていた。自立失調説、自閉症説など、勝手な憶測が乱れ飛び、噂が噂を呼び、さらに広がっていく。渡辺プロは白雪姫をコントロールできなくなっていた。

一方、阿久悠の曲は『紅白』で九曲歌われた。桜田淳子《夏にご用心》、伊藤咲子《きみ可愛いね》、森昌子《恋ひとつ雪景色》、岩崎宏美《ファンタジー》、都はるみ《北の宿から》、フ

1976年　第27回 紅白歌合戦（視聴率74.6%）

紅組		白組	
山口 百恵	横須賀ストーリー	野口 五郎	針葉樹
西川 峰子	峰子のマドロスさん	細川 たかし	置き手紙
キャンディーズ	春一番	フォーリーブス	**踊り子**
南 沙織	哀しい妖精	堺 正章	苺の季節
太田 裕美	木綿のハンカチーフ	新沼 謙治	**嫁に来ないか**
佐良 直美	ひとり旅	内山田洋とクール・ファイブ	東京砂漠
和田 アキ子	雨のサタデー	西城 秀樹	**若き獅子たち**
桜田 淳子	**夏にご用心**	郷 ひろみ	あなたがいたから僕がいた
研 ナオコ	LA-LA-LA	あおい 輝彦	あなただけを
梓 みちよ	メランコリー	菅原 洋一	夜のタンゴ
伊藤 咲子	**きみ可愛いね**	田中 星児	ビューティフル・サンデー
いしだ あゆみ	時には一人で	橋 幸夫	俺ら次郎長
森 昌子	**恋ひとつ雪景色**	三橋 美智也	津軽甚句
岩崎 宏美	**ファンタジー**	三波 春夫	人生おけさ
藤 圭子	はしご酒	殿さまキングス	恋は紅いバラ
水前寺 清子	鬼面児	村田 英雄	男の土俵
由紀 さおり	つかの間の雨	ダーク・ダックス	**二十二歳まで**
島倉 千代子	逢いたいなァあの人に	フランク永井	東京午前三時
八代 亜紀	もう一度逢いたい	**森 進一**	さざんか
二葉 百合子	岸壁の母	**加山 雄三**	ぼくの妹に
小柳 ルミ子	逢いたくて北国へ	春日 八郎	あん時ゃどしゃ降り
青江 三奈	女から男への手紙	北島 三郎	歩
ちあき なおみ	酒場川	**布施 明**	落葉が雪に
都 はるみ	**北の宿から**	五木 ひろし	愛の始発

司会
紅組＝佐良直美　　白組＝山川静夫アナウンサー
人名の**太字**は渡辺プロ（8組）、曲名の**太字**は阿久悠作詞（9曲）

オーリーブス《踊り子》、新沼謙治《嫁に来ないか》、西城秀樹《若き獅子たち》、ダーク・ダックス《二十二歳まで》である。視聴率は七四・六パーセントだった。

阿久悠がヒットチャートと賞レースを制覇したのが、一九七六年だった。《木綿のハンカチーフ》という大ヒット曲を書き、歌謡曲に革命を起こそうとしていた松本隆は、〈頭上に阿久悠という巨大な城が浮かんでいましたからね〉と、この時代を表現している（「週刊朝日」二〇一七年一二月八日号）。

その巨大な城・阿久悠とスーパースター・沢田研二が本格的に組もうとしていた。

第一二章　勝手にしやがれ　1977年

正月番組での再起

年が明ければ、前年までのことは「過去」となり、忘れられる。年越しにはそういう効果がある。渡辺プロダクションは沢田研二の再起を周到に準備していた。

沢田研二の謹慎は六月一九日から七月一九日までだったが、その後も以前ほどはテレビには出演しなかったし、とくに一一月と一二月は賞レースと『紅白歌合戦』を辞退していたので、沢田研二に関心を寄せていない人びとは、謹慎が続いていたと思っていたかもしれない。

ファンにとっては、ジュリーはコンサートツアーもしていたし、シングル盤もアルバムも出していたし、テレビ番組にも出てはいたので、謹慎など遠い過去の話だが、そうではない一般の人びとに、沢田研二が健在であることを周知する必要があった。それには、高視聴率が狙える正月番組に出るのが最も効果的だ。そして渡辺プロには強力なコンテンツがあった。ザ・ドリフターズである。

1977年の沢田研二のレコード

2月1日	さよならをいう気もない　作詞：阿久悠、作曲：大野克夫
	つめたい抱擁　作詞：阿久悠、作曲：大野克夫
2月21日 フランスで発売	Julie Love 作詞:M.Jouveaux、作曲:Alec
	Les Filles De Ce Pays 作詞:M.Jouveaux、作曲:T.Karapat
5月21日	勝手にしやがれ　作詞：阿久悠、作曲：大野克夫
	若き日の手紙　作詞：阿久悠、作曲：大野克夫
8月10日 西ドイツで先行発売	MEMORIES 作詞：Richard Machin、作曲：Klaus Weiss
	LONG AGO AND FAR AWAY 作詞・作曲：Mart Shuman
8月10日	LP《沢田研二リサイタル　ハムレット・イン・ジュリー》 6月29日、30日のコンサートのライヴ盤
9月5日	憎みきれないろくでなし　作詞：阿久悠、作曲：大野克夫
	俺とお前　作詞：阿久悠、作曲：大野克夫
9月 フランスで発売	rock'n'roll child 作詞:Richard Machin、作曲:Werner Becker
	belle dame douce dame 作詞・作曲:V.Pallaviichini/P.Loiseau/S.Cutugno
10月と思われる フランスで発売	TU AS CHANGE 作詞:R.Dewitte、作曲:S.Koolenn
	L'AMOUR ESPERANTO 作詞・作曲:Young/Lebel/S.Kerr
10月10日 西ドイツで発売	rock'n'roll child 作詞:Richard Machin、作曲:Werner Becker
	YOU'RE MY LIFE 作詞:Horst Schmolzi、作曲:Werner Becker
11月15日	LP《思いきり気障な人生》 オリジナル・アルバム

一九七七年は一月一日が土曜日だった。一日・土曜日はレギュラーのTBSの『8時だョ！全員集合』、二日・日曜日はNETの『ドリフの初夢大爆笑‼』、三日・月曜日はフジテレビの渡辺プロダクション制作の『新春スターかくし芸大会』と三日続けて、ドリフターズの番組があった。いずれも収録は前年のうちに済ませている。

『かくし芸大会』は毎年一日に放映されていたが、七七年は土曜日なので『全員集合』と重なってしまった。同じプロダクションのタレントは同時間帯に複数の番組には出ないという不文律があるので、どちらかをずらさなければならない。かつて、日本テレビの『紅白歌のベストテン』と、渡辺プロ制作のNETのオーディション番組が同じ月曜二〇時になったとき、渡辺晋は「『紅白歌のベストテン』にうちの歌手を出したいなら、時間帯を変えればいい」と言い放ち、それが日テレ・ナベプロ戦争のきっかけとなった。その教訓もあってか、『全員集合』の一日はそのままで、『かくし芸大会』を三日にずらすことになった。

沢田研二はまず、二日の『ドリフの初夢大爆笑‼』に出演し、二月発売の《さよならをいう気もない》を歌った。続いて三日の『新春スターかくし芸大会』では、津軽三味線を披露し、さらにドラマ仕立ての『真っ赤な夕陽の渡り鳥』にも出た。高視聴率のこの番組で、久しぶりに沢田研二を見た人は多かった。

五日はこの年最初のコンサートが大阪フェスティバルホールで開かれ、かくし芸のために練習した津軽三味線を披露し、二時間にわたり歌った。六日はフジテレビで、前年一二月二三日の日本武道館でのリサイタルが放映された。

そして八日は『8時だョ！全員集合』、に出演し、《さよならをいう気もない》を歌った。一一日にはNHKの『歌のグランドショー』に出演した。NHKに出るのは前年二月以来だった。この番組では《コバルトの季節の中で》を歌った。これで、日本テレビと東京12チャンネルを除いて各局に出たことになる。

一方、一月七日に開かれた渡辺プロダクションの新年会では、天地真理は人の輪から離れ、ひとりポツンと立ち、誰とも口をきかなかった。そして一月一三日にゲストとして出演した『家族揃ってノド自慢』では、優勝者にトロフィーを渡す際に、「おめでとう」も言わずに、放り投げた。同日に出たラジオ番組では、司会者の質問すべてに「わかりません」「知りません」としか答えず、彼女の新曲をかけようとすると、「わたし、その曲嫌いです」と言い出した。ラジオ局には抗議の電話が殺到した。それまでは業界内の噂でしかなかった天地真理の「奇行」は一般視聴者の知るところとなり、もはや渡辺プロダクションとしても隠蔽できなかった。

翌日、渡辺プロダクションは副社長・渡辺美佐の談話として「天地真理のスケジュールはすべてキャンセル、しかるべき病院に入院させる」と発表し、天地は二三日に専売公社病院に入院させられた。幽閉に近い。あまりにも人気があったので、落ち目になったときとの落差に心を病んでしまったのか。渡辺プロがキャバレーまわりさせたからか。心の問題なので、真実は分からない。ともあれ――「明星」や「平凡」などの表紙に、沢田研二と並んで映ることもあった天地真理は、こうして芸能界からいったん消える。カムバックは二年後である。多くの芸能人にとって、天地真理の暗転は他人事ではなかった。一瞬だったかもしれないが、誰もが、自分も天地真理のようになるかもしれないと思った。

渡辺プロダクションに限らず、芸能事務所は売れている間は守ってくれるが、売れなくなると冷淡だ。そういう世界だった。

ピンク・レディー、ブーム到来

テレビに完全復帰したが、一月はまだヒットチャート上位には沢田研二の名はない。

一九七七年最初の週間ランキングは一月一〇日付で、都はるみ《北の宿から》が前年最後の週に続いて一位を維持した。年末のレコード大賞と『紅白』で改めてこの曲を聴いて買った人が多かったのだろう。二位は森田公一とトップギャラン《青春時代》、三位はマイナー・チューニング・バンド《ソウルこれっきりですか》、四位は山口百恵《赤い衝撃》、五位は研ナオコ《あばよ》となっていた。ピンク・レディーは《ペッパー警部》が六位に上がり、さらに新曲《S.O.S.》も一五位になっており、爆発的なブームが始まろうとしていた。

一七日は《北の宿から》が二位に下がり、《青春時代》が一位へ上がり、そのまま二月七日まで四週間にわたり一位となった。ピンク・レディーは五位に《ペッパー警部》、八位に《S.O.S.》と二曲がトップ10に入る。

二月七日の週間ランキングは《青春時代》が四週連続で一位で、二位に《S.O.S.》が上がった。《ペッパー警部》もまだ六位にいる。三位が野口五郎《むさし野詩人》、四位が山口百恵《初恋草紙》、五位が新人の清水健太郎《失恋レストラン》で、太田裕美《しあわせ未満》も七位、岩崎宏美の新曲《想い出の樹の下で》も一一位になっている。

二月一四日、《青春時代》に替わって、《S.O.S.》が一位になった。ピンク・レディー初の一位獲得だった。ここから連続九曲が週間ランキング一位という、当時としては前人未到の記録を打ち立てる。《ペッパー警部》もまだ一〇位に留まっていた。

沢田研二は「自叙伝」で、「賞レースで活躍していた他の歌手」は誰かとの質問に、〈ピンク・レディーの全盛時代ですよ〉と答えている。

三位以下は《失恋レストラン》《むさし野詩人》《初恋草紙》と続く。六位に郷ひろみの新曲《真夜中のヒーロー》、七位に太田裕美《しあわせ未満》、八位に岩崎宏美《想い出の樹の下で》と三人の「ひろみ」が並び、この三曲とも筒美京平が作曲した。筒美京平の全盛期でもある。

一月第一週から二月一四日までの一位は《北の宿から》《青春時代》《S.O.S.》と、すべて阿久悠が作詞した作品だった。

筒美京平と阿久悠、そしてピンク・レディーの全盛時代ということだ。

沢田研二《さよならをいう気もない》は二月一日に発売されると、一四日に九位になった。《S・O・S》の一位は一四日のみで、二一日に《失恋レストラン》と替わって二位になった。《失恋レストラン》は三月二一日まで五週連続して一位を維持する。

二月二一日の三位は《青春時代》で、以下、《むさし野詩人》《真夜中のヒーロー》《しあわせ未満》《初恋草紙》《ペッパー警部》《想い出の樹の下で》《さよならをいう気もない》と続く。

さよならをいう気もない

二月一日発売のシングル盤《さよならをいう気もない》は作詞・阿久悠、作曲は大野克夫で、《時の過ぎゆくままに》のコンビが復活した。しかし、最高八位で二一・五万枚と、これも沢田のシングルとしては大ヒットとは言えない結果に終わる。

〈ハイヒールのかかとが折れて歩けない〉と、主人公が女性であることを冒頭で示す。演歌では男性歌手が女性の立場で歌う曲（「女歌」という）はよくあるが、ポップス系はそう多くはない。沢田研二のシングルでも初めてだ。ハイヒールが折れたので、〈この先へは進めない　歩けない〉。〈なんて私　ついてない　運がない〉と嘆いている。阿久悠にしては、後ろ向きの女性像だ。女性の立場で書かれているのに、語尾が「〜よ」「〜わ」などの女性言葉ではない。〈歩けない〉であって、〈歩けないの〉ではない。ここが新しい。です・ますも使わない。「ハイヒール」がなければ、男性の立場の歌と思うかもしれない。

〈男と女はいつも悲しい手さぐりで　心のやすらぎ求め合うけれど〉〈季節を見送る詩人のように　さよならをいう気もない　悲し過ぎて〉の「季節を見送る詩人」が、いかにも阿久悠らしいフレーズだ。ここは二番では〈ミュージカルの場面のようにおかしくて〉となる。

沢田研二は女性っぽく歌わない。曲も失恋の歌のわりには軽快だ。歌い方もウェットではないが、艶がある。女性名の「ジュリー」に違和感がないように、沢田の「女歌」も違和感はない。阿久悠があえて「女歌」を書いたのは、前年の『セブンスターショー』で、沢田が歌った《ざんげの値打ちもない》が良かったからだろうか。

この歌でイヤリングをつけたことも話題になった。男性がするなど、当時としては前代未聞である。沢田としてはすでにステージではイヤリングをつけていたし、メイクもしていたので、それをテレビでもやってみようということだ。

野心作であった《さよならをいう気もない》は、野心作ゆえに大ヒットにはならなかった。大ヒットのためには、突出した何かがなければならない。

二月二一日から、沢田研二はヨーロッパへ向かい、西ドイツのハンブルクでレコーディングをし、パリへ移り、フランスでの五枚目のシングル《Julie Love》のプロモーションをした（二一日発売）。一九七七年はフランス、西ドイツで五枚のシングルをリリースした。

春の闘い

三月七日のチャート上位五曲は《失恋レストラン》《S.O.S.》《青春時代》《しあわせ未満》《むさし野詩人》で、順位を含めて前週と同じだ。《さよならをいう気もない》は八位に上がった。石川さゆり《津軽海峡・冬景色》も一四位にまで上がっていた。

一四日も上位二曲は同じで、三位にハイ・ファイ・セット《フィーリング》が入った。六位に桜田淳子《あなたのすべて》、七位にキャンディーズ《やさしい悪魔》が上がっている。《さよならをいう気もない》は一四位に下がった。

二一日は《失恋レストラン》《フィーリング》、三位がピンク・レディーの新曲《カルメン'77》、四位が尾崎亜美《マイピュアレディ》、五位が《S.O.S.》と続き、《さよならをいう気もない》は二〇位まで下がった。

二八日、《カルメン'77》が一位となり、五週連続して守る。この週にトップ10に入った新しい曲は、ジグソー《スカイ・ハイ》、西城秀樹《ブーメランストリート》、あおい輝彦《Hi-Hi-Hi》の三曲だ。《さよならをいう気もない》は一七位へ再浮上した。

四月四日のチャートは《カルメン'77》《スカイ・ハイ》《フィーリング》《マイピュアレディ》《失恋レストラン》の順で、《さよならをいう気もない》は一八位に下がったが、まだトップ20に留まっていた。一方、さだまさし《雨やどり》が一一位にまで上がってくる。グレープとしての《精霊流し》が大ヒットしたのは七四年で、七六年に解散すると、さだは七六年一一月にソロとしての最初のシングルを出し、《雨やどり》は二枚目だった。

四月一一日、山口百恵《夢先案内人》がいきなり六位でチャートインした。清水健太郎《帰らない》も一一日に一一位で初チャートインした。上位は《カルメン'77》《フィーリング》《スカイ・ハイ》だ。一八日も《カルメン'77》が一位だが、《夢先案内人》が二位に上がった。《さよならをいう気もない》はトップ20から消えた。二五日も《カルメン'77》《夢先案内人》《フィーリング》《帰らない》《スカイ・ハイ》で、《津軽海峡・冬景色》が八位で再びトップ10に入った。

山口百恵は二位止まりで、ピンク・レディーになかなか勝てない。

五月二日のチャートで、《帰らない》が一位になり、《カルメン'77》は三位に下がったが、《夢先案内人》は二位をキープした。

これで二月からはピンク・レディーと清水健太郎が交互に一位になったことになる。

九日は《帰らない》《夢先案内人》《カルメン'77》のトップ3は前週と同じだったが、一六日、ついに《夢先案内人》が一位になった。アイドルの場合、発売と同時に固定ファンが買うので、直後が一番売れ、だんだん下がっていくことが多い。あとになって順位が上がるのは、固定ファン以外にまで歌が広がっていることを意味している。山口百恵は前作《初恋草紙》では広がりが持てなかったが、《夢先案内人》で、ファン層の拡大に成功していた。同世代の女性ファンを獲得したのだ。

《夢先案内人》は女の子の好きそうなゴンドラの出て来るメルヘンチックな光景が描かれているようでいながら、「あなた」と「夜明け前」を迎えるストーリーだ。中学三年生でデビューした山口百恵は、この春に高校を卒業していたので、「大人」の歌を歌えるようになっていた。

しかし《夢先案内人》の一位は一週のみで、二三日には《雨やどり》が一位となった。さだまさしにとって初の週間ランキング一位である。この週で、ダウン・タウン・ブギウギ・バンド《サクセス》が六位に上昇した。さだまさしと宇崎竜童は山口百恵の曲を書くので、「百恵陣営」と言っていい。その三曲がトップ10に入っていた。

山口百恵は『スター誕生!』出身だが、森昌子、桜田淳子、岩崎宏美、ピンク・レディーらが阿久悠の曲でデビューしたのに対し、千家和也と都倉俊一のコンビの曲でデビューした。それは偶然や業界内の人間関係によるもので、百恵本人の意思ではなかったが、七六年の《横須賀ストーリー》は百恵本人の「阿木燿子と宇崎竜童に作ってほしい」との意思から生まれた曲だった。そして百恵が次に白羽の矢を立てたのが、さだまさしだった。

一九七七年から七九年にかけて、沢田研二とピンク・レディーを主軸に多くの歌手を擁して歌謡界を制圧しようとしていた阿久悠王国に、敢然と立ち向かったのが山口百恵だった。そして、それを支える作家陣が揃おうとしていた。

対山口百恵という視点では沢田研二は阿久悠陣営に属すが、「ロックシンガー」という視点からは、宇崎竜童を得た山口百恵もその領域へ入っていくので、百恵・宇崎とは同志に近い。たとえば、沢田陣営の大野克夫は〈他の人の仕事にはあまり関心なかったですね。ただ、山口百恵を手がけていた宇崎竜童さんのことは意識しました。同じミュージシャンという点で。〉と語っている（「週刊朝日」二〇一七年一二月八日号）。

売上げを競い、賞レースでも競うだけでなく、沢田研二と山口百恵の間には音楽面での競争もあった。

勝手にしやがれ

五月二一日、沢田研二《勝手にしやがれ》が発売された。曲名は、フランスのヌーヴェルヴァーグ映画（フランソワ・トリュフォー原案、ジャン=リュック・ゴダール監督・脚本、主演ジャン・ポール・ベルモンド）から借用されている。

一緒に暮らしていた女性が出ていくのを〈壁ぎわに寝がえりうって　背中できいている〉男の歌だ。この阿久悠作詞の沢田の曲では、《時の過ぎゆくままに》《さよならをいう気もない》《憎みきれないろくでなし》など、サビのフレーズがそのままタイトルになることが多いが、《勝手にしやがれ》の歌詞にはこのフレーズはない。

阿久悠は発表当時、個人誌「ｙｏｕ」で《勝手にしやがれ》をこう解説する。

〈ゴダールの『勝手にしやがれ』は、馬鹿馬鹿しくおかしく、悲しい映画だった。／ぼくは、この日本タイトルが殊《こと》の外《ほか》気に入り、いつか歌にしてみたいと考えていた。〉〈そうそうめぐり逢えるものではない。歌にしたいと思いはじめてから八年が過ぎてしまったが、沢田研二なら大丈夫だと、今度書いたのがこの歌である。／男のシャイ、男のはにかみは、ぶざまさをさらけ出すことによって、相手をいとおしみ、自分を傷つける。／そんな感情を、沢田研二は実にうまく歌っている。八年待ってよかったが実感だ。〉

《勝手にしやがれ》は最初にタイトルがあり、そこからこの物語を作っていたことになる。そして、セリフとしては「勝手にしやがれ」は出てこない。主人公の全体の気分が「勝手にしやがれ」ということだ。

二〇〇四年の『歌謡曲の時代』では、〈一九七〇年代の男と女の気分がよく出ていると思う。つまり、真っ直ぐに、熱烈に愛することに照れるというのが、一種のトレンドのような時代で、素直であれば幸福になれるのに、斜に構えて不幸になるというのが多かった〉と解説している。

沢田はテレビで歌うときは、かぶっていたパナマ帽を投げるパフォーマンスをし、これを小学生男子が真似した。この頃からテレビ番組では、歌ごとに衣装とメイクを変え、「演じる歌謡曲」を確立させた。沢田としても阿久悠の虚構性の高い歌を歌うにあたり、虚構であるという開き直りが必要だった。そのために早川タケジによる派手な衣裳とメイクを導入する。

沢田が阿久悠作品について語ることは少ない。「写真詩集」と冠された『阿久悠　歌は時代を語りつづけた』に収録されたコメントはその数少ないもののひとつだ。

〈正直に言って、阿久さんの詩はあまり好きではなかったんです。カッコ良すぎる、はっきり言いすぎると思っていました。僕自身女々しい方がすきだったから〉と語る。日本一カッコイイ男にしても、阿久が描く男はカッコ良すぎたのである。

これがヒットしたのだから、当時はカッコイイことが肯定的な時代でもあった。

〈これだけ強い詩を用意してくれると、僕は僕でそれに負けないようにしなくちゃいけない。詩のイメージと違う部分を出そうと、化粧をしたり、コスチュームを考えたりしました。詩の強さに刺激され、触発され、スタッフも含めた皆の思いがうまく噛み合ったと思います。それが成功したことで、それからずーと続くわけです。〉

大野克夫は当時を振り返り、〈地方公演も多いうえ、沢田はアルバムを一年に二枚も出していましたからね。地方のホテル、移動中の車、スタジオの前で書くこともありました。早くつくれる方なんですが、《勝手にしやがれ》だけは、収録の前日まで詞とにらめっこしていましたね。「行ったきりならしあわせに〜」という部分からつくろうか、なんて考え込んで。夜になって、あのイントロがフッと浮かんだんです。奇跡的に。〉と明かしている（「週刊朝日」二〇一七年一二月八日号）。

大野は作ってはみたが、「勝手にしやがれ」という自暴自棄なタイトルなので、採用されないのではないかと思い、別の曲を作っていた。それが《あなたに今夜はワインをふりかけ》になる。

勝手にしやがれのプロモーション

五月一四日土曜日、ＴＢＳの『ウィークエンドスペシャル』の枠で、沢田研二はエンリコ・マシアスと出て、これまでのヒット曲に加えて、《勝手にしやがれ》も披露した。

一五日には毎日放送で『THE LIVE SPECIAL　沢田研二VS.宇崎竜童』が放送され、ダウン・タウン・ブギウギ・バンドとともに《許されない愛》やタイガース時代の曲を歌い、ソロでも《時の過ぎゆくままに》や《勝手にしやがれ》を歌った。

一七日はフジテレビの『ミュージック・フェア'77』、二一日は『8時だョ！全員集合』と、発売日までに、少なくともこれだけのテレビ番組に出て、《勝手にしやがれ》を歌い、周知させたところでの発売だった。

ドリフターズの『8時だョ！全員集合』には、沢田研二は月に一回くらいのペースで出演している。渡辺プロダクションが「企画」する番組なので、出たい時に出られる。高視聴率番組なので新曲を披露するには適していた。出演するからにはコントにも参加しなければならないが、沢田はドリフターズとの共演を楽しんでいた。なかでも志村けんとは気が合っていた。

発売後も、二三日は『夜のヒットスタジオ』、二五日はTBS『みどころガンガン放送局』とNHK『歌のグランドショー』、二九日はTBS『ヤングOH！OH！』、六月五日は、昼はTBS『ロッテ歌のアルバム』に出て、夜はTBS『東京音楽祭　輝くゴールデンカナリー賞』に出演した。

前年は「謹慎」で東京音楽祭を辞退したが、この年は出た。この日は世界大会の日本代表を選ぶ日で、沢田研二、山口百恵、大橋純子がゴールデンカナリー賞、新人に与えられるシルバーカナリー賞には清水健太郎が選ばれた。沢田研二は《勝手にしやがれ》でエントリーしたが、一九日開催の世界大会ではグランプリは逃し（アメリカのマリリン・マックー&ビリー・デイヴィス・ジュニアが受賞）、銀賞を受けた。この音楽祭で日本人歌手がグランプリを獲れたのは第一回（一九七二年）の雪村いづみだけだ。

以後も毎週数本のテレビ番組に出演し、《勝手にしやがれ》を歌っていた。だが、それは山口百恵も同じだし、ピンク・レディーはもっとハードなスケジュールをこなしていた。

この時期のテレビ番組で注目すべきものとしては、六月二六日のＮＨＫ『ビッグショー』がある。四五分間のワンマンショー形式で、「沢田研二　今、青春のきらめきを！」のタイトルで、《勝手にしやがれ》を含む、タイガース時代からのヒット曲を歌った。ゲストとして『悪魔のようなあいつ』で沢田扮する三億円事件の犯人を追う刑事を演じた若山富三郎が出て、短い対談をした。

三〇日のＴＢＳ『トップスターショー　歌ある限り』では「若手ビッグフォーここに初共演」と題し、森進一、五木ひろし、布施明、沢田研二が出演した。この四人が当代のビッグフォーであることは、日本国民の誰にも異論はなかった。そのうち三人が渡辺プロダクションだ（『ビッグショー』『トップスターショー』は録画番組）。

二九日と三〇日、沢田研二はＮＨＫホールで開催されたリサイタル『ロック・オペラ　ハムレット』に出演していた。前半はタイガース時代からこれまでのヒット曲で構成され、後半がフランスのジョニー・アリディが前年に出したアルバム《Hamlet》をもとにしたロック・ミュージカルだった。このライヴ盤が《沢田研二リサイタル　ハムレット・イン・ジュリー》として八月一〇日に発売される。

七月六日放送のＮＨＫ『歌のグランドショー』では、このなかから、《生きるべきか死ぬべきか》《オフェリアの魂》を歌っている。

ヒットチャート一位

こうして万全のプロモーションをして、《勝手にしやがれ》は世に出た。

五月三〇日のチャートでは、《勝手にしやがれ》はまだトップ20には入っていない。この週の一位は《雨やどり》で、以下《夢先案内人》《カルメン'77》《サクセス》郷ひろみ《悲しきメモリー》だった。

六月六日でトップ三位は、《雨やどり》《サクセス》《夢先案内人》と百恵陣営が三組並んだ。以下は小柳ルミ子《星の砂》《カルメン'77》、狩人《あずさ2号》、そして七位に《勝手にしやがれ》がランクインした。

《雨やどり》は強く一三日も一位を守ったが、《星の砂》が二位に上がり、《サクセス》は三位に落ちた。そして、《勝手にしやがれ》が四位へと上がった。

二〇日のチャートで《勝手にしやがれ》が一位を奪った。沢田研二にとって、《時の過ぎゆくままに》の七五年一〇月二〇日以来、一年八か月ぶりの一位だった。《雨やどり》は二位、《星の砂》は三位に下がる。

《星の砂》は小柳ルミ子にとって久しぶりのヒット曲で、この後もチャートの上位を守り、年間ランキングでは一三位、五三・五万枚と大健闘する。しかし、《勝手にしやがれ》の脅威は《星の砂》ではなく、この週に四位にランクインしたピンク・レディー《渚のシンドバッド》である。前週八位《カルメン'77》は一七位へと落ち、その代わりに《渚のシンドバッド》がいきなり四位になった。一月第一週からずっと、ピンク・レディーの曲はトップ10に入っている。

三つ巴の激戦

翌週二七日、《勝手にしやがれ》は一週で一位を《渚のシンドバッド》に明け渡し、二位になった。三位以下は《雨やどり》《星の砂》《あずさ2号》だ。

七月四日も《渚のシンドバッド》が一位、以下は《勝手にしやがれ》《星の砂》《あずさ2号》《雨やどり》。七位にはキャンディーズ《暑中お見舞い申し上げます》が入り、小林旭《昔の名前で出ています》が一〇位に再浮上している。

一一日も《渚のシンドバッド》《勝手にしやがれ》《星の砂》《あずさ2号》《雨やどり》と上位五曲は順位も全て前週と同じだった。《暑中お見舞い申し上げます》は六位に上がっているが、それより上にはいけない。八位に山口百恵《イミテイション・ゴールド》が登場した。

そして一八日――《勝手にしやがれ》が一位を奪還した。《渚のシンドバッド》は二位に下

♫ 1977年夏　オリコンチャート上位3曲

	1位	2位	3位
6月20日	勝手にしやがれ	雨やどり	星の砂
27日	渚のシンドバッド	勝手にしやがれ	雨やどり
7月4日	渚のシンドバッド	勝手にしやがれ	星の砂
11日	渚のシンドバッド	勝手にしやがれ	星の砂
18日	勝手にしやがれ	渚のシンドバッド	イミテイション・ゴールド
25日	勝手にしやがれ	イミテイション・ゴールド	渚のシンドバッド
8月1日	勝手にしやがれ	渚のシンドバッド	イミテイション・ゴールド
8日	勝手にしやがれ	渚のシンドバッド	イミテイション・ゴールド
15日	渚のシンドバッド	勝手にしやがれ	イミテイション・ゴールド
22日	渚のシンドバッド	勝手にしやがれ	イミテイション・ゴールド
29日	渚のシンドバッド	勝手にしやがれ	イミテイション・ゴールド
9月5日	渚のシンドバッド	イミテイション・ゴールド	勝手にしやがれ

『オリコンチャート・ブック』を基に作成

がり、三位に《イミテイション・ゴールド》が上がる。以後九月五日まで八週にわたり、この三曲が上位三位内に留まり、ジュリー、百恵、ピンク・レディーの三つ巴の闘いが繰り広げられていく。《勝手にしやがれ》が一位になった六月二〇日から九月五日までの上位三曲は図表のようになっている。

この間、五位以内にはなったものの、トップスリーに入れなかったのが、キャンディーズ《暑中お見舞い申し上げます》、野口五郎《季節風》、郷ひろみ《洪水の前》、岩崎宏美《熱帯魚》、清水健太郎《遠慮するなよ》などだった。

《渚のシンドバッド》は九月一二日も一位を維持していたが、《ウォンテッド》がいきなり一二位でチャートインしている。そして翌週一九日には《ウォンテッド》が一位になる。ピンク・レディーから一位を奪ったのはピンク・レディーだったのだ。《渚のシンドバッド》も、まだ六位でトップ10に二曲だ。

沢田研二の新曲《憎みきれないろくでなし》が三位に入っていた。沢田研二もずっとトップ10を維持していた。《勝手にしやがれ》は九月五日に三位になると、一二日は五位、一九日は一四位に下がるが、

キャンディーズの激震

ヒットチャート戦線が燃えていた夏、渡辺プロダクション、そして日本全土を激震が襲った。七月十七日、日比谷野外音楽堂でのコンサートで、キャンディーズが、九月で「解散する」と宣言し、その理由として「普通の女の子に戻りたいんです」と言ったのだ。三人は渡辺プロとは何の相談もせずに、いきなりコンサートの場で解散を発表した。相談すれば反対されるのは目に見えていたので、既成事実を作り上げようという彼女たちなりの計算だった。当然のごとく、事務所やレコード会社は三人の説得を始めた。

キャンディーズは人気の頂点にあった。《暑中お見舞い申し上げます》は七月一一日と一八日にチャートで六位、二五日と八月一日は五位だ。ここでの解散はビジネスとして痛い。だが、

三人の決意が固いのであれば、発想を転換し、解散を最大のビジネスチャンスと受け止めるしかない。渡辺プロはすでにザ・タイガースの解散とザ・ピーナッツの引退興行を成功させていたので、ノウハウはある。それにしても――二か月後の九月ではあまりにも早過ぎるので、半年延ばして、一九七八年三月をもって解散することで双方が妥協した。

「あと半年」と区切られたことで、キャンディーズのファンは燃えた。何としても、彼女たちに週間ランキングで一位を獲得させよう、と。

沢田研二はこの夏も七月三〇日から全国縦断コンサートを開いた。

MEMORIES

沢田研二のヨーロッパ・プロジェクトは続いていた。

七月三〇日に西ドイツで《MEMORIES》が発売され、八月一〇日には日本でも発売された。歌詞は英語だ。《勝手にしやがれ》が大ヒットしている最中でもあり、積極的なプロモーションもしなかったのか、ヒットチャートでは最高四〇位だった。

西ドイツでのレコードのプロモーションのため、一〇月に沢田研二は渡辺美佐と西ドイツへ向かった。この頃、芸能界は「大麻汚染」で揺れ、多くの著名ミュージシャンが逮捕され、その交友関係からさらにまた誰かが捕まっていた。そのなかには内田裕也もおり、沢田研二の逮捕も時間の問題だとも噂されていた。

竹中労『タレント残酷物語』には、〈渡辺美佐は彼（沢田）をつれて西独に〝亡命〟、これまた周知の事実である音楽事業者協会会長・中曽根康弘の政治力に頼って、ようやく彼を（というよりナベ・プロ自体を）、当局の追及から救ったという観測がもっぱらであった〉とある。このような噂があったのは事実だが、真偽のほどは分からない。中曽根が音事協会長だったのは七一年までだ。

憎みきれないろくでなし

九月五日、《勝手にしやがれ》がまだヒットチャート上位にあったが、次のシングル《憎みきれないろくでなし》が発売された。前作に続いて、作詞・阿久悠、作曲・大野克夫である。同日に『夜のヒットスタジオ』で歌っている。

詞は複雑な構造を持つ。《さよならをいう気もない》同様に、女性の立場での詞で、タイトルであり、サビでもある「憎みきれないろくでなし」はその相手の男性だ。その「ろくでなし」のとんでもない言葉が相次ぎ、一見、男の立場で自問自答しているようでもある。

〈昨日は昨日で　どこかで浮かれて／過ごした筈だが　忘れてしまったよ〉と「ろくでなし」が言うと、〈気障な台詞だね〉と彼女は思う。だが、多分、口にはしない。〈明日は明日で　楽しいだろうが／余りに遠くて　予想も出来ないよ〉には〈使い古しだね〉と思う。この「ろくでなし」の気障なセリフが使い古しだというのは、これが映画『カサブランカ』の「昨日はどこにいたの？」「そんな昔のことは覚えていない」「今夜逢える？」「そんな先のことは分からない」の借用だからだ。

「ろくでなし」には彼女以外にも女性がいて、〈傷つけ合うのが嫌いだからと／ずるずるみんなをひきずって〉いる。そんな「ろくでなし」に、〈最後にあなたはあなたは／どうするどうするつもり〉〈恋に埋もれ死ぬ気でいるの〉と迫る。

男のセリフと、それを聴いた女の内面を、大野克夫はロックとして描いてしまう。この時期の沢田研二の曲で、最もロックらしい。

一九七七年の沢田研二は日本語の歌のシングルは三枚しか出さなかった。《さよならをいう気もない》《勝手にしやがれ》《憎みきれないろくでなし》だ。《勝手にしやがれ》はタイトルが覚えやすい。詞もストレートだし、ヒットするには、ある程度の「わかりやすさ」が必要だった。

激突第二ラウンド

九月一〇日土曜日、沢田研二はドリフターズの『8時だョ!全員集合』に出演した。志村け

♫ 1977年秋 オリコンチャート上位5曲

	1位	2位	3位	4位	5位
9月12日	渚のシンドバッド	お化けのロック	遠慮するなよ	イミテイション・ゴールド	勝手にしやがれ
19日	ウォンテッド	お化けのロック	憎みきれないろくでなし	愛のメモリー	コスモス街道
26日	ウォンテッド	お化けのロック	愛のメモリー	憎みきれないろくでなし	コスモス街道
10月3日	ウォンテッド	愛のメモリー	お化けのロック	憎みきれないろくでなし	コスモス街道
10日	ウォンテッド	愛のメモリー	憎みきれないろくでなし	人間の証明	コスモス街道
10月17日	ウォンテッド	人間の証明	秋桜(コスモス)	愛のメモリー	憎みきれないろくでなし
24日	ウォンテッド	人間の証明	秋桜	愛のメモリー	憎みきれないろくでなし
31日	ウォンテッド	人間の証明	秋桜	憎みきれないろくでなし	愛のメモリー
11月7日	ウォンテッド	人間の証明	秋桜	憎みきれないろくでなし	愛のメモリー
14日	ウォンテッド	人間の証明	秋桜	憎みきれないろくでなし	愛のメモリー
21日	ウォンテッド	人間の証明	憎みきれないろくでなし	秋桜	愛のメモリー
28日	ウォンテッド	わかれうた	憎みきれないろくでなし	秋桜	愛のメモリー

『オリコンチャート・ブック』を基に作成

んとのコントのなかで、志村は「俺の作った曲をやるからな」と沢田に話しかけ、「《勝手にしやがれ》っての、はやっただろう。あれを引っくるめて《勝手にシンドバッド》ってのを俺、作ったから」と言う。沢田はきょとんとした。

《勝手にしやがれ》の前奏が始まり、志村は沢田の真似をして腕を組む。いざ「壁ぎわに」と歌うのかと思いきや、直前に、《渚のシンドバッド》の前奏となり、志村は跳ねながらピンク・レディーを真似る。沢田の声で〈バーボンのボトルを抱いて〉が流れると腕を組み、ピンク・レディーの〈セクシー、あなたはセクシー〉でまたピンク・レディーとなる。観客席は大爆笑で、沢田も手を叩いて笑った。

たまたまこの日の『全員集合』を、青山学院大学のある学生も見ていた。彼は、自分のバンドで作る曲に「勝手にシンドバッド」と名付けようと思い立つ。

九月一二日のチャートは前週から激変した。《渚のシンドバッド》の一位は変わらないが、二位には郷ひろみ・樹木希林《帰郷／お化けのロック》がいきなり入った。二人が出演しているTBSのドラマ『ムー』で歌われていた曲だ。プロデューサー・久世光彦の仕掛けがまたも当たった。

三位は《遠慮するなよ》で、以下《イミテイション・ゴールド》《勝手にしやがれ》、松崎しげる《愛のメモリー》、狩人《コスモス街道》、高田みづえ《だけど…》、石川さゆり《能登半島》、岩崎宏美《熱帯魚》までがトップ10で、一一位に野口五郎《季節風》、そして一二位に初登場でピンク・レディー《ウォンテッド（指名手配）》がチャートインした。

この状況でピンク・レディーと沢田研二の激闘の第二ラウンドが始まった。

九月一九日、《ウォンテッド》はあっさりと《渚のシンドバッド》から一位を奪った。二位は《帰郷／お化けのロック》が守り、三位に《憎みきれないろくでなし》が上がった。《渚のシンドバッド》はまだ六位だった。

二六日は《ウォンテッド》《帰郷／お化けのロック》が一・二位を守り、《愛のメモリー》が三位に上がり、《憎みきれないろくでなし》は四位に下がる。《渚のシンドバッド》はまだ九位に留まる。

一〇月三日、《ウォンテッド》の一位は不動だが、《愛のメモリー》が二位に上がり、《帰郷／お化けのロック》《憎みきれないろくでなし》《コスモス街道》の順になる。六位には岩崎宏美《思秋期》、七位には太田裕美《九月の雨》が上がり、さらに、八位には角川映画の主題歌、ジョー山中《人間の証明のテーマ》、九位にキャンディーズ《アン・ドゥ・トロワ》、一〇位に桜田淳子《もう戻れない》と、それぞれの秋の新曲が上がってきた。

ダークホースは《人間の証明のテーマ》だ。前年に『犬神家の一族』で映画製作に乗り出した角川書店社長・角川春樹率いる「角川映画」の第二作は森村誠一原作の『人間の証明』となった。『犬神家の一族』では主題曲はあったが、インストゥルメンタルで歌詞はなかったため、映画と原作小説はヒットしたがレコードは売れなかった。そこで第二弾は「主題歌」としたのだ。劇中に出てくる西條八十の詩を角川春樹が英訳した歌詞に、大野雄二が作曲し、映画にも出演しているロック・ミュージシャンのジョー山中が歌った。映画の公開は一〇月八日だったが、映画と原作の角川文庫のテレビコマーシャルが大量に流され、そこでこの曲も流れていたので、八月の時点で、ほぼすべての日本人が一度は耳にしている状態だった。そこへ、満を持して八月一〇日に発売された。

レコード発売と同時に、角川はジョー山中をテレビの歌番組にも出演させるつもりだったが、まさにその発売日に、ジョー山中は大麻取締法違反で逮捕されてしまった。「大麻汚染」のひとつだった。『人間の証明』では出演していた岩城滉一も逮捕されている。現在ならば、たちまち発売中止、上映中止になるだろうが、一九七〇年代にはそんなことをする会社はない。山中は逮捕されたのでテレビには出演できないが、レコードは予定通り発売され、映画も大々的に公開される。

しかし、すぐにヒットチャートの上位へと駆け上ったわけではなかった。九月二六日にようやく一七位となり、一〇月三日に八位、映画『人間の証明』の宣伝もピークに達していた一〇日に四位、一七日に二位にまで上がった。

日本映画は、戦前からヒットした歌謡曲を映画にしていたし、石原裕次郎のように主演映画の主題歌を歌っていた俳優もいたが、七〇年代には映画そのものが斜陽産業となっており、映画からヒット曲が生まれることは、ほぼなくなっていた。山口百恵も映画に主演し主題歌を歌っていたが、その曲がシングルA面になることはなく、B面か、アルバム（LP）に収録されるだけだった。

コマーシャルとのタイアップはすでにヒットの法則として確立されていたが、映画やテレビドラマとのタイアップはまだ本格化していない。角川映画は八〇年代になると、薬師丸ひろ子と原田知世を得て映画と歌を連動させていくが、その最初の成功が『人間の証明』だった。出版と映画において「革命」を起こしていた風雲児・角川春樹は、音楽でも革命を起こしたのだ。その角川と沢田研二は八一年に『魔界転生』で組む。

もう一曲、トップ10にまでは上がらなかったが、八月から一〇月にかけて一〇位台に、《宇宙戦艦ヤマト》も入っていた。同題のアニメ映画の主題歌で、ささきいさおが歌った。『宇宙戦艦ヤマト』は一九七四年一〇月から七五年三月にかけてテレビ放映され、低視聴率だったものの、再編集した劇場版が公開されると大ヒットし、主題歌のレコードも売れたのだ。プロデューサーの西崎義展は劇場版第二作の制作を決定した。翌年公開の『さらば宇宙戦艦ヤマト』で、その主題歌は沢田研二が歌う。

秋の陣

チャートに戻ると、一〇月一〇日は《ウォンテッド》《愛のメモリー》《憎みきれないろくでなし》《人間の証明のテーマ》《コスモス街道》が上位五曲で、一一位に山口百恵の新曲《秋桜《コスモス》》がチャート初登場した。さだまさしが作詞作曲して提供した曲だ。

ピンク・レディーと沢田研二の対決に、またも山口百恵が絡み、夏に続いて三つ巴の激戦の第二ラウンドとなる。以下、上位五曲の激戦ぶりを記そう。

夏の陣は、ピンク・レディーと沢田研二が互角で、山口百恵は三番手だったが、秋の陣は、ピンク・レディーが圧勝し、それを山口百恵が追い、沢田研二は三番に甘んじた。

ビッグフォー

沢田研二は九月も多くの歌番組に出ていた。

二九日の『トップスターショー　歌ある限り』は六月三〇日に続いて、「ビッグフォーここに大競演！」で沢田研二、森進一、布施明、五木ひろしが出演した。一〇月三日の『夜のヒットスタジオ』では「ビッグ4熱唱」として四人で《マイ・ウェイ》を歌うシーンがあった。

テレビ各局は「賞」が高い視聴率を取ることが分かっていたので、賞の数は増えていき、さらに大きな賞になると、予選段階どころか前評判を煽る番組まで作る。歌手たちはそれに出ないと受賞できないとの不安から、最優先で出る。

一〇月二日、TBSは『それゆけ！レコード大賞'77』「完全予想　燃える第一線歌手総まくり」を放映し、沢田研二の他、五木ひろし、布施明、森進一、山口百恵、小林旭、野口五郎、八代亜紀、森昌子、桜田淳子らが出演した。沢田は《勝手にしやがれ》で臨んだ。

一〇月の通常の歌番組では沢田研二は《憎みきれないろくでなし》を歌うが、賞関連では《勝手にしやがれ》だ。

賞レース、開幕

今年も日本歌謡大賞入賞者発表から賞レースは本格的に始まる。

前年の《北の宿から》同様に、下馬評では《勝手にしやがれ》が本命で、対抗馬はないという独占状態だった。

ビッグフォーと称される実力派四人で、レコード売上げで好調だったのは、沢田しかいない。だが、たとえば「週刊平凡」一一月一〇日号は〈五木ひろしが沢田研二に真っ向から挑戦!!「ことしは何がなんでもグランプリを狙う」〉として、最も新しい曲《灯りが欲しい》がぐんぐん売上げを伸ばしており、久しぶりの会心のヒットとなると書いている。沢田研二の独走では盛り上がらないので、五木を対抗馬にしたのだろうが、無理のある記事だった。《灯りが欲しい》は二〇・三万枚とこの年の五木のシングルのなかでは最も売れたが、大賞候補にはならない。五木は前年に歌唱賞も取れず、低迷していた。それは七七年になっても変わらず、一〇万枚以上売れたのは《灯りが欲しい》しかない。

一九七七年の沢田研二の最大のライバルは、売上げではピンク・レディー、音楽としては山口百恵、そして、もうひとりが《津軽海峡・冬景色》が大ヒットした石川さゆりだった。だが彼女たちはまだ若い。とくにアイドル系の大賞はこれまではない。

それでも、いちばん早い賞とされる八月二五日発表の日本テレビ音楽祭では、石川さゆりが受賞した(なぜか《津軽海峡・冬景色》ではなく《能登半島》が受賞曲)。日本テレビと渡辺プロダクションとの関係を考えれば、もともとこの賞を沢田研二が獲る可能性はない。音楽業界・放送業界の賞を決めるのは、売上げ、作品の質、歌手のキャリアだけではない。「政治」もファクターのひとつだ。

日本歌謡大賞

一九七七年の歌謡大賞は、日本テレビが制作・放映する当番だった。一一月三日「木曜スペシャル」の枠内で、『第八回決定‼日本歌謡大賞入賞者』が、赤坂プリンスホテルから生中継された。

放送音楽新人賞にノミネートされたのは、清水健太郎、高田みづえ、狩人、太川陽介、榊原郁恵、清水由貴子、荒木由美子の七人で、このなかから二人が選ばれる。

放送音楽賞候補者には、沢田研二、小柳ルミ子、松崎しげる、西城秀樹、岩崎宏美、ピンク・レディー、石川さゆり、山口百恵、桜田淳子、野口五郎、八代亜紀が選ばれた。

この時点で、すでにビッグフォーでは沢田研二しか残っていない。

本選は二週間後の一一月一七日木曜日だ。日本武道館に観客を集めて、授賞式が生放送された。沢田研二のファンも多数やってきて、「がんばれジュリー」などの垂れ幕を掲げる者もいた。

最初に決まるのは新人賞で、七人のなかから清水健太郎と高田みづえに決まった。有力視されていた狩人は落ちた。

放送音楽賞は五名のはずだったが、激戦だったので六名になった。高得点順の発表で、沢田研二が最初に呼ばれ、《勝手にしやがれ》を歌った。このときの沢田は喜びの表情を見せてはいたが、普段とあまり変わらない。受賞は当然との自負がある。

次に呼ばれたのはピンク・レディー、続いて、八代亜紀、野口五郎、石川さゆりと続いた。以上五名は最初の投票で決まった。「女性セブン」一二月八日号によると、最後のひとりは山口百恵、岩崎宏美、小柳ルミ子の三人の決選投票となった。誰も過半数に達せず、三位の小柳が落選し、岩崎と百恵で二回目の決選投票の結果、岩崎二二票、百恵二一票の僅差で、岩崎宏美に決まった。山口百恵はまたも無冠だった。この年のホリプロダクションは、石川さゆりに力を入れたと思われる。さらに、CBSソニーは洗練された社風で、ガツガツと賞を獲りにいく力に乏しい。百恵は営業力と政治力において弱い。

1977年　第8回 日本歌謡大賞（視聴率46.3％）

大賞	『勝手にしやがれ』沢田研二
放送音楽賞	『思秋期』岩崎宏美 『愛の終着駅』八代亜紀 『ウォンテッド』ピンク・レディー 『津軽海峡・冬景色』石川さゆり 『風の駅』野口五郎
放送音楽新人賞	『失恋レストラン』清水健太郎 『硝子坂』高田みづえ
新人賞	『コスモス街道』狩人 『Lui-Lui』太川陽介 『アル・パシーノ＋（たす）アラン・ドロン＜（より）あなた』榊原郁恵 『お元気ですか』清水由貴子 『ヴァージン・ロード』荒木由美子

放送音楽賞に選ばれた六曲のなかで、《勝手にしやがれ》《思秋期》《ウォンテッド》《津軽海峡・冬景色》の四曲が阿久悠作詞だ。

いよいよ歌謡大賞である。

投票結果は《勝手にしやがれ》一八票、《ウォンテッド》一二票、《津軽海峡・冬景色》九票で、どれも過半数に達しなかったので、上位二曲の決選投票となり、二三対二一と一票差で、沢田研二《勝手にしやがれ》に決定した。

沢田研二の歌謡大賞は七三年《危険なふたり》に次いで二度目だった。二度の受賞は史上初だ。歌謡大賞は一九九三年まで二四回（一九八八年は昭和天皇が病床にあったので自粛して開催されなかったため、実際は二三回）あるが、二度受賞したのは沢田と、近藤真彦（八五、八七年）の二人しかいない。

大賞は《勝手にしやがれ》と発表されると、会場は総立ちとなり、「ジュリー」「ジュリー」の歓声に包まれた。ステージに呼ばれた沢田研二の閉ざした目からは涙がこぼれていた。前年の受賞者・都はるみからトロフィーが渡されると、高々と挙げて、ファンに見せた。「おめでとうジュリー」の声が飛び、やがて「勝手にしやがれ」の大合唱が起きる。観客がこんなにも興奮することはめったにない。視聴率は四六・三パーセントで歴代二位だった。一位は沢田研二が《危険なふたり》で受賞した七三年なので、「ジュリーが獲った年」がトップ2なのだ。

〈興奮のるつぼだった。〉と「女性セブン」は書く。〈思えば去年は、暴力事件を起こし涙をのんだジュリー。芸能生活10周年、今年こそと意気ごんだところへ、例の大麻事件でイニシアル歌手と騒がれ、無言で耐えてきた彼である。これまでのもやもやを一気にふっきって、四八年に続く二度めの受賞だった。〉

テレビでの放映が終わった後、受賞者の記者会見が開かれた。新人賞、放送音楽賞の順に呼ばれて、質問に答えていく。沢田研二は最後だった。

〈名を呼ばれて立ちあがったジュリーは、急に涙ぐんだ。あの、泣かない、クールなジュリーがだ。万感胸に迫る、というのはこのことだろう。

「去年のことを思えば、もう月とスッポン、夢みたいです。中途半端な人間ですけど、二度も賞をいただいて……」

涙があふれだしてとまらず、声も出ない。しばらくして、

「嫁さんもいますし、十何年やってきて賞ももらい、ぼくはぜいたくな男だと思っています」〉

（「女性セブン」）

この場でレコード大賞の話題は出ない。しかし、真のグランプリがレコード大賞であることは、日本中の誰もが知っていた。七四年の《襟裳岬》、七五年の《シクラメンのかほり》、七六年の《北の宿から》と三年連続して、歌謡大賞受賞曲がレコード大賞も獲っている。今年も《勝手にしやがれ》はその可能性が高かった。だが、決選での投票結果がピンク・レディーと一票差だったことは衝撃を与えた。レコード大賞で大逆転があるのではないか。「ジュリー独走」と思われた賞レースは、俄然、波乱含みになってきた。

一七日木曜日に歌謡大賞に決まると、沢田研二は一九日土曜日に『8時だョ！全員集合』に出演し、《憎みきれないろくでなし》を歌った。TBSの世界観では歌謡大賞なるものは存在しない。

一方、歌謡大賞に関係している各局は通常の音楽番組内で特集し、沢田研二は《勝手にしやがれ》を歌う。二〇日・日曜日は東京12チャンネル『ヤンヤン歌うスタジオ』とテレビ朝日『ヒット作戦　1！2！3！』、そして二一日・月曜日は珍しく日本テレビ『紅白歌のベストテン』にも出場した。

LP《思いきり気障な人生》収録曲

11月15日発売　全曲、作詞:阿久悠、作曲:大野克夫

- 思いきり気障な人生
- あなたに今夜はワインをふりかけ
- 再会
- さよならをいう気もない
- ラム酒入りのオレンジ
- 勝手にしやがれ
- サムライ
- ナイフをとれよ
- 憎みきれないろくでなし
- ママ…

歌謡大賞の興奮を打ち消すかのように、二三日火曜日、TBSは『速報 日本レコード大賞は!?』を放送する。部門賞の発表だ。

思いきり気障な人生

賞レース只中の一一月一五日、沢田研二のオリジナル・アルバム《思いきり気障な人生》が発売された。収録された一〇曲すべてが、作詞・阿久悠、作曲・大野克夫、編曲・船山基紀だった。タイガース時代に作った最初のソロのアルバム《JULIE》で全曲が作詞・安井かずみ、作曲・村井邦彦、編曲・東海林修だったのに次ぐ。

《さよならをいう気もない》《勝手にしやがれ》《憎みきれないろくでなし》のシングル三曲と、翌年シングルとして発売される《サムライ》とそのB面の《あなたに今夜はワインをふりかけ》と五曲がシングル盤の

曲という、ベストアルバムのような、オリジナル・アルバムだった。

シングルにはならない五曲は、アルバムでしか作れないような、大胆な曲が多い。ミュージカルのナンバーのように劇的なシーンが歌われている。なかでも最後のトラックにある《ママ…》はぶっ飛んでいる。

阿久悠は映画好きなので、沢田研二を主役にした映画を、歌で作ったと言っていい。

レコード大賞部門賞

一一月二二日の「速報！日本レコード大賞」は帝国劇場と赤坂のＴＢＳとの二元生中継で、この年から審査結果はコンピュータを導入して集計するという。

審査は一〇月三一日、一一月一日にも行なわれ、エントリーされたシングル二七〇曲、ＬＰ一三二枚（男性歌手一二名、女性歌手二九名、グループ一五組）から、四九名の審査員（マスコミ関係者、音楽評論家、各界代表）が聴いて、審査していく。こうして大賞候補曲二五、新人賞候補曲一五が絞られた。それをもとに二二日に投票が行なわれる。過半数は二五だ。

投票はコンピュータを導入したので複雑な計算が可能となり（いまとなっては笑い話だが）、ノミネートされた大賞候補曲二五曲に各審査員は順位を付けて投票、各順位ごとに最も多い票を獲得したものが当選となる。

新人賞は、清水健太郎が最初の投票で一位に二五票を獲り確定。ほかは過半数に満たないので、二位は高田みづえと狩人の決選投票で高田が三一票で決定。狩人は三位の再投票で四四票を獲ったので決定。四位を巡っては、太川陽介と清水由貴子の決選投票で太川、五位は清水と榊原郁恵の決選投票で、榊原郁恵が滑り込んだ。

大賞候補曲はまず沢田研二が一位枠で三八票を獲得し確定した。二位は山口百恵と石川さゆりの決選投票となり三二対一七で石川、三位は山口百恵・二六と八代亜紀・二三で百恵、四位は八代亜紀・三一と松崎しげる・一八で八代、五位は松崎しげる、野口五郎、岩崎宏美の三つ巴となり、まず松崎が落ち、再投票で二八対二一で岩崎が確定した。六位は野口五郎と松崎しげるが再び競うこととなり、二八対二一で今度は松崎に決まった。

この経過が帝劇のスクリーンに映し出されていくので、それぞれのファンは歓声を上げたり、悲鳴を上げたりする。野口五郎のファンは二度、悲鳴を上げた。はたして残れるのか。

七位は小柳ルミ子・二六と野口五郎・二三で小柳となり、野口のファンは三度目の悲鳴を上げた。野口は西城秀樹との八位決選でようやく過半数をとって、決まった。

九位は西城秀樹・三〇としばたはつみ・一九で西城。最後の一〇位は、しばたはつみ、桜田淳子、五木ひろしの三つ巴で、まず五木が落ちて、桜田淳子・二六としばたはつみ・二三で桜田淳子が勝った。

五木ひろしは歌謡大賞に続いてこの時点で消えた。

大衆賞は、キャンディーズ、郷ひろみ、ダウン・タウン・ブギウギ・バンド、ピューティペア、ピンク・レディーが候補で、最初の投票でピンク・レディーが四五票と圧勝して獲得した。しかし、これでピンク・レディーがレコード大賞を獲る可能性はなくなった。

この段階で最大のライバルのピンク・レディーが大衆賞となったので、沢田研二の楽勝に思えた。だが予断は許されない。小柳ルミ子《瀬戸の花嫁》は歌謡大賞を受賞しレコード大賞も確実視されながら、ちあきなおみ《喝采》に持って行かれた。ここにきて石川さゆり《津軽海峡・冬景色》が浮上してくる。

中島みゆき席巻

一二月のチャートは賞レースとは無縁の中島みゆきが席巻した。九月一〇日発売の《わかれうた》がじわじわと上昇し、一〇月三一日に一七位となり、一六位、一〇位、七位と上がり、一一月二八日に、《憎みきれないろくでなし》《秋桜》を抜いて二位になった。

さらに中島みゆきが作詞作曲した桜田淳子《しあわせ芝居》も一一月二一日に八位でトップ20に入り、二八日には七位に上がった。山口百恵が阿木燿子・宇崎竜童と組み、さらに、さだまさしも陣営に入れて大ヒットを続けていたのを受けて、ふるわない桜田淳子は起死回生の一手として、中島みゆきに依頼し、成功した。

一二月五日のチャートは《ウォンテッド》《わかれうた》《しあわせ芝居》《憎みきれないいろくでなし》《秋桜》が上位五曲となった。女性陣優位のなか、男性では沢田研二が奮闘していた。

そして一二日、《わかれうた》が一位となり、八月一五日に《渚のシンドバッド》が一位になってから《ウォンテッド》へと一七週続いていたピンク・レディーの連続一位記録が途絶えた。さらに言えば、六月二〇日に《勝手にしやがれ》が一位となってから、二五週間にわたり阿久悠が作詞した曲が一位だったが、その連続記録も絶たれた。

しかし、一二日の八位には、ピンク・レディー《UFO》がチャートインし、当然のごとく一九日に一位を奪還した。この週は《ウォンテッド》もまだ四位だ。そして五位に上がってきたのがキャンディーズ《わな》だった。解散まであと四か月だ。念願の一位を目指すが、この曲では二位までしかいけない。

一九七七年最後となる二六日付の上位五曲は《UFO》《わかれうた》《わな》《しあわせ芝居》《ウォンテッド》と、女性歌手が占めた。《憎みきれないろくでなし》は六位、《秋桜》は一三位に下がった。一方、賞レースで注目されていた石川さゆり《津軽海峡・冬景色》が再びチャート上位に復帰し、一〇位になっていた。

そして七位には原田真二《てぃーんずぶるーす》、一二位に世良公則&ツイスト《あんたのバラード》という新しい才能が駆け上がっていた。

沢田研二は頂点に立ったが、あらゆる方面にそのライバルがいた。

賞レースの過密スケジュール

一一月二二日にレコード大賞部門賞が決定し、あとは大晦日を待つだけというのは数年前の話で、一二月になると、さまざまな賞が決定し、そのたびに授賞式が放送される。候補者たちは毎日のように授賞式で歌わなければならない。

いくつもの賞があることについて、沢田は〈誰かが得するから、ああいうのができるわけで、多くなったから値打が下がるとかという意見がある一方、それだけ多くあれば、どこかに引っ掛かるだろうという考えかたもあるわけでね。要するに、出る側としては、歌手としては、本人がそれをどう判断して参加するかということが大事なんですよね。単に参加することが大事なわけでもないし、取ることが絶対なわけでもないし、かといって、取って嬉しくないなら出なくていいわけだから……。僕としては気さくに参加して、気さくに、あかんかったな、よかったな、という範囲のものでいい〉と『自叙伝』で明かす。

〈ああいうのは、もらえばもらったで、いわゆる頂点をきわめたとか、あとはそれ以上いかないだろうといわれたりという面もあるんですよ。勲章でもあるけど、ハンディにもなる、荷物にもなるわけで、だから歌手の人生は、あの賞を目標にする程度ではいかんと思うんですよ。最終目的の途中にあるもの、という考えかたでいいんだと思う。出られたら出られたでいいし、出られなかったら出られなかったでいい。それがなかったら困る、というような仕事の体勢でなければいいということだと思うんですね。〉

大賞を獲るとギャラが上がると言われるが、それは演歌歌手の興行においてで、沢田の場合は、それが理由で上がったことはなかったという。

一二月六日火曜日、フジテレビ系列の「FNS歌謡祭'77」で、歌謡音楽賞、新人賞、歌唱賞、各優秀賞受賞者が発表された。「歌謡祭」の名称だが、「賞」である。一九七四年に始まり、七四年と七五年は上半期と下半期に分けていたが、七六年から年一回となる。六日は予選にあたる各賞の発表だった。

続いて、二つの有線放送関連の賞が決定する。有線放送は飲食店が利用するので、演歌のリクエストが多い。レコード売上げとはまた別の「ヒット曲」があるのだ。

まず八日木曜日に、『輝け！栄光の星座・第10回 全日本有線放送大賞 グランプリ最終決定!!』が放映された。この賞は一九六八年が第一回で、大阪の讀賣テレビと大阪有線放送社（現・USEN）が共催していた。授賞式の会場は大阪フェスティバルホールで、日本テレビ系列で放送される。大阪有線放送社の有線放送へのリクエスト数をベースにして審査される。グランプリの愛称が「栄光の星座」だ。

全日本有線放送大賞には、沢田研二もノミネートされていたが、グランプリは小林旭《昔の名前で出ています》に決まった。酒場で強い人気のある曲だ。

一一日・日曜日、今度は「日本有線大賞」の発表だ。TBSが『発表!!第10回日本有線大賞』として授賞式を放送した。「全日本有線放送大賞」は有線放送のシェア第一位の大阪有線放送が主催だったが、これは関東を中心にした日本音楽放送(現・キャンシステム)を中心とする「全国有線音楽放送協会」が主催し、日本音楽放送へのリクエスト数をもとに審査される。授賞式は六八年から七四年まではフジテレビが放送していたが、七五年からはTBSが放送していた。

有線大賞も演歌が強そうなので、《津軽海峡・冬景色》かと思われたが、《勝手にしやがれ》が大賞を獲得した。

二〇日火曜日、フジテレビの『決定!FNS歌謡祭'77最優秀グランプリ』が放送された。最優秀歌唱賞と最優秀視聴者賞を石川さゆり《津軽海峡・冬景色》が獲り、最優秀グランプリも石川さゆりだった。レコード大賞は最優秀歌唱賞を獲ると大賞は獲れないが、この賞は違った。《津軽海峡・冬景色》は一一月からの賞関連番組で何度も歌われていたので、レコードの売上げも伸びていた。沢田研二の独走と思われた賞レースは、ここにきて予断は許されない状態になってきた。

テレビ朝日（四月に、NETから、テレビ朝日へと社名変更）も手をこまねいてはいない。二八日水曜日、『あなたが選ぶ全日本歌謡音楽祭　輝け！ゴールデン・グランプリ!!』が放送された。この賞は七五年から始まっており、タイトルの通り視聴者からの投票で決める。七五年のグランプリは《シクラメンのかほり》で他の賞と同じだったが、七六年は《北の宿から》ではなく、五木ひろし《どこへ帰る》が獲っていた。だが、七七年は《勝手にしやがれ》が獲った。

すでに『紅白歌合戦』のリハーサルも始まっている。

二九日木曜日はTBSが『トップスターショー　歌ある限り』の枠で、「日本レコード大賞前夜祭・栄光は誰の手に」を放送し、もちろん沢田研二も出演した。

大賞決定まで、あと二日。

年間チャート

ここでレコードの売上げ枚数のランキングを確認しよう。

一九七七年の最大のヒットメーカーは阿久悠である。年間ランキングの一位から一〇位に六曲も入ったのだ。売上ランキング一位から記すと（ゴシックが阿久の作詞）、ピンク・レディー**《渚のシンドバッド》**九四・〇万枚、森田公一とトップギャラン**《青春時代》**八六・五万枚、ピンク・レディー**《ウォンテッド》**八四・五万枚、沢田研二**《勝手にしやがれ》**七四・七万枚、小林旭《昔の名前で出ています》七〇・八万枚、さだまさし《雨やどり》六六・八万枚、ピンク・レディー**《カルメン'77》**六五・八万枚、ピンク・レディー**《S・O・S》**六四・六万枚、清水健太郎《失恋レストラン》六二・八万枚、ハイ・ファイ・セット《フィーリング》五六・六万枚だ。

さらに三〇位までには、一一位の都はるみ**《北の宿から》**が二年目のこの年だけで五五・八万枚を売り、以下、ピンク・レディー**《ペッパー警部》**、石川さゆり**《津軽海峡・冬景色》《能登半島》**、沢田研二**《憎みきれないろくでなし》**が入っていた。

週間ランキング一位の推移をみると、六月二〇日から一二月までの連続二五週を含め、阿久悠作品はこの年、《北の宿から》一週、《青春時代》四週、《S・O・S》一週、《カルメン'77》五週、《勝手にしやがれ》五週、《渚のシンドバッド》八週、《ウォンテッド》一二週、《UFO》二週と、合計三八週、一位だった。ほぼ四分の三にあたる。一年中、阿久悠の曲がヒットしていた年だった。阿久悠はまるで異なるタイプの曲を書き、ヒットさせていた。歌謡曲というジャンルの中に「阿久悠」というジャンルがあると言っていい。

数字で言えば、ピンク・レディーが圧勝している。四曲がトップ10に入っているのだ。しかし、レコード大賞は「曲」に対して贈られる。四曲とも同程度に売れており、作品としても同レベルで、「この一曲」というものがない。

一方、沢田研二は《さよならをいう気もない》《勝手にしやがれ》《憎みきれないろくでなし》の三曲のなかでは、売れ行きでも作品の評価でも、《勝手にしやがれ》がずば抜けていた。《勝手にしやがれ》は七四・七万枚の大ヒットで年間ランキングでは四位だ。

一二月三一日

一九時、『第19回 輝く！日本レコード大賞』の放送が始まった。

最優秀新人賞は清水健太郎に決まった。

大賞候補曲一〇曲が披露され、そのなかから歌唱賞には、沢田研二《勝手にしやがれ》、八代亜紀《愛の終着駅》、山口百恵《秋桜》、岩崎宏美《思秋期》、石川さゆり《津軽海峡・冬景色》の五人が選ばれた。ここでは山口百恵は健闘した。そして、三曲が阿久悠の作詞だった。

四人が女性で、内三人が一〇代だった。山口百恵一八歳、岩崎宏美一九歳、石川さゆり一九歳である。女性上位、世代交代の年だった。ピンク・レディーの二人もケイが二〇歳、ミーが一九歳だ。沢田研二だけが男性として勝ち残った。

最優秀歌唱賞は前年に続いて八代亜紀が受賞した。八代亜紀は二〇一九年刊行の「レコード大賞」の『公式インタビューブック』で、素直に「嬉しかったですね」と語る。〈歌手としててっぺんの賞をいただいたと思いました（笑）。この時代は歌唱賞五組の中から選ばれる仕組みで、歌唱力はもちろんのこと、ヒットもしていなくちゃいけない。そんな栄えある賞を二年連続でいただけて、大きな励みになりました〉。

優等生的回答だが、本音でもあったろう。八代亜紀としては今後も最優秀歌唱賞を目指していればよかった。だが翌年から、「最優秀歌唱賞を一度受賞すると、二度ともらえない」とルールが変更になる。七四年と七五年は五木ひろし、七六年と七七年は八代亜紀と、最優秀歌唱賞を二人で寡占していたので、より多くの歌手に与えようということでの規約改正だった。これで最優秀歌唱賞を獲れなくなった八代亜紀は、「レコード大賞」を目指すことになり、八〇年に、世にいう「五・八戦争」が勃発する。

残るはレコード大賞である。ステージにコンピュータの画面が映る。《勝手にしやがれ》が四二票、《津軽海峡・冬景色》が三票、《秋桜》が二票、《思秋期》が二票——沢田研二《勝手にしやがれ》が栄冠に輝いた。

客席からはキャーという歓声。しかし客席にいる沢田研二は動けない。数秒だが、喜びを噛み締めている。隣にいた阿久悠が立ち上がり、沢田を抱きかかえるようにして立たせた。立った沢田は、両手を挙げてガッツポーズをした。獲ったぞと、全国のファンに示すように。阿久悠は沢田をステージへ促す。その後を、阿久悠、大野克夫らが追う。

ステージに上がった沢田研二に、司会の高橋圭三がマイクを寄せる。「いまの気持ちは」の問いに、いまにも泣き出しそうな顔で、「うれしい」と関西弁のイントネーションで応えた。そして、両手を挙げて歓声に応えた。

ザ・タイガースの一員としてデビューしたのは一九六七年。その年の新人賞には落選した。以後もタイガースは賞には無縁のまま七一年一月に解散、PYGを経て、七一年秋から本格的なソロ歌手として活躍し、七三年には《危険なふたり》で歌謡大賞は獲れたが、レコード大賞は逃した。ミリオンセラーの《時の過ぎゆくままに》は歌唱賞にも残らなかった。そして二度の暴行事件による謹慎――常にトップスターだったようでいて、不遇でもあった。

ようやく、頂点に達した。一等賞を獲れた。

番組を盛り上げるため、受賞すると思われる者の家族を呼んで、ステージにあげて、涙を流して抱き合う演出が流行していた。TBSのスタッフは、沢田研二には内密に、ザ・タイガースのメンバーと萩原健一を呼んでいた(瞳みのるは来なかった)。PYGの井上堯之と大野克夫はもともと関係者なので、来ている。

受賞が決まり、トロフィーを受け取ると、沢田研二はこの日、三度目となる《勝手にしやが

1977年　第19回 日本レコード大賞（視聴率50.8%）

日本レコード大賞
「勝手にしやがれ」沢田研二
作詞：阿久悠　作曲：大野克夫　編曲：船山基紀

最優秀歌唱賞
「愛の終着駅」八代亜紀

最優秀新人賞
清水健太郎（「失恋レストラン」）

歌唱賞
「秋桜」山口百恵
「思秋期」岩崎宏美
「津軽海峡・冬景色」石川さゆり

大衆賞
「ウォンテッド（指名手配）」他　ピンク・レディー

新人賞
狩人（「あずさ2号」）
榊原郁恵（「アル・パシーノ＋アラン・ドロン<あなた」）
高田みづえ（「硝子坂」）
太川陽介（「Lui-Lui」）

中山晋平賞（後の作曲賞）
三木たかし　「思秋期」（岩崎宏美）/「津軽海峡・冬景色」（石川さゆり）

編曲賞
船山基紀　「勝手にしやがれ」（沢田研二）/「旅愁〜斑鳩にて〜」（布施明）

西条八十賞（後の作詩賞）
さだまさし　「雨やどり」（さだまさし）/「秋桜」（山口百恵）

特別賞
●小畑実 ●小林旭 ●フランク永井 ●春日八郎

企画賞
ビクター音楽産業「日本のジャズ・ポピュラー史」-戦前・戦後編-
東芝EMI「演歌の源流を探る（李成愛）」
RVCビューティ・ペア

審査委員会顕彰
●古賀政男 ●服部良一

れ》を歌った。

歌い終えると、沢田はトロフィーを頭の上に掲げた。テレビの中継はここで終わった。

その後、萩原たちは、台本にも打ち合わせにもないことをした。沢田研二の胴上げだ。

そこまでは良かった。だが、予定にないので、沢田はトロフィーを持ったまま胴上げされた。トロフィーは青銅製で重い。思わず落としてしまい、それが、タイガースのメンバーの額に当たってしまい（岸部一徳という説と森本太郎という説がある）、血だらけになってしまう。すでに放送は終わっていたので、その場面はテレビには映らなかったが、会場にいた八代亜紀は目撃しており〈どなたかの額に当たって、血だらけになってしまって。「大変！」って驚いた場面が今でも鮮明に焼き付いています〉と二〇一九年になっても覚えている。

この年の『輝く！日本レコード大賞』の視聴率は五〇・八パーセントで過去最高となり、いまだこれを上回る数字は出ていない。ＴＢＳの全音楽番組の中でも歴代一位だ。

沢田研二はレコード大賞の視聴率でも一等賞だった。

『自叙伝』では、「自信はありましたか」との質問に、〈いや、そんなに甘くないだろうなと思ってましたけど。〉と答え、〈事件のあとだしね、だから嬉しかったですよ、やっぱり。〉と素直に喜びを認めている。

紅白歌合戦

日比谷の帝国劇場でのレコード大賞授賞式が終わると、歌手たちは渋谷のNHKホールへと向かう。この「移動」を経験できる者は、歌手の中で十人前後しかいない。選ばれし者たちだった。

『紅白歌合戦』でも阿久悠の作品は九曲が歌われた。桜田淳子《気まぐれヴィーナス》、ピンク・レディー《ウォンテッド》、岩崎宏美《悲恋白書》、石川さゆり《津軽海峡・冬景色》、新沼謙治《ヘッド・ライト》、西城秀樹《ボタンを外せ》、森田公一とトップギャラン《青春時代》、沢田研二《勝手にしやがれ》、森進一《東京物語》である。ピンク・レディーは『紅白』に出るのは、これが最初で最後となる（再結成後は除く）。

渡辺プロダクションからは太田裕美、キャンディーズ、いしだあゆみ、小柳ルミ子、加山雄三、沢田研二、布施明、森進一の八組が出た。前年出た梓みちよは落選した。

沢田研二は白組の二四組中一八番目で、これは全体を四つのブロックに分けたなかの、三番目の最後という位置づけだ。この順番は大トリ、トリに次ぐ三番目のポジションと言ってよく、レコード大賞が最有力だったので、この位置になったのだろう。それは大賞を取っても、演歌ではないからトリにはならないということでもあった。

1977年　第28回 紅白歌合戦（視聴率77.0%）

紅組		白組	
桜田 淳子	**気まぐれヴィーナス**	郷 ひろみ	悲しきメモリー
ピンク・レディー	**ウォンテッド**	狩人	あずさ2号
太田 裕美	九月の雨	新沼 謙治	**ヘッド・ライト**
西川 峰子	ギター流して今晩わ	細川 たかし	ひとり旅
高田 みづえ	硝子坂	清水 健太郎	失恋レストラン
岩崎 宏美	**悲恋白書**	野口 五郎	風の駅
キャンディーズ	やさしい悪魔	西城 秀樹	**ボタンを外せ**
ハイ・ファイ・セット	フィーリング	森田公一とトップギャラン	**青春時代**
佐良 直美	ラヴ・ミー・テンダー～ハウンド・ドッグ	菅原 洋一	奥様お手をどうぞ
南 沙織	街角のラブソング	三橋 美智也	風の街
しばた はつみ	マイ・ラグジュアリー・ナイト	松崎 しげる	愛のメモリー
和田 アキ子	夜更けのレストラン	千 昌夫	北国の春
山口 百恵	イミテイション・ゴールド	**加山 雄三**	もえる草原
水前寺 清子	虚空太鼓	北島 三郎	終着駅は始発駅
由紀 さおり	う・ふ・ふ	村田 英雄	男だけの唄
いしだ あゆみ	港・坂道・異人館	フランク永井	おまえに
青江 三奈	みなとブルース	内山田洋とクール・ファイブ	思い切り橋
小柳 ルミ子	星の砂	**沢田 研二**	**勝手にしやがれ**
石川 さゆり	**津軽海峡・冬景色**	小林 旭	昔の名前で出ています
島倉 千代子	京都北嵯峨別れ寺	三波 春夫	三波のハンヤ節 西郷隆盛
ちあき なおみ	夜へ急ぐ人	**布施 明**	旅愁～斑鳩にて
森 昌子	なみだの桟橋	春日 八郎	望郷詩
都 はるみ	しあわせ岬	**森 進一**	**東京物語**
八代 亜紀	おんな港町	五木 ひろし	灯りが欲しい

司会
紅組＝佐良直美　　白組＝山川静夫アナウンサー
人名の**太字**は渡辺プロ（8組）、曲名の**太字**は阿久悠作詞（9曲）

司会の山川静夫は「勝手にしやがれと言っても、別にやけっぱちになっているわけではありません。男が度胸を据えて居直った時の強さ・怖さを女性たちにジュリーは教えているのです。もちろん沢田研二さん《勝手にしやがれ》」と紹介した。

沢田は黒い燕尾服で登場した。帽子はいつものパナマ帽ではなく黒いシルクハットで、白いマフラーをし、胸ポケットには白のハンカチーフ、そしてステッキを持っていた。マイクは手にせず、スタンドを使い、両手を自在に動かして歌った。白組の他の歌手たちもそれぞれの色の帽子を被って、後ろに並んで、歌に合わせて身体を動かす。レコード大賞歌手へのリスペクトとして白組全員が、バックダンサーとなったつもりだろうが、邪魔だった。ファンはジュリーだけを見たいのだ。

前半の〈アア　アアア　アアア　アア〉を歌い終えると、沢田研二はステッキを投げ捨て、短い間奏の間に燕尾服をパッと脱ぐ。その下は白とピンクのシャツで、黒から一気に明るい色へと鮮やかに変わる――はずだったが、完全に脱ぐことができず、左腕にからまってしまう。とっさに左肩にかけて、左半身は黒の燕尾服、右半身はピンクという状態になるが、これが予めそうするつもりだったかのように、美しい。〈お前がふらふらゆくのが見える〉まで歌うと、完全に脱ぎ捨て、〈さよならというのもなぜか〉と続け、これも歌詞とシンクロした。〈あばよとサラリと送ってみるか〉の間で、帽子を客席へ投げる。

最後の〈アア　アアア　アアア　アア〉では両手を上げ、終わったところで、後ろにいた白組歌手たちが被っていた帽子を投げた。

ステージ下手に陣取る紅組の歌手たちが見とれているのも映る。この年の『紅白』のクライマックスとなった。白組勝利も決まったようなもので（実際に白が勝った）、あとはおまけのようなものだ。

トリは沢田研二でもピンク・レディーでも、石川さゆりでもなく、紅組が八代亜紀《おんな港町》、白組は五木ひろし《灯りが欲しい》で、大トリは五木だった。さぞやヒットした曲かと思うかもしれないが、《おんな港街》は二二・九万枚、《灯りが欲しい》は二〇・三万枚でしかない。

この年も「紅白」は演歌で終わらなければならなかった。視聴率は七七・〇パーセントである。

第一三章　サムライ、LOVE　1978年

V2宣言

日本レコード大賞を獲得し、沢田研二は頂点、一等賞に立った。しかし、これで終わりではない。新たな目標は前人未到のレコード大賞二連覇で、新年早々に宣言した。

〈とにかく、人のやってないことをやらないかんというんで。レコード大賞を二年続けて取った人はいないから、いっちょやってみようとか〉と『自叙伝』でそのときの気持を振り返っている。

一月三日から沢田研二は動いている。大阪フェスティバルホールで三日から六日まで「新春歌いぞめ」に出演、九日は『夜のヒットスタジオ』に出演し、新曲《サムライ》を披露した。一一日から一七日は東京の日劇でワンマンショー、そして二一日から二七日はフランスへ飛び、カンヌの国際音楽見本市MIDEMに参加し、日本人歌手として初めてステージで歌った。

一月二一日に西ドイツで《IN THE CITY》が発売され、これがヨーロッパでの最後のシン

1978年の沢田研二のレコード

1月21日	サムライ　作詞:阿久悠、作曲:大野克夫
	あなたに今夜はワインをふりかけ　作詞:阿久悠、作曲:大野克夫
1月21日 西ドイツで発売	IN THE CITY 作詞:Richard Machin、作曲:Werner Becker
	ONE MAN AND A BAND(「勝手にしやがれ」英語版) 作詞:Richard Machin、作曲:大野克夫
5月21日	ダーリング　作詞:阿久悠、作曲:大野克夫
	お嬢さんお手上げだ　作詞:阿久悠、作曲:大野克夫
8月1日	ヤマトより愛をこめて　作詞:阿久悠、作曲:大野克夫
	酔いどれ関係　作詞:阿久悠、作曲:大野克夫
8月10日	LP《今夜は、華麗な宴にどうぞ。》 オリジナル・アルバム
9月10日	LOVE(抱きしめたい)　作詞:阿久悠、作曲:大野克夫
	真夜中の喝采　作詞:阿久悠、作曲:大野克夫
10月25日	LP《JULIE ROCK'N TOUR '78 田園コロシアムライブ》 8月31日のコンサートのライヴ盤
12月1日	LP《LOVE～愛とは不幸をおそれないこと～》 オリジナル・アルバム

グルとなった。ヨーロッパを拠点とできない以上は、仕方がなかった。

一九七八年最初のオリコンの週間チャートは二週間分が一月九日付で発表された。

ピンク・レディー《UFO》、中島みゆき《わかれうた》、キャンディーズ《わな》、桜田淳子《しあわせ芝居》、ピンク・レディー《ウォンテッド》と前年末とトップ5は変わらない。みな女性歌手だ。六位に上昇していたのが、原田真二《てぃーんずぶるーす》だった。そして原田の《キャンディ》も一三位に上がっていた。ピンク・レディーと原田真二が、トップ20に二曲が入った状況で、一九七八年は始まる。七位には賞レース効果で《津軽海峡・冬景色》が再浮上していた。

《UFO》は前年一二月一九日に一位になると、二月二〇日まで九週にわたり一位を維持し、ピンク・レディー最高の一五五・三万枚を売る。

沢田研二《憎みきれないろくでなし》は九位だった。

一月一六日のチャートでは年末のレコード大賞と『紅白』効果で、《勝手にしやがれ》が一一位へと上昇していた。《憎みきれないろくでなし》は九位に踏ん張っている。

西城秀樹《ブーツをぬいで朝食を》が発売と同時に一四位でチャートインした。阿久悠と大野克夫が、初めて西城のために書いた曲だ。歌手と作詞家・作曲家の間に専属契約はないので、作家たちは依頼されればライバルにも書く。仁義なき闘いの世界だ。

『ザ・ベストテン』始まる

そして——一月一九日木曜日夜九時、TBSで『ザ・ベストテン』が始まった。司会の黒柳徹子と久米宏の掛け合いの面白さも評判となり高視聴率番組になる。

これまでの歌番組は、プロデューサーが恣意的に出演者を決めていたが、『ザ・ベストテン』は公正なランキングに基づいて、「本当に」「いま」「ヒットしている」曲を紹介することをコンセプトとした。同じ「ベストテン」を名乗る日本テレビの『紅白歌のベストテン』は、何を基準にしているのか不透明だった。沢田研二やキャンディーズなど渡辺プロダクションの歌手はめったに出ないのだから、それだけでも「真のベストテン」とは言い難い。『ザ・ベストテン』は番組へのリクエストハガキ、レコード売り上げ、系列ラジオ局のベストテン番組、有線放送の四つのランキングをもとに順位を決める。

どんなに大物でもランクインしなければ出場できないし、ニューミュージック系でテレビには出ない方針の歌手がランクインしても、除外しないことにした。そのため、順位だけ紹介される番組では歌われない曲も出てくる。出る意思はあるが、他の仕事で赤坂のスタジオに来られない歌手は、その仕事の場へ中継車を運び、生中継した。

オリコンのチャートは基本的には業界内で共有されるもので、毎週のランキングを気にしている日本国民はそんなにはいない。だが、『ザ・ベストテン』が始まると、多くの国民が木曜になると「今週の一位」を気にし、金曜日の学校や職場で話題にするようになっていく。ランキングが全国民に共有化されるのだ。

その結果、沢田研二は前年までは年末にその年の「一等賞」を獲ればよかったが、『ザ・ベストテン』によって毎週「一等賞」を狙わなければならなくなった。当初は、このランキングの順位に戸惑っていた歌手たちのなかで、沢田研二は誰よりも早く、「一等賞」へのこだわりを見せ、週ごとの順位に一喜一憂してみせた。

その沢田の姿勢を尊重し、ここからはオリコンのチャートとともに『ザ・ベストテン』の順位もみながら、沢田研二の一等賞レースを追う。

『ザ・ベストテン』の一月一九日放映の第一回は、《UFO》《わな》《しあわせ芝居》《わかれうた》郷ひろみ《禁猟区》《憎みきれないろくでなし》《ブーツをぬいで朝食を》狩人《若き狩人》清水健太郎《泣き虫》野口五郎《風の駅》の順だった。

《憎みきれないろくでなし》は翌週二六日は一〇位に下がり、ベストテン内はこれが最後だ。しかし、二月二日には《サムライ》が一〇位に入った。

サムライ登場

《サムライ》は一月二一日に発売され、オリコンでは三〇日付で、いきなり一七位でチャートインした。阿久悠作詞・大野克夫作曲のシングルでは六曲目にあたる。

B面になった《あなたに今夜はワインをふりかけ》のほうが、発売時点では知られていた。これも前年のアルバム《思いきり気障な人生》に収録されていたが、キッコーマンのマンズワインのコマーシャルソングとして前年秋からテレビで流れていたのだ。このコマーシャルには沢田が出演していた。

「侍」は日本語の一般名詞だが、「サムライ」とカタカナになると、アラン・ドロン主演映画のタイトルを思い出させる。一九六七年の映画『サムライ』でのドロンは殺し屋の役で、まさに〈片手にピストル〉だった。この映画がイメージの源泉になっているのは間違いない。

《サムライ》は前年秋発売のアルバム《思いきり気障な人生》に収録されていた曲だが、シングルはアレンジが異なり、新たにレコーディングされている。

大野克夫によると、沢田研二がヨーロッパへ行く前日になってもまだ曲が出来上がらず、カセットとギターでいい加減につくったメロディを示して、歌だけを収録して後で完成させたという（「週刊朝日」二〇一七年十二月八日号）。

アルバムバージョンでは〈ありがとうジェニー　お前はいい女だった〉で始まる。それをシングルではサビにあたる〈片手にピストル　心に花束〉と、衝撃的に始まるように変えた。テレビで見ていた人びとは何事かと思い、一気に歌に惹かれていく。ピストル・花束の対語に続いて、〈唇に火の酒　背中に人生を〉と続いて、そのスケールの大きさに唖然としていると、〈ありがとう　ジェニー〉と静かに呼びかける曲想になる。

身勝手な男の歌だ。ジェニーは〈いい女〉で男は〈お前とくらすのがしあわせだろうな〉と分かっているが、旅立つ。その理由は〈男は誰でも不幸なサムライ　花園で眠れぬこともあるんだよ〉という意味不明のものだ。部屋から出れば、〈つめたい木枯し〉で、〈お前の体のぬく

もりが　消えて行く〉。

《勝手にしやがれ》では、別れも告げずに女性が出ていくが、《サムライ》では男のほうが出ていく。映画『勝手にしやがれ』はジャン・ポール・ベルモンド主演で、『サムライ』はアラン・ドロン主演だ。これでフランスの二大映画スターのイメージが沢田研二に被《かぶ》されたことになる。

発売に先駆けて、前述したように九日の『夜のヒットスタジオ』で披露され、早くも衣裳が話題になっていた。このときはまだ軍服ではないが、短刀を腰に差し、〈片手にピストル〉のところで、刀を抜いて前に差し出し、そのまま顔の頬ギリギリに近づける。これに「子どもが真似をして怪我をしたらどうする」と視聴者からクレームがついた。

同時期、西城秀樹が《ブーツをぬいで朝食を》のアクションで、ライターを点火していたところ、それを真似した子がいて、それが原因で六戸が全焼する火事が起きていた。沢田の短刀と西城のライターは「危険な歌謡曲」と批判されたのだ。

ハーケンクロイツ批判

一月三〇日の『夜のヒットスタジオ』では、沢田は黒い革の軍服を着て《サムライ》を歌った。最初の〈片手にピストル〉で片肌ぬぐと、その下は入れ墨模様のシースルーで肌が見える。

腰には短刀があり最後に抜くのは、前回と同じだ。途中で軍服はすべて脱いでしまうので、上半身は裸に近い。これだけでも衝撃的だが、軍服の腕に巻かれた赤い腕章にはナチスのハーケンクロイツが付いていた。

このハーケンクロイツが問題となった。ナチスを美化しているというわけだ。

作家の野坂昭如《あきゆき》は、家で子どもが見ていた番組で《サムライ》を見て、そのハーケンクロイツに「どういう神経か」と思い、渡辺プロダクションに電話をした。最初は相手にされず、野坂だと名乗ると、ようやく宣伝担当が出て「あれはドイツの国旗を真似しただけです」と答えたという。野坂はそういうごまかすような回答に我慢できない。

野坂はこの一件を「週刊朝日」に連載していたエッセイに書き、〈沢田さんがご存知ないのなら教えてあげよう。〉と、ナチスがしたこと、アウシュヴィッツで起きたことなどを書いた上で、〈なにも目くじら立てることはない、歌手の衣裳に対し、野暮な文句をいいなさんなと、いわれるかもしれないが〉〈ハーケンクロイツを身にまとうなら、SS（親衛隊）の所業について知っておくこと、収容所へ送られたユダヤ人の運命、五〇〇万人以上の市民が殺されたポーランドについて、思いをめぐらせることだ〉としている。

野坂の抗議の効果なのか、二月二〇日放送の『夜のヒットスタジオ』では、ハーケンクロイツは×に替わっていた。この回では司会の井上順がこの曲がヒットし、「あーあー」を子どもたちが真似していると話題にした。

二二日にNHKの『花のステージ』で歌ったときも、すでに×になっていたが、抗議の電話がかかってきたという。

「週刊明星」三月一九日号は、「沢田研二『サムライ』ファッション 歴史的論争の行方」と題して、以上の経緯を報じ、さらにフランソワーズ・モレシャンが『徹子の部屋』に出演した際に、自分は沢田研二のファンだが「あのハーケンクロイツだけは許せない」と語り、父がナチスのSSに逮捕された経験を語った。

記事には×に変えたことについて、渡辺プロの「二月中頃にいろいろな意見があったので、考慮して変えた」とのコメントも載り、もともと二、三着作ってあり、三月半ばには違う衣裳になると予告もしている。なるほど、三月二〇日の『夜のヒットスタジオ』では白い貴公子風の衣裳で短刀も持っていない。

デザインした早川タケジは、当時は沈黙していたが、二〇二二年にこう説明している。

〈僕は当時話題になっていた『地獄に堕ちた勇者ども』、『愛の嵐』みたいな、ドイツを舞台にした退廃的な映画に興味をひかれていた頃でした。その影響で、ドイツの軍服が印象的だったので取り入れようと思っただけのことで、深くは考えていなかったんですね。

はじめ「サムライ」というタイトルを聞いた時、軍服や三島由紀夫、高倉健を連想しました。

スーザン・ソンタグが『反解釈』という本で「男性的な男の最も美しいところはどこか女性的である」と言っているんですが、そんな一節も影響したかもしれません。それで、軍服を脱いだらシースルーにスパンコールを貼り付けた唐獅子牡丹が出てくるというあの演出に行きつきました。無我夢中で面白いと思うことを追及した結果、ああいうものになったということなんです。軍服、楯の会の三島由紀夫、健さんの唐獅子牡丹…こんなアブない組み合わせが出来たのは我ながら上出来でした。〉（中将タカノリによる早川タケジへのインタビュー、AERA dot掲載、二〇二二年一一月六日）

大野克夫は沢田研二の姿勢の変化を、自分のファン以外の人についても考えるようになったからだと推測する。〈彼のファンなら、彼の出演し歌うテレビは、かならず見るわけだけど、たまたま偶然にチャンネルを回した人だって多いわけですよね。そういう人たちにも自分という人間を知ってもらいたい。それが《サムライ》の例のナチスのマークになったりしたわけですね。〉

ハーケンクロイツを見て〈「なんだ、あのマークは?」とか、「気持ちが悪い」とか、あるいは逆に「カッコいい」とか、いろんな反応を示す。沢田の側からいうと反応をおこさせる。そして自分の歌を聴いてもらうんだという、積極的な姿勢がある。現在の彼のステージ衣裳とか振りも、そういう発想から出ている〉（「ヤングレディ」一二月二六日号）。

野坂やモレシャンの反応は、狙った通りだったということになる。

《サムライ》は、アラン・ドロン、ドイツ映画、ナチス、高倉健、三島由紀夫など、様々なイメージを喚起させ、見る者・聴く人を戸惑わせつつも心を震わせる曲となった。

かくして——レコード大賞の翌年はふるわないという「二年目のジンクス」があるなか、沢田研二は一九七八年も快調だった。

春の闘い

《サムライ》は二月から五月にかけて、ヒットチャート上位にあった。

オリコンのチャートでは前年一二月一九日から《UFO》が独走しており、二月二〇日まで九週連続一位だった。《サムライ》は一月三〇日の初登場一七位から、翌週二月六日は一気に三位まで上がり、一三日に二位になるが、そこまでだった。二〇日は平尾昌晃・畑中葉子の《カナダからの手紙》が二位になり《サムライ》は三位、そして二七日は《カナダからの手紙》が一位となり、《UFO》が二位、《サムライ》は三位となる。

平尾昌晃は阿久悠と同世代だが、一九五〇年代のロカビリーブームの代表的スターで、ブーム後は作曲家に転じ、数多くのヒット曲を書いていた。その平尾がデュエット・ソングを作り、自らの音楽学校の学生からオーディションして選んだ畑中葉子とともに歌った《カナダからの手紙》が、一月一〇日に発売されると、二か月後の二月二七日に、《UFO》から一位を奪ったのだ。この曲は七〇万枚を売る。

《カナダからの手紙》が三月六日まで二週にわたり一位だったが、一三日には解散が迫っているキャンディーズの《微笑がえし》に替わる。一九七三年九月に《あなたに夢中》でデビューしてから、一七枚目での初の一位だった。解散までに一位を獲ろうというファンの思いは実現した。キャンディーズの「ファイナルカーニバル」は三月一八日に始まり、三一日まで八つの都市で開催され、最後の最後は四月四日、後楽園球場だ。

《微笑がえし》は三月二七日まで三週連続して一位だったが、四月三日は、ピンク・レディー《サウスポー》が初登場で一位となり、五月二九日まで九週連続して一位を独走する。

二月から四月に《サムライ》と上位を競ったのは、山口百恵《乙女座宮》、紙ふうせん《冬が来る前に》、渡辺真知子《迷い道》、黒沢年雄《時には娼婦のように》などだ。

《サムライ》はオリコンのチャートでは一位にはなれないが、四月一七日までトップ10には留まっていた。

沢田研二は三月二五日から四月九日まで「スプリングツアー」として各地をまわり、四月三〇日から五月二日は帝国劇場でリサイタルを開き、前年の『ハムレット』に続いて、『ロック・ミュージカル・天草四郎』（演出・蜷川幸雄）を上演した。この後、一九八一年の映画『魔界転生』（深作欣二監督）でも天草四郎を演じる。

蜷川は〈十何曲か新曲があって、それを稽古のときに覚えきれるかどうか心配していたら、彼は、ちゃんと全部覚えてきていたよ。彼は自分の地位を維持していくうえでね、どこかで人知れぬ努力を猛烈にしているということだね、これはタイヘンな努力だよ。〉と称賛した（「ヤングレディ」一二月二六日号）。

ザ・ベストテンでの一等賞

『ザ・ベストテン』は視聴者からのハガキによるリクエストが順位を決める大きな要素となるので、ファンの多い歌手が強い傾向となる。とくに、中学生・高校生は、熱心にハガキを書いて送っていた。

《UFO》の一位は一月一九日・二六日・二月二日の三週で、二月九日は西城秀樹《ブーツをぬいで朝食を》が獲得し、翌週一六日も一位を守った。

二月二三日、《サムライ》が一位を獲得した。沢田研二の『ザ・ベストテン』での最初の一等賞だ。三月二日・九日・一六日と四週連続一位だったが、二三日は《微笑がえし》に奪われた。

《微笑がえし》は強い。三月三〇日も一位で、四月四日の後楽園球場で「ファイナルカーニバル」を迎え、約五万五〇〇〇人の青年が集まり熱狂に包まれた。三人は「私たちは幸せでした」と泣き叫び、ファンも声を限りにラン、スー、ミキの名を叫び、狂乱のうちに、解散興行は大成功に終わった。その勢いと《微笑がえし》の強さは連動していた。

そして六日木曜日の『ザ・ベストテン』でも《微笑がえし》は一位を維持した。キャンディーズはもうスタジオには来ないが、ランクインしている限りは、これまでの映像が流されることになった。

そして七日、四日の後楽園球場でのコンサートがTBSで放映され、高視聴率を獲得した。以後、さまざまなメディアでソフト化される。《微笑がえし》は一三日も一位だったが、二〇日は《サウスポー》に替わられた。しかし、二七日は一位に返り咲き、五月四日、一一日と一位を維持した。ハガキの数が多かったのだろう。

《サウスポー》は『ザ・ベストテン』では苦戦した。五月一八日に一位を奪還するも二五日までの二週で、翌週六月一日は世良公則&ツイスト《宿無し》が一位となる。

《サムライ》は、二月二三日から三月一六日までの四週が一位、二三日から四月六日までの三週が二位、一三日が三位、二〇日と二七日が六位、五月四日が七位、一一日の九位が最後で、ベストテン圏外へ出る。次の曲《ダーリング》まで三週のブランクがあった。

七人の刑事

その間の五月五日、ＴＢＳのドラマ『七人の刑事』の第三シリーズ第四回に沢田研二は客演した。長谷川和彦が脚本を書いた『ひとりぼっちのビートルズ』だ。七六年に日本でも公開された映画『タクシードライバー』（マーティン・スコセッシ監督、ロバート・デ・ニーロ主演）にインスパイアされたような話で、沢田研二はタクシー運転手を演じる。沢田演じるドライバーは、仕事中にあるラジオ番組を愛聴しており、そのテーマソングが《LET IT BE》だった。だが、彼がファンだった女性ＤＪはレイプされ自殺してしまう。ドライバーは偶然、そのレイプ犯たちを知った。彼は復讐に燃え、ひとりずつライフル銃で殺していく。ラストは刑事との銃撃戦となり、復讐すべき最後の男の死を確認すると、ビルの屋上から身投げした。『太陽にほえろ！』でも犯人役で最後は死ぬ役だった。刑事ドラマに出るとしても刑事役ではないのだ。沢田研二にはアラン・ドロン同様に犯罪と悲劇が似合う。

脚本を書いた長谷川和彦とは翌年、映画『太陽を盗んだ男』で組むことになる。

五月二七日、沢田研二の母・智恵子が亡くなった。突然の死だった。その日、沢田は山梨県で公演があり、これはキャンセルできない。翌日は東京音楽祭の国内大会で、前年のレコード大賞受賞者は出なければならなかった。そのため、京都の実家に帰るのは、翌日の夜中だった。

通夜には出られなかったが、葬儀には出ることができた。〈こういう商売は親の死目に会えないのか、とかね、いろんなことを思ったり。〉と「自叙伝」で語っている。

週刊誌の記者やカメラマンがやってきて、沢田に骨箱を持ってくれと頼んだ。兄が持つべきだと思ったが、母の死で気持ちが萎えていたので、ノーと強く言えなかった。そのことを「自叙伝」では悔いている。

ニューミュージック

ヒットチャート戦線では、一九七八年も沢田研二、ピンク・レディー、岩崎宏美、西城秀樹などが好調で、阿久悠の全盛期が続いているようだが、潮目は変わりつつあった。阿久悠の最大のライバルは特定の歌手、作詞家ではなく、ニューミュージックという新潮流だった。それは沢田研二にとってのライバルでもある。

フォークソングやロックなどの総称として「ニューミュージック」が定着するようになり、新世代が登場する。吉田拓郎、井上陽水、松任谷由実、中島みゆきら第一世代は、アルバムを作り、コンサートツアーをして聴衆の眼の前で歌い、ラジオでファンとコミュニケーションを図ることを重視していたが、第二世代になると、レコードとコンサートのプロモーションとしてテレビ出演に積極的になる。原田真二、アリス、世良公則&ツイストたちは、『ザ・ベストテン』にランクインすれば出演した。その結果、歌謡曲とニューミュージックとの棲み分け時代は終わり、熾烈な競争をすることになった。

プレイバックPART2

五月一日、山口百恵の《プレイバックPART2》が発売された。〈緑の中を走り抜けてく真紅（まっか）なポルシェ〉に乗っている女性が主人公だ。二番では、カーラジオから、〈ステキな唄〉が流れてきて、〈勝手にしゃがれ　出ていくんだろ〉と聞こえてくる。それを聴いて彼女は〈昨夜のあなたのセリフ〉と同じだと思い出す。

カーラジオから流れていた曲は、沢田研二《勝手にしやがれ》だろう。だがこの曲の歌詞には「勝手にしやがれ」というフレーズはない。〈馬鹿にしないでよ〉は流行語にもなり、凄みがあるというので、山口百恵の「つっぱり」イメージを定着させた。

そして二一日に沢田研二の《ダーリング》、一か月遅れて六月二五日にはピンク・レディーの《モンスター》が発売され、前年に続く夏の陣となる。

ダーリング

五月二一日発売の《ダーリング》も阿久悠と大野克夫による曲だ。ダーリングは、普通は

「ダーリン」で「最愛の人」という意味だが、あえて「グ」をつけたのは、一九六八年公開の、ジュリー・クリスティ主演のイギリス映画『ダーリング』（ジョン・シュレシンジャー監督）からの借用だろう。「ダーリング」と呼ばれ甘やかされて育った少女が、モデルから映画スターになり、小国の王妃になる話だ。

ひたすら〈あなたがほしい〉〈ぼくにはもうあなたしかいない〉と連呼する曲で、沢田研二以外に誰がこんな歌詞をかっこよく歌えるであろうか。バラードとは異なる、アップテンポのロックとなった。夏の曲ということもあってか、早川タケジはセーラー（水兵）風の衣裳を用意した。

オリコンから見ると――ピンク・レディー《サウスポー》は五月二九日まで一位を維持しており、この週は二位が《プレイバックPART2》、三位が《宿無し》、以下、矢沢永吉《時間よ止まれ》、《時には娼婦のように》、アリス《涙の誓い》、研ナオコ《かもめはかもめ》と続く。そして《ダーリング》が初登場で一五位にチャートインした。

《ダーリング》は六月五日に一気に一位を獲る。だが翌週一二日は《時間よ止まれ》に奪われ、二位に下がる。《プレイバックPART2》は三位に踏みとどまる。

《時間よ止まれ》は一九日と二六日と三週連続一位で、《ダーリング》も二位を維持していた。《プレイバックPART2》は一二日までは三位だったが、一九日サーカス《Mr.サマータイム》が入れ替わる。

《ダーリング》はオリコンで一位になるものの、一週のみだった。『ザ・ベストテン』に《ダーリング》が初登場したのは六月八日で三位だった。《サムライ》は五月一一日が最後だったので、三週のブランクがあった。この週の一位は《宿無し》、二位は《プレイバックPART2》だ。一五日には《ダーリング》が二位に上がり、二二日に一位と順当に上がった。そしてそのまま八月三日まで一位を守る。

六月二五日、沢田研二は三〇歳になった。同日、サザンオールスターズのデビュー・シングル《勝手にシンドバット》が発売された。

怪物《モンスター》たち

七月になると、オリコンのチャートでは、三日に《Mr.サマータイム》が一位となり、さらにピンク・レディーの新曲《モンスター》がいきなり二位でチャートインした。《時間よ止まれ》《ダーリング》、渡辺真知子《かもめが翔んだ日》がトップ5だ。

《モンスター》のいきなりの二位は驚異ではあるのだが、《サウスポー》は一位でチャートインした。勢いに陰りが出ているのではないか——初動段階で、ピンク・レディーが所属するT&Cミュージック社長の貫《かん》泰夫は危機感を抱いた。

T＆Cは、一九七六年に設立されたばかりの芸能プロダクションで、オーナーは総会屋の小川薫、社長は日興証券を辞めた貫泰夫、専務は生命保険会社にいた加納亨一で、三人は広島県出身で、中学時代からの仲間だった。音楽が好きとか、芸能界に関心があったのではなく、儲かりそうだという理由で起業した。芸能プロダクションは事務所と電話があれば起こせる設備投資のいらない業種だった。しかし、人脈がなければ何もできない。

社長の貫は芸能プロダクション「アクト・ワン」の相馬一比古《かずひこ》を引き入れることにした。相馬は渡辺プロダクション、芸映と渡り歩き、アクト・ワンを起こしたが、四〇〇〇万円の借金で苦しんでいた。そこで、小川が借金を肩代わりし、アクト・ワンをT＆Cに吸収した。ピンク・レディーの二人は『スター誕生！』でビクターにスカウトされると、所属事務所はアクト・ワンになっていたので、自動的にT＆Cに所属する。

貫はもともと芸能界の人間ではなく、いわゆる「株屋」だった。株屋は「まだはもう、もうはまだ」を教訓として、生きている。誰もがピンク・レディーはまだまだ売れると思っていたこの時点で、「もう売れなくなる」と感じたのだ。

事実、《UFO》は一五五・四万枚だが、《サウスポー》は一四六・〇万枚、《モンスター》は一一〇・二万枚しか売れない。もちろん、一一〇万枚も大ヒットだが、落ちていることは事実だった。発売直後に、《モンスター》の結果を予測できたのだから、株屋のカンは恐ろしい。

貫は相馬一比古に打開策を求めた。相馬は日本テレビの第一制作局長井原高忠を訪ね、打開策はないかと相談した。以下、井原の『元祖テレビ屋大奮戦！』をもとにして記す。

相談された井原が思いついたのが、『紅白歌合戦』のボイコットだった。もともと日本テレビの井原としては、ＮＨＫの一番組にすぎない『紅白』が芸能界で大きな存在であることが面白くない。そこで全ての歌手が出たがっている『紅白』を、トップスターのピンク・レディーが辞退すれば面白いと思い、そそのかしたのだ。貫はこのアイデアに飛びついた。彼にとって、『紅白』の舞台が歌手にとってどれほど重いかといったことは関係がない。紅白を降りるには理由が必要なので、貫はその時間帯にチャリティショーをやろうと思いつく。

井原は『紅白』辞退に加え、レコード大賞を獲らせようと思いついた。〈大晦日はレコード大賞が終わって、紅白が始まるでしょう。だから、レコード大賞をもらって興奮して、涙なんか流して、それで紅白へは行かないってのは実にいい。どこに行くかっていうと、オープンカーに乗って、日本テレビに来る。〉

井原はＮＨＫと沢田を擁す渡辺プロにギャフンと言わせたいのだ。その自分の野望に、ピンク・レディーを利用しようとした。さらに言えば『スター誕生！』出身者はこれまでレコード大賞には縁がない。山口百恵が最有力だが、ホリプロは大きすぎて井原の意のままには動かない。頼ってくるＴ＆Ｃのほうが、御しやすい。

井原はまず八月の日本テレビ音楽祭のグランプリをピンク・レディーに与えることにした。この賞は日本テレビに対する貢献度によって選ぶと公言されているものなので、〈日本テレビの音楽の元締めである私（井原）が決めりゃあいいんだから〉という具合で、八月二四日に決定した日本テレビ音楽祭のグランプリは《サウスポー》に決まった。

八月の時点で、T&Cと井原は、「レコード大賞」「紅白ボイコット」を決めて動き出す。この陰謀について、ピンク・レディーの二人は何も知らされていないし、阿久悠が関与した形跡もない。

井原の陰謀とは別と思われるが、七月七日、日本有線大賞の上半期のグランプリをピンク・レディーが受賞した。前年までは年一回だったが、この年から上半期と下半期でグランプリを決めることになったのだ。

この受賞でピンク・レディーの周辺は「大賞を」との声が高まったと、「週刊明星」七月二三日号は報じている。記事のタイトルは「'78年レコード大賞はピンク・レディーに決定と、ささやかれる裏事情」だ。

かくして――沢田研二のレコード大賞二連覇に暗雲が立ち込めてくる。

ヤマトより愛をこめて

そういう陰謀を知らない沢田研二は、七月一二日から二一日は夏のツアーのための合宿でグアムへ行き、二八日から八月三一日まで、夏恒例となった全国縦断コンサート「ロックンツアー'78」を行なった。最後の三一日は田園コロシアムで開催され、ライヴ盤が一〇月に発売される。

ツアー中の八月一日に《ヤマトより愛をこめて》が発売された。五日に公開される長編アニメーション映画『さらば宇宙戦艦ヤマト 愛の戦士たち』（舛田利雄・松本零士監督）の主題歌である。九月に秋の新曲《LOVE（抱きしめたい）》が予定されていたので、これはイレギュラーの曲だった。

前年に公開された劇場版『宇宙戦艦ヤマト』はテレビで放映されたものの再編集版だったが、異例の大ヒットとなったので、第二弾は新作として製作されることになった。阿久悠はテレビアニメの主題歌を作詞していた。〈さらば地球よ〉で始まるアニソン史上に残る名曲だ（作曲・宮川泰）。『ヤマト』のプロデューサー西崎義展は『さらば宇宙戦艦ヤマト』でも阿久悠に作詞を依頼し、曲は宮川泰と大野克夫のコンペで決めることになった。宮川は四曲作ったが採用されず、大野克夫の曲が採用され、映画全体の音楽監督である宮川が編曲した。

『さらば宇宙戦艦ヤマト』のラストで、主人公・古代進は地球を守るため、他の乗組員を退艦させ、超巨大戦艦へ向かっていく。ヤマトと共に玉砕するしか道はなかった――このラストシーンに、これでは特攻隊賛美だと松本零士は反対したが、西崎は押し切った。

阿久悠は『さらば宇宙戦艦ヤマト』の主題歌なのに、《ヤマトより愛をこめて》では〈今はさらばといわせないでくれ〉と書いた。阿久悠も特攻隊賛美には抵抗がある。製作陣は一枚岩ではない。それぞれの思想信条による駆け引きや綱引きによって、この曲は生まれた。

当時、アニメーションは子どもの見るものとして蔑視・軽視されていた。それまでは「マンガ映画」「テレビマンガ」と呼ばれていたのを、「アニメ」と定着させたのが、他ならぬ、『宇宙戦艦ヤマト』だった。アニメの主題歌を人気歌手が歌うことなど考えられなかった。しかし、前年に角川映画『人間の証明』が主題歌もヒットさせていたので、西崎はそれにならい、歌謡曲としても売れる曲を作りたい。ささきいさおが歌う《宇宙戦艦ヤマト》もアニメの主題歌としては売れたが、一般の歌謡曲と互角には戦えなかった。ビッグネームの歌手に歌ってもらうことが必要だった。

西崎は沢田研二に白羽の矢を立てた。だが、映画のサントラ盤はコロムビアから発売されることになっており、沢田はポリドールと契約している。そのため、サントラ盤には沢田の歌は収録されないが、それでも、映画には沢田が必要だった。

沢田サイドも阿久悠・大野克夫の曲なので了解して、レコーディングし、シングル盤が発売された。その結果、《ヤマトより愛をこめて》は沢田研二の新曲として、映画を知らない人にも届くことになる。

〈その人のやさしさが　花にまさるなら　その人の美しさが　星にまさるなら〉という条件のもとならば、〈君は手をひろげて守るがいい〉というのが冒頭のメッセージだ。それならば、〈からだを投げ出す値打ちがある〉と、命を賭けて守ることを勧めているようだ。しかし、映画で主人公が突入するのは「地球」のためだが、主題歌は〈ひとりひとりが思うことは　愛するひとのためだけでいい〉と個人主義を謳う。特攻隊賛美映画の主題歌に見せかけて、国家のために死ぬことを否定する構造になっている。

後半でも〈遠い明日を思うことは　愛するひとのためだけでいい〉〈君に話すことがあるとしたら　今はそれだけかもしれない〉と、国や故郷は出てこない。

そして〈今はさらばといわせないでくれ〉がリフレインされる。

映画のラストシーンは――ヤマトが最後の出撃をするシーンに〈さらば地球よ　旅立つ船は宇宙戦艦ヤマト〉という宮川作曲の主題歌が、荘厳なアレンジで葬送の音楽のように流れる。ヤマトは宇宙の彼方へと向かい、艦影が何も見えなくなり、数秒後、閃光が十字に輝き、爆音が響く。そしてまた暗黒。そこへピアノのイントロが聞こえ、〈西暦二千百一年　ヤマトは永

遠の旅に　旅立っていった…〉と字幕が出て、沢田研二の歌う〈その人のやさしさが〉が流れ、エンドロールになる。地球のために死を選んだ主人公・古代進に対して、その行為を否定し、〈いまはさらばといわせないでくれ〉と繰り返して、映画は終わる。

沢田研二は《ヤマトより愛をこめて》をシングル盤として発売はするものの、この歌をテレビなどで歌う気はなかった。新曲が出れば最初に披露することが多い『夜のヒットスタジオ』では一度も歌っていない。だが、『ザ・ベストテン』にランクインしたため、歌わないわけにはいかなくなった。

西崎の狙い通り、沢田研二が歌ったことで、《ヤマトより愛をこめて》は「ジュリーの新曲」となり、ヒットチャートを駆け上る。オリコンでは八月二一日付で六位になった。この時期の一位は堀内孝雄《君のひとみは10000ボルト》で、トップ10の世良公則&ツイスト《銃爪《ひきがね》》、山口百恵《絶体絶命》、庄野真代《モンテカルロで乾杯》、アリス《ジョニーの子守唄》などと互角だった。

オリコンでの《ヤマトより愛をこめて》は八月二一日の六位の後、二八日に四位、九月四日に五位、一一日に四位、その後、九月一八日に八位、二五日に一一位で、一〇月九日まで、トップ20に入っていた。ヒット曲として申し分ない。

『ザ・ベストテン』での《ヤマトより愛をこめて》は八月三一日に八位で登場すると、九月七日に三位、一四日に二位と、「一等賞」に届きそうになる。だが二一日は三位と下がり、二八日は五位、一〇月五日は九位で、ベストテンはここまでだった。

だが、その一〇月五日、新曲《LOVE（抱きしめたい）》が八位でランクインした。

これによって沢田研二は、『ザ・ベストテン』において、六月八日に《ダーリング》がランクインしてからずっと一〇位以内にいたことになり、それは一二月二八日まで続く。その前も、《憎みきれないろくでなし》から《サムライ》も空白がなかったので、一月一九日の第一回から五月一一日まで、連続してランクインしていた。

今夜は、華麗な宴にどうぞ。

八月一〇日にはオリジナルアルバム《今夜は、華麗な宴にどうぞ。》が発売された。前作《思いきり気障な人生》同様に、全曲を阿久悠が作詞、大野克夫が作曲した。編曲も映画の主題歌《ヤマトより愛をこめて》は宮川泰だが、ほかは船山基紀だ。ジャケット、歌詞カードなどの全体のデザインに早川タケジもクレジットされている。

歌詞カードには〈「歌いたい　自分の為に　歌いたい　声がかれるまで　死にたい　いつか舞台で　死にたい　歌を枕に」沢田研二〉と書かれている。

阿久悠はこのアルバムについて『なぜか売れなかったが愛しい歌』にこう書いている。

LP《今夜は、華麗な宴にどうぞ。》収録曲

8月10日発売　全曲、作詞：阿久悠、作曲：大野克夫

- ダーリング
- 酔いどれ関係
- ハッピー・レディー
- 女はワルだ
- 探偵（哀しきチェイサー）
- ヤマトより愛をこめて
- お嬢さんお手上げだ
- グッバイ・マリア
- スピリット

〈一九七六、一九七七、そしてこの年（一九七八）と、ぼくが最も大量の詞を書き、大量のヒットを出していた三年間で、シングルの年間売り上げが一千万枚を二年つづけて越えたのも、この年のことである。／調子もよかったし、元気だったし、意欲的だったし、自信もあった。ただし、元気なのは仕事をする人間としての元気さで、体調としては最悪、ほとんど血圧が上がらないような異変に見舞われたが、業界にも世間にも隠し通しつづけた。〉

〈まあ、それはともかくとして、沢田研二のための詞を書くことが圧倒的に楽しい時で、ぼくは、美しく見える男と、男が美しく見える時と、この二つを一生懸命に考えながら、さまざまなシチュエーションの男を書き、ジュリーこと沢田研二がその世界を倍にも三倍にもふくらませてパフォーマンスする奇才ぶりに、うっとりしていたのである。〉

全九曲と半端なのは、最後の《スピリット》が九分三〇秒と二曲分以上の長さだからだ。これは父親になることを歌った曲だ。

《探偵〈哀しきチェイサー〉》にインスパイアされた、沢田研二のファンである作家・栗本薫はTBSのドラマ『七人の刑事』の一篇のシナリオを書き、沢田研二と内田裕也の共演が実現する。一一月二四日放映の第二八話『哀しきチェイサー』で、この回は久世光彦が演出した。沢田は第四回に続く出演だ（役柄は異なる）。前回はタクシードライバーの役だったが、今度は内田裕也演じる私立探偵の助手というか相棒の役だ。やはり悲劇的な結末で沢田は殺される。回想シーンでの内田と沢田は、日本におけるBL文学の始祖である栗本薫がその妄想というか想像力を存分に働かせて描いた、男同士の道行《みちゆき》だった。

二曲がベストテンに

《ダーリング》はオリコンチャートで七月一〇日も四位、一七日は五位、二四日は六位、三一日は九位、八月七日は一〇位と、トップ10に留まった。

《モンスター》は二週目の一〇日に一位になると、八月二八日まで八週にわたり一位を続けた。相変わらず強い。なんといっても一一〇万枚は売れるのだ。

沢田研二の一等賞レースは『ザ・ベストテン』のほうが優位だった。六月八日に三位でランクインし、一五日に二位、そして二二日に《宿無し》を落として一位を獲得すると、以後、二九日、七月六日、一三日、二〇日、二七日、八月三日と七週連続して維持した。

『ザ・ベストテン』で八月一〇日に一位になったのは、郷ひろみ・樹木希林の《林檎殺人事件》だった。久世光彦制作のドラマ《ムー一族》から生まれた曲で、阿久悠が作詞した。沢田研二に近い人びとが沢田研二のライバルの曲を作るという、何度も繰り返されたことがまたも起きた。

《林檎殺人事件》は八月三一日まで連続四週一位で、怪物ピンク・レディーの《モンスター》はミリオンセラーでありながら、『ザ・ベストテン』では一位になれなかった。《ダーリング》が一位だった七月二〇日と二七日の二位が最高だ。

だが《林檎殺人事件》はオリコンのチャートでは八月七日と一四日の六位が最高だ。

『ザ・ベストテン』での《ダーリング》は、八月一〇日は二位、一七日は三位、二四日は四位、三一日は六位と下がっていくが、三一日の八位に《ヤマトより愛をこめて》がランクインした。《ヤマトより愛をこめて》は八位で初登場すると、九月七日は三位になった。この週の一位は《銃爪》だ。一四日に《ヤマトより愛をこめて》は二位にまで上がったが《銃爪》は強い。二一日は《絶体絶命》が二位で《ヤマトより愛をこめて》は三位、二八日は一位・二位は変わらず、三位には西城秀樹《ブルースカイブルー》、四位は《君のひとみは10000ボルト》で、

《ヤマトより愛をこめて》は五位になる。

一〇月五日の『ザ・ベストテン』で《ヤマトより愛をこめて》は九位になったが、八位は《LOVE（抱きしめたい）》だった。

沢田研二の秋のコンサートは、週末にどこかの都市へ出かけるもので、九月一六日から一二月一〇日まで続く。

LOVE（抱きしめたい）

《ヤマトより愛をこめて》はイレギュラーのシングルだったので、四〇日後の九月一〇日に、本来のシングル、《LOVE（抱きしめたい）》が発売された。阿久悠には珍しく、タイトルに迷いがある。「LOVE」なのか「抱きしめたい」なのか、どちらかにしたほうがインパクトはあったろう。

究極のバラードで、既婚女性との不倫の恋の終わりを歌う。その意味では《時の過ぎゆくままに》の系統になる。

〈抱きしめたい　抱きしめたい　抱きしめたい　抱きしめたい〉と四回、繰り返すが、すべて歌い分けている。相手の女性は〈帰る家がある　やさしくつつむ人がいる〉〈指輪はずして愛し合う　いけない女と呼ばせたくない〉と、家庭があることをほのめかす。だから〈さよなら

さよなら　さよなら　さよなら〉。

〈抱きしめたい〉と〈さよなら〉がそれぞれ四回繰り返され、これを歌いこなす歌唱力が問われ、沢田研二は見事に応えた。

阿久悠の詞も映像的だ。〈皮のコート　袖も通さず　風に吹かれ出て行くあのひとを〉と描写し、さらにカメラが引くと、〈色あせた　絵のような黄昏がつつみ　ヒールの音だけコツコツ響く〉。〈秋に枯葉が　冬に風花〉〈街にみぞれが　人に涙が〉〈灰色の冬の街〉など、阿久悠ワードが炸裂するドラマチックな一篇となった。しかし、不倫の歌、それも美化した歌である。はたして支持を得られるだろうか。

だが自信があったのだろう。賞レースには《サムライ》ではなく《LOVE（抱きしめたい）》をエントリーした。

その結果、一一月・一二月の時期、ヒットチャートでも《LOVE（抱きしめたい）》は上位を走る。

前哨戦

《LOVE（抱きしめたい）》発売日の三日前にあたる九月七日、東京ヒルトンホテルで沢田研二は音楽関係者、マスコミ約三〇〇名を集め、新曲発表の披露パーティーを開催した。単なるパーティーではなく、レコード大賞へのデモンストレーションであることは誰の目にも明白だった。沢田研二は《LOVE（抱きしめたい）》をはじめ数曲歌うと、招待客に挨拶をしてまわった。それが真の目的である。「女性自身」（九月二八日号）によると、こう言ったという。

〈今年は年頭に早々にV2宣言をしたんですよ。ですからもう年内無休、三六五日ガンバルとスタッフの皆さんにハッキリお約束したんです。母の死などで二日間だけ休みましたが…。でもねらいますよ。精いっぱい歌って、その実績の結果として、大賞がもらえたらと思っているんです。／二年連続は賞をとれないというジンクスも吹き飛ばしたいし、とにかく、燃えあがってきている意気ごみを、この新曲で年末まで持続していきたい。〉

渡辺プロダクションもV2へ力を入れているようだ。布施明も森進一もこの年は可能性はないので、沢田に全力を投入できる。

沢田のパーティーは九月七日で、一〇日に《LOVE（抱きしめたい）》は発売された。その出鼻を挫くべく、ピンク・レディーは新曲《透明人間》を九日に発売した。当時はレコードの発売日は五日とか一〇日などが大半だったので「九日」は異例であり、それだけピンク・レディーサイドが沢田研二を意識していることが分かる。それも、単にヒットチャート一位を狙っているのではなく、大賞に照準を合わせているのは明らかだった。

「女性自身」にはビクター音楽産業宣伝部長の談話としてこうある。

〈売れ行きを見てもまさにブームとしか言いようがないじゃないですか。レコード業界の中での輝かしい一ページですよ。／これで「グランプリ」が来なかったら、私はおかしいと思いますよ。（略）彼女たちに勲章を与えることこそ、レコード業界の発展につながるし、またあげて後ろ指をさされることもない。／当然、ピンク・レディーにいただける賞、それがグランプリだと思っています。〉

一方、音楽評論家でレコード大賞の審査員のひとりでもある伊藤強は山口百恵を推す。〈完全に自分の歌の世界を持ちました。〉と《プレイバックPART2》を評価する。

モンスターから透明人間へ

九月四日のオリコンのチャートでは《モンスター》が二位に下がり、世良公則&ツイスト《銃爪》が一位になったが、これは一週のみで、一一日には堀内孝雄《君のひとみは10000ボルト》が一位となり、三週にわたり維持する。これも資生堂の秋のキャンペーンソングだ。《モンスター》は一一日に七位になっていたが、一八日に《透明人間》が一〇位でチャートインした。しかし《サウスポー》はいきなり一位、《モンスター》は二位でチャートインしたのに比べると、発売日を一日早めて九日にした効果も薄く、勢いは落ちていた。貫のカンは当たっている。

九月二五日は《君のひとみは10000ボルト》が一位だったが、一〇月二日は《透明人間》が一位となる。しかし九日は《君のひとみ》が返り咲き、一六日に再び《透明人間》が一位になると、二三日、三〇日と維持した。まさに透明人間で、一位になったかと思ったら消えてしまい、また現れたのだ。

しかし結局《透明人間》の一位は合計で四週のみだった。ミリオンには達せず、この年だけだと七九・九万枚に留まる。これでもとんでもない数字なのだが、これまでの三曲がミリオン突破なので、「売れなかった」という評価になってしまう。

紅白ボイコット

一一月一日、讀賣新聞はピンク・レディーが『紅白歌合戦』を辞退するとして、こう報じた。〈ピンク・レディーのミーとケイは、一〇月一三、二七日の二回、都立葛飾盲学校を訪れ、子供たちとの友情をふくらませた。そして二人は盲学校の子供たちを招いてリサイタルを開きたいという気持ちになった。スケジュールがあいているのは大みそかの夜しかないから紅白はあきらめるしかない。〉

日本テレビの井原による陰謀が顕在化した。讀賣に書かせたのも井原だろう。『紅白』ボイコットという井原のアイデアにT&Cの貫は乗ったのだ。貫はさらに「どこか施設の子どもの所に慰問に行ったら、みんなピンク・レディーのことを大好きだって言う、だから今年は私たちは紅白にはでないで、施設の子どもたちを呼んで歌う」という美談を考え、井原も同意した。『紅白』ボイコットを明らかにすると、井原はレコード大賞目指しての工作も本格化させる。

すでに日本テレビ音楽祭でのグランプリは獲った。

日本歌謡大賞

一一月一日に日本歌謡大賞の候補が決定・発表された。この年はテレビ朝日が放映する。

放送音楽新人賞候補には、石野真子《失恋記念日》、渋谷哲平《スタントマン》、中原理恵《ディスコ・レディ》、石川ひとみ《くるみ割り人形》、渡辺真知子《ブルー》、さとう宗幸《青葉城恋唄》、金井夕子《ジャスト・フィーリング》の七人が決まる。

放送音楽賞候補は、ピンクレディー《サウスポー》、野口五郎《グッド・ラック》、岩崎宏美《シンデレラハネムーン》、山口百恵《プレイバックPART2》、高田みづえ《女ともだち》、研ナオコ《かもめはかもめ》、西城秀樹《ブルースカイブルー》、桜田淳子《20歳になれば》、狩人《国道さざめ雪》、榊原郁恵《Do it BANG BANG》、八代亜紀《故郷へ》、沢田研二《LOVE（抱きしめたい）》の一二人。

そして一五日の大賞決定を迎えた。まず放送音楽新人賞には、石野真子と渡辺真知子の二人

1978年　第9回 日本歌謡大賞（視聴率30.9％）

大賞	『サウスポー』ピンク・レディー
放送音楽賞	『グッド・ラック』野口五郎 『プレイバック Part2』山口百恵 『かもめはかもめ』研ナオコ 『ブルースカイ ブルー』西城秀樹 『故郷へ…』八代亜紀 『LOVE(抱きしめたい)』沢田研二
放送音楽新人賞	『失恋記念日』石野真子 『ブルー』渡辺真知子
放送音楽特別賞	・クール・ファイブ ・古賀政男

が決定した。大賞候補になる放送音楽賞は、野口五郎、山口百恵、研ナオコ、西城秀樹、八代亜紀、沢田研二、ピンク・レディーの七人と決まり、歌謡大賞にはピンク・レディーが選ばれた。

視聴率は前年の四六・三パーセントから三〇・九パーセントに下がった。どうせピンク・レディーが獲るだろうという雰囲気で、世の中は前年ほど盛り上がっていないようだ。

井原の『元祖テレビ屋大奮戦！』によると、歌謡大賞はTBS以外の民放が集まって制定しており、審査員はテレビ局とラジオ局の代表なので、「これはお話し合いで一つずつ詰めていこうじゃないか、ということで」手に入れたとある。〈あれは選挙みたいなもんなんですよ。やっぱり力と金を持っているプロダクションが勝つ。率直に言ってそれに尽きる。えらそうなことを言ってるけど、どこの音楽賞だって多かれ少なかれインチキなんだからね〉と井原は公言する。その詳細は語っていないし、どこまでが真実かは分からない。

井原の計画通り歌謡大賞を獲ると、翌一六日、ピンク・レディーと日本テレビは「大晦日の夜九時から新宿コマ劇場でチャリティーコンサートを開き、日本テレビが放映する」と発表した。「紅白辞退」を発表した時は、「目の不自由な子のため」という美談だったが、日本テレビの「打倒紅白」のためでしかないことが明白となり、批判の声が上がった。

井原はさらに〈いよいよ（レコード）大賞取りの工作を始めたわけです。工作といったって、プロダクションがやる。率直に言っちゃえば、しかるべきところに金配って歩くわけだ。〉と露悪的に語る。

とは言え、現金をいきなり持っていくのではない。審査員は音楽評論家とか音楽ジャーナリストという肩書きの人々なので、レコードのライナーノーツを書いてもらい相場の何倍もの原稿料を払うなどの方法がある。さらに、ピンク・レディーがラスベガスでショーをすることになると、現地へ招待した。このショーは日本テレビで放送されたが、総監督は井原で、それ以外の構成・演出のスタッフはみなＴＢＳの人間だったと井原は語る。そのギャラというかたちで金が払われたということだろう。

実際、「週刊サンケイ」一一月九日号は〈アメリカに招待されたレコード大賞審査委員〉と題する記事を載せている。それによると一〇月二四日までピンク・レディーはアメリカでレコーディングを行ない、レコード大賞審査員が大挙して同行したとある。芸能評論家のI氏、音楽評論家のS女史、レコード大賞のドンとして有名なH氏などで、ロサンゼルスのセンチュリー・プラザホテルに宿泊し、ピンク・レディーの録音の取材をしたという。T＆Cミュージックのコメントとして、「社長個人の招待で、正式の取材陣は日本テレビの二人だけ」とある。井原の言うラスベガスのショーとは別に、レコーディングの取材名目でも招待していたということか。

レコード大賞部門賞

歌謡大賞決定から一週間後の一一月二二日、帝国劇場でレコード大賞の部門賞が発表された。「女性セブン」一二月一四／二一日合併号に詳細が載っている。

審査員は、音楽評論家一五人、文化人（荻昌弘、楠本憲吉ら）四人、新聞関係八人、雑誌関係八人、放送関係一〇人、音楽情報誌関係四人、合計四九人。したがって、過半数は二五票となる。

新人賞の五人は、渡辺真知子、さとう宗幸、中原理恵、石野真子、渋谷哲平と決まった。候補に上がっていた世良公則は辞退すると公言していた。世良はテレビの歌番組には出演しているが、賞レースは辞退したのだ。

この年から大賞候補曲は「金賞」と呼ばれるようになり、定数は一〇組。順位ごとに投票され、一位はピンク・レディー・一八票、沢田研二・一五票、山口百恵・一二票となり、過半数がいないので、上位二組の決選投票で、二五票対二四票で沢田研二に決まった。

二位は、ピンク・レディーと山口百恵が二一票となり、またも決選投票で二六票対二三票で山口百恵に決まる。三位はピンク・レディー・三二票、西城秀樹・六票、アリス・四票、研ナオコ・四票で、一発でピンク・レディーに決定した。しかし本命視されていたわりには苦戦した。

四位は西城秀樹・一五票、アリス・一〇票、研ナオコ・八票、野口五郎・六票で過半数がいないので、上位二組の決選投票となり、三五対一四で西城。五位は研ナオコとアリスの決選投票となって三二対一七で研。六位は野口五郎とアリスの決選投票となり、二九票対二〇票で野口。七位はアリスと八代亜紀の決選投票で、二七票対二二票で八代。

八位は大橋純子とアリスの決選投票で三一票対一八票で大橋、九位は桜田淳子とアリスの決選投票で三〇票対一九票で淳子、一〇位は岩崎宏美とアリスの決選投票で二六票対二三票で宏美と決まった。

アリスは三位から票を取っていたが、すべて決選投票で負けて、受賞できなかった。アリスは年末に海外へ行くので大晦日の授賞式には出席できないと公言しており、それが敗因とされる。大晦日に出ないだけでなく、アリスはこの日も兵庫県豊岡市でコンサートを開いており、帝劇に来る予定はなかった。

世良公則の辞退、アリスの欠席宣言と、ニューミュージック勢は賞に対しては、積極的ではない。運営委員会は、「賞はあくまで作品に対して与えられるもので、授賞式に出るか出ないかは別問題、辞退とは関係なく選んでほしい」と審査員に説明したというが、審査員のなかから、「もらわないと言っている者にあげてもしょうがない」という声が出たという。

さて――この結果を受けて、「女性セブン」一二月一四／二一日合併号は、「沢田研二V2への執念とマル秘作戦！」のタイトルで、〈今年のレコード大賞は、沢田研二と山口百恵の争い。いまのところ、沢田が一歩先んじている〉〈ピンク・レディーは、歌謡大賞はとったけれど、レコード大賞はむずかしい〉と報じた。

沢田研二のコメントとして〈ぜひほしいです。今年はとにかく二年めのジンクスを破って、とりたいですね。／こういうチャンスはもう二度とないかもしれませんから、こう、執念で持ってきたいですね。／大晦日には、今年でいちばんステキな《LOVE》をうたいたいです〉

山口百恵も〈はっきりいって、ねらってます。今年は一〇代最後という記念すべき年ですから、とりたいですね。あせらず、マイペースでやっていけたら、ベストだと思うんです〉と意欲を隠さない。

それまでレコード大賞に限らず賞は、本音はともかく建前は「いただくもの」だったが、沢田研二によって、完全に「獲るもの」へと変わった。

渡辺プロダクションは沢田をアピールするために、都内各所に横四メートル、縦二〇メートルのポスターというか看板を掲げた。別に一般国民に投票権があるわけではないが、沢田研二をアピールする。

ピンク・レディーについては、大賞は無理だという論調が多い。レコードの売上げでは申し分ないが、「子ども向きすぎる」「歌唱力に難がある」「芸術性に欠ける」という理由で、権威あるレコード大賞にはふさわしくないという意見だ。大衆賞ならば文句なしで、実際に前年は受賞しているが、この年は大衆賞は廃されている。

井原の陰謀は成功するのか。T&C社長の貫の工作はどこまで浸透するのか。

ニューミュージックが占めるヒットチャート

芸能プロダクション系の歌手たちが賞レースを走っている一一月から一二月のヒットチャートは、世良公則&ツイスト、アリス、渡辺真知子、庄野真代らが席巻した。彼らは「一発屋」では終わらず、二曲目、三曲目もヒットさせ常連化していた。そのなかで松山千春《季節の中で》が上がってくる。

松山千春は前年（一九七七）一月に《旅立ち》でデビューしていたが、二・六万枚に留まり、続く《かざぐるま》は一〇〇位以内に一度も入らなかった。しかし《時のいたずら》が一四・一万枚とクリーンヒットとなり、《青春》も一三・五万枚となり、五枚目《季節の中で》は八月二一日に発売となっていた。これが山口百恵と三浦友和が出ていたグリコのアーモンドチョコレートのCMに使われたことで大ヒットした。

『ザ・ベストテン』は《銃爪》が独走した。九月七日に一位になると、一一月九日まで一〇週にわたり維持したのだ。一一月一六日に一位を奪ったのが《季節の中で》だった。

《季節の中で》は『ザ・ベストテン』では一一月二日に五位でランクインしたが、松山は出演を固辞、九日に三位になっても出演しなかった。しかし、一六日に一位になると、その日はスタジオには来なかったが、コンサート会場からの中継で出演した。

この週の七位は山口百恵《絶体絶命》で、四番目に歌う予定だったが、百恵は日本テレビの『カックラキン大放送』の収録が伸びたためスタジオ入りが遅れ、一位の歌手が歌った後に歌うと告知された。そうして、六位《ブルースカイブルー》、五位《透明人間》、四位《君のひとみは10000ボルト》、三位《LOVE（抱きしめたい）》、二位《銃爪》となって、一位《季節の中で》の番となる。松山は歌う前に、テレビには出ないと言っていたのに、なぜ出ることにしたのかの理由を滔々と述べてから歌った。そのため、スタジオに来ていた山口百恵が歌う時間はなくなってしまった。

《季節の中で》は一二月二八日まで一位を七週維持したが、松山はもう出演しない。

こうして、『ザ・ベストテン』は最初の年に、前半でキャンディーズの一位、後半に松山千春と、「スタジオに来ない歌手」が存在感を示し、それがランキングの公正さを物語り、人気番組として定着した。

オリコンでは一一月の四週間はずっと《季節の中で》が一位で、他にもニューミュージック勢がチャートの大半を占めていた。

一一月二七日は、二位がポプコン出身の八神純子《みずいろの雨》（三浦徳子作詞・八神純子作曲）、三位が大橋純子《たそがれマイ・ラブ》、四位が沢田研二《LOVE（抱きしめたい）》、五位が南こうせつ《夢一夜》だった。

いい日旅立ち

山口百恵は阿木・宇崎の曲が三曲続いていたが、一一月二一日発売の新曲は、谷村新司作詞作曲《いい日旅立ち》だった。この曲は国鉄（現・JR）とのタイアップで、五三・六万枚の大ヒットとなる。

ピンク・レディーは一〇枚目のシングル《カメレオン・アーミー》を一二月五日に発売した。

1978年 ザ・ベストテンとオリコン週間チャート・1位

ザ・ベストテン

1月19日	UFO
26日	
2月2日	
9日	ブーツをぬいで朝食を
16日	
23日	**サムライ**
3月2日	
9日	
16日	
23日	微笑がえし
30日	
4月6日	
13日	
20日	サウスポー
27日	微笑がえし
5月4日	
11日	
18日	サウスポー
25日	
6月1日	宿無し
8日	
15日	
22日	**ダーリング**
29日	
7月6日	
13日	
20日	
27日	
8月3日	
10日	林檎殺人事件
17日	
24日	
31日	
9月7日	銃爪
14日	
21日	
28日	
10月5日	
12日	
19日	
26日	
11月2日	
9日	
16日	季節の中で
23日	
30日	
12月7日	
14日	
21日	
28日	

オリコン

UFO	1月9日
	16日
	23日
	30日
	2月6日
	13日
	20日
カナダからの手紙	27日
	3月6日
微笑がえし	13日
	20日
	27日
サウスポー	4月3日
	10日
	17日
	24日
	5月1日
	8日
	15日
	22日
	29日
ダーリング	6月5日
時間よ止まれ	12日
	19日
	26日
Mr.サマータイム	7月3日
モンスター	10日
	17日
	24日
	31日
	8月7日
	14日
	21日
	28日
銃爪	9月4日
君のひとみは10000ボルト	11日
	18日
	25日
透明人間	10月2日
君のひとみは10000ボルト	9日
透明人間	16日
	23日
	30日
季節の中で	11月6日
	13日
	20日
	27日
	12月4日
カメレオン・アーミー	11日
	18日
	25日

『ザ・ベストテン』『オリコンチャート・ブック』などを基に作成

一八日にオリコンにチャートインして二週目で一位となった。誰もが当たり前と思っていた「ピンク・レディーの新曲が一位になる」のは、しかし、これが最後だった。

一二月のチャート一位は、四日と一一日は《季節の中で》で、これで六週連続だった。だが一八日は《カメレオン・アーミー》で、二五日も維持してこの年を終える。一二月に上位にあったのは、《みずいろの雨》《夢一夜》《いい日旅立ち》《たそがれマイ・ラブ》《青葉城恋唄》、そしてゴダイゴの《ガンダーラ》、アリスの《チャンピオン》などだ。

『ザ・ベストテン』では、《季節の中で》が一二月二八日まで七週連続して一位だった。

沢田研二の《LOVE》は九月一〇日に発売され、オリコンのチャートには二五日付で九位になる。一〇月二日は八位、九日は七位と、堅調だが、《サムライ》ほどの勢いはない。《透明人間》《君のひとみは10000ボルト》《勝手にシンドバッド》《季節の中で》などが強いので、トップ3にはなれず、一〇月二三日と三〇日の四位が最高で、一一月六日は五位だった。

しかし賞レースにこの曲で挑んでいたため、一一月になってもテレビで歌われる機会は多く、一三日に再び四位となり、二〇日と二七日も維持した。一二月も四日は八位、一一日は九位だったが、一八日は一三位、二五日は一七位にまで下がる。

『ザ・ベストテン』では、一〇月五日に八位でランクインすると、一二月二八日までずっと一〇位以内にいた。だが《銃爪》と《季節の中で》が強く一位にはなれず、一一月九日の二位が

LP《LOVE～愛とは不幸をおそれないこと》収録曲

12月1日発売　全曲、作詞：阿久悠、作曲：大野克夫

TWO
24時間のバラード
アメリカン・バラエティ
サンセット広場
想い出をつくるために愛するのではない
赤と黒
雨だれの挽歌
居酒屋
薔薇の門
LOVE (抱きしめたい)

最高だった。

大賞候補曲とした割には、セールスとしても、いまひとつだった。《勝手にしやがれ》ほどの熱がない。歌そのものが、究極のバラードだったからか。

一九七八年のオリコンの週間チャート一位と『ザ・ベストテン』の一位は前ページの表の通りだ。

沢田研二の一等賞は『ザ・ベストテン』では二曲で一一回、オリコンでは一回のみだった。

LOVE ～愛とは不幸をおそれないこと～

一二月一日、八月の《今夜は、華麗な宴にどうぞ。》に続いて、全曲が阿久悠の作詞、大野克夫の作曲によるオリジナル・アルバム《LOVE ～愛とは不幸をおそれないこと～》が発売された。阿久悠・大野克夫・沢田研二による三枚目のアルバムとなる。

このアルバムはタイトル通り「愛」をテーマにしたコンセプト・アルバムだった。前の二枚がそれぞれバラエティに富んだ曲を収録していたのに対し、統一感がある。

阿久悠はどちらかというと、シングル盤で勝負をするタイプで、LPの一〇曲前後の曲をすべて書くことは、少ない作詞家だった。松本隆はアルバムを作るのが好きなタイプだった。そんな阿久悠が二年間に三枚のアルバムを沢田研二のために書いたのだ。

〈その頃、作詞家、作曲家、歌手は、どうすればプラス方向に裏切ることができるかと、おたがいが考えていたから、刺激的で楽しかった。毎度毎度「どうだ驚いたか」と詞を渡し、「これは予想していなかっただろう、ざまあみろ」と曲ができてき、そして、仕上げの歌手のパフォーマンスとステージングに、ぶっとぶのであった。なんと面白い時代であったことか。〉

しかし、その「面白い時代」にも、終わりが来ようとしていた。

年間ランキング

一九七八年にオリコンのチャートで週間一位になった阿久悠の曲は、《UFO》、《サウスポー》《モンスター》《透明人間》と《ダーリング》の五曲で合計二九週にわたる。

この年のシングル盤年間チャートは、一位《UFO》一五五・三万枚、二位《サウスポー》一四六・〇万枚、三位《モンスター》一一〇・二万枚とピンク・レディーがトップ3を独占した。四位は堀内孝雄《君のひとみは10000ボルト》九一・九万枚、五位はキャンディーズ《微笑がえし》八二・九万枚、六位がピンク・レディー《透明人間》七九・九万枚、七位が平尾昌晃・畑中葉子《カナダからの手紙》六九・九万枚、八位がサーカス《Mr.サマータイム》六五・二万枚、九位が矢沢永吉《時間よ止まれ》六三・九万枚、一〇位が中島みゆき《わかれうた》六二・七万枚。

一一位以下は、渡辺真知子《迷い道》、黒沢年男《時には娼婦のように》、沢田研二《サムライ》、世良公則&ツイスト《宿無し》、山口百恵《プレイバックPART2》、アリス《冬の稲妻》、世良公則&ツイスト《銃爪》、アリス《ジョニーの子守唄》、庄野真代《飛んでイスタンブール》、渡辺真知子《かもめが翔んだ日》となる。

レコードセールスと賞とは、これまでも必ずしも連動しないが、それでも、大賞になるにはある程度のヒットが必要だった。数字では圧倒的にピンク・レディーなのだが、はたしてどうなるか。

一九七八年一二月三一日

暮れに発売された「週刊明星」七九年一月一日号で、沢田研二は「レコ大はほしい。だが紅白の大トリはごめんだ」と語っている。その理由は、〈大トリの時は、他の歌手がみんなドッと出てきて握手したり、声援送ったりするでしょう。ああいうとこでは歌いたくない。大みそかの紅白は、一年でほんとに最後のしめくくりの歌や。せめてその歌ぐらいは、いつものとおり一人で歌いたいわ〉と明かす。

前年は大トリではなかったが、《勝手にしやがれ》を歌うとき、白組の歌手たちが後ろに帽子を被って並んでいた。それは歌の世界とは関係なく、視聴者にも邪魔だった。まして自分の世界に集中したいタイプの沢田研二には、鬱陶しいものだったのだろう。

だが、ピンク・レディーに逃げられたNHKとしては、山口百恵と沢田研二をトリにしたい。七八年は演歌が全体に不振でトリにふさわしい歌手と曲がないという事情もあった。はたしてNHKと沢田研二はどう折り合うのか。

沢田研二はすでに大トリのポジションは獲得していたが、彼がどうしても欲しいのはレコード大賞だった。

こうして一二月三一日を迎えた。

レコード大賞の最優秀新人賞には渡辺真知子が選ばれた。

この年から制度が変わり歌唱賞がなくなり、金賞一〇曲の中から大賞が選ばれる。その一〇曲中、《UFO》《シンデレラ・ハネムーン》《たそがれマイ・ラブ》《ブルースカイブルー》、《LOVE(抱きしめたい)》の五曲が阿久悠の作詞だった。

1978年　第20回 日本レコード大賞（視聴率42.9%）

日本レコード大賞

「UFO」ピンク・レディー
作詞:阿久悠　作曲:都倉俊一　編曲:都倉俊一

最優秀歌唱賞

「LOVE（抱きしめたい）」沢田研二

最優秀新人賞

渡辺真知子（「かもめが翔んだ日」）

金賞（大賞ノミネート作品）

「かもめはかもめ」研ナオコ
「グッド・ラック」野口五郎
「しあわせ芝居」桜田淳子
「シンデレラ・ハネムーン」岩崎宏美
「たそがれマイ・ラブ」大橋純子
「故郷へ…」八代亜紀
「ブルースカイ ブルー」西城秀樹
「プレイバックPart2」山口百恵
「UFO」ピンク・レディー
「LOVE（抱きしめたい）」沢田研二

新人賞（最優秀新人賞ノミネート）

石野真子（「失恋記念日」）
さとう宗幸（「青葉城恋唄」）
渋谷哲平（「Deep（ディープ）」）
中原理恵（「東京ららばい」）
渡辺真知子（「かもめが翔んだ日」）
世良公則&ツイスト（「銃爪（ひきがね）」）【受賞辞退】

中山晋平賞（後の作曲賞）

筒美京平「飛んでイスタンブール」（庄野真代）/「東京ららばい」（中原理恵）

編曲賞

前田憲男「Mr.サマータイム」（サーカス）

西条八十賞（後の作詩賞）

中島みゆき「この空を飛べたら」（加藤登紀子）/「しあわせ芝居」（桜田淳子）

特別賞

●淡谷のり子 ●藤田まさと ●テイチク

企画賞

日本ビクター「海外シリーズ旅情四部作」平尾昌晃・畑中葉子
キングレコード「寺内タケシ日本民謡大百科」
日本コロムビア「宇宙戦艦ヤマト三部作」

古賀政男記念賞

●森進一 ●五木ひろし ●美空ひばり【受賞辞退】

最優秀歌唱賞は、沢田研二だった。その瞬間、大賞を逃したと分かる。家庭のある女性が不倫をしている歌は、またも男性審査員たちには好まれなかった。

沢田は「こうして最優秀歌唱賞をいただけたこと、全国のファンの皆様とともに、多少、残念ですが、喜びたいと思います」と挨拶で述べた。「最優秀」を獲りながら「残念」というのが、沢田研二だった。

レコード大賞はピンク・レディーが《UFO》で手にした。沢田との決選投票となり、二九票対一八票での勝利だった。井原の工作の成果なのかどうかは分からない。

沢田研二の二連覇はならなかったが、阿久悠は、七六年《北の宿から》、七七年の《勝手にしやがれ》に続く三連覇だった。史上初である。しかし阿久悠は勝った気がしなかった。

〈受賞者の立場でステージに上がり、歌手や作曲家と歓喜の握手を交わしながら、ふと客席を見ると、はやばやと席を立ち、去って行く山口百恵の後姿が目に入った。喪服のように黒いドレスで、彼女の遠ざかる客席通路のあたりがシンと静まりかえり、空気の凍てつく気配さえ伝わって来て、ぼくはステージ上で笑顔をこわばらせたことがある。それは、考えようによっては、受賞者を道化にしてしまうくらいの、強烈な矜持の証明であるようにさえ思えた。〉

沢田研二や山口百恵は渋谷のNHKホールへ向かった。ピンク・レディーは、チャリティショーの会場の新宿コマ劇場へ向かった。日本テレビの番組名は『ピンク・レディー　汗と涙の大晦日150分!!　みんなしあわせになろうね』で、タモリをはじめ歌手、俳優、落語家、プロレスラー、力士、プロ野球選手が出演した。視聴率は八・二パーセントと健闘した。

保守的なNHKはこれまで、曲がヒットしていてもニューミュージック系の歌手を『紅白』に出すのを拒んでいた。彼らのほうもテレビ番組に出演することそのものに積極的ではなかったので、それでかまわなかった。だが、この年は状況が複雑だった。

NHKはピンク・レディーの造反を潰すために、彼女たちのショーに出演しそうなニューミュージック系の歌手も手当たり次第、『紅白』に選んだのだ。それもあって、この年は初出場が一一組と多く、さとう宗幸、世良公則&ツイスト、原田真二、サーカス、庄野真代、中原理恵、渡辺真知子らニューミュージック勢が大半を占めた。

この年の『紅白』の四八曲で阿久悠作品は、岩崎宏美《シンデレラ・ハネムーン》、石川さゆり《火の国へ》、森昌子《彼岸花》、西城秀樹《ブルースカイブルー》、菅原洋一《恋歌師》、沢田研二《LOVE（抱きしめたい）》の六曲と、前年より三曲減った。

渡辺プロダクションからは、太田裕美、小柳ルミ子、布施明、森進一、沢田研二の五人だった。キャンディーズが解散し、いしだあゆみが落選したので、前年からマイナス2だ。太田裕美を最後に新人が出ていない。

紅組のトリは山口百恵《プレイバックPART2》、白組のトリで大トリは沢田研二が《L

1978年　第29回 紅白歌合戦（視聴率72.2％）

紅組		白組	
榊原 郁恵	夏のお嬢さん	郷 ひろみ	バイブレーション
岩崎 宏美	**シンデレラ・ハネムーン**	平尾 昌晃、畑中 葉子	カナダからの手紙
石川 さゆり	**火の国へ**	狩人	国道ささめ雪
研 ナオコ	かもめはかもめ	野口 五郎	グッド・ラック
芹 洋子	坊がつる讃歌	角川 博	許してください
桜田 淳子	しあわせ芝居	西城 秀樹	**ブルースカイブルー**
庄野 真代	飛んでイスタンブール	世良公則&ツイスト	あんたのバラード
サーカス	Mr.サマータイム	さとう 宗幸	青葉城恋唄
渡辺 真知子	迷い道	原田 真二	タイム・トラベル
佐良 直美	愛の消しゴム	加山 雄三	海その愛
中原 理恵	東京ららばい	新沼 謙治	北挽歌
高田 みづえ	花しぐれ	細川 たかし	港夜景
和田 アキ子	コーラス・ガール	千 昌夫	北国の春
水前寺 清子	肥後の駒下駄	フランク永井	公園の手品師
太田 裕美	ドール	内山田洋とクール・ファイブ	さようならの彼方へ
西川 峰子	東京ラブ・コール	菅原 洋一	**恋歌師**
青江 三奈	ふられぐせ	春日 八郎	さよなら宗谷
八代 亜紀	故郷へ・・・	五木 ひろし	熱愛
小柳 ルミ子	雨・・・	北島 三郎	与作
森 昌子	**彼岸花**	三波 春夫	さくら日本花の旅
由紀 さおり	トーキョー・バビロン	**布施 明**	めぐり逢い紡いで
島倉 千代子	りんどう峠	村田 英雄	人生劇場
都 はるみ	なんで女に	**森 進一**	きみよ荒野へ
山口 百恵	プレイバック Part2	**沢田 研二**	**LOVE（抱きしめたい）**

司会
紅組＝森光子　　白組＝山川静夫アナウンサー
人名の**太字**は渡辺プロ（5組）、曲名の**太字**は阿久悠作詞（6曲）

OVE〈抱きしめたい〉》だった。紅組、白組ともに演歌ではない曲がトリとなったのは初めてで、日本の歌謡曲が最も先鋭的になった年だった。さらには山口百恵の「十九歳のトリ」というのは史上最年少であり、いまだに破られていない。

この年の視聴率は七二・二パーセントだった。

山口百恵が〈プレイバック〉と歌い終えると、白組司会の山川静夫が沢田研二を紹介した。

「白組男性軍は力いっぱい紅組女性軍と戦ってまいりました。しかし本心を言えば、女性をいたわる心・熱い心で女性を愛する気持ちは、今も昔も変わりはありません。さあ、全国の女性の皆さん、ジュリーの歌に抱かれてください。《LOVE〈抱きしめたい〉》。昭和五三年の歌い納めは沢田研二さんです!」

荘厳なイントロが始まる。舞台上手には白組の歌手、下手からは紅組の歌手が並び、沢田研二を出迎えた。嫌いだと言っていたパターンが踏襲された。沢田研二は照れくさそうに微笑みながら歩き、歌手たちに会釈はしたが、握手はしない。ステージ中央のマイクスタンドの前へ立つ。井上堯之バンドの名がクレジットされたが、暗いのでどこにいるかは確認できない。白いシャツに黒いタイ、どこかの王族のような赤いローヴのような衣装だった。ステージにセットはなく、星空をイメージしているかのように照明が並ぶのみだ。紅白すべての歌手が並んでいたが、照明は沢田研二にしか当たらないので、影のようで、誰がどこにいるのか分からない。

ひとりで歌いたいという沢田の希望と、全員が見守って応援するという慣例のせめぎあいがあり、他の歌手はいるけど見えないという演出で双方が妥協したのだろう。

レコード大賞V2は逃したが、それはそれだった。全力疾走をした一九七八年最後の曲を、沢田研二は情感を込めて噛みしめるように歌った。不倫の恋の失恋の歌なので、明るく楽しくはない。激しく歌い上げはしない。

〈さよなら　さよなら　さよなら　さよなら〉が終わると、まだ音楽は鳴っていたが、客席からは拍手が沸き起こる。それに応えるように、沢田研二は右手をゆっくりと上げ、曲が終わると同時に拳を握って、腕を下ろした。NHKホールのみならず、全国民の七割が、沢田研二のコントロール下にあるかのようだった。

髪が長いがためにNHKから追放され、識者から理由もなく嘲笑され、誰よりもロックが好きなのにロックファンからは空き缶を投げられ、結婚するとファンからは裏切り者と断罪され、下手だと罵られ、男のくせに化粧をしておかしいと言われ、ナチスを美化するのかと批判された歌手は、ついに頂点に立った。

あとがき

五〇〇ページをこえても、沢田研二の歌手人生のほんの一部までしか書けなかった。どこまで書くか悩んだが、頂点に到達したところで終えることにした。

この本のラストシーンの一九七八年一二月三一日から、四五年が過ぎようとしている。『紅白』と「レコード大賞」はいまもあるが、「歌謡大賞」や『ザ・ベストテン』や『スタ誕』はなくなった。レコード会社は再編され名前が変わった。渡辺プロダクションは健在だが、ジャニーズ事務所についてはご存じの通りだ。安井かずみ、阿久悠は亡くなった――と「その後」を書いていくときりがないので、やめておく。

一九六〇年代後半から七〇年代にかけての歌謡界については、『阿久悠と松本隆』『山口百恵』で書いたが、同じ時代・同じ出来事でも、誰を主人公にするかで違った景色になるのは、書いていて面白かった。

前の二冊でも賞レースについては記したが、この本ではより詳細に描いた。いまでは信じられないかもしれないが、中学・高校の二学期の終業式の日の教室では、誰がレコード大賞を獲るか、真剣に議論されていたのだ。

一九七九年の作品なので、映画『太陽を盗んだ男』（長谷川和彦監督）についてふれなかったのが心残りなので、ここでふれたい。「キネマ旬報」の二〇一八年八月上旬号で「1970年代日本映画ベスト・テン」という特集が組まれ、同誌の執筆者など一二七名が「私の好きな一九七〇年代の日本映画」を一〇作選んで投票した。その結果、『太陽を盗んだ男』が一位になった。私にもアンケートがまわってきたので、もちろん、この映画に一票を投じた。『太陽を盗んだ男』は、公開された七九年のベスト・テンでは二位だったのに、四〇年後には一〇年間の日本映画のなかで一位になったのだ。これは痛快だ。当時の評論家よりも、当時まだ高校生や大学生だったいまの評論家・ライターたちのほうが、この映画の面白さを理解できたのだ。

畏友・佐藤利明氏にはいくつかの情報を提供してもらった。本書は朝日新聞出版での『山口百恵』『阿久悠と松本隆』と同じく、同社の宇都宮健太朗氏の発案により実現し、編集実務では『1968年』『文化復興1945年』に続いて福場昭弘氏に担当していただいた。

最後に——沢田研二のシングル盤で好きな曲を三つ選べば、《危険なふたり》《サムライ》《ヤマトより愛をこめて》だ（明日は違う曲になるかもしれないが）。

参考文献

（共著者、協力者は省いたものもある。シリーズ名、サブタイトルも省いたものがある。同じ本で複数の版がある場合、著者が所有しているものを記した）

■沢田研二関連

沢田研二『我が名は、ジュリー』中央公論社（一九八五）

石原信一『ザ・スター　沢田研二』スポーツニッポン新聞社出版局（一九七七）

深夜放送ファン別冊『沢田研二のすばらしい世界』自由国民社（一九七三）

島﨑今日子『ジュリーがいた――沢田研二、56年の光芒』文藝春秋（二〇二三）

國府田公子『沢田研二大研究』青弓社（二〇一九）

佐藤明子『沢田研二という生き方』青弓社（二〇〇八）

秋山大輔『沢田研二と阿久悠、その時代』牧歌舎（二〇一九）

早川タケジ、熊谷朋哉（編）『JULIE BY TAKEJI HAYAKAWA 早川タケジによる沢田研二』SLOGAN（二〇二二）

DVD『沢田研二in夜のヒットスタジオ』ユニバーサルミュージック（二〇一一）

DVD『沢田研二BEST OF NHK』NHKエンタープライズ（二〇二〇）

DVD『沢田研二TBS PREMIUM COLLECTION』ユニバーサルミュージック（二〇二一）

■ザ・タイガース、グループサウンズ関連

瞳みのる『ザ・タイガース――花の首飾り物語』小学館（二〇一三）

瞳みのる『ロング・グッバイのあとで――ザ・タイガースでピーと呼ばれた男』集英社（二〇一一）

瞳みのる『老虎再来』祥伝社（二〇一二）

岸部シロー『ザ・タイガースと呼ばれた男たち』あすか書房（一九九〇）

磯前順一、黒崎浩行（編著）『ザ・タイガース研究論』近代映画社（二〇一五）
磯前順一『ザ・タイガース――世界はボクらを待っていた』集英社新書（二〇一三）
稲増龍夫『グループサウンズ文化論――なぜビートルズになれなかったのか』中央公論新社（二〇一七）
近代映画社編『GS グループ・サウンズ 1965～1970』近代映画社（二〇一三）
近田春夫『グループサウンズ』文春新書（二〇一三）

■ミュージシャン、俳優関連

内田裕也『俺は最低な奴さ』白夜書房（二〇〇九）
内田裕也『ありがとうございます』幻冬舎アウトロー文庫（二〇一四）
井上堯之『スパイダースありがとう！』主婦と生活社（二〇〇五）
萩原健一『ショーケン』講談社（二〇〇八）
萩原健一『ショーケン――別れのあとに天使の言葉を』立東舎（二〇一九）
ユリイカ7月臨時増刊号『萩原健一――ショーケンよ、永遠に』青土社（二〇一九）
文藝別冊『萩原健一――傷だらけの天才』河出書房新社（二〇一九年九月）
加瀬邦彦『ビートルズのおかげです――ザ・ワイルド・ワンズ風雲録』枻出版社（二〇〇一）
秋吉久美子・樋口尚文『秋吉久美子調書』筑摩書房（二〇二〇）

●作詞家、作曲家関連

阿久悠『「企み」の仕事術』KKロングセラーズ（二〇〇六）
阿久悠『なぜか売れなかったが愛しい歌』河出書房新社（二〇〇三）
阿久悠『生きっぱなしの記』日本経済新聞社（二〇〇四）

阿久悠『阿久悠　命の詩～『月刊ｙｏｕ』とその時代～』講談社（二〇〇七）
阿久悠『愛すべき名歌たち―私的歌謡曲史―』岩波新書（一九九九）
阿久悠『歌謡曲の時代――歌もよう人もよう』新潮社（二〇〇四）
阿久悠『夢を食った男たち』毎日新聞社（一九九三）
阿久悠、上村一夫（画）『悪魔のようなあいつ　上・下』角川書店（二〇〇四）
対談集『阿久悠とすばらしき仲間たち』福武書店（一九八三）
『ＣＤ　移りゆく時代　唇に詩　阿久悠大全集』ビクターエンタテインメント（一九九七）
『ＣＤ　人間万葉歌　阿久悠作詞集』ビクターエンタテインメント（二〇〇五）
文藝別冊『阿久悠』河出書房新社（二〇一七年八月）
東京人『阿久悠と東京』都市出版（二〇一七年九月号）
島﨑今日子『安井かずみがいた時代』集英社文庫（二〇一五）
松木直也『［アルファの伝説］音楽家村井邦彦の時代』河出書房新社（二〇一六）
宇崎竜童『俺たちゃとことん』角川書店（一九八一）

■芸能界、テレビ界
湯川れい子『熱狂の仕掛け人』小学館（二〇〇三）
酒井政利『プロデューサー――音楽シーンを駆け抜けて』時事通信社（二〇〇二）
軍司貞則『ナベプロ帝国の興亡』文藝春秋（一九九二）
野地秩嘉『芸能ビジネスを創った男――渡辺プロとその時代』新潮社（二〇〇六）
野地秩嘉『渡辺晋物語――昭和のスター王国を築いた男』マガジンハウス（二〇一〇）
松下治夫『芸能王国渡辺プロの真実。――渡辺晋との軌跡』青志社（二〇〇七）

小菅宏『女帝　メリー喜多川』青志社、二〇二二年
ジャニーズ研究会編著『ジャニーズ50年史――モンスター芸能事務所の光と影』鹿砦社（二〇一四年）
島野功緒『ザ・芸能プロ　ウラと表』日之出出版（一九八一）
竹中労『タレント帝国――芸能プロの内幕』現代書房（一九六八）
竹中労『タレント残酷物語』エール出版社（一九七九）
竹中労『スキャンダル紅白歌合戦』みき出版（一九七九）
合田道人『紅白歌合戦の舞台裏』全音楽譜出版社（二〇一二）
合田道人『【怪物番組】紅白歌合戦の真実』幻冬舎（二〇〇四）
太田省一『紅白歌合戦と日本人』筑摩選書（二〇一三）
『紅白50回　栄光と感動の全記録』NHKサービスセンター（二〇〇〇）
『NHK紅白60回』NHKサービスセンター（二〇〇九）
NHK紅白歌合戦スタッフ編『あの時、あの歌…ドキュメンタリー紅白歌合戦』日本放送出版協会（一九八四）
『輝く！日本レコード大賞　公式データブック』シンコーミュージック・エンタテイメント（二〇一九）
『輝く！日本レコード大賞　公式インタビューブック』シンコーミュージック・エンタテイメント（二〇一九）
山田修爾『ザ・ベストテン』ソニー・マガジンズ（二〇〇八）
井原高忠『元祖テレビ屋ゲバゲバ哲学』愛育社（二〇〇九）
井原高忠『元祖テレビ屋大奮戦！』文藝春秋（一九八三）
池田文雄『「スター誕生！」回想録――テレビ人生！「そんなわけで!!」録』KKコアラブックス（一九八五）

■音楽界関連、他

『オリコンチャート・ブック　1970―1989　LP編』オリジナルコンフィデンス（一九九〇）

『オリコンチャート・ブック　1968―1987　全シングル・アーティスト編』オリジナルコンフィデンス（一九八八）
『SINGLE CHART-BOOK COMPLETE EDITION 1968～2010』オリコン・エンタテインメント（二〇一二）
北中正和『［増補］にほんのうた』平凡社ライブラリー（二〇〇三）
篠原章『日本ロック雑誌クロニクル』太田出版（二〇〇五）
牧村憲一『ニッポン・ポップス・クロニクル1969-1989』スペースシャワーブックス（二〇一三）
宮澤一誠『J-POP名曲事典300曲』ヤマハミュージックメディア（二〇〇八）
宮澤一誠『フォーク名曲事典300曲』ヤマハミュージックメディア（二〇〇七）
坂崎幸之助『坂崎幸之助のJ-POPスクール』岩波アクティブ新書（二〇〇三）
田原総一朗『メディア・ウォーズ』講談社文庫（一九九三）
稲増龍夫『アイドル工学』筑摩書房（一九八九）
吉野健三『歌謡曲［流行らせのメカニズム］』晩聲社（一九七八）
新田健次『ザ・歌謡界――スター誕生&ヒットプロモート』素朴社（一九八二）
速水健朗『タイアップの歌謡史』洋泉社新書y（二〇〇七）
佐々木敦『（増補・決定版）ニッポンの音楽』扶桑社文庫（二〇一二）

その他
野地秩嘉『キャンティ物語』幻冬舎文庫（一九九七）
川添象郎『象の記憶』DU BOOKS（二〇二二）
久世光彦『昭和幻燈館』中公文庫（一九九二）
他に、文中に出典を記した、雑誌、新聞、WEB記事

中川右介　なかがわ・ゆうすけ
1960年東京都生まれ。早稲田大学第二文学部卒業。2014年まで出版社アルファベータ代表取締役編集長として「クラシックジャーナル」ほか音楽家や文学者の評伝などを編集・発行。作家としてクラシック音楽、ポップス、映画、歌舞伎などの評論・評伝を執筆。『山口百恵』『阿久悠と松本隆』『文化復興1945年』『社長たちの映画史』など著書多数。

朝日新書
939
沢田研二《さわだけんじ》

2023年12月30日第1刷発行
2024年1月20日第2刷発行

著　者　中川右介

発行者　宇都宮健太朗
カバーデザイン　アンスガー・フォルマー　田嶋佳子
印刷所　TOPPAN株式会社
発行所　朝日新聞出版
〒104-8011　東京都中央区築地5-3-2
電話　03-5541-8832（編集）
　　　03-5540-7793（販売）

Published in Japan by Asahi Shimbun Publications Inc.
ISBN 978-4-02-295246-2
定価はカバーに表示してあります。

朝日新書

訂正する力

東 浩紀

日本にいま必要なのは「訂正する力」です。保守とリベラルの対話にも、成熟した国のありかたや老いを肯定するためにも、さらにはビジネスにおける組織論、日本の思想や歴史理解にも役立つ、隠れた力を解き明かします。デビュー30周年の決定版。

日本三大幕府を解剖する
鎌倉・室町・江戸幕府の特色と内幕

河合 敦

三大武家政権の誕生から崩壊までを徹底解説！ 源頼朝・足利尊氏・徳川家康は、いかにして天皇権力と対峙し、幕府体制を確立させたのか？ 歴史時代小説読者&大河ドラマファン、必読！ 1冊で三大幕府がマスターできる、画期的な歴史新書!!

安倍晋三vs.日刊ゲンダイ
「強権政治」との10年戦争

小塚かおる

創刊以来「権力に媚びない」姿勢を貫いているというこの夕刊紙は、「安保法制」「モリ・カケ・桜」など第2次安倍政権の「大罪」に、どう立ち向かったか。同紙の第一編集局長が戦いの軌跡を公開し、徹底検証する。これが「歴史法廷」の最終報告書！

食料危機の未来年表
そして日本人が飢える日

高橋五郎

日本は食料自給率18%の「隠れ飢餓国」だった！ 有事における穀物支配国の動向やサプライチェーンの分断、先進国の食料争奪戦など、日本の食料安全保障は深刻な危機に直面している。世界182か国の食料自給率を同一基準で算出し世界初公開。

脳を活かすスマホ術
スタンフォード哲学博士が教える知的活用法

星 友啓

スマホをどのように使えば脳に良いのか。〈インプット〉〈エンゲージメント〉〈ウェルビーイング〉〈モチベーション〉というスマホの4大長所を、ポジティブに活用するメソッドを紹介。アメリカの最新研究に基づく「脳のゴールデンタイム」をつくるスマホ術！

発達「障害」でなくなる日

朝日新聞取材班

こだわりが強い、コミュニケーションが苦手といった発達障害の特性は本当に「障害」なのか。学校や会社、人間関係などに困難を感じる人々の事例を通し、当事者の生きづらさが消える新しい捉え方、接し方を探る。「朝日新聞」大反響連載を書籍化。

藤原氏の1300年
超名門一族で読み解く日本史

京谷一樹

摂関政治によって栄華を極めた藤原氏は、一族の「ブランド」を最大限に生かし続け、武士の世も、激動の近現代も生き抜いた。大化の改新の中臣鎌足から昭和の内閣総理大臣・近衛文麿までの90人を取り上げ、名門一族の華麗なる物語をひもとく。

台湾有事　日本の選択

田岡俊次

台湾有事――本当の危機が迫っている。米中対立のリアル、思考停止する日本政府の実態、日本がこうむる人的・経済的損害の実相。選択を間違えたら日本は壊滅する。安保政策が歴史的大転換を遂げた今、老練の軍事ジャーナリストによる渾身の警告！

どろどろの聖人伝

清涼院流水

サンタクロースってどんな人だったの？　12使徒の生涯とは？キリスト教の聖人は、意外にも2000人以上存在します。そのなかから、有名な聖人を取り上げ、その物語をご紹介。聖人伝を通して、日本とは異なる文化を楽しんでいただけることでしょう。

一億三千万人のための『歎異抄』

高橋源一郎

戦乱と飢饉の中世、弟子の唯円が聞き取った親鸞の『歎異抄』。救い、悪、他力の教えに、西田幾多郎、司馬遼太郎、梅原猛、吉本隆明は魅了され、著者も10年近く読みこんだ。『歎異抄』は親鸞の『君たちはどう生きるか』なのだ。今の言葉で伝えるみごとな翻訳。